读客文化

维珍创始人亲笔自传

理查德·布兰森疯狂冒险、疯狂成功的60年

[英] **理查德·布兰森** 著

屈艳梅 蓝莲 译

LOSING MY VIRGINITY

How I Survived, Had Fun, and Made a
Fortune Doing Business My Way

Richard Branson

北京日报出版社

图书在版编目（CIP）数据

维珍创始人亲笔自传 /（英）理查德·布兰森著；
屈艳梅，蓝莲译 . -- 北京：北京日报出版社，2022.3
ISBN 978-7-5477-4163-4

Ⅰ . ①维… Ⅱ . ①理… ②屈… ③蓝… Ⅲ . ①布兰森
(Branson, Richard 1950 –) – 传记 Ⅳ . ① K835.615.38

中国版本图书馆 CIP 数据核字 (2021) 第 246321 号

维珍创始人亲笔自传

作　者：［英］理查德·布兰森

译　者：屈艳梅　　蓝　莲

责任编辑：杨秋伟

特邀编辑：李悄然　　敫　冬

封面设计：于　欣

出版发行：北京日报出版社

地　址：北京市东城区东单三条8–16号东方广场东配楼四层

邮　编：100005

电　话：发行部：（010）65255876

　　　　总编室：（010）65252135

印　刷：河北中科印刷科技发展有限公司

经　销：各地新华书店

版　次：2022年3月第1版

　　　　2022年3月第1次印刷

开　本：889毫米×1270毫米　1 / 32

印　张：16.75

字　数：375千字

定　价：69.90元

序

早上5:30

琼还没醒，我已醒来坐在床上。远远地，我听见马拉喀什城的高音喇叭里传来时高时低的声音，那是宣礼员在叫人们去做礼拜。我从笔记本上撕下一页纸，趁机给霍丽和山姆写封信，以防这次冒险出现不测，让我有去无回。

亲爱的霍丽和山姆：

生活有时会显得相当的不可思议。有人头天还活得好好的，健健康康，充满深情，可第二天却不在人世了。

你们俩都了解爸爸，知道我总是想方设法活得痛痛快快，尽情尽兴。那也意味着我总能走狗屎运，虽然才活了46年，却体验过各种各样的生活。我热爱这46年中的每一分钟，尤其珍爱我们全家人一起度过的每一秒钟。

我知道，因为这次最新的冒险，很多人认为我们是傻帽儿。我敢打包票，他们都错了。我们已经经历多次大西洋和太平洋冒险，我觉得，凭借我们积累的每一条经验教训，这次飞行一定会平安无事。我认为，飞行中的种种风险都在我们的承受范围内。当然，过去的事实证明，我也有犯错的时候。

不过，就算发生了意外，我这辈子也没有遗憾了（除了不能和妈妈一起，同心协力地将你们抚养长大）。如今，你们俩一个12岁，一个15岁，都已经各有各的性格。我们俩都为你们感到自豪。你们善良又体贴，充满活力（甚至还很风趣）。对我们而言，再没有比你们更招人喜欢的孩子了。身为父母，我们还能有什么不满足的呢？

要坚强，我知道这说起来容易做起来难。不过，我们已经共同度过了如此美妙的生活，你们决不会忘记我们曾经拥有的所有快乐时刻。

你们自己也要活得尽情尽兴，享受人生中的每一分钟。好好热爱、照顾妈妈，她既要当妈妈又要当爸爸，你们也要用双倍的爱来回报她。

我爱你们。

父亲

我把信叠成一个小方块，放进口袋里，并把衣服都穿好，收拾停当之后，又在琼的身边躺下，把她抱在怀里。虽然我已经完全清醒，心情紧张，但有她依偎在怀里，我觉得暖暖和和，睡眼惺忪。霍丽和山姆来到我们房间，爬到我们床上，挤在我们俩中间。然后，山姆又偷偷溜走，和几个表亲到起飞地点去看那只气球。过不了多久，我就要驾驶它周游全球了。气象学家马丁来跟我说话，琼和霍丽陪着我们。马丁说，这次飞行的时机正好——5年来再也没有比这更好的天气了。接着，我又打电话给随队医生蒂姆·埃文斯。他刚去看过我们的飞行工程师罗里·麦卡锡，带来一个坏消息：罗里不能参加这次飞行了，他患上了轻度肺炎，如果在吊舱里待上3个星期，病情有可能急剧恶化。我立即给罗里打电话，安慰他。

"我们在餐厅碰个头儿，"我说，"一起吃早餐吧。"

早上6:20

等到我和罗里来到酒店的餐厅时，里面已经没人了。在过去的24小时里，记者一直跟踪报道我们准备起飞的过程，现在他们已经前往起飞地点了。

罗里和我见了面，相拥而泣。在我们这次热气球环球之旅中，罗里本来担任飞行工程师，如今，我们俩不但是一对亲密的朋友，而且最近还打算合伙做些生意。就在我们出发来摩洛哥前，他刚刚买进了我们的新唱片公司V2的股票，还为维珍服装公司以及我们新建的维珍生活化妆品公司投资。

"真不敢相信，我居然会让你失望，"罗里说，"我从不生病的，一直都很健康。"

"没有关系，"我向他保证，"有点意外是难免的。我们还有亚历克斯呢，他比你轻了一半。跟他一起飞行，我们肯定会飞得更远。"

"说点正经的，如果你回不来，"罗里说道，"我会在你们中断的地方继续努力的。"

"好啊，那就谢谢了！"我一边说，一边紧张地笑起来。

亚历克斯·里奇已经到起飞地点去了，跟佩尔·林德斯特拉德一起，指挥人们狂乱、匆忙地准备吊舱。佩尔是一位经验丰富的热气球驾驶者，我参加这项运动就是他介绍的。而亚历克斯则是一位头脑灵活的工程师，负责设计了我们的吊舱，并首次成功地创造出一个独特的系统，能够让气球在急流层中高速飞行。我们驾驶热气球跨越大西洋和太平洋时，所用的吊舱也都出自亚历克斯之手，可惜我跟他不是很熟，而现在也没时间好好了解他。亚历克斯从未接受飞行训练，但这次却毅然决定与我们同行。如果飞行一帆风顺，我们就会一起相处大约3周，有充裕的时间深入了解对方，成为亲密朋友。

不同于我和佩尔的跨大西洋和太平洋热气球之旅，这一次，我们只有需要的时候才加热空气，因为这只气球里面有个氦气球内核，足以带动我们升空。佩尔打算在夜间加热内核周围的空气，进而间接加热氦气，以免氦气冷缩变重，在空气中下沉。

琼、霍丽和我拉着手，紧紧拥抱。该起飞出发了。

早上8:30

它赫然出现在我们所有人眼前。当我们驱车行驶在那条通往摩洛哥空军基地的土路上时，它就像一座崭新的清真寺，突然冒出地面。这只令人惊艳的白气球，高高耸立在那些满是尘土的弯曲的棕榈树上方，如同珍珠母贝壳做成的雄伟拱顶。它就是我们的气球。公路边上有人肩背长枪，纵马奔驰，前往空军基地。细长的白色气球高高悬浮在空中，熠熠生辉，每个人都被这只庞然大物吸引住了。

上午9:15

气球被封锁起来，它四周的栏杆外面聚集了形形色色、令人眼花缭乱的人群。空军基地的官兵们穿着帅气的深蓝色制服，林立于一侧。在他们的前面，是一群身穿摩洛哥传统服装的女性，披着白色披肩，载歌载舞。接着，一队骑士穿着柏柏尔人服装，挥舞着古老的滑膛枪，飞奔而来，闯入人们的视野，然后，在气球前面排成一行。刹那间，我产生了一种可怕的感觉，以为他们会同时鸣枪庆祝，把那只气球打得千疮百孔。佩尔、亚历克斯和我在吊舱里聚拢，最后检查了一遍所有系统。太阳冉冉升起，氦气逐渐膨胀起来。

上午10:15

我们已经彻底检查了一遍，万事俱备，就要出发了。我最后一次将琼、霍丽和山姆拥入怀中。琼坚强得让我惊讶。最后的4天，霍丽一直紧随我左右，看起来，她也完全控制住了局面。我以为山姆同样如此，可他突然泪如泉涌，拉着我不放。我差点就跟他一起失声痛哭了。他紧紧拥抱着我，我永远不会忘记他那因痛苦产生的力量。接着，他吻了我一下，将我松开，转身拥抱他的妈妈。我飞奔穿过人群，向我的爸爸、妈妈亲吻道别。妈妈将一封信塞进我手中，让我6天之后打开它。我在心里默默地祈望我们能够坚持到那一天。

上午10:50

最后时刻终于到来，我们顺着铁梯爬入吊舱。在那一瞬间，我突然犹豫起来，不知道自己下次再踏上坚实的地面或水面会是何时何地。没时间胡思乱想了，我从舱口钻进吊舱。佩尔坐在主控器旁，我在自己负责监控的摄像器材旁坐好，亚历克斯则坐在活板门旁边。

10、9、8、7、6、5……佩尔开始倒计时了，我也全神贯注地操纵摄像机。我的手不时飞快地向下摸索，检查降落伞扣是否扣好。我们头顶上方有只巨大的气球，吊舱周围绑着6个庞大的燃料箱，我尽量不把它们放在心上。4、3、2、1……佩尔推动控制杆，松开螺栓，切断锚索，我们静静地起飞了，很快升入空中。没有燃烧器的呼呼作响声，我们的热气球就跟小孩子玩的气球似的，接着我们便不断攀升，越飞越高，越飞越远，然后就乘着清晨的习习微风，飞向马拉喀什。

当我们升空时，吊舱的安全门仍然开着。我们向下面的人群挥手告别，现在，他们变得越来越小。马拉喀什在我们下方展露无遗：它宽阔的粉红色城墙、巨大的城市广场，以及高高的围墙后隐藏的绿色院子和喷泉。等气球升高到1万英尺[1]时，气温变冷，空气也非常稀薄了。我们关闭了活板门，从此以后，我们一切都只能依靠自己了。我们已经给吊舱加压，里面的气压会渐渐上升的。

中午刚过，传真机就把我们的第一份传真发了过来。

"我的老天！"佩尔把传真递过来，"瞧瞧这个。"

我读出上面的文字："燃料箱的连接器已被锁死，请当心。"

这是我们所犯的第一个错误。重达一吨的燃料箱兼做压舱物，我们应该打开它的连接器，如果遇到麻烦，气球下降，那时我们就可扔掉其中一个。

"如果我们只犯了这个错误，那我们干得还不错。"我说，希

1　1英尺 = 0.3048米。

望给佩尔打打气。

"我们得下降到5000英尺，然后我就可以爬出去把锁打开了，"亚历克斯说，"这不会有事的。"

可是，我们无法在白天降低高度，因为太阳正在给氦气加热。要想立刻解决这个问题，只能释放氦气。不过氦气一旦释放出去，就无法收回，这是我们无法承受的损失。于是，我们达成一致，等到了黄昏再想办法让气球下降。这个麻烦一直困扰着我们，这只气球的夜间飞行能力如何，我们一无所知。燃料箱被锁住后，我们避开麻烦的能力就会受到限制。

亚历克斯和我试图淡化燃料箱问题的严重性，但佩尔仍然倍感沮丧。他垂头丧气地坐在操纵器旁，一言不发。仅在我们向他直接提问时，他才开口说话。

在这一天余下的时间里，我们平静地飞行。俯瞰阿特拉斯山脉，它那些高高耸立的山峰顶上白雪皑皑，在夕阳绚丽余晖的照耀下，闪烁着柔和的光泽，壮丽的景色令人心旷神怡。逼仄的吊舱里装满了给养，足够让我们维持18天。我们发现，我们不但忘记打开连接器的锁，而且连手纸也忘记带了。因此，我们只有等收到传真后，才可沿着那架小小的螺旋楼梯下去方便。而我那副摩洛哥人似的好胃口使得我对传真纸的"需求量"很大。佩尔依旧怒气冲冲，一声不吭，但亚历克斯和我还在庆幸我们及时发现了燃料箱的问题，否则，等问题严重了才发现，就为时晚矣。

当气球靠近阿尔及利亚边境时，我们再次受到惊吓。阿尔及利亚人通知我们，气球正朝着他们最重要的军事基地贝沙尔飞去，并且禁止我们飞越贝沙尔，他们发来的传真上写着："你们无权进入该区域，再次重申，你们无权进入。"

但我们别无选择。

我花了两个小时左右打卫星电话，先是打给我们的飞行控制员迈克·肯德里克，接着又试图跟几位英国公使取得联系。安德烈·阿祖莱是英国驻摩洛哥公使，曾经帮我们解决了在摩洛哥起飞的所有问题。于是，他再次出手相救，跟阿尔及利亚人百般解释，说我们没办法改变气球方向，更何况我们也没有携带性能很高的摄影器材。最终，阿尔及利亚人接受了公使的解释，放了我们一马。

接到好消息后，我在飞行日志里潦草地做了记录。当我翻到另一页时，我看见了山姆写给我的一封短笺，用浓浓的黑墨水写成，再用透明胶带粘到我的笔记本里："给爸爸，我希望你一路快快乐乐，平平安安。我非常非常爱你。——儿子山姆"。

我想起来了，他头天晚上曾经一个人悄悄溜进吊舱，原来就是为了这个。

到下午5点，我们仍保持3万英尺的飞行高度。佩尔开始打开燃烧器，加热气囊里面的空气。我们烧了整整一个小时，可6点刚一过，气球还是开始下降了。

"从理论上说，这有点不对劲。"佩尔说。

"怎么回事？"我问他。

"我也不知道。"

佩尔一直开着燃烧器，但气球仍在不断下降。我们很快下降了1000英尺，接着又下降了500英尺。太阳慢慢从天际消失，吊舱里越来越冷。显然氦气在飞快地收缩，沉甸甸地悬在我们头顶上，成了气球的累赘。

佩尔说："我们必须扔掉压舱物。"他惊恐万分，我们全都害怕起来。

我们推动一根根操纵杆,扔掉吊舱底部沉重的铅块。我们原打算把这些压舱物保留两周左右。它们从吊舱上坠落,我从摄像机屏幕上看到它们像炸弹一样落下。我有一种可怕的感觉,这或许还只是灾难的开始。跟我们飞越大西洋和太平洋时的气球相比,这个吊舱更大,但它依然只是个铁盒子,悬挂在一只庞大的气球下面,完全受各种风和天气支配。

现在天渐渐黑下来。失去铅块的重量之后,我们稍稍稳定了一会儿。但接着气球再次下降,而且下降速度更快了。我们在一分钟内下降了2000英尺,然后又下降了2000英尺。我的耳朵麻木了,接着出现耳鸣,我感觉胃向上翻腾,紧贴着胸腔。现在,我们只有15,000英尺高了。我努力保持冷静,全神贯注地盯住摄像机和测高仪,脑子里飞快地闪过各种可供我们选择的方案。我们得抛掉燃料箱。可一旦丢弃它们,这次旅行也就完蛋了。我咬着嘴唇。我们处在一团漆黑的阿特拉斯山脉中某个地方,并且再发展下去就只能坠毁了。我们全都默不作声,我飞快地考虑着。

"按照这个速度下降,我们只剩7分钟了。"我说。

"好吧,"佩尔回答,"打开舱口,减压。"

在12,000英尺高的空中,我们打开了活板门,气球降至11,000英尺。一股令人窒息的冷空气涌入舱内,吊舱里的气压降低了。亚历克斯和我开始把舱里的东西挨个往外扔:食物、水、油壶,除了构建吊舱的部件,每件东西都扔了,甚至包括一捆美钞。这暂时阻止了气球的下降,但也只有5分钟。飞行将无法继续,这是毋庸置疑的,保命要紧。

"还是不够,"我望着高度仪说道,上面的数字降低到了9000英尺,"我们仍在下降。"

"好吧，我打算爬到吊舱顶上去，"亚历克斯说，"燃料箱也必须扔掉了。"

吊舱是亚历克斯一手建造的，该怎样将燃料箱的几个连接器解锁，他是最了解的。我在一团恐慌中意识到，如果参加飞行的是罗里而非亚历克斯，那么我们将一筹莫展，除了跳伞，毫无办法，只能在这个时候立刻跳出舱外，跌跌撞撞地坠入夜色里的阿特拉斯群山之中。在我们头顶上，燃烧器呼啸着，为我们投下一团耀眼的橘色光芒。

"你以前跳过伞吗？"我朝亚历克斯大声喊道。

"没跳过。"他回答。

"这是你降落伞上的开伞索。"我一边说，一边把他的手推向开伞索。

"现在高度7000英尺，仍在下降，"佩尔大叫，"现在6600英尺。"

亚历克斯从舱口爬到吊舱顶上。下降速度到底有多快，我们自己很难感觉到。现在，我的耳朵已经失去正常功能。如果连接器被冻住，亚历克斯无法释放燃料箱，那我们就不得不跳伞了。我们只有几分钟时间，我抬头望着舱口，在心里预习跳伞程序：一手扶着门边，向外迈出一步，跳入黑暗之中。我伸出手，本能地摸了摸我的降落伞，然后停下手来，看见佩尔也正在戴上他的降落伞。他盯着高度仪，上面的读数下滑很快。

我们只有6000英尺高了，剩下的时间寥寥无几，外面漆黑一片——不，只剩5500英尺了。如果亚历克斯在舱顶再拖延一分钟，我们将降至3500英尺。我站起身来，一边从舱口放开皮带，一边向外探头张望，只见亚历克斯正在舱顶忙作一团。我们的下方漆黑一片，寒风凛冽，根本看不到地面。电话和传真机的铃声接二连三地响起。地面控制人员肯定一直感到非常困惑，想知道我们到底在做什么。

"扔掉一个了。"舱口传来亚历克斯的叫声。

"3700英尺。"佩尔说。

"又一个。"亚历克斯说。

"3400英尺。"

"又一个。"

"2900英尺，2400英尺。"

现在若想跳伞，已经太迟了。我们一跳出去，就会在猛然冲上来迎接我们的群山之间摔得粉身碎骨。

"回到舱里来，"佩尔大吼，"马上！"

亚历克斯从舱口跳了进来。

我们勉强振作起来。佩尔猛拉操纵杆，摆脱一个燃料箱。如果这个螺栓失控，我们将在大约60秒内一命呜呼。燃料箱坠落，气球颠簸了一下，顿时停止下降，感觉就跟电梯撞到了地面似的。我们一下子陷进座椅，我的脑袋仿佛被压进了肩膀。随后，气球开始上升。我们望着高度仪：2600英尺，2700英尺……2800英尺。我们没事了。在10分钟内，我们就上升到3000英尺以上，气球再次回到了夜空中。

在亚历克斯旁边，我浑身瘫软，跪倒在地板上，拥抱着他。

"谢天谢地，多亏你跟我们在一起，"我说，"要是没有你，我们就完了。"

据说，生命垂危的人会在死亡之前的最后时刻回顾自己的一生。我的感受却截然不同。随着我们呼啸着撞向地面，即将在阿特拉斯山脉中化为一团火球，我以为我们必死无疑了，这时候，我心里只有一个念头：如果能够捡条命回来，我就再也不这样冒险了。当我们朝着高空安全地带不断上升时，亚历克斯给我们讲了一个故事：有个富人打算游泳横渡英吉利海峡，他来到海滩上，架好轻便折叠躺椅，在一张小桌子上摆好黄瓜三明治与草莓，然后宣布说，他手下的人将替他横渡海峡。此时此刻，这个办法听起来倒也不错。

起飞后的第一个晚上，我们整夜都没有休息，拼命想控制住气球。有一阵子，气球突然莫名其妙地上升。后来我们才意识到，在余下的燃料箱中，有一个出现了裂缝——丢弃燃料箱是非常失策的做法。黎明逐渐到来，我们开始为着陆做准备。我们的下方是茫茫的阿尔及利亚沙漠，即便在最安宁的时期，这里也不适合居留；而现在这个国家已陷入内战，情况就更加险恶了。

在电影《阿拉伯的劳伦斯》中，你看到的是一片金黄的沙漠，满是微微起伏的沙丘，但你别指望在这里看到如此美景。我们下方是一片多石的不毛之地，荒凉得就像火星。鳞次栉比的岩石垂直竖立，如同一个个巨型的白蚁窝。亚历克斯和我坐在吊舱里，望着清晨的阳光涌向沙漠，惊讶不已。我们明白，自己本来是无法活到这一天的。太阳冉冉升高，气温也逐渐升高，这一切都显得无限珍贵。我们望着气球的影子滑过沙漠，感到难以置信。昨天夜里，就是这同一个奇妙的装置，突然坠向阿特拉斯山脉。

吊舱上剩余的燃料箱挡住了佩尔的视线，因此就由亚历克斯指挥他着陆。当我们靠近地面时，亚历克斯突然大叫："前面有电线！"

佩尔大声回答说，我们身在撒哈拉沙漠腹地，这里不可能有电线。"你看到的肯定是海市蜃楼。"他吼叫着说。

亚历克斯坚持要他爬上来，自己看个明白：我们居然找到了撒哈拉沙漠里唯一的电线。

尽管我们周围是大片不毛的沙漠，但我们着陆后仅仅几分钟，就出现了生命的迹象。一群柏柏尔部落男子突然从岩石后面现身，一开始还保持着距离。我们正打算将一些水和剩余的物资提供给他们时，听到了强击直升机喧闹的呼啸声。他们肯定一直在通过雷达跟踪我们。柏柏尔人顿时消失无踪，就跟刚才出现时一样突然。两架直升机在不远处降落，搅起一团团尘土。很快，我们就被一群面无表情的士兵包围了，他们举着机关枪，显然不知道该把枪口指向何处。

"真主保佑！"我满心欢喜地说。

士兵们静静地站着，但很快好奇心就占了上风，他们向前迈进。我们带领他们的军官围着吊舱巡视一番，他望着剩下的燃料箱，迷惑不解。

我们站在吊舱外面，这些阿尔及利亚士兵会怎样看待它呢？我很想知道。我回过头去，从他们的角度观察这一切。剩下的燃料箱都涂上了鲜艳的红色和黄色油漆，就像一个个巨大的维珍可乐罐和维珍运动饮料罐。吊舱侧面挂着许多广告，包括维珍大西洋航空公司、维珍金融公司（现在的维珍银行）、维珍房地产公司和维珍可乐的广告。其中，维珍运动饮料罐顶部漆着这样的文字：别听人胡说，维珍运动饮料绝对不含催情成分。这些虔诚的穆斯林士兵看不懂那些字，对我们来说，这或许是不幸中的万幸。

我望着矗立在红沙中的吊舱，脑海里出现了昨晚气球朝阿特拉斯山脉坠落的痛苦经历，我再次发誓决不重蹈覆辙。与之矛盾的是，在潜意识里，我也明白，一旦回到家中，跟其他正在尝试环球飞行的气球驾驶者聊聊之后，我会同意最后再试一次。这是一个令人无法抗拒的挑战，如今，它已经成为埋藏在我内心深处的夙愿，我怎肯就此放弃。

有两个问题，别人向我提得最多：为什么你要冒着生命危险驾驶气球？维珍集团的发展目标是什么？此刻，望着矗立在阿尔及利亚沙漠中的气球吊舱，看到它全身密密麻麻地覆盖着维珍各公司的名字，我觉得，从某种角度说，上述两个重要问题都可从中找到答案。

我知道，我还将再次尝试驾驶气球做环球飞行，因为这是人类尚未获得成功的少数艰巨挑战之一。一旦我排除了产生于每次实际飞行时的恐惧感，就会再次变得信心十足，认定我们能吃一堑长一智，在下一次安全地完成飞行。

至于维珍集团的发展目标是什么，这个问题太大了，根本不可能给出答案。我写这本书，是为了解释我们怎样造就了现在的维珍，而不是进行学术化的论述——我可不擅长这个。如果你细细品味书中隐含的意思，我想你就会了解维珍集团有什么样的前景，也会明白我的发展方向是什么。有人说，我确定的维珍前景违反了所有商业规则，千变万化，过于宽泛；也有人说，维珍已成为20世纪的领军品牌之一；还有人对维珍做细致入微的分析，并撰写有关维珍的学术论文。而我呢，不过是拿起电话，继续经营。不管是我的一系列气球飞行活动，还是我建立的一系列维珍公司，都是一连串彼此紧密联系的挑战，它们的起源可追溯到我的童年时代。

目　录

01

冒险基因：
特立独行的一家人

如今，我记忆中的童年往事已是模糊一团，但有几段逸事难以忘记。我还记得，父母不断为我和两个妹妹确定各种挑战目标。母亲决定先要让我学会独立生活。我年仅4岁，她在离家几英里[1]远的地方停下车来，让我自己找路回家。我不可救药地迷路了。我的小妹妹凡妮萨最早的记忆就是在1月的一天早上被吵醒，天还没亮，而妈妈决定让我那天骑车到伯恩茅斯去。妈妈给我包里装了些三明治，还有一个苹果，但却让我自己一路找水喝。

我家位于萨里郡的夏姆里格林，到伯恩茅斯有50英里。当时我还不到12岁，但妈妈认为这有助于培养我的毅力和方向感。我记得自己天还没亮就出发了，并且还能模模糊糊地回忆起那天在一个亲戚家住了一晚。我不记得自己是怎么找到他家的，也不记得第二天是怎么回到夏姆里格林的。不过，我确实记得，自己终于完成了那趟"马拉松式"的骑行，像个凯旋的英雄，得意扬扬地踏进厨房，满以为迎接我的是一场盛大的欢迎仪式。

"干得不错，里奇[2]，"妈妈在厨房里一边切洋葱，一边跟我打

1　1英里＝1.609 344千米。
2　理查德的昵称。

招呼，"有趣吧？现在，你能不能到教区牧师家跑一趟？他需要劈些木头，我跟他说你一回来就去帮他。"

父母向我们提出的往往是体力而非学业方面的挑战。很快，我们就开始确立自我挑战目标了。我还记得自己小时候是怎么学会游泳的，那时我不是4岁就是5岁，跟乔伊丝姑姑、温迪姑姑及其丈夫乔姑父一起，在德文郡度假。我特别喜欢乔伊丝姑姑，假期刚一开始，她就跟我打赌，说我在两周的假期结束时肯定学不会游泳，否则就给我10先令。每天我都在大海里待上几个小时，迎着寒冷刺骨的波浪学习游泳。可是，到了假期的最后一天，我仍然是个旱鸭子，只会一只脚踏着海底瞎扑腾几下。我会朝前一个猛子扎进水里，在浪花底下横冲直撞，然后噼里啪啦地挣扎着浮上水面，尽量避免灌进几口海水。

"没关系的，里奇，"乔伊丝姑姑说道，"今年不会，明年还可以继续学。"

但是，我可不打算等那么久。乔伊丝姑姑跟我打了赌的，谁知道她明年还记不记得呢。假期的最后一天，我们一大早就起床，收拾好行李装到车上，然后出发，驱车12小时回家。公路很窄，车开得很慢，而且天又很热，人人都想回家。车到中途，我看见一条河。

"爸爸，请你停一下车，好吗？"我说。

这条河是我最后的机会，我确信自己能够学会游泳，赢得乔伊丝姑姑的10先令。

"快停车！"我大叫。

爸爸望着后视镜，逐渐减速，在草地边停下车。

我们从车上挤下来，温迪姑姑问："这是怎么了？"

"里奇看到下面那条河了，"妈妈说，"他想最后试试会不会游泳。"

"大伙儿难道不想赶快回家吗？"温迪姑姑抱怨着，"还有那么远的路呢。"

"好了，温迪。让我们给孩子一次机会吧，"乔伊丝姑姑说，"反正这10先令由我付。"

我脱下衣服，穿着短裤跑到下面的河岸上。我不敢停下脚步，唯恐有人改变主意。一来到河边，我就害怕了。河的中间水流湍急，河水拍打着一块块石头，整条河都是白花花的水沫。我找到一片被牛踩过的河岸，走进水里，淤泥从我的脚趾之间挤过。我回过头去，看见乔姑父、温迪姑姑、乔伊丝姑姑，还有我的父母和妹妹林迪，全都站在那里望着我，女士们穿着印有花朵的套装，男士们穿着粗呢夹克，打着领带。爸爸正在点烟斗，一副事不关己的样子；妈妈则跟往常一样，满脸鼓励的微笑。

我打起精神，向前跳进激流，但立刻感到自己在往下沉，两腿徒劳地在水中划过。河水冲得我直打转，撕扯着我的短裤，把我朝下游拖去。我没法呼吸，吞了几口河水。我伸手想浮出水面，却没有借力的地方。我在水中无助地胡乱踢腾、挣扎着。

随后，我的脚踩到一块石头，我拼命蹬了一下，终于回到水面上来，长长地吸了一口气。深呼吸让我平静和放松了。我必须赢得那10先令。

我缓缓踢腿，展升双臂，发现自己居然从水面上游了过去。虽然依旧时浮时沉，但我突然感到自由自在：我终于能够游泳了。河水把我推向下游，我却毫不在意，我得意扬扬地朝着激流游去。在咆哮的流水声与翻滚的水沫中，我听见家人在鼓掌欢呼。当我倾斜地转着圈游回他们下方50码[1]远的河岸时，我看见乔伊丝姑姑正在她那个黑色大手提包里摸索着寻找钱包。我从水里爬出来，飞快地穿过一片扎人的荨麻，朝河岸跑去。虽然我周身冰冷，沾满泥浆，又被荨麻刺疼了，但我终于会游泳了。

"给你，里奇，"乔伊丝姑姑说，"干得好。"

我看着手中那张10先令的棕色钞票，它又大又新。以前我从没拿过这么多钱，它似乎是一笔巨款。

"好了，各位，"爸爸说，"我们继续前进。"

到这时候，我才发现，爸爸全身也湿透了。他刚才慌里慌张地跟在我后面跳进河里。现在，他紧紧地拥抱了我一下。

在我生命中，我没有哪一刻感受不到家人的关爱。不管是过去还是现在，我们一家人都愿为彼此做出牺牲。我的父母相敬如宾，在我小时候，他们几乎从没吵过嘴。我母亲伊芙总是活力四射，激励我们。相比之下，我父亲特德更好静，总是边吸烟斗边读报，乐在其中。但父母都酷爱冒险。特德曾想做一名考古学家，但他父亲是一位最高法院的大法官，希望他按照布兰森家族的传统，进入法律界。我家有三代人都是律师。特德还在求学，我爷爷就找了个就业指导员跟他谈话，讨论他将来可能从事的职业。当特德表示想当考古学家时，爷爷就以就业指导员未能好好完成任务为由，拒绝付钱给他。于是，特德只得勉强到剑桥去学法律，但在业余仍继续收

---

1 1码等于3英尺，合0.9144米。

集各种古代文物和化石，并把自己的收藏称为"博物馆"。

1939年，第二次世界大战爆发，特德自愿加入斯塔福德郡义勇骑兵，这个军团主要由法律协会组织，曾到巴勒斯坦作战。特德在1942年9月的阿拉曼战役中冲锋陷阵，又参加了随后在利比亚沙漠中展开的一系列战斗。他卷入了进军意大利的战役，曾在萨莱诺和安奇奥作战。在特德参加战斗之前，为了让我的祖父母知道他身在何处，他设计出一套暗号，他们约好，在家信中用"地下室"表示"世界"，并用橱柜里的抽屉分别代表各个国家。特德写信说，要他的母亲从右侧橱柜中，位于左边最上面的抽屉里，取出自己骑马戴的旧手套，这就暗示他在巴勒斯坦。难怪审查员们从未发现其中的秘密，而我的祖父母却总能知道他在哪里。

当特德参军时，他的叔叔吉姆·布兰森已成为军中大名鼎鼎的人物，因为他鼓吹吃草。我的叔祖父吉姆在汉普郡曾有一处地产，但他最终把土地都分给了佃户，自己移居巴尔汉姆——在1939年，这儿还属于伦敦远郊。他沉迷于吃草的创意，《图画邮报》对他进行了报道，上面还有一张他的照片，是在他巴尔汉姆寓所的浴室拍的，他在里面种了几浴缸的草，然后加工成干草。在吉姆成为名人后，请他吃饭的人越来越多，而他每次都会带上自己的马粮袋，在就餐时吃草。在军中，每个人都嘲笑我父亲："你肯定是吉姆·布兰森的儿子！来来来，吃点草吧！你真是一匹充满活力的小公马。他们打算啥时候阉你呀？"诸如此类。

特德极力否认自己和那个吉姆叔叔有任何联系。但是，随着战争不断推进，戴维·斯特林建立起了特别空勤团（SAS），这支精锐军团的目标是到敌人战线后方展开军事行动。他们必须轻装行军。很快，吉姆·布兰森为戴维·斯特林及其主力部队提供建议的事就传开了，他教他们以草和坚果维生的办法。

此后，再有人问特德："你姓布兰森？你跟吉姆·布兰森有什么关系吗？"他都会趾高气扬地回答："当然了，其实他就是我叔叔。他和特别空勤团的事情很有趣，是吧？"

实际上，特德很享受离家那5年的日子，重返剑桥，他发现自己很难再专心攻读法学了。几年后，他已经成为一名年轻的出庭律师。有一次，他在参加鸡尾酒会时迟到了，接待他的是一位漂亮的金发姑娘，名叫伊芙。她翩然穿过房间，朝他走去，端起一盘蜜饯香肠，对他说："通往男人心灵的通道是胃。来，尝一尝。"

伊芙·亨特利-弗林特精力旺盛，这一点来自她的母亲多萝西，多萝西创造了两项英国纪录：89岁时，外婆通过了高级拉丁美洲国际标准舞考试，成为英国通过这项考试年龄最大的人；90岁时，她成为高尔夫球场上一杆击球入洞年龄最大的人。

外婆去世时已经99岁。在那之前不久，她曾经写信给我说，在她的一生中，过去的10年是最美好的。同一年，她乘坐一艘游轮周游世界，途中，她被独自留在了牙买加，除了身上穿的泳衣，什么都没有。她甚至读过《时间简史》（这种书我从来都读不下去）。外婆一直好学不辍，她的人生态度就是：生命只有一次，因此一定要活出精彩来。

受外婆的遗传影响，妈妈也热爱体育运动和舞蹈，年仅12岁就在伦敦西区参加了一部轻歌舞剧的演出。那部歌舞剧是玛丽·斯托普斯创作的，此人后来凭借自己在女性健康教育方面的工作而闻名。不久之后，为了获得另一份舞台表演工作，妈妈差点被迫脱了衣服。

那是在西区的女王剧院，她在《科克伦秀》中跳舞。查尔斯·科克伦爵士的舞台秀声名狼藉，因为它拥有城里最漂亮的姑娘，而且还是跳脱衣舞的漂亮姑娘。那是在第二次世界大战期间，工作机会很少。伊芙决定接受这份工作，理由是这些娱乐全都无害。不出所料，她的决定遭到我外公的强烈反对，还跟她说，如果她胆敢参加演出，他就会风驰电掣地跑到女王剧院，将她从舞台上拖走。伊芙向查尔斯·科克伦爵士转述了外公的话，爵士允许她跳舞时不脱衣服。于是，她就能够侥幸地避免很多尴尬事了——现在同样如此。

伊芙开始找其他白天上班的工作。赫斯顿有家滑翔机俱乐部，教英国皇家空军的新兵学习驾驶滑翔机，然后他们才能成为飞行员。伊芙前去求职，要求当飞行员，但却得知只有男性才可获得这份工作。她并未因此退却，而是跟一名教官聊了起来，这位教官大发慈悲，偷偷把这份工作给了她，条件是她必须女扮男装。于是，伊芙穿上皮夹克，戴上皮头盔遮住自己的长发，还用低沉的嗓音说话，就这样蒙混过关了。她学会驾驶滑翔机，而且开始教新飞行员驾驶。在第二次世界大战的最后一年，她加入英国皇家海军女子服务队，成为信号兵，并被派遣到苏格兰的布莱克岛服役。

战后，伊芙当上空中小姐，当时这是最刺激的工作。这份工作条件苛刻，要求应聘者必须非常美丽而且尚未婚配，年龄在23岁到27岁，会说西班牙语，而且还得接受护士的训练。伊芙不会说西班牙语，也不是护士，但她并不因此就泄气，她和招聘中心的夜勤人员聊了起来，结果，她就获得了参加英国南美航空公司（BSAA）空中小姐培训课程的机会。BSAA有两种型号的飞机往返于伦敦与南美之间，一种是兰开斯特式飞机，可容纳13名乘客；另一种是约克式飞机，可容纳21名乘客。这些飞机全都有迷人的名字，一种叫"星河号"，另一种叫"星谷号"，飞机上的空中小姐则被称为"星姑娘"。当飞机顺着跑道滑行时，伊芙的第一项工作就是向乘客分发圆球口香糖、麦芽糖、药棉和企鹅出版社的平装书，并告诉乘客，在飞机起飞和降落之前，必须擤鼻子。

那时候，机舱里是不加压的，每次飞行都是马拉松式的漫长旅行。从伦敦到里斯本需要5个小时，再到达喀尔需要8个小时，跨越大西洋飞到布宜诺斯艾利斯需要14个小时。从布宜诺斯艾利斯到圣地亚哥的这段航程，约克式飞机就换成了更坚固的兰开斯特式飞机，而且在飞越安第斯山脉时每个人都需要戴着氧气面罩。伊芙加入BSAA一年之后，这家公司就被英国海外航空公司（BOAC）吞并了，她开始在都铎式飞机上工作。"星虎号"是第一架飞往百慕大群岛的飞机，它在半空中爆炸。伊芙所在的飞机是第二架，安全抵达了目的地。紧随其后的飞机叫"星灵号"，它在百慕大三角消失了，没留下丝毫踪迹。于是，都铎式飞机全都停飞了。后来才发现，造成这种飞机事故频发的原因是其机身不够坚固，无法承受新近采取的加压措施。

至此，特德可能已经意识到，如果他不跟伊芙结婚，从而使她不再具备当空中小姐的资格，那么她说不定也会消失在大西洋上空。当他们俩骑着摩托车一路飞奔时，特德向坐在他后面的伊芙求婚了，她扯着嗓门儿大声回答："好的！"好让特德在呼啸的风声里听见这两个字。他们于1949年10月14日结婚，然后到马略卡岛度蜜月，并在蜜月旅行期间怀上了我。

父母一向以平等的姿态对待我和两个妹妹林迪、凡妮萨，认为我们的看法跟他们的一样有价值。在凡妮萨出生之前，如果父母出去吃饭，他们就会带上我和林迪一起去，让我们躺在汽车后排座椅的毯子上。他们吃饭时，我们在车里睡觉。不过，我们总是在他们起程回家时醒来，然后静静地望着夜空，听父母谈论他们度过的夜晚，彼此开玩笑。我们一天天长大，就像朋友一样跟父母交谈，小小年纪就开始讨论爸爸代理的案子，争论一些文学和社会问题，其实当时我们谁都不知道自己讨论的究竟是什么问题。父母总是鼓励我们独立思考，很少给我们指指点点地提意见——除非我们要求他们提供建议。

　　我们住的地方位于萨里郡，是一个名叫"夏姆里格林"的村庄。在凡妮萨出生之前，林迪和我在伊斯特兹宅长大，这座村舍上面覆盖着常春藤，有小小的白色窗户，一道白色的小门通向外面的村庄公共草地。我比林迪年长3岁，比凡妮萨年长9岁。在我们的童年时代，双亲没什么钱。我记得我们老是吃面包配牛油，也许是因为妈妈对烹饪不感兴趣，也许是为了省钱。虽然饮食粗淡，但家里吃饭仍然有很多规矩，例如，不把自己的食物全部吃完，就不许离开餐桌。妈妈还把花园里种的洋葱给我们吃。我一直对洋葱深恶痛绝，在吃饭时，常常把它们偷偷摸摸地藏到餐桌的一个抽屉里。这个抽屉从来没人清理，直到10年后我们搬家，才有人打开它，发现了那堆几乎已变成"化石"的洋葱。

　　家里就餐时，食物并不重要，跟我们一起吃饭的人才重要。我们家里总是住满了人，为了平衡收支，妈妈邀请德国和法国留学生来租房，以便他们在一个典型的英国家庭学习英语。我们必须热情款待他们。妈妈老是让我们去花园里干活儿，帮她做饭，并在饭后收拾餐桌。如果我不想干活儿，就会从家里跑出去，穿过村里的公共草地，去找我最好的朋友尼克·鲍威尔玩。

一开始，尼克最棒的优点就在于他妈妈做的美味奶油冻。在让抽屉"饱餐"一顿洋葱之后，我会悄悄溜到尼克家，把那些学英语的德国人留给我的家人。如果把握好时机——在这方面我很有信心——等我到尼克家时，布丁和奶油冻已经端上了餐桌。尼克是个安静的男孩，有一头乌黑的直发和一双黑眼睛。不久，我们俩就开始成天黏在一起，爬树、骑自行车、打野兔，或者躲在林迪的床下面，等她关灯睡觉后抓她的脚脖子。

在家里，妈妈沉迷于两件事情：她老是给我们没事找事做；她老是千方百计地赚钱。我们一直没有电视机，我也不记得父母听过收音机。妈妈在花园里的一个小棚子工作，做一些纸巾盒与废纸篓，卖给商店。这个小棚子弥漫着油漆和胶水的气味，放满一堆堆漆好的盒子，准备送走。爸爸独具创意，心灵手巧，他设计出特殊的钳压工具，把涂过胶水的薄纸板夹住，就粘成了盒子。到最后，妈妈甚至向哈罗德百货公司供应她做的废纸篓，她的小棚子彻底变成了家庭手工业作坊。妈妈总是精力充沛，风风火火，孜孜不倦地工作，她做任何事情都是这样。

我们家有很好的团队合作意识。一旦进入妈妈的运行轨道，我们都必须转个不停。如果有谁借口要做别的事情，趁机逃避工作，就会因为自私而受到严厉的批评。结果，我们从小到大都总是优先考虑别人。有一次，有个男孩来我家度周末，我不太喜欢他。星期天，当我们去教堂做礼拜时，我偷偷从我家的那排座位上溜走，到过道对面，和尼克坐在一起。妈妈被气坏了，回家就让爸爸揍我。我乖乖地跟着爸爸到书房去，他关上门，但并没有在一怒之下教训我，只是微笑着说：

"现在，你装哭可要装得像样啊。"说着，他就用双手连拍六下巴掌，像极了打屁股的声音。

我连哭带叫地跑出书房。妈妈摆出一副严肃的模样，暗示这也是为我好，然后毫不动摇地到厨房里继续切洋葱，而我则在午餐时按部就班地把它们填进餐桌的抽屉里。

在我们家，并非只有叔祖父吉姆这一个标新立异的人物，来自我爸和我妈两边的人都嘲讽权威。我记得我们买过一辆破旧的吉卜赛篷车，把它停放在花园里。有时路过的吉卜赛人会来按门铃。妈妈总是送他们一点银器，还让他们到车库里翻找自己需要的东西。有一年，我们全家都到吉尔福德去观看萨里郡展览。这里非常拥挤，到处是神采飞扬的骑马越障表演者，以及身穿斜纹软呢外套、头戴圆顶硬礼帽的人。当我们从一个货摊前路过时，妈妈看见一群吉卜赛孩子在哭，于是走过去看个究竟。这群孩子正围着一只拴在细绳上的喜鹊。

"皇家防止虐待动物协会（RSPCA）命令我们交出鸟儿，杀掉它，以免它继续受苦。他们说拥有野鸟是非法的。"孩子们说。

就在他们讲述事情原委时，我们看见一名RSPCA官员朝这边走了过来。

"不用怕，"妈妈说，"我会救它的。"

她抓起那只鸟儿，把它藏在自己的外套里。然后，我们就在那些官员眼皮底下，将喜鹊偷偷带出展览场地。那群吉卜赛孩子到外面跟我们会合，并让我们留着喜鹊，因为官员只会再次找他们的麻烦。妈妈非常高兴，我们就开车回家了。

这只喜鹊跟妈妈很亲，当妈妈在厨房里或者在小棚子里工作时，它就站在妈妈肩膀上，接着突然猛扑到围场上去，站在小马的背上，捉弄它们。午饭后，当爸爸坐下来读《泰晤士报》时，它会朝他俯冲过去，用翅膀拍打报纸，让它们乱七八糟地散落到地上。

"该死的鸟儿！"爸爸一边怒吼，一边挥舞着胳膊，将它嘘走。

"特德，别无所事事了，起来做点事情吧，"妈妈说，"鸟儿是提醒你去花园里干活儿呢。里奇和林迪，你们俩到教区牧师家跑一趟，问问能够帮他做点什么。"

夏天，我们会去德文郡的索尔科姆，跟爸爸家的亲戚一起度假，有时也会到诺福克去，在克莱尔·霍尔姨妈家待几天。我立志长大后要以克莱尔姨妈为榜样。她有个好朋友叫道格拉斯·巴德，是第二次世界大战中的王牌飞行员，因飞机坠毁而失去双腿。他们俩有一架古旧的双翼飞机，会一起驾驶它飞行。有时克莱尔姨妈会从飞机上跳伞取乐。姨妈还是个烟鬼，每天大约要吸20支小雪茄。

待在姨妈家时，我们喜欢在她花园尽头的水池里游泳。道格拉斯·巴德会取下他的假腿，拖着身体钻进水里。我常常拿着两条假腿跑掉，把它们藏在水池旁的灯芯草丛里。接着，道格拉斯就会从水里出来，扑过来追我。他的胳膊和肩膀强壮有力，他都能用手走路。第二次世界大战期间，他被德军俘虏，关在科尔迪茨，他曾经两度试图逃跑，都失败了，于是纳粹就没收了他的假肢。

"你跟纳粹一样坏。"他咆哮着，像猩猩一样两手撑地，摇摇晃晃地追赶我。

克莱尔姨妈跟妈妈不愧是姐妹，她们俩都很有创业精神。姨妈对威尔士山地绵羊着迷，当时它还是濒危物种。为了避免这些黑绵羊灭绝，她购买了几只，最终繁殖出一大群，从濒危动物名单上将它们挽救了出来。接着，她成立了一家"黑绵羊营销公司"，开始出售装饰着黑绵羊图案的陶器。有种杯子侧面写着"咩咩黑绵羊"的童谣，非常畅销。不久，克莱尔姨妈就发动村里的老太太们，用她的黑绵羊羊毛织披肩和毛衣。她兢兢业业地工作，成功地将"黑绵羊"打造成品牌。这个品牌过了40多年仍然很受欢迎。

若干年之后，在维珍唱片公司的草创时期，我接到克莱尔姨妈的一个电话："里奇，简直难以相信，我有一只绵羊开始唱歌了。"

我顿时感到头大，但这种事发生在克莱尔姨妈身上倒也不是什么意外。

"它唱的是什么？"我一边问，一边想象一只绵羊演唱，"来吧，宝贝，来点燃我的激情。"

"当然是唱'咩咩黑绵羊'了，"她厉声说道，"现在，我想给它灌一张唱片。但它未必愿意到录音棚里唱歌，所以，你能不能派几位录音师过来？最好快点，因为它会随时停止唱歌。"

那天下午，一群录音师带着一个24声道的移动录音棚前往诺福克，为克莱尔姨妈那只会唱歌的绵羊录音。他们还录制了绵羊、鸭子和母鸡的大合唱，然后我们发行了单曲《咩咩黑绵羊》，它获得了排行榜第4名的成绩。

我和尼克的关系以友情为基础，但也建立在强烈的竞争因素上。我决心事事都要超过他。有年夏天，尼克过生日时收到一件礼物，是一辆崭新的自行车。我们立马决定骑车玩"河边俯冲"游戏，也就是骑车从山坡上直直地冲向河岸，在尽可能靠近水边的地方突然刹车停下。这个游戏竞争激烈，我非赢不可。

既然自行车是尼克的，自然应该他先玩。他来了个漂亮的刹车动作，然后顺势转弯，这样后轮离水边还不到一英尺。通常，尼克总是想方设法刺激我，让我做一些更出格的事情，但这一次他却想阻止我。

"我的刹车最完美，"他说，"你是没法超过我的。"

但我可不这么想，我决心要比尼克刹得更漂亮。我把他的自行车推到小山上，飞快地蹬着车，朝小河飞驰而下。快到岸边时，我显然失去了控制，根本没机会将自行车停下来。我从尼克身边呼啸而过，虽然飞速的运动导致我视线模糊，我却仍然看见他目瞪口呆的惊恐表情。我想刹车，但已经来不及了。我翻了个筋斗，一头冲进河里。自行车在我下面沉入水中，我也被冲到下游，不过最终还是设法爬上岸来。而尼克在岸边等我，暴跳如雷。

"你弄丢了我的自行车，那可是我的生日礼物！"

他怒火冲天，又气又急，号啕大哭，把我推进河里。

"你这个该死的家伙，赶紧把我的车子找回来。"他大叫着。

"我会找到它的，"我结结巴巴地说，"它没事，我会把它捞出来的。"

"你这个浑蛋，最好快点。"

随后，我花了两个小时潜入河底，为了找到他的新自行车，在淤泥、水草与鹅卵石之间来回摸索，可哪里都找不到。尼克坐在岸上，抱着双膝，下巴靠在膝盖上，对我怒目而视。尼克有癫痫病，以前有几次他发病时，我刚好和他在一起。现在他这么生气，但愿这不会刺激他再次发作。我在水里泡了大半天，冻得几乎说不出话来，我的手也发白，冻僵了，而且还被河里的石头撞出了血，尼克终于大发慈悲。

"我们回家吧，"他说，"你再也找不到它了。"

我们一路走回家去，我试图让他振作起来，向他许诺说："我会买辆新车赔你的。"

我父母肯定苦不堪言，因为这辆自行车让他们花了20英镑，差不多等于做一个月废纸篓的收入。

等我们长到8岁时，尼克和我就不在一起了，我被送到位于温莎大公园的斯凯特克里夫小学寄宿求学。

我爸爸上寄宿学校时，也像我这么大。他的爸爸也是。对于出生在我那种家庭的男孩，这是接受教育和培养独立生活能力的传统方式，它教人学会自食其力。但是，如此小小年纪就离家求学，令我深恶痛绝，发誓决不强行把自己的孩子送进寄宿学校，直到他们达到适当的年龄，能够自己决定是否愿意去。

在我去斯凯特克里夫小学的第三周，我被叫到校长办公室，他说我违反了某条校规。我想自己是在捡足球时，践踏了一片神圣不可侵犯的草地，于是我不得不弯下腰，让屁股被教鞭抽六下。

"布兰森，"校长抑扬顿挫地叫我，"说，'谢谢先生'。"

我简直不敢相信自己的耳朵。凭什么要谢谢他？

"布兰森，"校长再次举起教鞭，"我警告你。"

"谢谢……先生。"

"你会变成个大麻烦，布兰森。"

"是的，先生。我的意思是，不会的，先生。"

我的确变成个大麻烦——而且总是惹麻烦。我都8岁了，却仍然不会阅读。其实我有阅读障碍，而且眼睛近视。哪怕坐在教室第一排，我也看不清黑板上的字。过了好几个学期，才有人想到检查我的视力。然而，即使我看得清，那些字母和数字对我而言同样毫无意义。那个时候，阅读障碍还没被当作一个问题，或者，更确切地说，只有当你自己有阅读障碍时，它才构成问题。既然人们对阅读障碍还闻所未闻，那么，在老师和班上的其他学生眼中，不会认字、写字和拼写单词的人不是傻瓜就是懒虫。在小学里，不管你是傻瓜还是懒虫，都会挨打。不久，我就因为没做好功课，或者弄混了黑斯廷斯战役发生的日期，每周都要挨一两次打。

在我的整个求学生涯中，一直都存在阅读障碍问题。如今，虽然我的拼写有时仍很差劲，但通过训练自己集中注意力，我还是想办法克服了最大的困难。或许，幼年时的阅读障碍让我变得更有直觉，如果有人送来一份书面计划，我不会纠缠于细枝末节的事实或数字，而是运用自己的想象力掌握并扩展读到的东西。

不过，让我挽回面子的地方却是课堂外面，体育运动是我的特长。在英国的公立学校里，体育的重要性怎么高估都不过分。擅长体育运动，你就会成为学校的英雄，年长的男孩不再欺负你；即使你考试全部挂科，老师也不会介意。我如此强烈地渴望在体育方面获得成功，因为这或许是我唯一表现优秀的机会。我当上了足球队、橄榄球队和板球队的队长。每逢运动会，我都会在田径项目中获得一大堆奖杯。1961年，就在我快满11岁时，我在所有赛跑项目中都大获全胜。我甚至决定参加跳远。跳远以前并非我的长项，但这次我只打算小试一番。我顺着跑道奔跑，从木头踏跳板上一跃而起，在空中高高飞过。在我双脚跳入沙坑后，老师向我走来跟我握了握手，我又创造了一项本校新纪录。在那个夏日，我所向披靡。我的父母和林迪坐在那个白色帐篷里观赛，每次我领完奖杯后，他们都为我鼓掌。我也获得了"最佳运动员奖"。谁在乎我会不会拼写呢？反正我不在乎。

在随后那个秋季学期，我参加了一场足球赛，对手是当地的另一所学校。我显然比对方的防守队员略胜一筹，而且已经进了一个球。我举起手，大声叫队友传球过来，球朝前场飞过来，反弹到我们俩身上。我转身飞跑追球，把它控制住，正要踢向球门，那名防守队员却赶了上来，一脚铲球，将我掀翻在地。他跟我相撞的时候，我的腿被卷到他身体下面。我听到一声恐怖的惨叫，在那一刻，我还以为受伤的是他，随后才意识到是我。他从我身上滚了下去，我看见自己的膝盖扭曲成一个可怕的角度。父母一直告诫我们，即使痛苦也要面带笑容，于是，我虽然尽量露出笑脸，却仍忍不住连声地惨叫，就这样被抬下场，送到学校女舍监那里，她开车把我送进医院。一直等到他们给我打了一针止痛药后，我的痛苦才平息下来。我的右膝软骨粉碎性骨折，医生不得不给我动手术。

在给我做了全身麻醉后，我就失去了知觉。等我再次醒来时，发现自己居然在外面的大街上。我仍然躺在病床上，一名护士在我头顶上举着瓶子，正给我打点滴。可是，我的病床，还有其他几个病人的病床，都放在室外。我还以为自己在做梦，但护士跟我说，当我动手术时，医院发生了一起火灾，病人全都被疏散出来，住到大街上了。

我回家养了几天伤，躺在床上，望着壁炉架上的一个个银奖杯。医生告诉我，此后很长的一段时间内，我都不能再参加体育运动了。

"别担心，里奇，"医生刚一走，妈妈就飞快地走进病房，安慰我说，"想想道格拉斯·巴德。他完全没有腿了，可他照样能打高尔夫球、驾驶飞机，什么事都能做。你不想整天躺在床上无所事事，对吧？"

最糟糕的是，由于这次受伤，我在教室里表现得有多差一下子就显露出来。门门功课我都是垫底，显然无法通过公学入学会考。

我被送到另一所学校，那是一所名叫"崖景庄园"的"填鸭式"补习学校，位于苏塞克斯郡海边。这里没有体育活动分散男孩的注意力，他们可以一门心思扑在功课上，为无情且往往无望的公学入学会考做准备。如果你不会拼写，不会做加法，或者记不住计算圆形面积的公式是 πr^2，那么有个简单的办法可以解决：打！直到你学会为止。面对毫不妥协的纪律，我通过自己青一块紫一块的屁股，学到了这些教训。我或许有阅读障碍，但这并不能让我幸免于难。我就是没法不出错。当我无可避免地答错题目时，我要么被罚写更多作业，要么就是挨一顿打。我差不多是更喜欢挨打，至少这种惩罚可以更快结束。

除了晨跑，这里没有其他运动。不仅在学习上动辄挨打，在其他方面几乎也是这样。例如，没有整理好床铺，在该走的时候跑了起来，在不准说话的时候说了话，或者鞋子不干净，都会挨打。我们有那么多可能会做错的事情，尽管已经学会把大多数事情做对做好，但仍会因为一些说不清道不明的错误行为，差不多每周都要挨打。

那所"填鸭式"补习学校终于达到目的，用棍棒把我塑造成材。之后，我又转到斯托中学，这是一所大型公立学校，位于白金汉郡，有800多名男孩在此求学。在这里，我面临着一个令人望而生畏的未来。"学佣"现象仍然存在，这是一种陈旧的做法，年幼的学生必须给年长的学生跑腿，做些小事，其实就是充当他们的小仆人。欺凌弱小的事情十分普遍。在踢球时进球，或者在打板球时得6分，都有助于树立你的名声，并可增强自己避免受到捉弄的能力。可是，我不能参加任何体育运动，因为每次我想奔跑，膝盖都会肿胀变形。再加上我的学业又对付不过去，所以我很快被挤到一边。既不能参加任何体育运动队，学习成绩在班上又总是垫底，这样的位置可不容乐观。父母曾经为我设置各种挑战，如今它们似乎都已与我无关。

我从图书馆获得庇护，每天下午我都去那里写小说。我神气活现地坐在里面，周围是无数皮革镶边的精装书和两个地球仪，还可以俯瞰楼下一个装饰性的小湖。有个尖子生曾经跳到里面，再也没有浮上来。我挖空心思，搜肠刮肚，写出我能想到的最恶俗的性幻想小说，所有那些匪夷所思的色情故事都围绕一个少年展开，他因为膝盖受伤，无法从事体育运动，但却跟学校里一个年轻的斯堪的纳维亚女舍监交上朋友，受到她愉快而又老练的引诱。我想象那个男孩在图书馆刻苦学习，而她则偷偷走到他身后……然而，可悲的是，不管我凭空想象出的性遭遇如何不可思议，在斯托中学方圆几英里内，根本就没有一个姑娘，更别提斯堪的纳维亚姑娘了，而且女舍监已经有60岁。

我坐在图书馆里，为自己那些乏味的文字而激动得心跳加速，而且潦潦草草，越写越快。这个时候，我意识到还有一个人也经常光顾图书馆，他就是乔尼·霍兰德－吉姆斯。与斯托中学的大多数学生相比，乔尼极其世故、老练，他博览群书，有着丰富的艺术知识。乔尼来自伦敦，他父母在记者和作家圈子里交游甚广。乔尼阅读《私家侦探》杂志时，提到里面的人有一半他都认识。他的母亲是位卓有成就的剧作家。正是通过乔尼，我对新闻界的兴趣开始逐渐增长，并且有志成为一名新闻记者。

在那个学期过去一半时，我看到一份告示，学校要举行"小加文·马克斯韦尔奖"随笔大赛，出资设立奖项的正是这位作家，他是斯托中学的校友。我暂时放下自己那本跌宕起伏的色情小说，写了个短篇小说参赛，结果赢得大奖。比赛完全缺乏竞争，这无疑对我获奖大有帮助。

加文·马克斯韦尔是《清澈水域的呼唤》一书的作者，他亲自到斯托中学来颁奖。和他一同前来的加文·扬是《观察家报》的战地记者，也是后来那本《开往中国的慢船》的作者。颁奖仪式结束后，他们开车回萨里郡，顺路把我捎到夏姆里格林。我跟他们一直保持联系。他们非常支持我，我想部分是由于他们喜欢我，即使意识到我没有投身文学界的倾向，他们依然跟我保持着良师益友的关系。获得那次大奖后，我的英语开始突飞猛进，在全班21名学生中飞升至第3名，但我的拉丁语仍然是第18名，数学、物理和化学成绩仍然垫底。在我的一份期末报告中，老师这样写道："他竭尽全力，但在理解最简单的数学运算、记住最新的题目方面，仍面临很大的困难。"

有一年，在复活节假期中，我决心学着母亲的样子去挣点钱。虽然学校对我的数学能力缺乏信心，但这吓不倒我，我找到种圣诞树的商机。我家刚从夏姆里格林的一头搬到另一头，从伊斯特兹宅搬到坦亚兹农场，那有一大片绵延的建筑，包括许多谷仓、棚子和若干土地。我跑去游说尼克加入这个计划。他在约克郡安普尔福斯的学校上学，现在也放假了。我们将在坦亚兹农场的土地上种植400棵圣诞树。到明年圣诞节的时候，它们至少能长到4英尺高，然后我们就可以卖掉它们。尼克和我一致决定共同完成这项工作，并且平分利润。

那年复活节，我们将坦亚兹农场上的那块地收拾得平平整整，种下400棵树苗。根据我们的计算，如果它们全都长到6英尺高，我们每棵树就卖2英镑，那么400棵树总计800英镑。我们买树苗只花了5英镑，与投资相比，这可是大赚了一笔。那年暑假，我们去查看那些树的长势，发现地里只有一两棵孱弱的树苗，其余的全被野兔吃了。我们疯狂地报复，大开杀戒，开枪杀死很多野兔，剥掉皮后，以每只1先令的价格卖给当地的肉贩，然而，跟我们原先计划的800英镑利润相比，这点钱简直不值一提。

那年圣诞节，有人送给尼克的弟弟一只虎皮鹦鹉当圣诞礼物。这给了我另一个大发横财的灵感：养虎皮鹦鹉！我在心里合计着，首先，我一年到头都可以卖鹦鹉，无须等到圣诞节前两个星期才出售。我列出它们的价格，又算了算它们的繁殖速度有多快，饲料成本有多低，然后说服爸爸建一个巨大的鸟舍。在我放假前的最后一周，我给爸爸写了封信，解释我的财务构想：

> 过不了几天就要放假了，我们修建大型虎皮鹦鹉饲养笼所需的原材料你预订了吗？我觉得从朱利安·卡莱恩那里购买打折的鹦鹉最合算。如果其他商店的每只卖30先令，那么他的售价可以达到比如说17先令。我们不妨以每只18先令或19先令的价格买下所有鹦鹉。这样他获得了一笔利润，而我们每只鸟儿大约可省10先令。你觉得这办法如何？

父亲很不情愿地修了个鸟舍，那些鸟儿繁殖很快。只是，我显然高估了当地对鹦鹉的需求量。即使夏姆里格林村每人购买至少两只鹦鹉，我们仍然剩下满满一笼子。有一天，我在学校收到母亲的一封信，她告诉我一个坏消息：有些老鼠钻进鸟笼子，把鹦鹉吃掉了。多年之后，母亲才说出了真相：她烦透了打扫鸟笼的活儿，有一天，她忘记关上笼子，鸟儿们全都飞跑了。她可不想费劲去把它们抓回来。

虽然这两个计划都没让我赚到钱，我却从中学到一些数学知识。我发现，只有当我用数字解决实际问题时，我才能理解数学。如果让我计算一棵圣诞树能长多高，或者能繁殖出多少鹦鹉，这些数字就会变得很实际，我用它们来计算就能乐在其中。在课堂上，我仍然对数学一窍不通。我测过一次智商，里面的问题荒唐透顶。我压根儿没法专心解答里面的任何数学题，我记得自己好像是得了零分。我为所有被这种测试列入白痴的人感到担忧。他们根本不知道，这些智商测试题往往是一些老学究凭空设想出来的，而在处理生活中的实际问题时，他们绝对是无能之辈。我喜欢设计实际的商业计划——即使野兔会让我功亏一篑。

我想父母肯定给我灌输了一种叛逆精神。我总是认为打破规则是合情合理的事情，斯托中学的条条框框简直就跟军队里一样多——在乔尼和我看来，其中有许多规章制度已经完全不合时宜，并且毫无意义。例如，"学佣"的做法已经过时，这里却仍然保留着。然后是青年联合军训，参训的男孩们穿着军装，扛着古董来复枪走正步。周日的强制性礼拜也是一样。为了逃避最后这条规定，新学期的第一次礼拜我就溜了号。教堂礼拜登记簿上没有了我的名字，从那以后，再没人想起我来。

1966年1月和2月，乔尼和我开始讨论修改校规的问题。我们才15岁，但我们坚信自己能够产生一定的影响。从小到大，父母就教育我们要相信每个人都能让世界有所改变。因此，当我审视斯托中学的管理方式时，我确信自己能够做得更好。实际上，斯托中学相当开明，鼓励所有孩子，不分年龄大小，都要为学校管理出谋划策。

乔尼和我尤其反感其中一条规定：在校队跟其他学校比赛时，所有没参加比赛的学生都必须去观赛。虽然在工作日的下午我们可以去图书馆，但在大多数周六，我们被迫去观看校队比赛。我知道，如果不是因为膝盖有伤，我一定能够加入球队。因此，观看比赛让我倍感沮丧。我给校长写信说：

我反对强制观看比赛导致的时间浪费。如果一个人无法成为板球队的前11名主力，那么他就应该把时间花在比打球更有益的事情上。我知道这完全违背了学校的传统，但我对此深有感触。例如，如果450人把观看比赛的时间用来擦白金汉宫的窗户，他们至少有所成就，这总比"观看别人有所成就"强。

我还试图重新组织学校的就餐体系：

我觉得，要改进斯托中学的管理，首先应该着眼于社交，然后再考虑宗教。很多男孩渴望通过妙趣横生的交谈获得知识，而就餐时间是互相交谈的最好机会之一，但在斯托中学，这实际上是不可行的。学生走进大厅，坐在指定的桌子旁，每天都跟同样的学生坐在一起。我们的几个餐厅中，有一个必须要建成自助食堂，这样学生们就可自己挑选食物，想坐哪儿就坐哪儿，出去时，可把自己的刀叉和盘子放入一个盒子。现在食物的浪费十分惊人，如果建立自助食堂体系，您至少可以将意大利和西班牙餐厅的服务员减少一半。

我非常关心您对这个问题的看法，通过这个计划节省的资金还可投入我的下一个计划中……

然后，我继续探索建立六年级酒吧的想法。

校长建议我将自己的观点发表到校刊上，但乔尼和我想另外创建一份观点新颖的校刊。我们希望发起一些运动，抵制"学佣"

现象、体罚以及强制参加礼拜、观看比赛和学习拉丁语。所有这些观点都太具有"革命性"，根本不可能发表在校刊《斯多亚[1]》上——这个刊名倒很适合那些长期以来被它折磨得痛苦不堪的读者。然后，我们便想出跟其他拥有类似规章制度的学校联合的办法，创办校际刊物的想法由此逐渐成形。我们打算联系其他学校并交换看法。我在一个笔记本上潦草地写下几个备选刊名："今日""1966""焦点！""现代不列颠"和"访谈"。随后我又列出自己希望发表的内容，并进一步计算了相关数据——我很享受数学推论的乐趣。

我列出一份下院议员的名单，有250个人，是我从《名人录》杂志上找到的；又列出一份潜在广告客户名单，是我从电话簿上找到的。我还给W. H. 史密斯书店[2]写信，问他们是否打算进这份刊物。就这样，至少在计划中，撰稿人、广告客户、发行商和成本全都准备好了——我的第一份商业计划书搞定了。

这些数字显得太小，没法开展工作。于是，乔尼和我决定让更多普通学校、技术学院和大学参与进来，这会增加杂志的读者，鼓励广告客户投广告。我们认为，如果这份杂志针对大学生，那么高中学生也会购买；但如果针对六年级学生，那就没有任何学生会对它产生兴趣。

我们最终确定使用"学子"作为刊名，这似乎是个不错的选

1　斯多亚（stoa），又译"斯多葛"，是古希腊哲学家芝诺创立的哲学流派。此学派将克制、冷漠视为美德。
2　W. H. 史密斯（W. H. Smith）书店：英国最大的零售书店之一。

择，因为当时正在热火朝天地讨论"学生权力"。这是大学和工艺专科学校学生热衷于静坐、占领和示威的年代；对年轻人而言，这是一个令人兴奋的年代。我母亲借给我4英镑，预备用来支付打电话和寄信的费用。乔尼的父亲为我们设计出印有抬头的信纸，顶上是"《学子》——英国青年的杂志"一行字，并以一轮初升的太阳作为标志。然后，我们就开始写信给所有的撰稿人和潜在的广告客户了。

《学子》是一个完美的载体，它让我们获得了充满朝气的新生活。我们有那么多事情要安排。我开始在学校的书房设立办公室，并要求校长在我房间里装一部电话——但遭到拒绝，这也难怪。结果，我只好去公共电话亭打电话，但我很快发现一个有用的诡计。如果我打电话给接线生，跟她说我往投币机里放了钱，可电话却没接通，那我就能免费打一次电话。不仅可以免费，我还不用听到投币后响起的"噼噗——噼噗——噼噗"的指示音，它会泄露我用的是公用电话。更棒的是，接线生说话就像秘书："您有布兰森先生打来的电话。"

我将需要打电话的人列入一个名单，慢慢与他们取得联系。听说这份刊物尚未出版，大多数人拒绝花钱在上面打广告，不过我逐渐找到一些吸引他们注意的窍门。我会打电话给国民西敏寺银行说，劳埃德银行刚做了一个整版广告，问他们是否愿意与劳埃德银行一起打广告，然后补充道：《学子》将成为英国最大的青年杂志。我会给可口可乐打电话，说百事可乐刚预订了一幅大广告，但背面的广告位还未订出去。我会给《每日电讯报》打电话，问他们希望在《每日快报》之前还是之后做广告。另一个技巧是，向客户提出一个无伤大雅但又不容易拒绝的问题："您是否有兴趣招募最有才干的高中生和大学毕业生？"任何人事部门的经理都不会说自己愿意找平庸的新雇员，于是我就说："那么我们即将出版的杂志最适合您……"

为了不让接线生回过神来切断电话，我学会将这些话压缩在5分钟内。我开始加快说话速度，更努力地说服对方。我很早就变声了，没有人想到，跟他们说话的是一个15岁的男孩，而且是从公共电话亭打来的电话。我给他们留的地址是夏姆里格林。发信时，我会把成打的信写好，先寄给父母，他们再请村里的老朋友伊丽莎白把信打印出来。

我的功课每况愈下，但我给自己上了一堂精彩的课——学习树立信心。如果我的年龄再大五六岁，那么，只需想想这些事有多荒谬——试图让各大公司在一份尚未出版的杂志上打广告，而其编辑不过是两个15岁的男生——我就不会拿起电话。但我那时太年轻了，根本不考虑失败的问题。

在假期中，我成天跟尼克说《学子》的事情。他也同样激动，答应在安普尔福斯帮忙发行，而且还设法找人向杂志投稿。尼克明白《学子》是我和乔尼创造出来的，因此并未过分热情地参与进来。但对于杂志的发展潜力，他跟我们一样充满信心。那时我们才15岁，觉得自己什么都能做。

到1966年4月以及准备中学普通水平测试期间，我丢掉一些自己没指望通过的科目，把更多的时间投入《学子》上。我跟拉丁语老师和科学老师都分道扬镳了，这让我和他们都如释重负。他们这样评价我："在拉丁语方面，他是一名希望渺茫的应考生，现在他已放弃这门课程。""他对科学显然没什么兴趣。尽管我并不认为他无法获得更好的成绩，但显而易见，他并不打算取得多大进步。"我的历史、法语和英语课学得稍微好点，但数学不行，而它又是必考科目，数学老师评价我说："他显然已经竭尽全力，但一周接一周，他都发现自己很难记住解题方法。要通过7月的测试，他完全得靠运气。"

不过，在我的生活中，让我感到兴奋的事情主要是写那几百封信，我从斯托中学把它们寄出去，然后提心吊胆地等待回音。尽管我充满热情，又发现一些新花招，却仍花了很长时间，才找到愿意在《学子》上登广告的客户。整个夏季学期，乔尼和我都忙着寄信，这项工作一直持续到几个假期以及随后的秋季学期中。到1967年4月，我们的杂志仍然没什么眉目，而我到夏天就得参加古代史高级考试（我只在中学六年级学了一年）。乔尼和我已经为《学子》工作了一年多，而我们能够展示的成绩不过是校长和老师们写来的几十封支持信，还有政治家们含含糊糊的撰稿承诺，但没有一份广告或稿件。我决不听天由命。在我1967年4月的家信中，我为自己在复活节只与家人短暂团聚而道歉：

在过去的4周，我度过了一个开心的假期，比以前任何时候的收获都要多。我没能在家多待几天，也没能挤出时间在花园里多干点活儿，真希望您不要感到过于烦恼。我对家庭有责任，对《学子》也有责任，我认为——也许我错了——自己不能两头兼顾。这是一个艰难的决定。在生活中，我做任何事情都希望竭尽全力而非吊儿郎当。我觉得，在时间允许的情况下，自己已经尽最大可能把《学子》做好了。可这样一来，我也就没多少时间履行其他职责了。在我看来，我面临两头落空的危险，现在也仍然如此。我一事无成，如果我想有所成就，那我就不得不探索哪些事应该优先考虑——过去和现在都是这样。我才16岁，大多数16岁的孩子会做些什么？这句话让我显得非常自以为是，但我这么说也不过是为自己辩解罢了。在这里，在我认识的人当中，没有一个在最近这几个假期里做的事情有我在两三年前做得多。他们就会晚上看电影，白天四处闲逛。当您16岁时，您都做些什么？一方面，打打猎、钓钓鱼、游游泳、泡泡妞，另一方面，可能打理您的博物馆，在花园里帮帮忙。您有时间在花园里帮忙。当您16岁时，您不会用现在的眼光看待世界。那时您的职业差不多已经安排妥当，而现在，职业是一场漫长的奋斗。

您说《学子》表现了我的自私和自我中心。我说："也许吧。"但跟生活中的其他事情相比，它又能自私到哪里去呢？我认为，它不过是一种职业，跟其他职业都一样。但跟看电影之类的事情相比，它却能让许许多多的人受益。对我来说，它是生活的开端，正如大学或最后一次考试是您生活的开端。开学第一封信就写这种话，这或许非常令人不快。可在过去的两周，我心里老想着这些事，我觉得有必要一吐为快，把它们写下来。

我很幸运。我一直觉得自己能把父母当作亲密的朋友，跟他们无所不谈。他们没有限制我，而是对这封信做出很好的回应，我们的交流一直畅通无阻。我注意到，大约就在这个时期，我的很多朋友都不再对其父母敞开心扉，而我面对父母从不感到困窘，也没有逆反心理。他们总是给我加油鼓劲，鼓励我做任何想做的事情，就算并非一直称赞我的计划，至少也会表示同情和支持。父亲很不乐意花几个周末的时间为我建虎皮鹦鹉笼子，但他从不跟我这么说。而母亲非常渴望在《学子》上帮我一把，给我撰稿，把千辛万苦积攒的私房钱给我，还帮我想出一些需要联系的人物。有一次，我跟她说想联系大卫·弗罗斯特[1]，母亲花了几个星期，向她的所有朋友打听是否有人知道谁认识大卫·弗罗斯特。

随后，我们的工作终于有了突破。我们收到第一份稿件和一张250英镑的广告费支票，杰拉德·斯卡夫[2]同意给我们画一幅漫画并接受采访。《学子》终于从我脑子里一个渺茫的希望变成一本真正的杂志。

除了古代史，我放弃了其他所有科目，这样就有更充裕的时间留给《学子》杂志了。很快，乔尼和我便开始频繁坐火车前往伦敦采访。不过，我必须参加高级考试，偏偏我要记住那些自己觉得毫无意义或抽象的知识又非常困难。我买了一些古代史知识卡，囊括了有关古希腊和古罗马的必要信息。在备考时，我把这些卡片的边缘剪掉，将它们放进不同的口袋里，甚至在我的表带下也塞了一张。当我看试题时，最困难的是想起相关内容在哪个口袋里。然后

1　大卫·弗罗斯特（David Frost, 1939—2013）：英国传奇主持人，时事评论员。
2　杰拉德·斯卡夫（Gerald Scarfe, 1936— ）：英国著名漫画家。

我就从里面抽出卡片，一边把它攥在左手掌心，一边用右手写字。反正我已经全身心地扑到《学子》上了，根本没工夫关心自己能获得什么等级。我只想尽快离开斯托中学，在伦敦开始我新闻记者的生活。

1967年，我离开斯托中学时，已经快17岁了，校长留给我的离别赠言是："恭喜你，布兰森。我预言你将来要么蹲监狱，要么成为百万富翁。"

我下一次也是最后一次收到斯托中学的消息是在6个月之后，那是校长写给我的信，落款日期是1968年1月16日：

亲爱的布兰森：

　　我很高兴新闻界给了你一个良好的开端，我非常希望读到你们的第一期杂志。请允许我对你的未来表示祝贺，并献上所有美好的祝福。

　　此致
敬礼！

R. 德雷森

1968年1月，《学子》的第一期出版了。

02

维珍初创：唱片发行
是一个很有意思的商机

1967年，夏季学期结束时，乔尼·吉姆斯和我搬进了他父母住所的地下室，那个地方位于伦敦的康诺特广场，就在爱德华大街附近。我们设法说服瓦妮萨·雷德格雷夫[1]改变主意，为了让《学子》获得成功，不要光给予它最好的祝福，还要接受我们的采访。这次采访是我们事业发展的转折点，因为我们可以用她的名字吸引其他撰稿人。我们的撰稿人名单逐渐增加，甚至包括了戴维·霍克尼[2]和让–保罗·萨特[3]这样的人物，如此一来，我就更容易说服一些潜在的广告客户，让他们相信在《学子》上打广告是物有所值的。

整个夏天，乔尼和我都住在地下室里。房间阴暗、潮湿，家具很少，连我们睡的床垫也是放在地上的。这个地方很快变成了彻彻底底的垃圾堆，到处是废纸、脏兮兮的咖啡杯以及炸鱼薯条的包装纸。我们成天饥肠辘辘，有时会溜到楼上，突袭乔尼父母的冰箱。

1　瓦妮萨·雷德格雷夫（Vanessa Redgrave, 1937— ）：英国著名女演员，代表作《英宫恨》等。
2　戴维·霍克尼（David Hockney, 1937— ）：美籍英国画家。
3　让–保罗·萨特（Jean-Paul Sartre, 1905—1980）：法国20世纪最重要的哲学家之一。

偶尔，妈妈会闯进门来，手里拎着野餐篮。

"红十字会的救济食品到了！"她大声叫道，"你们俩上次洗衣服是什么时候？"

然后，我们就在地板上铺一张床罩，狼吞虎咽起来。

有一天，她拿出100英镑的现金给我们。妈妈在夏姆里格林附近的路上捡到一条项链，把它交给警察。过了3个月都无人认领，于是警察就让妈妈把项链拿走。她知道我们缺钱，所以来到伦敦，卖掉项链，把钱给我们。凭这100英镑，我们付清了电话费和邮寄费，得以维持好几个月。如果没有这笔钱，我们早破产了。

彼得·布莱克曾给披头士乐队的专辑《佩珀军士》设计封面，并因此而出名，他为我们的创刊号画了幅图，上面是一个学生。这期杂志的封面很朴素，白色的背景中只有两处红色。一处是杂志的名称"学子"，另一处是那个学生打的领带。另外，彼得·布莱克还接受了我们的采访。他的开场白令人难忘："一个非常漂亮的姑娘，如果没穿衣服，那就是个精彩的话题，我对此特别感兴趣。她会教你怎样画画，当然还得加上透视法和解剖学。"

我正在飞快考虑当画家的好处，他又继续口若悬河地指出"学生权力"的危险性——这可是当时很有争议性的热点话题：

> 我认为学生已经拥有很大的权力，不应该得寸进尺，凌驾于教师之上。此刻我并不喜欢作为群体的学生。我认为他们对自己评价过高，成天夸夸其谈，动不动就抗议，有那么那么多的权利。我认为，有些人作为学生，会在各种活动中陷得太深。不管怎么说，学生没那么重要——他

们学习的目的不就是长大成人吗？学生们不应该觉得自己就该到处控诉。

或许是因为我们太年轻，不像他们通常面对的职业记者那样盛气凌人，所以，有些撰稿人会向我们透露内情，发表一些令人捧腹的生动评论。杰拉德·斯卡夫描述自己的工作说："我总是在画画——这是精力问题。我永远无法搁笔停下。它跟吃饭一样，都是我生命的一部分。一旦有了想法，就必须表达出来——简直就跟生病似的，这是一种生理功能。"我问达德利·摩尔怎么看待学生，他回答说："你们这代人只有一个地方让我痛恨，那就是你们的年龄。"他曾经在牛津大学摩德琳学院工作，是一位研究管风琴的学者，可当我提到古典音乐时，他却说："我宁愿整天在泥水里跟6个女人打滚儿，也不愿坐在钢琴旁。"

米克·贾格尔[1]和约翰·列侬[2]也同意接受我们的采访。在当时的学生心目中，他们俩都是半神半人的偶像。在贾格尔的访谈前，《学子》引用了一篇精彩的介绍：

> 最近，《旋律制造者》写道："贾格尔神似陀思妥耶夫斯基笔下的卡拉马佐夫兄弟——他那位可敬的兄长跟他说，必须要有痛苦存在，我们才会认识到美德的可贵。这时，卡拉马佐夫回答道：如果为了让小孩子有更强烈的意识，因而必须让他吃尽苦头，那么他或许不会否认上帝

1　米克·贾格尔（Mick Jagger, 1943— ）：滚石乐队主唱。
2　约翰·列侬（John Lennon, 1940—1980）：披头士乐队成员。

的存在，但却只会毕恭毕敬地退还那张进入天堂的车票。米克·贾格尔之流的叛逆就跟这类似。"

我难以想象，当我们引用这段话时，心里究竟有何想法。我肯定没明白它的意思。

我来到贾格尔位于切尼步道的住所，局促不安地走了进去，玛丽安·费斯芙[1]将我领入起居室，然后便上楼消失了，令人可望而不可即。贾格尔和我亲切地相视而笑，我们俩都失语了。

布兰森：你喜欢接受采访吗？

贾格尔：不喜欢。

布兰森：那为什么要《学子》采访你呢？

贾格尔：我不知道。我也不明白为什么。我不是经常接受采访。我的意思是，几乎不接受。

布兰森：你对政治不感兴趣？

贾格尔：确实。

布兰森：为什么？

贾格尔：我想了很久，然后断定自己没工夫搞政治和了解别的事情。我的意思是，如果你卷入政治，你就真的会胡搞一通。

布兰森：你认为人们会受到音乐影响吗？

贾格尔：是的。我认为很可能会，因为音乐属于这

1　玛丽安·费斯芙（Marianne Faithful, 1946— ）：英国著名歌手、演员，米克·贾格尔曾经的恋人。

样的事物——它是重复性的，同样的东西翻来覆去地重复，结果它就钻进你的脑子，对你有影响了。

我们采访约翰·列侬的经历是另一种"经典"。乔尼和我一起去的，他试图引用文学典故：

> 乔　尼：有位批评家曾写道，《生命中的一天》就像《荒原》的缩影。
> 列　侬：什么的缩影？
> 乔　尼：T. S. 艾略特的诗歌，《荒原》。
> 列　侬：没听说过。我对文化不熟，你知道的。

讽刺的是，对约翰的采访差点让《学子》完蛋。在我们跟约翰见面之后，我突然产生一个想法，打算问他和小野洋子[1]是否愿意为《学子》提供一张新唱片，我们将把它作为附赠品，跟杂志一起发行。

我联系了披头士乐队的新闻发言人德里克·泰勒。当时，披头士乐队刚建立"苹果艺术基金"，目标是资助那些正在奋斗的美术家和音乐家。德里克每天有大部分时间坐在他位于萨维尔街的办公室里，会见排成一字长龙的申请者，他们全都怀着一百种各式各样的理由，认为披头士乐队就该给他们钱。德里克简直就像王宫里的宫务大臣。他和蔼可亲，总会耐心倾听每个人的要求，不管它多么

1　小野洋子（1933— ）：日裔美籍音乐家、先锋艺术家，约翰·列侬的第二任妻子。

不着边际、荒唐可笑。

我把我们的要求告诉德里克，他立刻一口答应下来。他说，约翰和小野洋子将很乐意为我们提供唱片，然后把我介绍给苹果唱片公司的总经理罗恩·卡斯和一位生产附送唱片的商人，我们约好了交货日期。

我带着好消息赶紧回到康诺特广场。我们不仅有一篇约翰·列侬的访谈，而且还将很快拥有一首列侬未发行的原创新歌。这是《学子》意外获得的绝妙推销手段。我们联系到当时最时髦的插图画家艾伦·奥尔德里奇，请他为杂志设计一个独特的封面，在上面留出一块空白，放置附送唱片。我们还计划本期印刷10万册——这是我们有史以来的最大印数。

一周又一周过去了，唱片还没有送来。我坐立不安，便打了个电话给德里克。"放心吧，理查德，"他说，"我们遇到一点麻烦。但是，我发誓会让你有所收获的。"事实上，我要求列侬夫妇给予好心馈赠的时机再糟糕不过了。小野洋子刚刚失去肚子里的孩子，列侬又因持有大麻而一度受到拘押。当时夫妻俩跑到他们位于韦布里奇的住宅，暂避风头。

我自己也陷入了麻烦。由于制作特刊的计划落空，《学子》濒临破产。我孤注一掷，这辈子头一次找了个律师——查尔斯·利维森。他给德里克写了封信，威胁说，如果列侬夫妇违背诺言，我们就起诉苹果唱片公司。

几天后，我接到德里克的电话。"到苹果来一趟，理查德，"他说，"我们有东西给你。"

那天下午，我坐在苹果唱片公司的地下室录音棚里，跟利维森、德里克、约翰、小野洋子一起，听他们提供的录音带。磁带录音机发出"咝咝"的声音，之后，是一下沉沉的、机械的敲击——就像心脏的跳动声。

"这是什么？"我问道。

"这是我们宝宝的心跳。"约翰说。

他还没说完，那个声音就停止了。小野洋子扑进约翰怀里，泪如泉涌。我完全摸不着头脑。不等我开口说话，约翰的目光就从小野洋子的肩膀上方凝视着我的眼睛。

"胎儿死了，"他告诉我，"这是我们死去的宝宝留下的寂静。"

我回到《学子》编辑部，不知道该何去何从。这是他们私生活中悲痛的一刻，我觉得我们不能把它作为唱片发行。也许我错了，因为，正如德里克所言，这是"概念艺术"，很有收藏价值。我们只好撕掉封面，重新设计杂志。这花了一大笔钱，不过，我们还是想方设法把它凑了出来。我本打算起诉列侬夫妇，可他们的麻烦已经够多的了。况且，他们毕竟以自己特殊的方式遵守了协议，虽然我当时没看出它的价值。在我们因唱片问题发生争执后，德里克写了封短笺，为给我带来的一系列麻烦表示歉意。在信的末尾，照例是他用于所有通信签名的那句格言："您需要的只是爱……"

乔尼的阅读面很广，而我几乎完全不读书。我似乎一直没时间阅读。我会花好几天时间打电话，兜售广告位，到处游说，找人为《学子》免费撰稿或接受采访。我这辈子一直都需要一个能跟我抗衡的人，弥补我的缺点，抵消我过于旺盛的精力。乔尼和我是一对好搭档。他对各种采访对象与采访原因了然于心。而我则能使出浑身解数说服他们接受访谈，有一种不怕遭到拒绝、不达目的誓不罢休的固执性格。

在我为《学子》做采访时，很多时候我只管打开录音机，让采访对象畅所欲言。在跟苏格兰精神病专家R.D.莱恩见面之前，我尝试阅读他那本畅销书：《经验策略》。我想，我跟大多数人一样，读这本书时完全不知所云。我把麦克风对准莱恩，然后，他一下子说了一个半小时，同时目不转睛地盯着我脑袋后面天花板的一角。我根本听不懂他在喋喋不休地说些什么，只是心里暗暗庆幸他没给我留下丝毫提问的时间。到最后，他的谈话显然已经结束，于是我一迭连声地向他道谢，然后回到办公室，把他的话写下来。结果我们发现，他那些话全都是《经验策略》中的段落，几乎一字不差。

出版几期之后，参与《学子》办刊的人逐渐增加。有时，乔尼和我会跑到夜总会去，跟女孩子攀谈，有时甚至会劝说她们到公寓来"喝咖啡"。如果她们在这里过夜，第二天早上我们就会游说她们来帮忙。出于某种原因，她们往往对我们满怀同情。通过口口相传，老朋友从学校里冒出来了，然后是朋友的朋友，或者读过这份杂志的人，都想加入进来。地下室变得越来越像个兽穴。我们全都是光干活儿不拿钱，冰箱里有什么就吃什么，或者出去吃便宜的咖喱食品，就这样维持生活。

形形色色的人都来帮我们发行杂志。我们的基本想法是，他们先取走几捆杂志，以每本2先令6便士的价格出售，然后把一半的收入拿回来交给我们，也就是说，他们每卖一本就可赚1先令3便士。他们打算先付钱给我们，可是这种方式往往行不通。但我从来就没有真正为《学子》能获得多少利润忧心过，只是决心要凑出足够的现金来出版下一期，并付清我们的账单。我想，我们售出的杂志越多，通过口口相传，杂志的名气就越大，最终就能吸引更多广告客户。

我想尽办法维持杂志的生存，却没有意识到，这种迫切的需要同时也将我当记者的抱负挤到一旁。乔尼负责编辑，我负责经营、出售广告位、与印刷商讨价还价。可以说，我是因为一时疏忽才变成企业家的，不过，当时若有人向我提到"企业家"这个词，我很可能还得问问乔尼这是什么意思。我当然没把自己视为商人。所谓商人，就是伦敦金融城的那些中年人，他们沉迷于赚钱，身穿细条纹西服，家住郊区，娶了老婆，平均拥有2.4个孩子。当然，我也想通过《学子》赚钱——我们需要钱维持生存。但我们主要把它视为富于创意的事业，而非赚钱的生意。

后来我才渐渐明白过来，生意本身也能成为富于创意的事业。你出版一份杂志，就是努力创造出某种新颖的东西，创造出某种卓尔不群的东西，它能经久不衰，说不定还具有某种实际用途。最重要的是，你希望创造出让你感到骄傲的东西。这就是我的商业哲学，一直如此。说实话，我还从没有涉足于某个行业纯粹是为了赚钱。如果赚钱是你唯一的动机，那么我想你不那么做可能反而会更富有。一桩生意必须涉及广泛，必须有趣，必须能激发你的创造本能。

管理《学子》当然很有趣。高保真音响播放着鲍勃·迪伦、披头士乐队或滚石乐队刺耳的音乐，震动着地下室的墙壁，我们每天的工作就在这音乐中展开。乔尼和我出去卖杂志时，如果我们以2先令6便士的价格卖出一本，那我们就会买两个汉堡包庆祝一番，每个1先令3便士。待在地下室里，我会不时透过肮脏的窗户向外张望，看到外面天气很好，我就会关掉音乐，跟大家说我们必须出去散步。我们一路闲逛，穿过海德公园，最后有人跳进蛇河，于是我们全都下去游泳。

托尼·梅勒是杂志的主要助理编辑之一。我们都对他充满敬意，因为他当过工会官员。托尼比我们其余的人都年长很多，一说起社会主义就滔滔不绝。当杂志刊登一些更政治化的公告时，大家都为使用确切的词语而争论不休，这时我开始意识到一个涉及面更广的问题：生存的策略。从某种程度上说，我是杂志的局外人。其他人都在讨论"迷幻药权威"蒂莫西·利里、平克·弗洛伊德[1]，以及近来学生政治的错综复杂，而我却在为支付印刷费和电话费发愁。我要打电话给当时的名人，不遗余力地游说他们仅仅出于对《学子》的喜爱而为它撰稿，而且还会花几个小时的时间打电话给一些著名的企业，如英国礼兰汽车公司或劳埃德银行这样的企业，设法说服他们购买广告位。没有他们的钱，《学子》将会破产。

这些职责让我很快成长起来。简直可以说我是少年老成。晚上，别人都优哉游哉地坐着喝酒，根本不在乎第二天睡个懒觉起来还醉意未消，而我这时却总能意识到，自己需要保持清醒的头脑。

我父母和林迪也来帮我们卖杂志。妈妈会带一捆杂志到海德公园的演说角，把它塞进那些游客、行人的手中。林迪和我则在牛津大街上来回走动，向人们推销《学子》。有一次，我和林迪正在一起卖杂志，一个流浪汉跑过来要钱。我们没钱——钱也正是我们要

1　平克·弗洛伊德（Pink Floyd）：英国迷幻摇滚乐队。

找的东西——但是，我的理想主义突然戏剧性地发作了，于是我剥下身上的大部分衣服送给他。然后我就身披毯子，走来走去，度过了那一天剩余的时间。

"可怜的老乞丐！"爸爸听了这个故事后，一边痴痴发笑，一边说道，"那让他学到一个教训。他本来只需要一点零钱，却从你这里得到一身长满寄生虫的衣服。"

《学子》的名气越来越大。有一天，一家德国电视频道问我是否愿意跟激进分子塔里克·阿里以及德国学生领袖丹尼·科恩-本迪特一道，去伦敦大学学院做演讲。主要内容是谈人权。有一大群人欢迎这两位煽动叛乱的革命者。当丹尼·科恩-本迪特发言时，我站在一边倾听，他精彩的演讲充满了知性深度和满腔的激情。在他周围，人人都在欢呼，大声叫嚷着表示赞成。然后，塔里克·阿里站起来，他的演讲同样热情洋溢。人们跺着脚，扯着嗓门儿大喊大叫，仿佛他们就要登上巴士底狱了。我开始觉得有点反胃。

在斯托中学求学期间，那里有个非常残酷的传统。每个学生都必须学会一首长诗，并站在全校师生面前把它背诵出来。哪怕你背错一点点，或者稍稍停了片刻，老师都会敲响一面锣。然后，你就必须在一片嘘声和嘲笑声的陪伴下离开讲台：你被"锣"下去了。由于我有轻微的阅读障碍，我发现自己要记住什么都非常艰难，因此好几年都被无情地定期"锣"下台来。我望着丹尼·科恩-本迪特和塔里克·阿里，他们在做令人振奋的演讲，在人们的善意中冲浪，最大限度地利用了电视摄像机。这时，我的胃里产生了恶心的感觉，就跟我以前等着上台背丁尼生的诗歌时差不多——因为我知道，自己会在那一记响亮的锣声和嘈杂的嘘声中被轰下台去。

终于，塔里克·阿里结束了演讲。人群骚动起来，人人都在欢呼，还有人把他举到肩上，漂亮姑娘怀着崇拜向他挥手，摄像机镜头也跟着他转动。随后，有人朝我招手示意，该我演讲了。我跳到讲台上，紧张地拿起麦克风。以前我很少在公共场合说话，更不要说做演讲了。我紧张得不得了，完全不知道该说什么。尽管我准备了演讲稿，可一千张充满期待的脸就像向日葵一样转向我，在他们审视的目光下，我的脑子完全是一片空白。我嘴巴发干，喃喃说出几个词，勉强露出微笑，我感到越来越惊慌失措，明白自己根本没法继续演讲，真想找个地方藏起来。我含含糊糊地咕哝着，说出最后几个词语，然后就在一阵咳嗽与一通呕吐之间，扔下麦克风，跳下讲台，重新回到人群中的安全地带消失了。这是我这辈子最尴尬的时刻。

即使到现在，每当我接受采访或不得不做演讲时，都仍会感到同样的惴惴不安，也不得不克服同样的腼腆。如果我对谈论的话题有所了解，或者对它充满热情，那我会说得相当流畅。但是，如果有人让我对自己不太了解的事情发表看法，我就会变得局促不安——而且会露出马脚。我永远无法像政治家那样随机应变，对答如流，这一点我已经逐渐接受。我努力不去理会自己的结结巴巴，不去理会自己难以一下子做出完美回答的无能。相反，我只是努力给出诚实的回答。我希望人们会更信任反应迟缓、吞吞吐吐的回应，而不是脱口而出、口齿伶俐的回应。

在20世纪60年代末，越南战争和比夫拉战争是两个备受关注的重要问题。若想让《学子》成为可靠的出版物，我们在这两个地方就必须拥有自己的记者。我们没钱派记者前往，更别提付钱让他们住酒店、通过电传发回报道了。因此，我们不得不另辟蹊径。最终我们想出一个办法：如果我们派出的记者非常年轻，那么他们自己说不定就会变成新闻。于是，我给《每日镜报》打电话，说有一位年仅17岁的记者将前往越南，问他们是否有兴趣做独家报道。他们买下这篇报道，并为《学子》派往越南的朱利安·马尼翁支付费用。朱利安去了那里，发回一些有关越战的精彩文章，随后继续努力，成为独立电视新闻公司（ITN）的著名记者。通过同样的计划，我们设法派出一名16岁的记者前往比夫拉。这两次冒险行动为我提升《学子》名气积累了最早的经验：我们提供活动名义和人手，另一方提供资金。

我豪情万丈地参加了这场反战运动，希望终结美国对越南的干涉。1968年10月，《学子》的全体工作人员都和瓦妮萨·雷德格雷夫一道，参加了学生们组织的游行，前往格罗夫纳广场，并在美国大使馆外示威。我跟瓦妮萨和塔里克·阿里并肩前进。为了自己支持的信念而与成千上万的人一起游行，这令人兴奋不已。人们群情激昂，但同时也有点可怕。你感觉局势随时会失控，而且也确实失控了。当警察驱赶示威人群时，我拼命奔跑。后来，一幅有关这次游行的照片出现在《巴黎竞赛》周刊上。照片中的人就是我，当时我正一路狂奔，穿过广场，一个警察伸手想抓我，我弓着背，离他的手只有一英寸[1]。

1　1英寸＝2.54厘米。

尽管我反对越南战争，但在其他问题上，我觉得自己并不像那些跟我一起游行的人那样，具有狂热的左倾倾向。

"我想我应该是左派吧，"我告诉《卫报》的一名记者，"嗯……但我仅在认为左翼的观点明智而理性时，我才是左派。"

从政治层面上说，《学子》并不激进，也不是Oz或IT那样的"地下"杂志。虽然在我们和他们的办公室里，都有同样多的自由爱情，但他们会时不时地鼓吹将迷幻药放入供水系统中，我们却不会这样。

我试图在左、右两派的观点之间保持平衡，不过，我希望的平衡，在某些人看来却是敷衍了事。罗伯特·格雷夫斯是一位作家兼诗人，住在马略卡岛上的德伊雅，他从那里写信给我说：

> 你把自己的手脚绑得牢牢的，似乎比学生们应受的束缚更多。例如，在有关比夫拉的报道中，你一次都没有提到，在国际背景下，这场战争的真正意义是什么。但那是因为你必须跟"30多岁的人"以及大企业的小伙子们结为好友，否则这份杂志就无法生存。不错，你已经尽力了。

事实上，"大企业的小伙子们"并没有我原本希望的那么友好。拉广告比找撰稿人困难得多。能采访演员布莱恩·福布斯，或者发表作家加文·马克斯韦尔的文章，我们很高兴，但他们不会带来资金帮助我们管理和发行杂志。在《学子》上登整版广告，我们的收费是250英镑，而1/8版面则降低到40英镑。例如，在打了无数次电话后，我设法拉来9家公司，在创刊号上做整版广告，它们是智威汤逊公司、金属容器制造有限公司、《星期日泰晤士报》《每日邮报》《经济学人》、英国煤气委员会、劳埃德银行、兰克电影公司和约翰·莱恩工程公司。这9幅广告带来2250英镑的收入，是我从最初的300多家潜在广告客户名单中想尽办法争取到的。要支付3万册创刊号的印刷费，这笔钱也足够了。我用它在顾资银行开了个账户，我父母一直把钱存到这里，把它作为我们家的清算银行。在他们的顾客中，也许只有我光着脚走进去，要求获得1000英镑的透支额。在《学子》存在的那些年中，拉广告一直都是非常艰难的工作。

尽管我们已经竭尽全力，但显然《学子》仍赚不到钱。我开始想出各种办法让它朝其他方向发展，提高它的知名度，如创办《学子》联合会、《学子》旅游公司、《学子》住宿中介公司。我并未把《学子》视为名词，或把它自身当作目标；而是把它视为形容词，一个能让人们从中辨认出某种关键价值的词语，是整个一系列服务的开端。用20世纪70年代的话说，《学子》杂志及其倡导的一切都应该具有"嬉皮"风格。《学子》是个灵活的概念，我想探索这种灵活性，看我能把它推动多远，它会走向何方。在这方面，我有点疏远我的朋友们，他们把全部精力都投入杂志以及他们希望报道的学生政治上了。

彼得·布莱克说，有朝一日，学生革命以及参与其中的学生都将变得过时，他似乎说得很对。然而，30年后回过头来再看看最初的几期《学子》，我却惊讶地发现，情况并未发生多大变化。那时，《学子》登载了尼古拉斯·加兰的"特德·希思"漫画，多年后，这个漫画人物仍然存在，直至加兰去世。不管是过去还是现在，戴维·霍克尼、达德利·摩尔和约翰·勒卡雷都仍然有很高的新闻价值，而布莱恩·福布斯和瓦妮萨·雷德格雷夫——或者，至少他们的女儿们——也仍然出现在新闻里。

地下室的生活乱成一团，但无所不包，乱中有美，正是在这种混乱中，我逐渐茁壮成长起来，此后也一直如此。我们从来就没什么钱，却忙得不可开交，但我们是一个亲密和睦的团队。我们一起工作，因为这有趣，因为我们感觉自己在做非常重要的事情，因为我们一起生活很快乐。

不久，一些全国性报纸的记者就开始来采访我，来看看我们在忙什么。我们创造出一种可以给他们留下深刻印象的完美方法。他们到来时，我就会坐在桌旁，用胳膊肘夹着电话。

"见到你真高兴，请坐。"我会一边说，一边向记者招手，让他们坐在我对面的懒人沙发里。为了保持自己的尊严，坐得舒服点，他们会在别扭的椅子上不断调整姿势，并从褶层里掸掉鹰嘴豆泥残渣和一堆堆烟灰，这时，电话就会响起来。

"谁能接一下电话吗？"我会问道，"现在——"我把注意力转向记者，"关于《学子》，你想知道些什么？"

"泰德·希思[1]打电话找你，理查德。"托尼在对面叫我。

"我会给他回电话的，"我扭头说道，"现在，关于《学子》，你想知道些什么？"

这时候，记者正伸长脖子四处张望，看托尼跟泰德·希思说："很抱歉，理查德正在跟别人会面，他会回电话的。"稍后，电话

1　乔治·爱德华·泰德·希思（George Edward "Ted" Heath，1902—1969）：英国著名音乐家。

铃声再次响起，托尼拿起电话。

"大卫·贝利[1]找你，理查德。"

"我待会儿给他回电话，不过，你帮我问问他，我们把午餐约会的时间改一下可以吗？我得去趟巴黎。好吧——"我会对记者抱歉地咧嘴一笑，"——现在，我们说到哪儿了？"

"我只想问你——"

电话铃声又响了。

"很抱歉打断你们，"托尼道歉说，"不过，这次是米克·贾格尔找你，他说有急事。"

"请允许我离开一分钟，"我说，然后不太情愿地拿起电话，"米克，你好。我挺好的，谢谢，你怎么样？真的？一条独家新闻？是的，听起来不错……"

我会一直说下去，直到乔尼在对面的公共电话亭忍不住笑起来，或者电话响起"嘟嘟"声。

"实在抱歉，"我会对记者说，"突然出了点事情，我们得赶紧。我们的谈话结束了吗？"

接下来，我们就把晕头转向的记者送走，路上会从乔尼身边经过，而电话也不再嘀嘀乱叫了。

不知就里的记者们上了钩，对自己在我们那里看到、听到的事情深信不疑。"似乎来自全球报纸的摄影师、记者和作家都渴望帮助《学子》，"《星期日电讯报》写道，"在所有中学和大学里，已经发展出一个庞大的志愿者发行组织，确保50多万学生能读到这

1　大卫·贝利（David Bailey，1938— ）：英国最著名的摄影师之一。

份杂志。"

"顶级撰稿人的数量多得惊人，报道范围不受限制。"《观察家报》写道。而《每日电讯报》则写道："大众刊物《学子》已吸引许多知名作家。它似乎将成为这个国家发行量最大的杂志之一。"

我们一直占据着乔尼家的地下室，到1968年秋，这里差不多有20个十几岁的孩子，难怪他的父母再也无法忍受，要求我们另找地方生活。我们搬到阿尔比恩大街44号，就在康诺特广场拐角处。乔尼也离开我们回到学校，他要过高级考试这一关。他为抛下我感到内疚，但他是在继续学业的压力下离开的。我们只是从他家地下室创办发展起来的小杂志，他父母理所当然地担心这无法为乔尼今后谋生提供良好的基础。

没有乔尼，《学子》再次陷入崩溃。我要做的事情太多，却没有一个我真正信赖的人来帮我摆脱困境。几周后，我叫尼克来帮我。尼克已经从安普尔福斯毕业，预备到布赖顿的苏塞克斯大学上学。他同意推迟上大学的时间，来《学子》帮忙。

尼克让《学子》重新回到正轨。他开始控制现金。过去我们把钱装进一个大饼干盒子里，谁都可以从里面拿钱去买吃的喝的，或者其他东西；尼克恰当地利用了我们在顾资银行的账户。他开始开支票，根据银行结单核对存根。尼克的门牙掉了一颗，又留着一头乌黑的长发，看起来相当吓人。我想他吓跑了很多讨债的人。

我们这个公社曾经在乔尼家逼仄的地下室里挤在一起，如今则在新房子上上下下扩散开来。大家到处筑巢，遍地都是床垫和线香。到现在，《学子》的大多数工作人员已经19岁或20岁。这里有大量关于自由恋爱的讨论，也有大量这方面的实践。我在房子顶层放了一张宽大的铜床，并装了一部电话，长长的电话延长线顺着楼梯栏杆拉到楼下。有时我就整天躺在床上处理所有的业务。

我以父母的名义租下这所房子，这样，作为房主的教会委员们，就不会认为我们在里面从事经营。父母喜欢新闻业的刺激。爸爸是个出庭律师，留着短发，周日上教堂时穿着运动夹克，打着领带。如果遇到一个长发及腰且一个月都没刮脸、没洗澡的人，他和妈妈跟对方交谈都从不会有丝毫偏见。每过半学期，林迪就会来阿尔比恩大街待几天，有时假期也来。她帮助我们分发《学子》，并且爱上了一连串为杂志工作的男人。

我和戴比有过短暂的恋爱关系，她是住在阿尔比恩大街为杂志工作的姑娘之一。有一天，她跟我说她怀孕了。我们俩都吓坏了，明白自己根本没准备好养孩子。戴比决定流产。我打了一通电话，意识到要处理这事显然很难。除非能证明戴比在精神或医疗方面有问题，否则，她就不能凭借国民医疗服务体系（NHS）流产。我们急疯了，给所有属于国民医疗服务体系的医院打电话，看是否有办法克服这个困难。我们企图找私人医生，却发现这要花费400多英镑——可我们根本没钱。我走投无路，最终设法在伯明翰找到一位好心的医生，她答应安排手术，只收50英镑。

手术后，戴比和我意识到，肯定有很多年轻人都遇到过同样的问题，却求助无门。如果通过一个电话就能找到合适的医生，那肯定会好得多。问题不单是意外怀孕，如果你需要心理帮助，或者染上了性病，却不敢向那位可敬的家庭医生承认；或者离家出走，找不到住处，那该怎么办？我们将学生可能遇到的各种问题列出一个长长的单子，决定做点事情加以改善。我们将公布我们的电话号码，寻找最优秀且最乐于助人的医生，列出他们的名单，然后看谁会给我们打电话求助。

学生咨询中心打出广告："把你头痛的事情交给我们。"我们顺着牛津大街散发传单，又在《学子》上做广告。很快就有电话打进来了。很多医生同意免费或以最低收费提供服务，其中既有国民医疗服务体系的医生，也有私人诊所的医生。就这样，我们建立起一个专家网络，向需要的人推荐他们。在我们接到的电话中，很多都跟怀孕或避孕有关，但我们这里差不多也成了男女同性恋者聚集中心。很快我们就明白过来，他们感兴趣的与其说是寻求我们的建议，不如说是想找个约会的地方。这说明同性恋者要过正常的社交生活是多么困难。

学生咨询中心占用的时间开始超过《学子》杂志。我会在凌晨3点被电话铃声惊醒，然后与潜在的自杀者聊一个小时；建议怀孕的女孩找哪个医生最好；给某个染上性病后吓坏了、不敢告诉父母或去看医生的人写信。然后，不管剩下的时间多么有限，都用来管理杂志。我们发现，在我们处理的问题中，最重要的一个是很多青少年都无法向父母说出心里话。听着别人的故事，我才意识到，自己与父母关系融洽是多么幸运。他们从不对我做出评判，总是支持我，总是夸奖我的优点而非批评我的缺点。在向父母承认自己的问题、忧虑和失败时，我不会有丝毫犹豫。我们在学生咨询中心的任务，就是努力帮助那些陷入麻烦却求助无门的人。

因为学生咨询中心和《学子》杂志，我们在阿尔比恩大街的生活狂乱，不分昼夜，任何时候都有很多人出入这所房子，搅得邻居们心烦意乱。他们的抱怨招来教会委员会检查员的定期拜访，以确保我们没在这里做生意。这些拜访如同一出西区滑稽剧，制造出有规律的紧张感。来检查之前，委员们必须提前24小时通知我们。一接到通知，《学子》的所有工作人员和我妈妈就立即行动起来。

我们把电话全都堆进一个橱子里，再用防尘罩将桌椅和床垫盖起来。《学子》成员穿上工装，拖出颜料桶和刷子，开始粉刷墙壁。妈妈也会带着林迪和8岁的凡妮萨，以及一大堆工具，从乡下赶来。当教会委员们过来检查时，就会看到一群友好的刷墙工人，正在快乐地装饰房子，家具全都包上了防尘罩。而在楼上，一个母亲和家人挤在一起，小女孩以一种相当令人困惑的方式玩一些玩具，林迪和我则在全神贯注地玩强手棋。当凡妮萨露出疑惑的表情，仿佛要问我们发生了什么事情时，妈妈就会借口说凡妮萨该睡觉了，很快把所有人赶出房间。

教会检查员看着这个幸福的家庭场景，不明白邻居们在瞎抱怨什么。他们会挠挠头，说小凡妮萨多么可爱，然后喝杯茶，跟妈妈友好地拉拉家常。他们刚从大街上消失，妈妈就立刻回家。我们也把强手棋放到一旁，掀开防尘罩，插上电话，继续工作。

在一次不幸的检查中，我们忘记拔掉电话，这下子全完了。到那时，检查员们已是第五次登门拜访，他们肯定已经产生了怀疑。检查完后，他们坐下来，照例喝杯茶。就在他们快离开时，两部电话突然在橱子里响起来。我们惊呆了，顿时沉默下来。

"真是的，"我赶紧随机应变地说，"你们听到电话铃声了吗？这些房子的墙壁太薄了，我们能听到隔壁的所有声音。"

检查员大步走向前去，拉开橱门。5部电话、一个总机和一大堆电话线一下子滚落到他头上。即使是个大家庭，也用不着电话总机。我们在阿尔比恩大街44号的生活就此终结。《学子》杂志不得不另找办公地点。

我们在附近搜索出租房。卡思伯特·斯科特牧师提供的条件最好。他赞赏学生咨询中心的工作，允许我们使用圣约翰教堂的地窖，就在贝斯沃特路附近，而且不收租金。我把一块旧大理石板搭在两座坟墓之间，权当办公桌。每个人都找到了坐的地方。我们还诱哄当地的邮局技工很快接好我们的电话，而不是按常规等上3个月。过了一段时间，我们中就不再有人注意到自己是在教堂地窖工作，也不在乎里面光线阴暗，四周都是大理石雕像和坟墓了。

1969年11月，我接待了两个来自玛丽里本警局的便衣。他们是来提醒我注意《1889年有伤风化广告法案》和《1917年性病法案》的，以免我不知道这两部法案的存在。我确实不知道，这也难怪。他们跟我说，打广告向性病患者提供任何帮助或治疗，都是违法行为。当初制定这些法案，本意是禁止冒牌医生压榨大批性病患者，以免他们向庸医寻求昂贵却无效的治疗。我争辩说，我只是提供咨询服务，将任何患有性病的人都转给了圣玛利亚医院，向合格的医师求诊。但这两个便衣态度强硬，他们警告我：如果学生咨询中心继续当众提及"性病"二字，我就会遭到逮捕，并有可能被判处两年监禁。

就在那周前，我们成功地告发了玛丽里本警局的一个警察，因为他把毒品放在学生咨询中心的一名顾客身上陷害他。那名警察遭到降职。因此，我怀疑便衣的来访跟那件事有关。为了证明我们违反了某些含糊其词的法规，警察居然搜罗出这两部陈年旧法，这让我惊讶不已。

我们赶紧将那些在伦敦周围散发的传单加以修改，里面不再提到"性病"，而是把它描述成"社交疾病"。随后，我们接到大量来自痤疮患者的咨询，而打电话求助的性病患者则由每周60人骤降至10人。我们断定警察只是虚张声势。为了帮助本应求助的另外50人，我们认为，面对伦敦警察厅的威胁，冒一次险是值得的，于是便重新把"性病"一词写入传单。我们错了，1969年12月，警察再次光临教堂地窖，将我逮捕了。

约翰·摩尔蒂莫是一位出庭律师，因支持自由主义事业而闻名，他曾为*Oz*杂志辩护，并在《查泰莱夫人的情人》[1]一案的审判中发挥了作用。他主动提出为我辩护，同我一样认为那些法律荒唐可笑，警察纯粹是在报复。约翰提醒我们，每个公共厕所都在门的里面贴着一份政府告示，为性病患者提供建议。如果我有罪，那么政府也有罪。我受到正式起诉，罪名有两个：首先违反了《1889年有伤风化广告法案》，它禁止任何"有伤风化或淫秽性质"的广告，断定提及梅毒和淋病都有伤风化；其次违反了《1917年性病法案》，它禁止提供性病治疗和建议的广告，也禁止提到"性病"一词。

1970年5月8日，我的案子在玛丽里本地方法院举行了第一次预审，汤姆·德赖伯格为我做了充满戏剧性的申辩。德赖伯格派头十

---

1 《查泰莱夫人的情人》，英国著名小说家劳伦斯的小说，一经问世，即因为书中大量的性描写而遭到查禁。20世纪60年代，针对该书是否可以全文出版，引发了一场震惊全球的出版公案。

足，他一直担任工党议员，直至1974年。撒玛利亚会[1]的创始人查德·瓦拉出庭做证，他指出，在学生咨询中心的建议下，有很多人向他的慈善机构求助。约翰·摩尔蒂莫争辩说，如果我被判有罪，那么我将别无选择，只好起诉政府和所有地方当局，因为他们也在公共厕所贴告示。地方法官驳回了根据《1917年性病法案》而对我提出的指控，因为学生咨询中心并未向患者提供治疗，而是引导他们向有行医资格的医生求助。至于另一项指控，则推迟到5月22日再审理。

当正在审理这个案子时，英国公布了一项统计数据，它表明，在过去的一年中，性病患者数量剧增，已达到战后顶峰。健康教育委员会主席伯克夫人利用这个统计数据，并以我的案子为例，试图在上议院修订《1889年有伤风化广告法案》。

"阻止此类严重疾病的传播，是负责任的做法，但居然有人利用过时的法律，限制这样的努力，这实在是荒谬。"她说。

到第二次开庭时，许多报纸都宣布，警察对我的起诉是多么愚蠢。人们发起大规模的运动，以改变这部法律。根据这部法律严格的字面意思，地方法官很不情愿地宣布我有罪。但他也明确指出，他认为这部法律非常荒谬，因此只对我处以7英镑的罚款。警察曾以两年的监禁威胁我，与之相比，这个判决太轻了。在法庭外面，摩尔蒂莫向媒体发表声明，呼吁修订这部法律，否则我们将别无选择，只好起诉政府在公共厕所的门上提到"性病"一词。报纸全都合力支持我们。到下一次议院开会时，政府法规便融入了伯克夫人

---

1 撒玛利亚会（Samaritans）是一家志愿机构，以英格兰和爱尔兰为基地，为情绪受困扰和企图自杀的人提供支援，意在推广情绪健康的概念。

对该法案的修订。内政大臣雷金纳德·莫德林写了一封私人信件给我，就这次"皇家诉讼"向我道歉。

这场官司让我知道，尽管我很年轻，穿的是牛仔裤，而且没什么金钱后盾，但我无须害怕警察或当局的恐吓。如果我有一位优秀的律师，那就更不用害怕了。

1970年的一天，我回到办公室，发现尼克已经占据了我的办公桌。由于疏忽，他留下一份写给全体工作人员的备忘录草稿。这是一个取消我作为出版人和编辑资格的计划，然后他将控制《学子》的编辑和财务，将它变成一个合作机构。我将变成一个普通的团队成员，而且，每个人都将平等地决定杂志的编辑方向。我倍感震惊，觉得我最亲密的朋友尼克即将背叛我了。毕竟，创办《学子》是我和乔尼的主意。我们从斯托中学就开始创办了，虽然遇到各种困难，我们仍想方设法将它出版。我知道自己打算拿《学子》怎么办，而且我觉得每个在这里工作的人似乎都很开心。我们领取相同的工资，但归根结底我才是编辑和出版人，应该由我来做决定。

我环视四周，看着正在工作的每一个人，他们全都故意把头埋在书桌上。我不知道有多少人参与这个计划。我把备忘录放进口袋。当尼克回来时，我站起身来。

"尼克，"我说，"你能出来跟我聊聊吗？很快就好。"

我决定虚张声势，以此度过这场危机。如果尼克的煽动已经获得其他10人的支持，那我就很难阻止他们了。但是，如果他们还没打定主意，我就能在尼克和其他人之间制造分裂，把尼克排挤出去。我只得将我们的友谊搁置一旁，先摆脱这场挑战。

"尼克，"我们一边在大街上走，我一边对他说，"有好几个人找到我，说他们对你的计划不满。他们不喜欢这个想法，但是，他们很害怕，不敢当面告诉你。"

尼克露出惊恐的表情。

"我认为你待在这里不太好，"我继续说道，"你一直想暗中破坏我和整个《学子》。我想我们应该继续做朋友，但我认为你不应该再待在这里了。"

我到现在都不知道，当时自己怎么就能脸不红心不跳地说出那些话。尼克低下头，望着他的脚。

"对不起，里奇，"他说，"我那么做只是因为，这样安排我们的工作似乎更好……"他的声音逐渐变弱。

"我也感到很抱歉，尼克，"我双臂交叉，直直地望着他，"让我们在夏姆里格林再见吧，但《学子》是我的生命。"

尼克当天就走了。我告诉所有人，尼克和我在运作《学子》的方式上无法达成一致，他们可以随心所欲地选择离开或继续。他们全都决定和我待在一起。虽然没有了尼克，但教堂地窖的生活仍将继续。

这是我第一次真正遇到意见不合。尽管我感到痛苦，但我知道自己不得不面对它。我不喜欢批评那些与我一起工作的人，而且也尽量避免这么做。从那以后，我总是设法回避这种问题，而让别人挥动斧子。我承认这是缺点，但我就是无法应付。

尼克是我最好的朋友，我深深地希望我们能一直如此。在我下一次回夏姆里格林时，我顺便去看望尼克，发现他正在吃他妈妈做的布丁。我们俩坐下来，一起将它吃光了。

尼克不但是最早跟我交朋友的人，而且他还负责发行杂志，在这方面做得非常好。我很想念他。在尼克到来之前，我们只是偶尔搞搞发行，将一捆捆杂志送到中学或大学的志愿者那里去。尼克走后，《学子》又维持了一年多，我们继续出版了4期杂志。尼克告诉我，他正作为候选人参加苏塞克斯大学的一次学生选举，于是我利用《学子》和印刷商的关系，印了一些便宜的竞选海报。尼克赢得了选举，但是后来却因为在竞选中寻求校外支持而被取消了资格。

我知道，那些走进来跟我们闲聊或为我们工作的人，每个都花大把的时间听音乐，花大把的钞票购买唱片。留声机总是播放着音乐，当滚石乐队、鲍勃·迪伦或杰弗逊飞机乐队的最新专辑问世时，大家都会蜂拥而上，争相购买。人们对音乐怀着满腔的热情。音乐具有政治性，音乐无法无天，音乐总结了年青一代改变世界的梦想。我还注意到，有些人虽然从没想过花40先令吃顿饭，但却会毫不犹豫地花40先令购买鲍勃·迪伦的最新专辑。专辑越晦涩，价格越昂贵，他们就越把它视若珍宝。

到那时为止，我之所以对赚钱感兴趣，不过是为了保证《学子》能继续获得成功，为了给学生咨询中心提供资金。但我忽然想到，唱片发行是一个很有意思的商机。我听说，尽管政府废除了《维持零售价协议》，却没有一家商店出售打折唱片。我开始考虑创建唱片发行业务。《学子》的工作人员已经增加到20人左右，而我们仍然一起住在阿尔比恩大街44号，并在教堂地窖工作。

我考虑了唱片居高不下的价格和购买《学子》的读者群，不知道我们能否通过杂志打广告，并出售便宜的邮购唱片。没想到，第一份唱片邮购广告居然出现在《学子》的最后一期。没有尼克管理《学子》的发行，杂志举步维艰。但出售便宜唱片的广告却使得大量咨询电话如潮水般涌入，也为我们带来大量现金，我们以前从没见过这么多钱。

我们决定另外找个名字命名邮购业务。这个名字要醒目迷人，与众不同，而且不单要对学生有吸引力，还要能够吸引学生之外的大众。我们围坐在教堂地窖里，试图选出一个好名字。

"滑行唱片"是最受喜爱的名字之一。我们漫不经心地拿它说笑了一会儿，然后有个姑娘探过身子。

"我有个主意，"她说，"'维珍'如何？在商业上，我们全都是'处女'[1]。"

"而且现在这里没剩下多少处女了。"另外一个姑娘笑着说，"虽然这里没有处女，但有个'处女'的名称也不错。"

"太好了，"我当场决定，"就叫'维珍'。"

1　维珍商标的英文为"Virgin"，本意为"处女"。

03

1970—1971

邮政工人大罢工：
无法控制的变故差点毁了我们

于是，我们就成了"维珍"。回顾我们定下"维珍"品牌名称后所涉足的各个领域，我认为我们选对了。"滑行航空公司""滑行新娘"或"滑行安全套"能像"维珍"（处女）那样吸引人吗？我可拿不准。

我们稍微做了点市场调查，事实证明，我对唱片发行的直觉是正确的。学生们花很多钱买唱片，当他们发现花35先令就能从维珍买到唱片时，就不愿意花39先令从W. H. 史密斯公司购买了。我们开始在牛津街沿线和各种音乐会外散发有关维珍唱片邮购公司的传单，之后，我们每天收到的信就从一捆变成了一大包。对我们而言，顾客预先汇款是邮购业务最大的好处之一，这就为我们提供了购买唱片的资金。我们在顾资银行的账户上，开始积累起大量现金余额。

随着维珍邮购业务的增长，我打算把《学子》出售给其他杂志集团。IPC杂志[1]作为唯一有兴趣的买家出现了。我们经历了漫长的谈判，在一次会议上，他们邀请我留下当编辑，这是谈判的高潮。我答应了他们的要求，但接着却错误地将我未来的计划一股脑儿告

1　IPC杂志（IPC Media）：英国著名消费类杂志和电子出版商。

诉了他们。梦想未来是我最爱的娱乐之一，我在会上跟他们说，我还为《学子》构想了其他各种计划。我觉得学生们受到银行的不公平对待，我想建立一个低息学生银行；我还想建立一连串专为学生服务的大型夜总会和旅馆；甚至可能向他们提供优质的旅行服务，例如学生列车，谁知道呢，说不定还会建一家学生航空公司呢。我谈兴正浓，却看到他们的目光逐渐暗淡下来。他们认为我是个疯子。他们决定，不能留下这样一个疯子给《学子》当编辑。最终，他们甚至决定不收购这份杂志。《学子》无疾而终，我为未来设计的各种计划也不得不暂时搁在一边。

我们把全部注意力都转向了维珍邮购服务。大量订单不断涌入，从哪里购买唱片、怎样寄给顾客，全都需要安排。这繁忙的景象让我相信自己需要帮手。我们全都在阿尔比恩大街过着愉快的生活，但我却越来越强烈地意识到，为支付薪水而操心的只有我一个人。薪水并不多，可要赚到足够的利润来支付这笔费用也并非易事。我只能求助于一个人：尼克。我希望老朋友能回来。

尼克曾计划把我赶走，我忘掉那段不快，跟他商量：如果他来跟我合作，那我就向他提供维珍邮购公司40%的股份。他立刻答应了。我们从没就四六分成的事展开谈判。我想，我们俩都觉得这公平地反映了各自在这桩生意中的投入。

尽管尼克并非受过专业训练的会计，他却谨小慎微，锱铢必较。他还以身作则，从不乱花一分钱，既然如此，其他人怎么好随便花钱呢？他从不洗衣服，那其他人怎么好意思洗衣服呢？他精打细算，恨不得把每个便士都掰成两半花；他离开房间时总不忘随手关灯；他打电话三言两句就完；还总能非常巧妙地处理我们的账单。

"晚点付账也没事，"他说，"只要你定期付清就行。"

于是我们会按时付账，不过总要拖到最后一刻。除了尼克和我，教堂地窖没有其他长期雇员。总有临时工来来去去，不断循环，在离开维珍继续漂泊之前，他们会获得每周20英镑的薪水。整个1970年，维珍唱片邮购公司都在蓬勃发展。

接着，到了1971年1月，一场完全无法控制的变故差点毁了我们，那就是邮政工人大罢工。在邮政工会秘书长汤姆·杰克逊的领导下，邮递员全都回了家，邮局用胶带封上了信箱。我们的邮购业务眼看就要完蛋了，客户没法给我们寄支票，我们也没法寄唱片。我们必须采取措施。

尼克和我决定开一家店铺，继续出售唱片。我们必须在一周之内，在资金耗尽之前找到店址。当时，我们根本不知道怎样管理店铺。我们只知道自己不得不想办法出售唱片，否则公司就会倒闭。我们开始寻找店址。

1971年，在唱片零售业中占支配地位的是W. H. 史密斯公司和约翰·孟席斯[1]。它们都很没劲，而且拘谨刻板。它们的唱片部通常设在楼下，工作人员都穿土褐色或蓝色工作服，一副对音乐毫无兴趣的样子。顾客们从货架上挑选唱片，付钱购买，不到10分钟便会离开。这些商店不受欢迎，它们的服务很难引起顾客的共鸣，而且唱片价格昂贵。尽管摇滚乐令人兴奋，出售唱片的商店却没有丝毫兴奋感，对音乐也没有丝毫兴趣。如果你购买了大门乐队新出的专辑，懒洋洋的工作人员不会表现出赞许或兴趣。他们只会在钱柜上

1　约翰·孟席斯（John Menzies）：苏格兰商业集团。

的收银机里记录下款项，不管你购买的是大门乐队的音乐，还是曼托凡尼乐队或佩里·科莫的音乐，对他们来说都没有区别。如果有人阅读了《旋律制造者》本周有关范·德·格拉夫发电机乐队或非凡弦乐队的乐评后，要求专门订购其唱片，他们也不会表现得特别热情。我们的朋友去唱片店时，都觉得很拘束，它们只是功能性场所，人们不得不从那里购买自己喜爱的唱片。这也正是廉价邮购业务的魅力所在。

我们希望维珍唱片商店成为《学子》的延伸，让顾客能在这里聚会，一起听唱片，而不是简单地冲进来买了唱片就走。我们希望顾客能待更长时间，跟工作人员聊一聊，对他们要买的唱片真正产生兴趣。人们对音乐的重视远远超过生活中其他许多东西。如同人们驾驶的汽车、看的电影和穿的衣服，音乐是一种自我表达的方式。青少年花大量时间听音乐、谈论自己最爱的乐队和挑选唱片，几乎比做其他所有事情的时间加起来还多。

开设维珍的第一家唱片店时，必须综合考虑音乐融入生活的所有这些方面。我认为，我们通过探索达到这个目的的过程，就为维珍以后的面貌创立了概念性框架。当时，唱片店向顾客提供的是临终忏悔式的服务，而我们希望维珍唱片店是一个有趣的地方。我们希望跟顾客产生共鸣，而不是在他们面前摆出一副高高在上的姿态。我们还希望维珍的唱片比其他商店更便宜。一蹴而就实现所有目标是一桩离谱的事情，但我们希望通过营造气氛来获得额外收入，以薄利多销的方式获得利润。

尼克和我用了一个上午，点数牛津街的行人流量，再跟肯辛顿大街的行人流量做比较。最终，我们认定，牛津街租金较低的那头最适合开唱片店。我们知道，维珍唱片店没有名气，没法靠声誉吸引顾客专门来购买唱片，因此我们必须想办法吸引行人一时冲动走进店铺。我们开始在人流量最多的地方寻找待租的房屋。我们看到一家鞋店有楼梯通往似乎闲置的二楼，于是便上楼去看个究竟。

"你们干吗呢？"有人冲着上面问我们。

"我们想找个地方开店。"我们回答。

"开什么店？"

尼克和我回到下面的楼梯上，发现鞋店店主挡在路上。

"唱片店。"我们说。

店主是个身形魁伟的希腊人，叫阿拉丘佐斯先生。

"你们付不起房租的。"

"是的，你说得对，"我说道，"我们确实付不起房租。但是，我们会吸引很多人从你窗前经过，他们全都要买鞋子。"

"买哪种鞋子？"阿拉丘佐斯先生的眼睛眯成一条缝。

"耶稣式便鞋已经过时了，"尼克说道，"你卖马丁靴吗？"

我们达成一致，在有其他人想租房之前，我们免费占用这里，开唱片店。这里反正也是闲置房屋。5天之内，我们就做好了货架，在地上放了一堆堆垫子，又把两张旧沙发抬上楼，并摆放好钱柜。一切就绪，第一家维珍唱片店准备开门营业了。

在开业的前一天，我们顺着牛津街，散发了数百张销售打折唱片的传单。第一天营业是周一，顾客在店门外排成一字长龙，有一百多码长。顾客开始进来买唱片时，我恰好在钱柜旁。第一位顾客买的是一张德国橘梦乐队的唱片，通过邮购业务，我们已经注意到这支乐队的唱片卖得非常好。

"你们楼下那家伙真搞笑,"他说,"我排队等候时,他一直试图把一双马丁靴卖给我。"

那天工作结束时,我带着钱去银行,发现阿拉丘佐斯先生正在店外徘徊。

"生意如何?"我拎着沉甸甸的现金问他,同时努力想让这包钱显得轻飘飘的。

他看着我,又回头看看自己的橱窗,里面仍堆着高高的马丁靴。

"很好,"他生硬地回答,"再好不过了。"

1971年,尼克经营着牛津街的唱片店,戴比管理着皮卡迪利的学生咨询中心,我则主要负责想方设法地扩大经营。我们正从《学子》的各种计划向维珍过渡,在此过程中,学生咨询中心更名,成为一家新的慈善机构"救命!"(HELP!)。它至今仍在运作,在维珍联盟旗下开展着一系列非常广泛的慈善活动。

我对唱片业一窍不通,但从唱片店的情况来看,我认为它是个非常随意的行业,没有什么严格的规则。它有无限的发展潜能。一支新乐队会突然席卷全国,获得巨大的成功,例如"海湾摇滚客""文化俱乐部""辣妹"和"霸子"等乐队组合都是这样。音乐行业是实物资产与无形资产构成的奇怪混合体,流行音乐组合本身就是品牌,在某个特定阶段,实际上单凭他们的名字就能保证唱片成为大热门。但这也是一个贫富分化严重的行业,少数成功的乐队富得流油,而大多数乐队没有名气,穷困潦倒。摇滚乐行业非常典型地体现了资本主义最残酷无情的一面。

作为唱片零售商,只要有顾客追捧的乐队唱片,维珍就可免受单支乐队成败的影响。但我们也仅限于靠微薄的零售利润勉强糊口。我看得出来，在唱片业，真正具有赚钱潜力的只有唱片公司。

尼克和我暂时潜心于塑造店铺形象。我们继续尝试各式各样的想法，竭尽全力让顾客感到满意。我们向他们提供头戴式耳机、沙发和懒人沙发，让他们能免费阅读《新音乐快讯》和《旋律制造者》，还提供免费咖啡。我们允许他们在这里想待多久就待多久，让他们感觉舒适自在。

我们的口碑开始四处传播，很快人们就开始选择我们而非大型连锁店作为购买唱片的地方。他们似乎认为，瘦李奇乐队或鲍勃·迪伦的同一张专辑，从维珍买的比从博姿公司[1]买的更有价值。每次在牛津大街上看到有人提着维珍的纸袋，我都引以为豪。我们的员工开始报告说，同样的顾客每两周就会来这里一次。就这样，以忠诚顾客为基础，维珍的名气越来越大了。

音乐界的一端是唱片销售，相反地，另一端则是录音棚。我听说录音棚的环境极度拘谨刻板。乐队必须按照预约的时间进去，自带所有设备并负责装配，然后又按照预定的时间表，带上自己的所有设备离开。录音棚全都严重超额预订，以至于乐队经常被迫在早餐后立即录音。一想到滚石乐队刚刚咽下几碗玉米片，就必须立即投入唱片《红糖》的录音，我就觉得荒唐可笑。在我的想象中，一所舒适的乡村大宅院才是制作唱片的最佳环境，乐队可以随心所欲地一待就是几周，在自己喜欢的任何时间——甚至晚上——录音。

1　博姿公司（Boots）：全球著名零售商和批发商。

因此，到1971年，我就开始到乡下寻找一处可改建成录音棚的宅院。

我在一本《乡村生活》杂志中，看到威尔士正在出售一座美如童话的城堡，售价仅2000英镑。这似乎是个便宜买卖。我跟汤姆·纽曼一起驾车去看房。汤姆是维珍邮购公司的早期成员之一，本来是歌手，已经发行了几张唱片，但他对兴建录音棚更感兴趣。我们到了那里才发现，推销广告莫名其妙地忘记了一个细节，这座城堡其实位于一个居民区中间。

汤姆和我疲惫不堪，又很失望，便掉转车头，踏上5个小时的漫长车程，返回伦敦。在回家途中，我随手翻阅《乡村生活》，又看到一处房产广告，那是一座老庄园，位于牛津以北约5英里处的查韦尔河畔希普顿。我们驶上一条岔路，顺着指示牌前往"查韦尔河畔希普顿"，穿过那个村子后一拐弯，再沿着一条以庄园为终点的道路行驶。庄园大门紧闭，汤姆和我翻过围墙，发现自己置身于一座17世纪的漂亮庄园里，它用黄色的科茨沃尔德石头砌成，夕阳的余晖给这些石头镀上一层淡淡的光亮。在房子外面环绕一圈后，我们俩都意识到这正是我们要找的完美场地。

第二天，当我们给房地产经纪人打电话时，才发现这座庄园已推出市场很久。它拥有15间卧室，用作家庭住宅太大，改建成宾馆又太小。经纪人索价35,000英镑，但他同意以30,000英镑成交，好将它赶快卖掉。我穿上西装和黑皮鞋，到顾资银行去贷款。我把维珍邮购公司和位于牛津大街的维珍唱片店的销售数据拿给他们看。我不知道这些数字给他们留下了什么印象，他们只向我提供一笔20,000英镑的抵押贷款。若干年后，顾资银行的人告诉我，如果我穿着过于漂亮的衣服去银行，他们就知道我一定是陷入困境了。

对我而言，顾资银行的贷款是一大突破。银行肯借一大笔钱给我，这还是头一遭。我明白自己快要实现买下庄园的梦想了。尽管我自己没钱，但父母为我、林迪和凡妮萨分别存了2500英镑，等我们一满30岁就给我们。我问父母，能否提前支取那笔钱给我拿去买下庄园。他们俩都同意了，虽然有风险——如果录音棚倒闭，银行就会以最低价格强行出售庄园，根本不跟我商量，父母给我的钱也就没了。现在，我还差7500英镑就够了。

星期天，我们一家在夏姆里格林共进午餐，席间说起庄园的事情，爸爸提议我去看看乔伊丝姑姑。乔伊丝姑姑自己没孩子，总是宠着我们。她的未婚夫在第二次世界大战中牺牲，之后她再没爱上别人。她住在汉普郡，当天下午，我就开车去看她。她一如既往，坦率又慷慨。她已经把事情都安排好了。

"里奇，我听说了庄园的事，"她跟我说，"我猜顾资已经借了些钱给你。"

"对。"

"但还不够。"

"确实。"

"那好，我会帮你渡过难关的。我要的利息跟顾资相同，"她说，"但你可以延期还款，什么时候有钱就还我。"

我知道乔伊丝姑姑一直对我很好，她很可能已经认定这笔钱就要打水漂了。我哪里想到，为了给我凑够7500英镑，她已经抵押了自己的房子，而且不得不自己付利息。我连连道谢，但她毫不在意。

"你看，"她说，"如果我不愿意，我就不会把钱借给你。可钱是拿来做什么的？不就是拿来做事情的嘛。我相信你用这个录音棚会大有作为的——就跟你当初学游泳时赢了我10先令一样。"

我对自己发誓，无论如何我都要把钱连本带利地还她。

我只通过电话跟房地产经纪人联系。在完成转账、买下庄园后，我去拿钥匙。我悠闲地走进他的办公室。

"需要我为您效劳吗？"他说，看到我一副邋遢的样子，无疑十分困惑，我这种人到一个精明的房地产经纪人办公室来做什么？

"我来取庄园的钥匙，"我说，"我叫理查德·布兰森。"

他满脸诧异。

"好的，布兰森先生。"他掏出一把巨大的铁钥匙，"请收好，这是庄园的钥匙。请在这里签个字。"

我在他的文件上留下一个花哨的签名，然后就拿起钥匙，开车去将庄园据为己有。

汤姆·纽曼和他的朋友菲尔·纽厄尔一起，立刻着手将庄园的外屋改建成录音棚。他打算安装一套顶级的安派克斯16声道录音设备，他能想到的其他所有设备也都要最好的：一个拥有20条通道的调音台，一套4声道的监听、相位调整和回声设备，外加一台大钢琴。我们俩都希望确保这里的一切不输于伦敦最好的录音棚。庄园逐渐发展成形。每个周末，我都跟尼克驱车到庄园做些杂活儿。我们暂时睡在地板上，工作则是拆除壁炉上的隔板，剥去地上铺的漆布，露出原来的石板地面，并把墙壁刷好。林迪不时过来帮忙，维珍唱片店的大多数人也来过。有一天，妈妈也过来了，还带着一台飞利浦牌的落地式大摆钟。

"你们会用得着它的。"她说。

我们把它放在门厅，将钟罩当作存钱罐。现在，这个钟放在维珍航空公司位于希思罗机场的贵宾候机厅里，但里面没有塞钱。

阿尔比恩大街那所房子的租约到期后，我搬到诺丁山附近一些朋友家住了一段时间，因为我们仍在教堂地窖里工作。很快，我们的地窖就人满为患，于是我们另找了一个旧仓库，就在帕丁顿车站附近的码头南路，这里成了维珍邮购公司的基地。

有一天，我驾车从西路到梅达谷去。经过一座圆拱桥时，我看到运河沿岸有一排船屋。这里湖光山色，绿树成荫，船屋被漆成艳丽的红色和蓝色，屋顶放着花盆，还有各种野鸭和天鹅在周围的水里嬉戏。恍惚间，我感觉自己仿佛突然来到了乡村。

我从小在乡下长大，喜欢到处疯跑，其实并不喜欢在伦敦生活，老是感觉这里终年不见阳光，也呼吸不到新鲜空气。以前我们曾去索尔科姆[1]过暑假，从那以后，我就一直喜欢水，也喜欢船上的各种气味：汽油味、沥青味和绳子的气味。我驱车来到地方自治会办公室。他们让我去找负责船屋分配的水务处，并警告我说，已经有一长串的人在等候批准了。如果我现在申请，也许最终要等到大约5年后才能分到一条。我懒得去申请，却开车回到"小威尼斯"，希望船上的人能告诉我怎样去租一艘。我相信肯定有办法绕过这个审批程序。

我驾车顺着运河边的布洛姆菲尔德大街行驶，这时车子突然抛锚。这种事并不罕见。我下了车，无奈地望着引擎罩。

"你需要帮忙吗？"一个带爱尔兰口音的人叫道。

1　索尔科姆（Salcombe）：英国南部海岸小镇。

我转身看，只见一艘船屋顶上，有个老人正在摆弄烟囱。

"没事，会修好的，"我一边说，一边朝他走去，"我想知道怎样才能到这种船上生活，这才是我真正需要帮忙的地方。"

布伦丹·福理直起身子。

"就这事啊，"他说，"有办法呀。"

他拿出烟斗点燃，显然很高兴能借机歇一会儿。

"你不妨到那边那条船上去问问，"他说，"我刚把它卖掉，有位年轻女士已经搬上去了。现在不知道情况如何，不过船上有两个卧室，她说不定想找房客呢。你得过一道小木门，顺着拉船路走。前面的最后一条船就是它了，它叫阿尔贝塔。"

我一路走去，推开那扇倾斜的木门，顺着狭窄的拉船路一直往前走。来到最后一条船上，我透过圆形舷窗朝里面张望，看见厨房里有个金发姑娘正俯身干活儿。

"你好，"我说，"你肯定就是阿尔贝塔了。"

"别犯傻了，"她转过身来说道，"那是这条船的名字。我叫芒迪。"

"我能进来吗？"我问，"我的车刚刚抛锚，我想找个地方住。"

芒迪很漂亮。她不但漂亮，而且刚把一张床搬到船上来。我们坐下来吃了午餐，然后，我们还没回过神来，就已经躺在床上了。她的全名是芒迪·埃利斯，那天晚上我就在那里跟她一起过夜，第二天一早，我就提着手提箱搬到了船上。

芒迪和我共同生活了近一年。她曾先后到学生咨询中心和庄园帮忙。不久，芒迪便离开阿尔贝塔号，来到庄园，跟汤姆·纽曼走到了一起。

04

避免牢狱之灾
成为我的最大动力

1971年的整个春季，维珍邮购公司吸引的顾客越来越多。然而，公司虽然在成长，我们却在亏损。我们为所有唱片提供很大的折扣，再加上订货电话费、邮寄费、员工工资和店铺租金，我们几乎无法维持经营。有时，顾客会撒谎说自己没有收到唱片，于是我们只好重新寄一次，而且还常常会寄第三次、第四次，等等。总之，我们在逐渐亏损，很快就透支了15,000英镑。

这年春天，我们获得了一份比利时的大订单。我到相应的唱片公司进了货，免去了在英国销售时必须缴纳的购物税。然后我借了辆厢式货车，驶往多佛，乘渡船来到法国，再继续开车，前往比利时。在多佛，我要给一些文件盖上章，确认这么多唱片出口。可当我到达加来时，法国人又要我出示一张过境通行证，以证明我不会在途经法国时出售唱片。对于唱片，英、法两国都征收购物税，比利时却不收任何税，因此我货车里的唱片实际上都是免税商品。我没办过境通行证，只好带着唱片，乘渡船回到多佛。

当我驱车返回伦敦时，我忽然想到，自己这一大车的唱片实际已经出口。我甚至还有海关盖的章做证。法国海关不让我过境的事无人知晓，我也没缴购物税，因此可通过邮购或维珍唱片店销售它们，这比按合法途径销售要多赚5000英镑左右。再这样跑个两三趟，我们就能把债还清。

除了维珍唱片店的15,000英镑债务，我购买庄园还欠下20,000英镑的抵押贷款，将外屋改建成录音棚的费用也需要付。上述办法似乎是摆脱债务的理想手段。这是一个犯罪计划，我正在违法乱纪。但因为我以前违反规则总能侥幸逃脱，所以当时觉得自己绝对错不了；即使错了，也不会被抓住。我还没过21岁生日，不知何故，在我身上，普通的日常生活规则似乎都不管用。而在这些肆无忌惮的事情之外，我还将不可救药地爱上一个漂亮的美国姑娘——克里斯滕·托马西。

有一天，我正在庄园里到处找我们那条名叫"私货"的爱尔兰猎狼犬。哪里都没有它的踪影，于是来到楼上，顺着其中一条走廊，打开所有卧室的房门，大叫："私货！私货！"我猛地推开一间小卧室的房门，发现一位身材高挑的漂亮姑娘正在里面换衣服。她有一张好奇而顽皮的脸，可比"私货"迷人多了，而且她独自待在这里，身上只穿着旧紧身牛仔裤和黑色文胸。

"你这样看起来真棒，"我说，"就穿这点衣服我也不会在乎的。"

"你到处乱叫'私货'做什么？"她问。

"'私货'是我的狗，一条爱尔兰猎狼犬。"

遗憾的是，克里斯滕还是穿上了衬衣，但我设法缠着她聊了近一个小时，直到听见有人在大声叫我。克里斯滕来英国过暑假，遇到一位庄园的伴奏乐手，就和他一道坐车来兜风。

回伦敦时，我们没坐同一辆车。克里斯滕跟她的音乐家男友开一辆车，我独自一人，一路跟在她后面，我不知道我和她能否再次见面。我就这样一直跟着他们前往伦敦，最后打定主意，给她写张纸条。我一边开车，一边在便条纸上潦草地写了几句话，让她7点钟给我打电话。我等待机会，直到在阿克顿遇到红灯，我才跳下车子，跑到他们的车旁边，敲敲克里斯滕的车窗，她摇下车窗。

"我只是想跟你说声再见，"说着，我把头伸进车里，在她脸上吻了一下，"祝你回美国一路顺风。"

我一边说，一边偷偷把手伸进车去，将那张纸条塞进她的左手。当克里斯滕的手指碰到我的手时，我趁机把纸条递给她，然后朝她男朋友笑了笑。

"希望你们录音一切顺利。"我对他说。

我赶紧回到自己车上，开车回到阿尔贝塔号。

我坐在电话旁，一个电话都不打，这可完全不像我平常的样子。到7点钟，电话响了，是克里斯滕。

"我用投币电话打的，"她说，"我不想让约翰听到。"

"你能从电话亭出来叫辆出租车吗？"我问她，"过来看看我吧。我住在一条船上，它叫'阿尔贝塔号'。让司机把你送到'小威尼斯'的布洛姆菲尔德路。栅栏上有道小木门，通往拉船路。"

"这简直就像《爱丽丝梦游仙境》，"克里斯滕说，"10分钟后再见。"

克里斯滕就这样过来了，我开始了自己在阿尔贝塔号上的第二轮浪漫旋风。

第二天，我预定开车去多佛，假装出口唱片，我希望这是最后一次。此前，我已有3次多佛之旅，获利12,000英镑。干完这一次，我就有足够的钱还清透支款了。然后我就金盆洗手，老老实实做生意。我不知道我们是否真的会收手，因为这么轻松的赚钱方法，很容易让人上瘾，但我们就是这么打算的。那天早上，我又一次装上满满一车唱片，出发前往多佛。这回，我比往常更漫不经心，在文件上盖好章后，我都懒得上渡船，直接绕过码头，就掉转车头回伦敦了。我想赶紧回到阿尔贝塔号，要看到克里斯滕仍在船上我才放心。回到"小威尼斯"，我沿着拉船路朝船屋走去。那是1971年5月的最后一个星期，拉船路边的苹果树全都开花了，一片花团锦簇。

与此同时，海关正计划突袭维珍。我从未想到，发现这个逃税诡计的人并非只有我一个。许多更大的唱片店也这么干，但他们比我老练得多。我只把那些本该出口的唱片放进牛津街的维珍唱片店里，以及下周即将在利物浦开张的新店中。而那些大唱片店则直接把他们非法的"出口"唱片分发到全国各地。

大约午夜时分，电话铃响了。打电话的人拒绝说出姓名，但他透露了一个可怕的消息。他警告我，已经有人注意到我假装前往欧陆的旅行，海关即将搜查我们公司。他建议我从药房买盏紫外线日光灯，把它照在那些本该出口到比利时的百代唱片上，就会在所有聚乙烯包装膜上看到一个发出荧光的字母"E"。他告诉我，明天一大早我就会受到突袭。当我对他表示感谢时，他跟我说，之所以帮我，是因为他曾有一个想自杀的朋友给学生咨询中心打过电话，而我熬夜跟他谈心。我怀疑他是一名海关工作人员。

我给尼克和托尼打了电话，然后便冲出去，来到韦斯特波恩树林的一家夜间药店，买了两盏日光灯。我们在码头南路碰面后，便急匆匆地从货架上取下唱片。一个可怕的事实显露出来，我们用于出口的所有百代唱片上，都有一个闪闪发光的"E"。我们从仓库跑进跑出，把一堆堆唱片装进货车。接下来，我们却犯了一个可怕的错误。我们以为海关只搜查码头南路的仓库，所以把所有唱片都运到牛津街的店铺，将它们放到货架上准备出售。我们哪里知道，海关的紧急搜查权比警察还大。我仍抱着当初在阿尔比恩大街应付教会委员的态度，以为这只是个好玩的游戏，我发现，要让自己认真对待这种事情很难。到第二天清晨，我们已经把所有印着"E"的唱片转移到牛津街的店铺，而将一些能在国内销售的唱片存进仓库。

第二天一大早，克里斯滕和我从阿尔贝塔号出发，顺着大联合运河，步行前往码头南路。我不知道搜查何时开始。

我们来到码头南路的仓库，打开门，走上楼。还没走到办公室，就听见一阵敲门声。我打开门，看见七八个穿着棕色防水胶布雨衣的人。

"你是理查德·布兰森吗？"他们问，"我们是海关的，要检查一下你的库存，这是搜查证。"

在我的想象中，海关人员就像邋遢的小会计员。可他们全都身材高大魁梧，威风凛凛，跟我预想的完全不同。当我带他们去仓库时，我那种胸有成竹的感觉突然一下子消失了。

"你昨天不是要去比利时吗？"其中一个人说道，"怎么这么快就回来了？"

我望着他们用紫外线灯检查所有唱片，心中暗暗发笑。他们没发现带有那种记号的唱片，变得越来越焦躁不安。我欣赏着他们的困惑，试图掩饰自己希望逃脱惩罚的心思。我们开始给他们帮忙，从货架上取下唱片，递给他们，然后又把唱片重新放回货架上。

我哪里料到，他们同时搜查了我们位于牛津街和利物浦的商店，发现数百张带标记的唱片。等我明白过来时，已经太迟了。

"好的。"有个海关官员放下电话，"他们已经找到了。你最好跟我走一趟，我这就逮捕你。跟我们到多佛去，把事情说清楚。"

我简直无法相信。我一直以为，只有罪犯才会遭到逮捕，从没想到自己也会落到这一步。我一直在从海关和税收里偷钱。这可不是儿戏，别指望从海关捞了一把还能全身而退。我犯罪了。

在多佛，我因违反《1952年海关法案》第301款而受到指控："1971年5月28日，在多佛东码头，你依法将一份装货详单交给一名官员，该海关文件的目的是证明你出口了1万张留声机唱片，但这并非事实……"

那晚，我被关押在一间单人牢房，躺在光秃秃的黑色塑料床垫上，只有一条旧毯子。斯托中学校长的前半部分预言变成了现实：我蹲监狱了。

那是我最珍贵的夜晚之一。我躺在牢房里，望着天花板，感觉自己得了幽闭恐惧症。我从来都讨厌受人左右，讨厌无法控制自己的命运。我一直喜欢打破规则，不管是校规还是得到公认的传统，例如17岁的孩子无法编辑全国性刊物这种看法。作为一个21岁的年轻人，我按直觉行事，完全独立谋生。但是，一旦入狱，也就意味着我失去所有自由。

我被锁在一间单人囚室里，完全要靠别人打开这扇门。我暗暗发誓，决不再做任何违法乱纪的事情，甚至也决不卷入任何让我处境尴尬的商业交易。

此后，我在自己涉足的诸多商业领域中，有好几次都险些接受某种形式的贿赂，或通过行贿打通关节。但是，自从多佛的狱中之夜后，我就再也没在诱惑面前违背自己的誓言。父母一直向我灌输：名誉就是你的生命，你也许会很有钱，可一旦失去自己的好名声，你就永远不会幸福。你脑子里会一直潜藏着无法得到别人信任的想法。以前，我从没好好想想名声到底意味着什么，但是，那个狱中之夜让我明白了一切。

第二天早上，妈妈来到多佛，在法庭上与我见面。我没钱找律师，打算申请法律援助。地方法官跟我说，如果申请法律援助，我就必须入狱服刑，因为我显然也没钱保释自己。如果我希望获释，就必须支付30,000英镑的保释金。维珍压根儿就没钱，我们无法靠它提供保证金。庄园倒是价值30,000英镑，但我主要是靠抵押贷款买下它的，因此也不能把它用做担保。我只有一大堆债务，根本就一文不名。

妈妈告诉法官，她会用自己的家——坦亚兹农场——做担保。她的信任让我感到不安。我们在法庭上远远地望着对方，都不禁潸然泪下。我必须报答家人的信任。

"你不用道歉，里奇，"在我们坐火车回伦敦的路上，妈妈对我说，"我知道你已经学到一个教训。事已至此，哭也没用。我们必须挺过这一关，好好处理这件事。"

那个夏天，父母没向我施加压力，所以我也没有羞愧得无地自容，而是坦然地面对了这件事。我保持着清醒的头脑，为自己所做的一切心怀歉意，也下定决心决不再犯。而且，我与海关也达成了庭外和解。英国的税务当局感兴趣的是获取金钱，而不是打一场费用高昂的官司。

1971年8月18日，我同意立即向海关支付15,000英镑的罚款，另外45,000英镑在3年内分3次付清。罚款总数是维珍通过逃避购物税所获的非法收入的3倍。付清这笔钱，我就不会留下犯罪记录；如果无法付清，我就会再度被捕受审。

在那个狱中之夜以及跟海关达成庭外和解之后，我需要付出双倍的努力来让维珍获得成功。为了让我摆脱牢狱之灾，尼克、托尼·梅勒以及克里斯·斯蒂里安诺和我的南非表兄弟西蒙·德雷珀——他们俩刚刚加入维珍——都决定帮助我。他们知道，获罪入狱的本来可能是他们，因此感谢我承担罪责，现在，我们全都卷了进来，这件事让我们的关系更加密切了。为了努力赚钱支付那笔款子，尼克孤注一掷，开始在全国各地开设维珍唱片店，西蒙开始提议成立唱片公司，而克里斯则当真开始出口唱片。我们得到各种鼓励——从拍拍肩膀到购买期权都有——不过，对我来说，避免牢狱之灾就是最大的动力。

邮购业务进一步增长的空间十分有限，因此我们就专注于唱片店的扩张。随后的两年对我们而言简直就是一个管理现金速成班。以前，我们管理公司的方式毫无章法，有点钱就存在饼干盒里，没钱就到处打欠条借款；但从那件事情以后，我们变得特别专注。我们将唱片店赚来的每个便士都用来开设新分店，一镑一镑地攒钱，支付欠海关的债务。

最后，我终于还清了所有欠款，解除了母亲的担保。3年后，我也还清了乔伊丝姑姑的7500英镑本金，以及1000英镑的利息。如果我还不清海关的债务，我的下辈子就完了。一旦留下犯罪记录，要想获准创建航空公司，或者作为一名强势的竞争者去争取国家彩票业务的经营权，就算不是完全不可能，但也没有多大希望了。

我们知道，必须通过各地的分店以及出口和邮购业务，出售更多唱片；必须吸引一些重要的艺术家，如凯特·史蒂文斯或保罗·麦克特尼，到庄园录制唱片；并且必须建立一家唱片公司。我们不知道，当我们着手做这些事情时，我们的第一桶金正装在另一辆厢式货车里，顺着庄园的石子路缓缓驶来。这一次，它送来的不是非法唱片，而是一位来自伦敦的青年作曲家，还有他那位唱民谣的姐姐，他们是来给一支乐队伴奏的乐手。弟弟在音乐剧《长发》中担任第三后备吉他手，姐姐则是在酒吧演出的民谣歌手。来到庄园，他们心里还怀着另一个想法，希望在其他乐队不使用录音棚时，录一些深奥难懂的器乐。他们俩就是麦克和萨莉·欧菲尔德。

在那场邮政罢工差点于1971年1月毁掉我们之前，有个说话带南非口音的人来到码头南路，走进我的办公室。他跟我年纪差不多，自称是我的表兄弟。西蒙·德雷珀毕业于纳塔尔大学，兜里仅揣着100英镑，就只身来到伦敦，他本来打算只待一段时间，考虑读个研究生学位，也许是效仿他的哥哥，后者曾获得牛津大学的罗德奖学金。不过，西蒙同时也在找工作。

在一次圣诞节家庭晚宴上，西蒙就坐在我妈妈旁边，妈妈让他跟我联系。在圣诞节和新年期间，他尽情享受父母双方亲戚的盛情款待，然后就搬到伦敦的一个公寓，找到位于牛津大街的维珍唱片店。经理桑迪·奥康纳让他到码头南路来找我。他恰好在午餐前到达。

我们去附近普里德大街的希腊餐馆吃饭。我们吃的是温热的肉丸、炸土豆条和豌豆片，西蒙边吃边解释他想做什么工作。他在纳塔尔大学求学时，曾为南非的《星期日泰晤士报》工作。他给我讲述在报社时的故事：周六晚上熬夜，直到第一批报纸印刷出来；然后，他胳膊下夹着新出的报纸下班，到一家爵士乐俱乐部去。我们谈论着新闻界的事情，然后话题一转，谈到了音乐。

西蒙痴迷于音乐。由于我年纪轻轻就离开了学校，也没上过大学，因此错过了悠闲欣赏音乐的漫长夜晚。尽管《学子》的地下室里一直放着音乐，我却只顾忙着打电话给广告客户，同印刷商讨价还价，很少专心致志地听。听到一张唱片时，我知道自己是否喜欢它，却无法把它跟别的乐队做比较，也听不出它受到地下丝绒乐队的影响。在我看来，西蒙似乎听过每支乐队发行的每张唱片。他可不是肤浅地欣赏大门乐队的最新专辑，他还非常了解他们想表达些什么，是怎样从前一张唱片中发展而来的，以及这张唱片跟同类型的音乐相比如何。他曾在纳塔尔大学广播电台主持过一个节目，有半小时长。我很快意识到，他比我碰到过的任何人都更了解音乐。

我们还谈到政治。尽管我参加过各种政治示威，如前往格罗夫纳广场的反越战游行，但跟南非政治的残酷性相比，这些根本不值一提。西蒙沉溺于音乐和政治，把音乐当作政治抗议的一种方式。西蒙在纳塔尔大学有个同学，叫史蒂夫·柏柯，那时正在领导着全部由黑人组成的南非学生组织。西蒙的导师是个马克思主义者，他被政府支持的警戒会成员开枪杀死——就在自己的孩子们面前。

那时的南非政府决不容忍任何形式的不同政见。学校不准西蒙在电台播放任何带有政治或性暗示的音乐，如吉米·亨德里克斯和鲍勃·迪伦的作品。

等我们开始喝咖啡时，我已经说服西蒙来维珍工作，请他担任维珍唱片店和维珍邮购业务的唱片采购员。我们之间没有令人尴尬的工资谈判，因为在维珍工作的所有人薪水都是每周20英镑。

托尼·梅勒的工作已经从《学子》转到邮购业务，负责编辑邮购唱片目录。那时我们仍试图把《学子》出售给其他杂志公司。尽管它出版还不到一年，但为了给潜在买家留下深刻印象，托尼不断制作着下一期的样本。因此，他很愿意将唱片采购的工作交给西蒙，自己转而处理更具政治性的问题——《学子》的未来。托尼简单地向西蒙交代了维珍那条不可违背的黄金规则："维珍决不采购安迪·威廉姆斯[1]的唱片！"然后，就把工作交给了他。

"放心吧，"西蒙说，"就算别人都打破那条规则，也轮不到我。"

从此，西蒙就开始独立工作了。在头几个月，我宁愿让他自己做主。我正跟克里斯滕热恋，千方百计想阻止她回美国去完成她的建筑学课程。我向她提供了进一步翻修庄园的工作。

"行啦！"我说，"要做个合格的建筑师，你用不着非去念完6年大学不可。现在就开始做吧！"

我没费多少唇舌就说服了她，克里斯滕最终答应了我，并开始工作。她是个天生的建筑师，拥有绝佳的品位。不久，披着金色长

1　安迪·威廉姆斯（Andy Williams，1927—2012）：美国流行乐手，情歌王子，演唱过很多电影主题曲，代表作《月亮河》（*Moon River*）。

发、如小精灵般小巧玲珑的克里斯滕就成了伦敦周围所有拍卖会的常客，为庄园竞买了上等的大件家具。

尼克负责管理邮购业务和维珍唱片店的成本，而西蒙则通过选择库存唱片，开始确定邮购目录以及维珍唱片店本身的风格。在维珍的精神气质中，西蒙的音乐品位很快成为最重要的单个因素。唱片店不仅仅是卖唱片的商店，它还是品位的裁判。我不知道应该宣传什么音乐，但西蒙却满脑子精彩的计划，他引进了一些不为人知的外国专辑，在其他唱片店都难觅踪迹。在"嬉皮"与"非嬉皮"之间有一道窄窄的界限，而西蒙将维珍变成了最嬉皮的地方。他开始通过空运直接从美国进口唱片，从而在竞争中获胜。我们以前只卖专辑，因为大部分单曲要么粗制滥造，要么只是宣传专辑的廉价特销商品。在20世纪70年代，诸如平克·弗洛伊德、"是"或"创世纪"之类的严肃乐队都很少出单曲。通常认为，专辑将政治宣言、艺术和生活方式融为一体。严肃乐队也不作舞曲，他们的音乐需要听者躺下来细细欣赏。对于同一首歌的不同录音版本，乐迷们争论不休，当美国专辑带着不同于英国版的封面，有时甚至是不同版本的歌曲被引入英国时，这种争论变得尤其有趣。而现在，为了在全球范围内批量销售，CD（激光唱片）已经成为标准化产品，不再有差异了。

除了出售主要来自德国、法国和美国的进口唱片，以及偷录的实况演出唱片，我们还通过经营绝版唱片——它们已经被唱片公司出清，不再有存货——赚了很多钱。自从经营邮购业务以来，我们每天都会收到数百封寻购特殊唱片的信。因此，我们知道哪些绝版唱片仍有少量需求，而我们只需挑出比较受欢迎的那些以低价采购，再销售出去即可。

大多数人以为，唱片店是通过卖唱片来获得成功的，但维珍在邮购业务和唱片商店上获得的成功，其实都来自西蒙采购唱片的技巧。他能够挑选出唱片在主流唱片店卖不动而在维珍却销售量很大的乐队。他对音乐如此了解，甚至能在乐队走红之前，就知道他们的作品会畅销。我们能够在两年后创建唱片公司，凭借的正是他这种直觉。没有西蒙，这样冒险的超前行动将前途未卜。我们的另一位天才是约翰·瓦纳姆，他负责所有唱片的宣传，为商店撰写广告词。维珍的名声开始越传越远。

店铺和仓库里整天播放着最美妙的音乐，店里的工作人员和顾客都很悠闲，谈论怎样弄到范·德·格拉夫发电机乐队那张备受称赞的美国版《灰色喷雾器》。对于充满叛逆的21岁年轻人来说，再没有比这里更好的去处了。

但除此之外，我们还有自己的业务要管理。庄园的建筑工作拖拖拉拉。每次接到汤姆·纽曼打来的电话，我都害怕，他打算安装所有设备，总是要我掏点钱，购买某种录音设备。与此同时，我还要支付海关罚款、抵押贷款，蹲监狱的阴影在我心头挥之不去。

邮购业务做得很好，但吸引的似乎主要是寻找罕见唱片的严肃音乐乐迷，要进一步扩大好像很难。我们意识到，要想赚钱，就得开更多的维珍唱片店。

尼克和我开始一项认真的扩张计划，打算在1971年年底以及整个1972年，每月开一家新店。到1972年圣诞节时，我们已经拥有14家唱片商店。伦敦有好几家，全国的各大城市也都有一家分店。除了各店的库存唱片安排、为商店所做的广告、店员的挑选和培训，以及建立控制资金的会计体系，我们发现，店铺开张的时机非常关键。我们会把租金砍到房东能够接受的最低价，之后还会尽量争取头3个月免付租金。这是最重要的因素。不达成这样的协议我们就决不开张，结果放弃了很多重要机会。不过，新店一开张，我们就知道，头3个月卖唱片的收入可帮助我们支付上一家新店的租金。无须承担大笔管理费用，仅凭销售额，我们就能弄清这个店址能否从大街上吸引足够维持商店生存的顾客。

开设分店让我们学到各种经验教训，为将来的发展打下了良好基础。我们总是选择主要街道上房租比较便宜的那一端开店，这样，不用付太高的房租，就能吸引顾客多走几步，到我们的店里来。我们也会选择青少年经常光顾的地区，如布赖顿靠近钟楼的地方，或利物浦的博尔德大街。我们总是向当地青少年询问哪里开唱片店最好。每一座城市都有许多看不见的界限，人们通常不愿跨越它们。仅仅相隔20码那么远，一条大街都会呈现出不同的特点。

唱片零售的另一个独特之处就是唱片的流动速度。在推出一张重要唱片——如大卫·鲍伊的最新专辑——之后几个小时，你就能估算出其销售额。因此，你需要一直对商店的情况了如指掌，弄清那天最好卖的是什么。然后你就能利用这个信息，重新安排其他分店的唱片摆放位置。如果你卖光了那天最畅销的唱片，顾客自然会到下一家商店去买。出售一张《一切都好》的机会只有一次，绝不容错过。你不可能重复销售同一张唱片。尽管你的库存中一直有《一切都好》，但它有70%是在发行后的头两周售出的。

最初，我们塑造的维珍形象，是一个能让人们花时间来听音乐并选择唱片的地方，强调其独特的精英、嬉皮趣味。除了比较主流的唱片，我们还希望向青少年推荐更有趣的唱片。我们的唱片店决不出售少女流行音乐乐迷喜欢的畅销唱片，例如"奥斯蒙家族"和甜蜜乐队那些如暴风雨般席卷排行榜的作品。西蒙有关风格的主张固然令人信服，但是，当我们拒绝采购加里·格利特[1]和所有华丽摇滚明星的唱片时，我总是感到些许担忧，因为我眼睁睁地看见我们失去了一些短期收益。然而，西蒙让我确信，如果我们坚守自己的形象，那么就能保持统一性，获得更多顾客。"这是安迪·威廉姆斯规则，"他告诉我，"我们决不进入那部分市场。"

位于诺丁山门130号的分店是维珍最好的唱片店之一。西蒙开始打理这家分店时，在地板上放了一些垫子，这样人们就能整天躺在这里。我们知道，当顾客开始为了维珍唱片商店而专程跑一趟伦敦时，我们就大功告成了。出售唱片，跟顾客聊天，推荐音乐，从柜台下面摸出最新的私制唱片，然后前往酒吧和俱乐部，去听更多的乐队演唱——这已经成为一种生活方式。

1972年3月，当我们位于利物浦博尔德大街的维珍唱片店开张时，我自豪地发现它第一周的收入就达10,000英镑。一周后，这个数字变成7000英镑。第三周，它降到3000英镑。到那年的仲夏，这家分店的收入下降到每周2000英镑。于是，我去那里看看到底出了什么差错。店里人山人海，摇滚乐迷全都挤在一个角落里，新潮派占据了另一个角落，而嬉皮士们则在收银台附近懒洋洋地躺了一

---

1 加里·格利特（Gary Glitter, 1944— ）：20世纪70年代华丽摇滚歌手，以厚重的粉底、全身亮闪闪的装备及高筒靴子闻名，因模仿大卫·鲍伊的着装而在华丽摇滚的全盛期卖出了不少唱片。

地。店里播放着各种音乐，却没人买唱片。每个人都处于幸福的恍惚状态中，快乐无比。谁也无法走到收银台跟前去。他们把其他顾客挡在了门外。将商店当作俱乐部的策略失控了。接下来这个月，我们派人站在门口，彬彬有礼地提醒顾客，他们即将踏入一家商店，而非夜总会。我们将店里的灯光布置得更明亮，又把柜台和收银台搬到窗户附近。在维持店里的气氛与保持利润之间，有一条细细的界限。最后，店里的收入终于恢复了。

在这次扩张过程中，我们面临的主要困难之一是唱片的进货。由于出售打折唱片，我们冒犯了那些主要零售商，因此，包括宝丽金在内的一些唱片公司拒绝向我们供货。另一些唱片公司则因为怀疑我们的支付能力而拒绝供货。尼克跟克里斯·斯蒂里安诺——"希腊人克里斯"，他是维珍的销售部经理——给所有潜在供货商打电话，最终找到一个绝妙的解决方法。在南伍德福德，有家名叫"请进"的小唱片店，老板叫雷蒙德·拉伦。雷蒙德准备用自己的账号帮我们购买唱片。这对他来说是个不错的买卖，因为在他自己的订单外再订购我们需要的所有唱片，就可收取5%的费用，然后再把唱片转交给我们。

最初与雷蒙德做这个买卖时，我们会把需要的唱片名单给他，加到他的订货单上。托尼或西蒙会开车去把它们运回来，分发给我们的三四家维珍唱片店。"请进"是家小店，粗糙的黑色墙壁上挂着《佩珀军士》和尼尔·扬的招贴。扛着一箱箱唱片从他的店里挤进挤出还真不容易。不过我们还能想办法应付。第二年，随着我们的新店逐渐增多，通过雷蒙德订购的唱片也大大增加了。不久，雷蒙德从各唱片公司订购的唱片就开始达到几千张，我们得派大卡车去拉货了。

我们不断尝试直接联系唱片公司，但他们继续对我们不屑一顾。维珍很快成为英国最大的唱片连锁店之一，而雷蒙德那家店门口也出现了一幕幕滑稽的景象。一排货车在他的前门卸下几百箱唱片；人们跌跌撞撞地穿过商店，来到后门，把刚卸下的唱片装进另一排货车里，拉到维珍的各家分店去。通过雷蒙德订货有一定的代价，我们得多付5%的费用。最终，尼克和我再次找到那些唱片公司，向他们说出真相，他们终于答应把唱片直接卖给我们。雷蒙德·拉伦失去了那笔颇具喜剧意味的收入。他的唱片店恢复了每周只能出售几十张唱片的状态。他的会计师则感到困惑，不明白这家神秘的店铺到底是怎么回事。

1972年，西蒙爱上一个南美洲姑娘。他跟我说，他打算离开维珍，到智利去跟她一起生活。庄园的录音棚终于开张，可以让艺人们录音了。这时，我们拥有20家维珍唱片店，邮购业务也经营得红红火火。西蒙已经跟我合作了一年，起初我们俩都以为他在这里顶多待几个月，现在，我突然意识到他对维珍有多重要。正是他选择的音乐，确立了维珍唱片店的风格，使这里成为人们争相购买唱片的地方。花一个下午到维珍唱片店闲逛是一件很"嬉皮"的事，但却没有一个有自尊的青少年愿意到伍利斯[1]闲逛一个下午。

西蒙一直很重视信誉，在他的指导下，我们放弃销售"奥斯蒙家族"的唱片，终于有了回报。现在，音乐媒体开始关注维珍宣传的是哪些艺术家。当我们将折中主义的德国橘梦乐队的唱片放进橱

1　伍利斯（Woolies）：英国连锁超市伍尔沃斯（Woolworths）的昵称。

窗时，它就成了人们谈论的热点。唱片公司开始联系我们，问维珍唱片店能否为他们的乐队做特别宣传。

我试图挽留西蒙，但他坚持要走。他的女朋友先去了智利，西蒙准备一个月后跟她会合。就在那个月里，他突然收到她寄给"亲爱的西蒙"的信，取消了他们之间的一切约定。西蒙灰心丧气，但与此同时，他也渐渐明白过来，自己的未来不在南美，甚至也不在南非，而是在伦敦。既然维珍现在已经拥有唱片店和录音棚，我们就开始讨论辉煌梦想的第三部分：维珍唱片公司。我俩第一次在希腊餐馆共进午餐时就谈到过它。

如果维珍建立唱片公司，我们就能为艺术家提供录音的场所并向他们收费；就能出版和发行他们的唱片并从中盈利；而且我们还有不断发展的大型连锁店，可以宣传和出售他们的唱片从而再赚取零售利润。这三种业务彼此兼容，对我们签下的乐队也有利，因为在生产端，我们能够降低庄园录音棚的价格，而在销售端，又能加大商店的宣传力度；同时，我们自己仍然能赚钱。

西蒙和我签订协议，约定由他创建并管理我们新建的维珍唱片公司，他将拥有该公司20%的股份。今后，维珍唱片公司也就和维珍唱片店分开了。而西蒙和我希望签下的第一位艺人就是《长发》的那位第三后备吉他手：麦克·欧菲尔德。

由于母亲酗酒，麦克·欧菲尔德的童年时代异常艰辛。他常常独自待在自己位于阁楼的房间里，自学演奏各种乐器。14岁时，他和自己唱民谣的姐姐萨莉录制了他们的第一张唱片。他们姐弟俩组成一个民谣二重唱乐队，名叫"萨莉昂吉"，与跨大西洋唱片公司签约。到15岁时，他就离开了家，跟戴夫·贝德福德一道，成为凯文·艾尔斯的整个世界乐队的吉他手。

1971年10月，麦克与一个在庄园录音的歌手阿瑟·路易斯签约，给他当了两个星期的短期吉他手。不久，麦克便开始和汤姆·纽曼聊天。有一天，他终于鼓起勇气，将自己的一盒音乐录音带给了纽曼。这盒磁带是麦克自己录制的，他费劲地把用各种不同乐器演奏的音乐录到同一盘原带上。磁带有18分钟长，没有标题，也没有歌唱部分。汤姆听了这盒磁带后，把它描述为"超级浪漫、感伤、犀利、美妙"的作品。西蒙到庄园去时，汤姆就把磁带放给他听。西蒙感到惊讶不已，他试着帮麦克联系一些唱片公司，但他们全都不愿跟麦克签约。

一年后，西蒙和我坐在船屋里，终于决定创建唱片公司。我们给麦克打电话，让我们高兴的是，他仍然没和别人签约。他觉得自己受到唱片业的排斥，当我们真打算发行他的音乐时，他感到不知所措，直接来船屋看我们。我建议麦克回到庄园住下来，等录音棚空闲下来，他就可以和汤姆·纽曼一起做他的唱片。

"不过，我需要租一些乐器。"麦克提醒我。

"什么乐器？"我掏出笔记本，准备记下他要的乐器名单。

"一把上等原音吉他，一把西班牙吉他，一台法菲萨牌管风琴，一把芬达牌精准贝斯，一个好点的芬达牌放大器，钟琴，一把曼陀铃，一架电子琴——"

"这是什么？"我把最后那个词圈起来。

"它可有可无，"麦克承认，"一个三角铁，一把吉布森吉他……哦，当然了，还要一些排钟。"

"排钟是什么？"我问道。

"就是管钟。"

我写下"管钟"，然后开始在音乐杂志上翻寻所有这些乐器。吉他35英镑；西班牙吉他25英镑；芬达放大器45英镑；曼陀铃15英镑；三角铁很便宜，只要1英镑；管钟20英镑。

"管钟要20英镑？"我说道，"它最好值这个价。"

05

毁灭性的成功：
石破天惊的《管钟》

麦克·欧菲尔德是第一位跟我们签约的艺人，该向他提供什么样的合同，我们心里毫无主意。幸亏我有个朋友桑迪·丹尼最近在庄园录音。桑迪原来在公平港口大会乐队唱歌，现在成了独立艺人。于是，我让她给我一份她跟岛屿唱片公司签订的合同。显然这是岛屿唱片公司的一份标准合同，我们把它逐字逐句地重新打印出来，仅仅把"岛屿唱片公司"换成"维珍唱片公司"，把"桑迪·丹尼"换成"麦克·欧菲尔德"。按照合同，麦克将为维珍唱片公司制作10张专辑，并按照90%的唱片批发价（另外10%被唱片公司留作包装费和破损费）计算，从中获得5%的版税。麦克没有钱，我们就给他发维珍每周20英镑的标准薪水，每个人都是这么多。如果版税能够实现，我们会从里面扣除这笔薪水。西蒙和我都喜爱麦克的音乐，但我们从没想过它会赚钱。

如此一来，麦克就能安安心心地录制他的唱片——也就是后来所说的《管钟》——直到1973年。这个录音过程极其复杂，他和汤姆·纽曼待在录音棚里，一遍遍地将所有不同的音乐层合成、混录、微调。麦克演奏了20多种不同的乐器，制作了2300盘不同的录音带，直到满意为止。与此同时，我们仍试图把庄园出租给我们能找到的任何乐队，因此，麦克的工作常常被打断，为了给滚石乐队或者亚当·费恩腾出地方，不得不把他的全套设备从录音棚中悉数搬出。

弗兰克·扎帕是摇滚音乐界最有独创性、创新性和最喜欢挖苦的艺人之一，也因此而闻名。他的专辑，如《一切只为钱》和《黄鼠狼撕下我的肉》，都充满尖锐的讽刺。当弗兰克来到庄园，调查在此录音的可能性时，我确信跟他开个玩笑他会喜欢。

我亲自到伦敦去接弗兰克，热情地描绘录音棚所在的漂亮庄园。但我没有驶上通往查韦尔河畔希普顿的路，却绕了个弯儿，来到附近的伍德斯托克。在一座庄严的拱门下，我驱车离开大路，沿着一条长长的砂砾路，朝一座豪华宅院的大门驶去。

"我去停车，"我告诉弗兰克，"你去敲门吧，跟他们说你是谁就行。"

一名身穿制服的宫廷男仆打开门。好笑的是，他没能认出弗兰克·扎帕，当这位满头长发的音乐家说自己要在这里住下时，他可一点都不觉得逗。那个男仆问扎帕是否知道，他敲的是布莱尼姆宫的大门，这是马尔伯罗公爵祖传的府邸。

弗兰克回到车里，他肯定地说，自己看得出这件事有那么点蹊跷，但毕竟他以前从未在庄园录过音。

1972年7月22日，克里斯滕和我在查韦尔河畔希普顿的小教堂举行婚礼。那时我刚满22岁，克里斯滕也才20岁。我们去年5月才刚刚认识。我现在仍保存着一份我们的结婚请柬，邀请人们参加婚礼前的派对。上面写着："克里斯滕和我决定结婚，正好我们可借机举行派对。我们会烤上一头猪，所以请一定要来，否则很快它就会被吃光了。断头台乐队将为我们演出。"庄园是举行派对的好地方，这是它最大的优点之一。这里有很多乐队，他们很高兴在派对上演出；屋外有条河，可在里面游泳；屋里则有装着古老壁炉的大房间，以及一个带回廊的院子，可在里面晒太阳。

我们的婚礼烤肉野餐会是一场热闹盛宴，查韦尔河畔希普顿的所有村民都参加了，跟维珍员工以及当时待在庄园的摇滚乐队混在一起狂欢作乐。婚礼那一整天都很棒。当我们在教堂等待克里斯滕时，一辆大型铰接式货车顺着那条狭窄的乡间小道，小心翼翼地朝我们驶来。谁都不知道这是怎么回事，直到从货车上跳下来一个小老太太。她身穿蓝色套装，头上紧紧箍着一顶蓝色的帽子。

"我还不算太迟，是吧？"外婆大声叫道。

她的汽车在经过牛津时被这辆货车撞了一下，于是她坚持要求司机把她送到我们的婚礼上来。

父母送给我们一辆漂亮的宾利老爷车做结婚礼物，带有红色真皮座椅和胡桃木仪表盘。尽管它像我的摩利士小型轿车一样经常抛锚，不过，如果有别的车拖着它，我们坐在里面会超级舒服。

克里斯滕的伴娘之一是她的妹妹梅里尔，而我的伴郎是尼克。在随后的招待会上，他们俩显然情投意合。那天深夜，他们离开人群，直奔庄园的一个房间。等克里斯滕和我度完蜜月回来时，尼克和梅里尔宣布，他们也要结婚。

尼克和梅里尔结婚的效率比克里斯滕和我还高。他们的婚礼在1972年冬举行，那时他们相逢才5个月。克里斯滕和我发现，这桩婚姻有引发幽闭恐惧症之嫌。我跟尼克白天待在码头南路工作，晚上还会去看望她和梅里尔。克里斯滕来英国，原因之一就是逃避家人。不幸的是，现在她们姐妹俩嫁给了两个打小一起长大，如今又在事业中互相依赖的男人。这样的亲密关系，甚至用"乱伦"来形容都还不够。除此之外，尼克和我经营的维珍就像个单身汉公司，现在我们俩突然都结婚了，这简直就跟文化冲击差不多。

1972年冬和1973年春，麦克·欧菲尔德都住在庄园，录制《管钟》。我想那是他一生中最幸福的时光。他和痴迷于录音技术的汤姆·纽曼一起待在那里，无休止地反复改进那一盘盘磁带。芒迪仍然住在庄园。周五的晚上，当克里斯滕和我驱车来到庄园时，就会发现麦克、汤姆和芒迪坐在地上的一堆垫子上，一边把壁炉烧得旺旺的，一边听刚录好的最新磁带，他们沉浸在音乐中，完全忘却了外面的世界。1973年5月，《管钟》终于一切就绪，准备发行了。

我们刚一开始销售《管钟》，就知道这张唱片非同寻常。岛屿唱片公司负责它的分销，西蒙把唱片带到那里的一次销售会议上。在伯明翰附近一家酒店的大会议室里，那些销售人员已经被迫听了几个小时的音乐。这些人听过市面上几乎所有的唱片——真的是这样。西蒙把《管钟》放到留声机上，他们完整地听完它的第一面。当音乐结束时，一阵热烈的掌声突然响起。这是西蒙第一次参加销售会议，因此，他根本没意识到，这是一个空前绝后的场面。此后，他再也没听到过满屋子厌世的推销员为一张新唱片鼓掌。

1973年5月25日，维珍唱片公司发行了创建后的头四张唱片，包括麦克·欧菲尔德的《管钟》、铜锣乐队的《飞翔的茶壶》《庄园生活》——这是以埃尔基·布鲁克斯为首的艺人在庄园举行的一次即兴演奏会——还有德国浮士德乐队的《浮士德录音带》。

对摇滚乐和流行乐来说，1973年是个非同凡响的年份。那年夏天人们目睹单曲排行榜被各华丽摇滚乐艺人占领，如苏兹·奎特罗、韦扎德乐队、加里·格利特和甜蜜乐队。但是，也有一支来自汽车城底特律的大型代表团，包括史提夫·汪达、格拉蒂丝·奈特与种子合唱团、杰克逊五兄弟乐队以及贝瑞·怀特。在与上述歌手相对立的另一端，则是卢·里德的《漫步荒野》和10cc乐队的《橡皮子弹》。

在专辑排行榜上，排在第一位的是大卫·鲍伊的《阿拉丁精神》，它首次证明鲍伊能够改头换面，且依旧稳居榜首。紧接其后的是披头士乐队的《1962—1966》和《1967—1970》双唱片，以及平克·弗洛伊德的《月之暗面》、卢·里德的《变压器》和洛克西音乐的《如你所愿》。

面对如此激烈的竞争，我们必须努力奋斗，吸引人们注意维珍唱片公司出版的头四张唱片。其中真正抓住了人们注意力的是《管钟》。它是如此新颖独特，具有魔咒一般的魅力。人们发现它会让人上瘾，一遍一遍地播放，一边听音乐，一边对麦克是怎样将它编织而成的感到好奇。我记得《新音乐快讯》上有篇评论，我不得不翻来覆去读上好几遍才意识到，尽管我永远也弄不明白这位乐评家到底是在说什么，但他显然对《管钟》赞不绝口。《新音乐快讯》是最具影响力的音乐报纸。在它赞扬过《管钟》之后，每个人都会注意到这张专辑。

且别说这些评论，我自己也知道，只要能想办法让人们听一次《管钟》，它就会流行起来。正如一位乐评家所说："要证明它的魅力，听一遍足矣。"但问题是怎样让人们听到它。我给我能联系到的所有电台主持人打电话，劝说他们播放《管钟》。但当时霸占电台音乐节目的都是些3分钟长的单曲，一首长达45分钟的无词乐曲根本没有容身之地。第三电台拒绝播放它，因为它不是莫扎特的作品。第一电台也拒绝播放它，因为它不是加里·格利特的作品。

在发行后的头两周，《管钟》完全卖不动。于是，我邀请约翰·皮尔[1]到阿尔贝塔号上吃午饭。我曾为《学子》采访过他，从那以后我们就认识了。他也创建了一家自己的唱片公司，名叫"蒲公英"。只有约翰在电台播放严肃摇滚乐，他的节目是《管钟》获得播放时间的唯一机会。我们在阿尔贝塔号上吃了午餐，然后坐到沙发上。我播放《管钟》，而他惊呆了。

"这样的音乐我从没听过。"约翰终于说道。

在那周晚些时候，我和麦克·欧菲尔德以及所有维珍员工坐在船屋的甲板上，收音机里传来约翰·皮尔的声音，他的话语简洁明了。

"今晚我不打算播很多唱片，只打算播一张专辑，是一位年轻的作曲家演奏的，他叫麦克·欧菲尔德。这是他的第一张唱片，名叫《管钟》。我以前从没听过这样的音乐。该唱片由新创立的维珍唱片公司出版，而且是在维珍公司位于牛津郡的自有录音棚录制的。这音乐将令你们永难忘怀。"

说完，他就开始放《管钟》了。我躺在沙发上。每个人都闲散地躺着，在松软的扶手椅或在小地毯上。大家边听边传递着啤酒、

1　约翰·皮尔（John Peel，1939—2004）：英国广播公司（BBC）电台资深音乐节目主持人（DJ）。

葡萄酒、香烟……我试图放松身心。我看得出来，音乐如咒语一般，已经将其他每个躺着的人完全迷住了。但我仍感到担忧。不管什么时候，我的大脑总是转个不停，考虑各种点子和自己可能面临的结果。我真想知道，有多少人在听约翰·皮尔的节目？其中又有多少人第二天会出去买《管钟》？他们会等到周六再出去吗？或者到那时就把这事忘得精光。他们会从维珍还是史密斯订购？我们会多快获得版税，能再版多少？我们该怎样在美国宣传它？从一定程度上说，我被音乐吸引了，但我感觉像个局外人。别人都完全沉浸在音乐中了，例如西蒙、尼克，或者我那位新来的可爱助手彭尼——她是个真正的美人，有一头飘逸的黑色长发和一副慷慨的笑容。但我却做不到他们那样，我非常明白，为了赚钱支付下个月的税收罚款，维珍需要销售大量唱片。我知道《飞翔的茶壶》和《浮士德录音带》不可能将滚石乐队或者鲍勃·迪伦挤出排行榜。但《管钟》就不一样了，今晚的广播必须引发反响。维珍再也无法投入一大笔钱，购买这么长的广播时间为它做广告了。

麦克·欧菲尔德静静地坐着，靠在彭尼身上，盯着收音机。我不知道他脑子里闪过什么念头。我将《管钟》的唱片封面放进一个画框里，上面是一个巨大的管钟，悬浮在大海之上，前景中是一片崩裂的海浪。麦克望着它，仿佛正在眺望大海。一个贪婪的想法漂浮在我模糊的脑海深处：难道麦克已经构想出另一张专辑？

第二天，电话铃声响了一整天，各大唱片店购买《管钟》的订单如雪片般飞来。约翰·皮尔不仅破例在广播中完整地播放这张唱片，而且还为《管钟》写了篇评论，发表在《听众》杂志上：

总有人向我推荐某位当代摇滚乐手的唱片，说它会"流芳百世"。这种事情太常见了，而我每次都想抓起帽子，夺路而逃，到外面的开阔空间去透透气。现在的行家会向你们夸夸其谈，对是乐队以及"爱默生、莱克与帕尔默"（ELP）之类的音乐组合赞不绝口，说什么20年后他们的唱片仍会受到收藏者狂热追捧。我敢跟你们赌上几先令，除了最顽固不化的家伙，大多数人会把是乐队和"ELP"忘得一干二净，而加里·格利特和甜蜜乐队的唱片虽被专家们视为昙花一现，将来倒有可能被当作20世纪70年代音乐的真正代表。

　　废话少说，现在就让我向你们介绍一张能够流芳百世的新唱片，它力量威猛，活力四射，真的是妙不可言。我个人认为，在摇滚音乐史上，这张唱片是一部石破天惊之作。麦克·欧菲尔德……

约翰·皮尔粉丝如云，全国有成千上万的人看到他的这番话。

我们为铜锣乐队和浮士德乐队都安排了全国性的巡回演出。但我真正寄予厚望的是《管钟》的音乐会，它将于6月25日隆重上演，届时希望全国的媒体都能出席这场音乐盛典，见证那个激动人心的片刻。经过我们的策划，《管钟》音乐会成为不容错过的重要活动，我们设法邀请到时任滚石乐队吉他手的米克·泰勒，史蒂夫·希拉吉、哈菲尔德和北方乐队也答应前来捧场，演奏那些形形色色的乐器。而傻瓜狗狗乐队的韦夫·斯坦肖尔则同意登台介绍那些乐器的名称，就跟《管钟》唱片中一样。

举行音乐会那天，麦克到船屋上找我。

"理查德，"他平静地对我说，"今晚我没法参加音乐会的演出。"

"可是已经全部安排妥当了。"我说。

"我真的没法参加。"他用死一般的语气低声重复道。

我感到绝望。我知道，麦克的牛脾气一发，会跟我一样顽固。我知道音乐会已全部安排就绪，票已售出，甚至电视台报道也协商好了。我试图忘掉这一切，决不能用它们做说服手段，因为这只会让麦克的决心更加坚定，我必须巧用妙计。

"我们去兜兜风吧。"我若无其事地说，然后便顺着拉船路，带他朝我停在外面的宾利老爷车走去。我知道，麦克一直很欣赏这辆蓝灰色的汽车，以及它褪色的真皮座椅。我想跟他一起途经伊丽莎白女王音乐厅舒舒服服地兜兜风，希望这会让麦克换个心境。麦克系上安全带，直直地坐在椅子上，然后我们出发了。一踩油门我们就到了伊丽莎白女王音乐厅，接着我放慢车速。这里到处都是麦克·欧菲尔德的招贴，已经有一群观众开始朝音乐厅走去了。

"我没法登台演出。"麦克重复道。

我不知道该怎么跟他说才好，虽然这次音乐会对他最为有利，能让他一鸣惊人，说不定还能让他跻身平克·弗洛伊德之列。我停下车来。

"你想开一会儿吗？"

"好吧。"麦克谨慎地说。

我们继续向前行驶，经过威斯敏斯特桥，经过维多利亚纪念碑。我望着海德公园从副驾驶座旁的车窗外闪过。麦克拐上贝斯沃特路，来到我编辑《学子》时的那座教堂附近。

"麦克，"我说，"你想要这辆车吗？当作一件礼物？"

"一件礼物？"

"是的，我就从这里下车，步行回家。你往前开就行，这辆车就归你了。"

"别骗人了，这是你的结婚礼物。"

"你只需把车开到伊丽莎白女王音乐厅，今晚登台演出，它就归你。"

沉默笼罩着我们俩。我望着麦克，他抓着方向盘，想象自己驾驶这辆车的情形。我知道他心动了，希望他会同意。

"就这么定了。"麦克说。

我不得不告诉克里斯滕和我父母，我把宾利怎么处理了。不过，我知道他们不会太在意。尽管宾利迷人且对我们具有特殊的情感价值，它毕竟只是一辆车。最重要的是，要让麦克登台表演，让《管钟》变得畅销。如果他获得成功，我就能随意挑选自己喜欢的汽车了。妈妈会同意的。

随着《管钟》的最后几小节在伊丽莎白女王音乐厅消失，舞台上下一片寂静，人们仍沉浸在刚才的乐曲中，仿佛被催眠了一般，没人想打破这咒语。然后，他们一下子站起身来，热情地鼓掌。我坐在克里斯滕和西蒙中间，我们也站起来喝彩、鼓掌。我潸然泪下。麦克从管风琴前站起来，这个矮小的家伙只是向观众鞠躬，说了声"谢谢"。就连乐队的人也为他鼓掌。他是一颗冉冉升起的新星。

那天晚上，我们售出了数百张《管钟》。麦克太惊讶了，面对媒体不知该说什么。他望着人们在自己周围欢呼，争相购买他的唱片，只说了一句："我感觉自己就像被强暴了似的。"随后便钻进他的新宠宾利车消失了。此后很多年，麦克都拒绝回到舞台上。克里斯滕和我步行回了家。从那天晚上起，麦克·欧菲尔德的《管钟》名气越来越大，最终成为本年度最著名的专辑。维珍唱片公司也出了名，收入剧增。

凭借口口相传的声誉，7月14日，《管钟》进入专辑排行榜，名列第23位。8月，它登上排行榜榜首。在接下来的15年中，麦克·欧菲尔德的每一张新专辑都会进入前10名。《管钟》最终售出1300万张，在英国发行的最畅销专辑中，名列第11位。我的宾利没有白白牺牲，我也没再购买另一辆宾利。

尽管维珍唱片公司一夜之间获得公认，却仍是一家小公司，只有7名员工，根本没能力向全国所有唱片店配销产品。我们只有两种选择。第一种选择是把我们的唱片授权给另一家更大的唱片公司，但这种方法仅适用于特别成功的乐队。为了获得宣传、分销唱片的权利并赚取大部分利润，那家公司会给我们一笔预付款。如果唱片能让该公司收回支付预付款的成本，他们还会给我们版税，通常是16%左右。对于维珍这样的新唱片公司，这是传统的安排。

第二种选择更冒险。维珍放弃预付款和版税，在接到全国唱片店的订货时，只需付钱让另一家唱片公司生产和分销唱片即可。而维珍则负责唱片的所有宣传，如果唱片表现欠佳，也要承担所有风险。相应地，如果唱片销售得好，我们也会获得所有好处。

大多数小唱片公司会把唱片授权给别人，因为这样赚钱容易。他们从另一家公司获得16%的版税，再按照协议向艺人支付报酬，比如说5%或10%的版税。但是，西蒙和我决定选择生产和分销协议，即所谓的"唱片压制与分销协议"，简称"P&D"。这是一个大胆的行动，不过，甚至在那时，我就已经明白了大胆才会有成就的道理。如果你是个敢冒险的人，那么你只需排除不利因素即可。我们觉得《管钟》非常精彩，我们能自己为它做宣传。我确信，我们能卖出足够的唱片来收回投资。于是，我们拿定主意，要求签订"P&D"协议而非直接授权协议，然后去跟岛屿唱片公司谈判。

我第一次与岛屿唱片公司打交道是在经营《学子》的时候。这家公司由克里斯·布莱克威尔创办，克里斯成长于牙买加，几乎是单枪匹马地把雷鬼乐引入了英国。岛屿公司出版了鲍勃·马利的作品，让他成为第一位雷鬼乐超级明星。此外，他们还制作了卡特·史蒂文斯和自由乐队的唱片。

可想而知，岛屿公司一开始拒绝签订"P&D"协议。他们已获得蝶蛹唱片公司和超凡魅力唱片公司——他们拥有创世纪乐队——的授权，希望维珍也照样行事。因此，岛屿公司向我们提供了极度诱人的授权协议，版税高达18%。我们要向麦克支付5%的版税，因此，接受岛屿公司的条件，我们就能从《管钟》的销售中获得13%的利润。按照2.19英镑的定价算，也就是每张唱片大约赚28.5便士。如果《管钟》卖得特别好，比如，能售出60万张，达到"双白金"唱片的水平，那么我们将获得大约171,000英镑的总利润。一张唱片的销售量达到20万张即为"金唱片"；达到30万张即为"白金唱片"。如果达到100万张，那么维珍无须支付任何宣传和推销该唱片的成本，就能稳赚285,000英镑。在经验丰富的人看来，要把唱片推销到全国所有唱片店，岛屿公司比维珍公司的条件有利得多。大多数跟我们境况相似的小唱片公司会接受这个协议，当然，岛屿公司和我们的律师也极力主张我们这么做。

但是，西蒙和我可不是这么想的。我们在全国拥有14家维珍唱片店，他们都可推销《管钟》。我拥有销售10万册《学子》的经验，这让我充满信心，相信我们能够大量销售这张唱片。当然，《管钟》如此优秀，让人一听就想买，这就让我们的工作轻松多了。

在外人看来，这似乎是一场大赌博。如果《管钟》的销售衰退，维珍唱片公司就会一败涂地，关门大吉。但如果我们设法售出60万张，价值约130万英镑，那么，除了商店的零售利润，维珍还能赚到920,000英镑的毛利润，再除掉支付给麦克·欧菲尔德的65,700英镑版税，以及支付给岛屿唱片公司的197,100英镑压制和分销唱片的费用，我们还会剩下大约658,000英镑，部分作为宣传唱片的费用，部分作为利润，再用来投资其他艺人。这就是有利的一面。

《管钟》的知识产权是维珍唱片公司创立后获得的第一项成果，我们决心依靠它来发展公司。于是，我们拒绝了岛屿公司的提议，坚持要求签订"P&D"协议。他们负责压制和分销唱片，我们付给他们10%～15%的销售所得。他们拒不让步，直到我们威胁要转向其竞争对手哥伦比亚唱片公司。就这样，我们签订了一份"P&D"协议，牺牲了一笔唾手可得的现金收入——它会受到顾资银行的欢迎，因为庄园仍然负债。我们依靠自己的资源，专心致志地销售《管钟》。

岛屿公司无意中培养了一个敌人：维珍唱片公司。随着《管钟》的销售飞快闯过银唱片、金唱片、白金唱片、双白金唱片的标准，然后一下子达到100多万张，我们获得了做梦都想不到的财富。我们很快成长为唱片业中的主力，最终成为岛屿唱片公司的对手。尽管我们支付给麦克·欧菲尔德和岛屿公司的版税率与日俱增，唱片的价格也同样水涨船高，但《管钟》继续畅销，又卖出了几百万张，而且至今在全球仍有销路。我们相信自己有能力推销这张唱片，这次赌博让我们掘到了第一桶金。

　　在伊丽莎白女王音乐厅的演出结束后，麦克·欧菲尔德开着我的宾利老爷车扬长而去，当时他已经偏离了自己的轨道。他曾和汤姆·纽曼在庄园里闭门工作几个月，两耳不闻窗外事，终于成就了这张完美的专辑，那时候，他一直梦想人人都买《管钟》。但是，在伊丽莎白女王音乐厅里，当他站起来，看见观众站立为他鼓掌时，他心里有些东西失控了。他发现，尽管他渴望这种奉承，可一旦得到，他却无法应付。

　　音乐行业能在几个月里让人获得超乎梦想的财富。不管麦克是否愿意，他现在都卷入了那个旋涡，成为英国最富有的人之一。对他来说，成功具有毁灭性，而我则必须学会承担那种责任。是否应该勉强他举办那场音乐会，我发现这个问题难以回答。麦克与女朋友一起，跑到威尔士一个偏远地区生活，除我之外，他拒绝跟任何人交谈。

　　第一次开车去拜访他，我差点没找到他的房子。那是一座用石头砌成的小农舍，位于一座名叫"赫吉斯特山脊"的山脉上面。房子背对盛行风方向，但它如此荒僻，就跟呼啸山庄差不多。整个前厅都被一架大钢琴占据了。麦克带我登上赫吉斯特山脊，拿着他做的一架6英尺大的轻木滑翔机。我望着他小心翼翼地跑下山，然后轻轻放飞那庞然大物。起初它似乎难以移动，看起来就像悬浮在麦克头上一般。但接着一阵风向它刮来，它内倾拐弯，逐渐升高，从我们这里飞走，顺着山脊朝下面的田野飞去。麦克望着它，风把他眼睛上方的头发向后吹去，我头一次看到他露出微笑。

我开车回到伦敦，留下麦克，让他继续在赫吉斯特山脊上生活。然后，我让人将克里斯滕的衣服带到阿尔贝塔号上，迫使她搬来和我一起生活。和我的做法相反的是，有天晚上，麦克来到当地一家酒吧，叫一个朋友收拾好他女朋友的衣服，把她送到了车站。此后10年，麦克·欧菲尔德一直过着隐居生活，拒绝为自己的任何作品做宣传。幸好我们曾让人拍了一部麦克演奏《管钟》的电影，在里面插入威廉·派伊的抽象雕塑画面镜头，把它加工成纪录片。BBC播过这部纪录片3次，每次都让《管钟》和麦克的其他唱片销量大升。如果麦克像平克·弗洛伊德那样，将此后10年花在巡回演出上，我敢肯定，他会成为全球最重要的摇滚巨星之一，约翰·皮尔的预言也会变成现实。事实上，《管钟》的名气比麦克·欧菲尔德更大。尽管他也录制了其他许多唱片，例如我最爱的《欧玛晨光》，但没有一张像《管钟》那么成功。

麦克不愿登台演出，这让其他唱片公司深感迷惑。阿迈特·厄蒂冈经过多次谈判磋商，最终还是同意了在美国发行《管钟》，他对此就无法理解。

"你是说，你用一部雕塑电影来做宣传？"他对我怒吼道，

"我真不明白，我敢肯定这里没人明白你什么意思。如果想看雕塑，我们可以全都去大都会美术馆。"

一如往常，阿迈特总能想出解决办法。他把《管钟》作为配乐卖给电影《驱魔人》，随着影片在美国成为热门，唱片也搭上顺风车。在《管钟》登上英国排行榜首位一年后，它终于在美国获得同样的佳绩。

西蒙和我在跟乐队谈判过程中逐渐形成三个关键目标。我们彼此从未正式表述出来，但是跟麦克·欧菲尔德的谈判让我们学到了这些普遍原则。

首先，我们提出尽可能长时间地持有版权。我们付出最艰辛的努力，决不签订一份将版权归还给艺人的协议，因为版权是唱片公司唯一的资产。我们还设法尽可能将艺人以前的唱片版权多多收入合同中，即使它们往往跟其他唱片公司有密切关系。诚然和摇滚明星合作，这件事本身充满魅力，但其实这种合作唯一的价值就是其歌曲的知识产权。因此，我们一开始会提出一个很高的数目，但会试着跟艺人签下8张专辑。在维珍唱片公司的整个生命历程中，我们以从未失去一支乐队而自豪，因为我们总是在出版几张专辑后重新谈判。不过，讽刺的是，在跟麦克·欧菲尔德重新谈判时，我反应太慢，差点失去他。如果对一支新乐队好好加以培养，通常他们的第三张或第四张专辑是最有价值的，这一点至关重要。人类联盟乐队是最好的例子之一，他们已经在维珍做了两张专辑，一张比一张卖得好，随后他们的第三张专辑《挑战》终于获得突破，成就非凡，卖了200多万张。我们最不希望在出了两张专辑后失去他们，看着他们跟其他唱片公司获得成功。我们在签下艺人之后，会很快设法扩充合同。虽然我们会为此牺牲掉两三个百分点的版税，但跟合同末尾增加两张专辑带来的潜在收益相比，这不过是微不足道的让步。

从一开始，西蒙和我就试图把维珍定位为国际公司。因此，我们一直坚持的第二个原则就是：将艺人作品的全球版权融入我们的合同。我们会提出，如果他们利用在维珍获得的成功，跟其他公司签约并畅销海外，那么，我们就没多大的动力在英国为他们宣传。

我们的最后一个谈判要点是：确保维珍不仅拥有乐队本身的版权，而且拥有乐队单个成员的版权。有时候很难定义一支乐队，例如，滚石乐队显然包括米克·贾格尔、基思·理查兹、比尔·怀曼、查理·沃茨，但另外一些成员却来来去去。最终，唱片业把滚石乐队定义为"米克·贾格尔及其他三人"。有些乐队解散后，成员各自取得了成功。创世纪乐队或许是这方面最典型的例子，彼得·加布里埃尔和菲尔·科林斯离开乐队之后，名气都比以前待在乐队中更大。我们必须确保维珍不会在签下一支乐队后只获得一个空壳，而其首席吉他手却作为独奏艺人在其他唱片公司获得成功。

此外，我们还发现另一个重要事实：如果我们确实想要一支乐队，就必须不惜一切代价签下他们。一位艺人若是属于其他唱片公司，其成功就跟我们毫无关系。经营唱片公司的部分秘密就在于积累势头，要不断签下新乐队，不断让他们获得成功。一支惹人注目的乐队即使会让我们遭受亏损，也会带来其他无形的好处，如吸引别人跟我们签约，或者为我们的新乐队提供在电台播放的机会。

抱着这些原则，维珍开始以麦克·欧菲尔德的成功为基础，签下新的乐队。他们中绝大多数必然会失败。我们仍然只给自己发一点点工资，我们所有人仍然互相依赖，我们把《管钟》赚来的钱全都投资到新艺人身上，扩大我们的公司。

克里斯滕和我已经结婚两年，但我们却很难相处，最终我们决定离婚。1974年，虽然没有正式离婚，但我们分开了，同时维珍唱片公司也开始碰到问题。1974年8月，麦克·欧菲尔德的第二张专辑《赫吉斯特山脊》刚发行便飙升至排行榜首位。由于《管钟》仍然名列第二，因此公司财源滚滚。但是，维珍面临一个危险——有可能被当作麦克·欧菲尔德的唱片公司。尽管麦克拒绝亲自做任何宣传，但他的唱片销售量如此之大，让其他所有人都黯然失色。

从1974年到1976年，麦克·欧菲尔德是我们唯一的超级明星。在这个相当尴尬的时期，维珍试图跟"10cc""谁人"等乐队以及平克·弗洛伊德签约，但都失败了。我们似乎注定要永远成为次要选择，而在音乐和其他许多方面，"第二名就等于什么也不是"就是金科玉律。在1975年年底，我竭力想签下滚石乐队。我们准备为10cc乐队付出35万英镑的消息传开了，这让我们的对手如岛屿公司等惊讶不已。当我打电话给滚石乐队的经纪人普林斯·鲁珀特·洛文斯坦时，他已经听说了我们给"10cc"的报价，准备认真听我说话了。

"你打算要多少？"我问他。

"你们永远无法拿出这么多钱，"普林斯·鲁珀特·洛文斯坦同情地对我说，"至少是300万美元。而且，维珍还是太小了。"

我知道，要引起他的注意，唯一的办法就是提出远远高于要价的数目。

"我出400万美元，"我说，"只要还有旧唱片的版权给我们。"

买下旧唱片的版权，维珍就能出版最热门的老专辑，如果新唱片失败，这就是很好的保险策略。

"我会把还有版权的旧唱片名单给你，"普林斯·鲁珀特·洛文斯坦说，"如果下周一之前你能送一张400万美元的银行担保到我办公室来，那么我会非常认真地考虑这件事。祝你好运。"

那天是星期五，普林斯·鲁珀特·洛文斯坦以为他给了我一个不可能完成的任务。

那个周末，我挨个拜访维珍在法国、德国、意大利、荷兰、瑞典和挪威等国设立的一连串欧洲发行商。途中，我不断给世界其余地区的销售商打电话，期望从每个发行商那里筹到25万英镑的款子。到周末快结束时，我已经联系上他们所有人，要求他们给伦敦的顾资银行拍电报，确认他们会提供那笔钱。到周一早上，我回到了伦敦。但跟我许诺给普林斯·鲁珀特·洛文斯坦的400万美元相比，还稍微差一点。顾资银行合计了来自所有发行商的承付款项后，答应凑足差额部分。我揣着400万美元的银行担保，驱车前往普林斯·鲁珀特·洛文斯坦位于彼得沙姆的住宅，恰好在11点之前到达。

普林斯·鲁珀特·洛文斯坦哑口无言，我的到来让他完全措手不及。他用手指捻着那张400万美元的支票，然后把它还给我。

"你们将获得竞争最高报价的机会，"他允诺道，"但是你们启动了一场竞价。"

最终，百代公司出价500万美元赢得竞买，签下了滚石乐队。

除了那400万美元，我无法筹到更多的钱。尽管这次失败让我沮丧，但我也知道，通过增加普林斯·鲁珀特·洛文斯坦原本乐意接受的300万美元要价，我帮了滚石乐队一个大忙。

到1976年，维珍真的迫切需要签下真正的大明星乐队了。维珍有两张进入排行榜前10名的专辑：一张是铜锣乐队的，另一张是麦克·欧菲尔德的《欧玛晨光》。当时，最热门的唱片是创世纪乐队的《小径的错觉》以及鲍勃·迪伦的《欲望》。我们的麻烦在于，我们将麦克·欧菲尔德的大部分版税用来签新乐队了，但除了橘梦乐队，其他乐队都没有重大突破。橘梦乐队的《菲德拉》已跻身于欧洲最畅销的专辑之列，大大增加了维珍的知名度。我们的目录中充满精彩而可靠的音乐，但真正的畅销唱片仍不够多。更迫切的问题是，我们的现金用完了。

除此之外，麦克·欧菲尔德还希望重新磋商他的合同。我们乐意为之，但在我们同意接受第二版增加了版税的合同后，他又另派了一位律师，开始逼我们提供更高的版税。西蒙和我决定不能给得更高了。我们指出，作为一家公司，维珍还不如他个人赚得多。他问这怎么可能，而我则犯了一个过于诚实的错误，告诉他说，我们需要像他一样成功的艺人，来补偿那些不成功的艺人造成的损失。他的同情顿时化为乌有。

"我可不想给你钱去砸到一堆垃圾上，"他说，"我回去找律师。"

最终，我们同意另签一份合同，把麦克留在了维珍。但这只是险胜而已。

1976年夏天，我跟西蒙、尼克和肯·贝里一起，召开了一次紧急会议。肯最初是诺丁山唱片店的店员，工作是核对店里的营业收入。但他很快承担了一系列其他任务。我们发现，每当我们需要了解任何信息——本周平克·弗洛伊德唱片的销量、应付的员工工资、那辆萨伯牌老爷车的折旧费，等等——肯都知道所有答案。肯成为公司不可或缺的人物。他安静，从不装腔作势，除了善于应付数字，他在跟人打交道方面也很有技巧。就算跟顶尖的摇滚乐明星及其律师谈判，他也不会方寸大乱。很快，他就参与了合同谈判的整个工作。西蒙和我对他进行观察，我们意识到，他挥洒自如，总能胜过对方一筹，从未失去一份合同。于是，我们交给他越来越多的任务。我们在最初由我、尼克和西蒙构成的三人组之外，为肯留出空间。在许多方面，他都成为一条纽带，将我们所有人联系起来。

在那次紧急会议上，我们仔细检查各唱片店的销售数字。它们都生意兴隆，但利润不是很高。我们知道尼克在努力奋斗，不愿意批评他做的任何事情。然后，我们开始检查维珍的艺人名簿，对他们挨个讨论，看能否承担得起保留"哈特菲尔德与北方"或戴夫·贝德福德这样的音乐人的代价，我们花钱宣传他们，但他们似乎不可能获得成功。

"我看一切都很清楚，"肯·贝里又补充了一栏数字，说道，"我们必须认真考虑放弃除麦克·欧菲尔德之外的其他所有乐队。"

我们惊愕地望着他。

"我们的其他所有乐队都在亏损，"他继续说道，"如果我们解雇至少一半员工，那么还能应付过来。但现在是麦克·欧菲尔德为整个公司提供资金。"

我一直认为，应付现金危机只有一个办法：不是节约开支，而是扩大企业的规模。

"我们再找10个麦克·欧菲尔德如何？"我跟他开玩笑，"那会怎样？"

最终，我们只有两个选择：要么不再冒险，攒点小钱竭力维持生存；要么利用最后的几英镑，签下一支能让我们再次飞黄腾达的乐队。如果选择前者，我们就能勉强混过去。我们将经营一家小公司，但要生存下来也不会有什么风险。如果选择后者，维珍可能会在几个月内破产，但至少会有机会最后一搏。

西蒙和我希望最后一试，再签一支新乐队，尼克和肯最终同意了。但我也能看出来，他们不愿把整个公司押在一次突破上面。从那天晚上开始，我们便进入紧急状态，不遗余力地寻找下一支成功乐队。

与此同时，我们也尽可能削减开支。我们卖掉几辆汽车，关掉庄园的游泳池，降低唱片店的库存量，不给自己发工资，我们放弃了唱片公司的几位艺人，解雇了9名冗员——这一项最难办，我从那种情绪对抗中逃离出来，让尼克处理这件事。

戴夫·贝德福德是我们最不愿放弃的艺人之一，他是一位才华横溢的古典音乐作曲家。戴夫对这个坏消息反应良好，他给我写了封长信说理解这个决定，他说他知道自己的唱片不好卖，换作是他，也会跟我一样行事；他对维珍毫无怨恨，祝我们前途似锦。与此同时，他又给麦克·欧菲尔德写了封信，把我描述成一个彻彻底底的蠢货，一个纯粹的杂种，是音乐天才身上一条可耻的、五音不全的、吝啬的寄生虫。不幸的是，戴夫把两封信放错了信封。

06

1976—1977

维珍的转折点：
"浑球"带来的机遇与冲突

1976年8月，维珍真的陷入困境了。我们试图签下一些大胆进取的新兴朋克乐队，但似乎总是错过良机。例如，我们错过了签下"新城之鼠"的机会，因为我坚持要求一并签下其音乐的图书版权，而他们则希望能在其他地方出售版权。我们找不到一支新乐队来让我们摆脱惯例，或者消除我们的嬉皮士唱片公司形象。

我们还有其他烦恼，其中就包括跟铜锣乐队在一些录音版权问题上的争执。他们的一些乐迷跑进我们的弗农场办公室举行抗议。一群和蔼且非常和平的激进分子留着胡须和长发，穿着土耳其式长衫和便鞋，吸着烟卷，侵入了我们的办公室。他们的外表就像一群流浪的祭司和巫师。他们无精打采地躺在沙发上，听铜锣乐队、亨利母牛乐队和麦克·欧菲尔德的音乐，试图说服我在一份请愿书上签字。他们度过了一个愉快的下午，然后才决定离开。我们站在前门，感谢他们的光临。当他们离开时，我们彬彬有礼地拿走了他们的"战利品"——主要是藏在飘逸的土耳其长衫下的唱片，但是有一个或两个人试图带走招贴、磁带、订书机甚至一部电话。他们被当场抓住时全都满脸微笑，然后斗志昂扬地离开了。我跟着他们走出去，来到波托贝洛路，望着他们穿过水果摊漫步而去，其中一个停下脚步，买了些枣椰。当摊主向他出售水果时，有个将头发剃成莫希干式样并染成粉红色和绿色的人走了过去。

那些穿土耳其长衫的乐迷们不解地望着这位朋克乐手，然后拿起自己的枣椰，慢慢地用力嚼着，离开了。

"我出去10分钟。"我告诉助手彭尼。

我来到波托贝洛路，找到一个地方理发。

"剪掉多少？"理发师问。

"我想这次我要把钱花得物有所值了，"我说，"剪去大约一英尺半，然后看看我像什么样子。"

一系列新乐队已经取代"哈特菲尔德与北方"以及橘梦乐队，占领了海报上的位置。他们有着"该死的""冲撞""扼杀者"这样的名字，其中最声名狼藉的是"性手枪"。

11月的最后一周，我正在办公室工作，突然听见楼下西蒙的办公室在放一支非常独特的歌曲。我从没听过这样的音乐，于是跑下楼去看个究竟。

"这是什么音乐？"我问。

"是'性手枪'的单曲，名叫《英国的无政府主义》。"

"唱得怎么样？"

"非常不错，"西蒙承认，"真的非常不错。"

"他们跟谁签约了？"

"百代。几个月前，我拒绝了他们，或许我犯了个错误。"

这首歌曲有一种如此原始、强大的力量感，我决心试试能否把他们要回来。几天后，我打电话给百代的总经理莱斯利·希尔。他太忙了，太重要了，根本没工夫接我的电话。于是，我给他的秘书留了个信息：如果他想摆脱自己的"困窘"，不妨联系我。半个小时后，他的秘书给我回了个电话说：百代对性手枪乐队很满意，谢谢你！

就在那天傍晚，也就是12月1日下午5时30分，"性手枪"引起了全国性轰动。当时他们正在接受《今日》的采访，一个由比尔·格伦迪主持的下午电视节目。格伦迪刚从《笨拙》杂志社享受了一顿美味的午餐回来，发现演播室里的4个孩子也跟自己一样醉醺醺的。他开始挖苦他们，说起其他伟大的作曲家，如莫扎特、巴赫和贝多芬。这实在是非常愚蠢。然后，约翰·罗顿在一个角落里弄洒了自己的饮料，轻轻骂了一声："狗屁！"

"你说什么？"格伦迪问道，"你再说一遍，我该不会是听见你说脏话吧？"

"这有啥。"罗顿说。

"没事，你再说一遍。"

格伦迪听见了他询问的那个词。

"我说'狗屁'。"罗顿告诉他。

"真的吗？"格伦迪说，"我的天哪，你把我吓死了。"

然后，格伦迪转向另一位嘉宾苏克西·苏克丝，问她能否稍后与他见面。"性手枪"的成员史蒂夫·琼斯哈哈大笑，说他是个肮脏的老家伙。于是，格伦迪便转向他，刺激他说出更多脏话。琼斯说他是个"肮脏的笨蛋""狗娘养的无赖"，就这样结束了这个节目。

第二天，全国的媒体再次对"性手枪"的行为表示愤怒，但却无人批评比尔·格伦迪引诱他们说脏话。我一边吃着早餐，一边阅读报上的一篇文章，里面描述有人在看这个节目时，忍不住厌恶地一脚踢烂了电视机。正在这时，电话响了，还不到早上7点。真是太阳从西边出来了，给我打电话的居然是百代的总经理。

"请马上来跟我见个面，"他说，"我猜你有兴趣跟'性手枪'签约。"

我直接去了百代的办公室。莱斯利·希尔和我达成协议：只要"性手枪"的经纪人马尔科姆·麦克拉伦同意，百代就将这支乐队转给维珍。我们握了握手，然后便从隔壁房间将马尔科姆·麦克拉伦请了过来。

"维珍提出接管'性手枪'。"希尔说，他想克制自己语气中的如释重负感却没有成功。

"很好，"麦克拉伦说着，向我伸出他的手，"我今天下午晚些时候去你办公室。"

通常，我会在遇到一个陌生人30秒钟内确定他是否值得信赖。我望着身穿黑色紧身裤和尖头靴子的马尔科姆·麦克拉伦，不知道和他做生意是否轻松。那天下午，他没来弗农场，第二天也没给我回电话。我给他打了4次电话后便放弃了。他知道怎么联系我，但他就是不回电话。

1977年3月9日，麦克拉伦让"性手枪"跟A&M唱片公司签了约。他们在白金汉宫外举行了签约仪式，4名朋克艺人排成一行，大声辱骂王室。这支乐队的成员不过是4个普通的孩子，但他们受到了马尔科姆·麦克拉伦的煽动。

我坐在办公桌旁，对马尔科姆·麦克拉伦吃惊不小。我知道他手上有个畅销的乐队，一个能改变维珍形象的乐队。如果维珍签下"性手枪"，就能一下子摆脱我们挥之不去的嬉皮士形象。百代讥笑维珍是"伯爵的宫廷嬉皮士"。我们附近压根儿没有伯爵的宫廷，但这也无关紧要。这个名字仿佛具有黏性，我可不喜欢它。我们被粘上了"铜锣"和麦克·欧菲尔德的形象。虽然他们给维珍带来了数额可观的版税支票，可我却忧心忡忡，如果我们只有几支嬉皮士乐队，那就没有一支朋克乐队会认真对待我们。维珍唱片公司需要改变，越快越好，而"性手枪"就可以让我们实现这个目标。

"每支乐队都是冒险，"A&M公司的总经理德里克·格林漫不经心地告诉媒体，"不过，在我看来，'性手枪'比大多数乐队的风险都要小。"

为庆祝跟"性手枪"签约，A&M公司举行了一次派对。由于A&M公司是通过"剥削"乐队赚钱的"资本家"，因此"性手枪"就像痛恨所有唱片公司一样痛恨他们——至少他们是这么说的。当时的乐队贝斯手席德·维瑟斯刚签好约就有了出色表现，将德里克·格林的办公室砸了个稀烂，还对着他的桌子一阵呕吐。我一听说这事就拿起电话，决定最后一试。我愉快地得知，德里克·格林打算放弃"性手枪"。

"我能跟他们签约吗？"我问道。

"如果你对付得了他们，"他说，"反正我们是没辙了。"

A&M公司给了"性手枪"75,000英镑的毁约赔偿金，加上百代公司给的50,000英镑赔偿金，他们一共挣到125,000英镑，而他们做的事情不过是咒骂、呕吐以及出版一支单曲。"性手枪"开始再次寻找新唱片公司。

马尔科姆·麦克拉伦真是办事高明，我开始对他感到惊讶。

"性手枪"如今已成为这个国家最骇人听闻的乐队。在当时迅速崛起的众多朋克乐队中，"性手枪"仍是最声名狼藉的一支。我知道他们有支单曲名叫《天佑女王》，打算在1977年7月女王登基25周年纪念日上发行。

我静观其变，明白马尔科姆·麦克拉伦不喜欢我。他嘲笑我由嬉皮士摇身一变成了商人。可是，一个又一个星期过去了，女王登基纪念日一天天逼近，却再也没人来跟"性手枪"签约。我知道维珍或许是唯一能与他们签约的唱片公司。我们没有股东需要保护，也没有母公司或老板会阻止我。1977年5月12日，马尔科姆·麦克拉伦终于找上门来。这次局面发生了扭转，维珍用15,000英镑获得了"性手枪"第一张专辑的英国版权，另付50,000英镑获得了它在世界其余地区的版权。

"你知道自己惹上什么麻烦了吗？"麦克拉伦问我。

"我知道，"我向他保证，"问题是，你知道吗？"

从我们签下"性手枪"那一刻起，麦克拉伦就想方设法地疏远我们，这样，我们在受够了尴尬后，就会希望摆脱他们。但让麦克拉伦痛恨又困惑的是，我们就是不发火。我们推出《天佑女王》，在BBC电台遭禁，不过却飙升到排行榜第二名。它本来是第一名，但在编辑排行榜时，像维珍和HMV这样很可能销量非常大的唱片店，都被排除在取样范围外了。

在1977年女王登基纪念日上，马尔科姆·麦克拉伦租了一艘游艇，朝泰晤士河上游的下议院驶去。警察知道会出事。我们刚从威斯敏斯特码头出发，警察局的两艘摩托艇就跟了上来。乐队等待着，直到游艇在下议院旁停下。然后，他们拿起吉他和鼓槌，唱出自己的国歌版本：

> 天佑女王，
>
> 这个法西斯政权，
>
> 将你变成笨蛋，
>
> 一颗潜在的氢弹。
>
> 天佑女王。
>
> 她根本不是人，
>
> 英国梦没有前途，
>
> 没有前途！没有前途！

警察在游艇旁靠拢，坚持要乐队停止演奏。这简直是无理取闹，因为游艇拥有乐队的演出许可证。这让人想起披头士乐队在苹果录音棚屋顶上的最后一次现场演出，当时警察也跑去制造麻烦。如果待在船上的是弗兰克·西纳特拉[1]，就什么问题都没有。警察登上我们的船，掉转船头，把它开回码头，并在那里逮捕了马尔科姆·麦克拉伦，主要是因为他非常激烈地反抗，开始大喊："你这法西斯猪猡！"

那一周我们售出10多万张《天佑女王》。它显然是名列第一的唱片，但"流行音乐排行榜"和BBC都宣布，罗德·斯图尔特才是真正的第一名。电视和电台都禁播《天佑女王》。在我们看来，这未尝不是好事：它越禁越流行，卖得也越好。

1　弗兰克·西纳特拉（Frank Sinatra，1915—1998）：20世纪最重要的巨星之一。作为演员，曾3次获得奥斯卡奖；作为歌手，被誉为"白人爵士歌王"。

"性手枪"成了维珍的转折点，它正是我们寻找的乐队。他们让维珍再次声名鹊起，因为我们能发起大规模的宣传，还能应对朋克摇滚。"性手枪"成为一次全国性事件。街头巷尾的每一个购物者，每一个农夫，每辆公交车上的每一个乘客，每一个老奶奶，都听说过"性手枪"。能引发公众如此大的谴责倒也颇为有趣。正如奥斯卡·王尔德所言，唯一比受人非议更糟糕的是无人理睬。1977年，除了女王登基纪念日，"性手枪"制造的新闻是最多的。他们的声名狼藉实际成了一种有形资产。大多数媒体报道是负面的，不过，15年前滚石乐队刚刚出道时，不也同样如此吗？

　　1977年11月，维珍推出了《别理那些浑球，"性手枪"在此》。唱片套上的文字是杰米·里德设计的，非常巧妙。他直接从报纸标题上剪下那些字，就跟绑匪的纸条或攻击性信件一样。维珍唱片店在橱窗里贴上宣传这张唱片的大幅黄色招贴。总有人看到它会感觉受到冒犯，这也难怪。有一天，我们诺丁汉分店的经理遭到逮捕，罪名是违反了《1889年有伤风化广告法案》，恰恰跟差不多10年前我因学生咨询中心做广告帮助性病患者而被捕时的罪名一样。我给约翰·摩尔蒂莫打了个电话，当初他是我的辩护律师。

　　"恐怕我们又跟《1889年有伤风化广告法案》发生冲突了，"我告诉他，"警察说我们不能使用'浑球'这个词。"

　　"浑球？"他问道，"'浑球'这个词到底哪儿不对了，这可是我最爱的词语之一。"

　　"他们要我们取下'性手枪'的海报，上面写着'别理那些浑球，"性手枪"在此'，还威胁说要查禁这张专辑。"

他跟我说，我们需要一位语言学顾问、一位英语教授，为我们解释"浑球"一词的准确含义。这个案子将在诺丁汉审理，于是我就给诺丁汉大学打电话。

"请问，我能跟你们的语言学教授通电话吗？"我问道。

"你说的是詹姆斯·金斯利教授。"接待处的女士说。

她把我的电话转了过去，我向教授解释了当时的情况。

"于是，你们的一名员工就因为展示'浑球'这个词而被逮捕了？"金斯利教授说，"真是一帮浑球！事实上，在18世纪，'浑球'一词是牧师的绰号。接着，因为牧师在布道中总是废话连篇，所以'浑球'的含义就逐渐演变，表示'废话、垃圾'了。"

"所以，实际上'浑球'的含义要么是指'牧师'，要么是指'废话、垃圾'？"我把他的意思重复了一遍，以免我漏掉什么。

"就是这样。"他说。

"您愿意在法庭上给我们当证人吗？"

"非常乐意。"他说。

我爱死这次庭审了。这个案子显然在全国备受瞩目，警方公诉人势在必得。我们的唱片店经理受到交叉询问，承认他确实在橱窗里显眼地展示了"性手枪"的招贴。警察陈述了经理是怎样被捕的，因为当时后者正在展示这幅令人不快的海报。那个警察满脸沾沾自喜，仿佛他正在好好为公众服务，并期望因此受到赞扬。

当法官让约翰·摩尔蒂莫交叉询问那名警察时，约翰说："没有问题。"

那名警察相当失望，离开了证人席。

"我打算传唤我的证人，"约翰·摩尔蒂莫站起来说，"他是詹姆斯·金斯利教授，诺丁汉大学的语言学教授。"

詹姆斯·金斯利教授解释说，"浑球"一词与睾丸毫无关系，其实它的含义是"牧师"，以及因牧师的布道充满废话而引申出来的"废话"。这时，约翰·摩尔蒂莫眯着眼睛，如同近视眼一般盯着他，仿佛在奋力梳理自己的思路。

"那么，金斯利教授，你的意思是说，这句话——也就是本案诉讼的基础——更准确的理解应该是'别理那些牧师，"性手枪"在此'了？"约翰·摩尔蒂莫问道。

"确实如此，或者也可理解为'别理那些废话，"性手枪"在此'。"

约翰·摩尔蒂莫停顿片刻，让法庭笼罩在沉默之中。"'别理那些牧师，"性手枪"在此'，"他若有所思地说，"原来那句话就是这个意思。好了，我没什么可补充的了。听起来，这唱片标题很奇怪，不过我认为教会不会介意。"

"我也认为他们不会介意。"金斯利教授表示赞成。

然后，公诉人便抓住这一点，逼问金斯利教授怎么能确信没有神职人员受到冒犯。

于是，金斯利教授亮出王牌，解开他衣服上的圆高领，露出里面的教士领。原来，金斯利教授也被称为"金斯利牧师"。

"这就够了。"地方法官厉声说道。他昂首挺胸，尽可能让自己显得威严庄重，然后宣布：

"本案不予受理。"

07

陷入绝境：刀刃上的生活

1976年年初的一个周末，我在庄园遇见我未来的妻子琼·坦普尔曼。我能在碰到陌生人30秒钟内断定对方是怎样一个人，而我对琼差不多是一见倾心。问题在于她已经结婚，丈夫龙尼是一位唱片制作人和键盘乐手，当时正给维珍的棚屋乐队制作唱片。

我们的恋爱持续了近一年。我们急不可耐地想待在一起，每当有5分钟的空闲，都会给对方打电话。琼会从"渡渡鸟"溜走，我也会离开弗农场，然后我们俩在登比台屋见面，那里恰好位于我们俩上班地点的中间位置。我们经常约会的几个地方距离很近，弗农场、韦斯特波恩树林和登比台屋，全都分布在波托贝洛路两侧，彼此不到20码远。于是，琼和我就在一个紧凑的小三角内谈情说爱。

当我们在午餐时一起偷偷待上宝贵的20分钟，或者在开会前一起待上15分钟，或者在"渡渡鸟"关门下班后待上一会儿，我们都会努力忘掉外面的世界。但除了激情，我们也非常清楚琼已经结婚（其实从理论上说，我也一样），我们有可能给龙尼带来痛苦。从某些方面说，琼和龙尼的关系类似于克里斯滕和我的关系。龙尼想体验跟其他女人睡觉的滋味，还跟琼说她也需要拓展自己的视野。琼一直很失落，因为她无法应付接二连三的露水情缘，因此她逐渐爱上了我。

克里斯滕听说我在跟琼恋爱，便回到伦敦，这让我们的关系更加复杂化。我曾经买过一艘更大的船屋魅力号，后来卖给了凯文·艾尔斯。这时候，我又设法把它买了回来。而克里斯滕也在差不多同一时间离开了凯文。现在，她跟我说想和我破镜重圆，毕竟我们仍然是夫妻。我的家庭一直主张，不管发生什么，都要好好维持婚姻，因此，我感觉自己有很大的责任答应克里斯滕的要求。但我爱的是琼。这对我们每个人而言都近乎是噩梦。琼一直感觉自己在我和龙尼之间被撕裂了，如今我也感觉到自己在克里斯滕和琼之间被撕裂了。我和琼的梦幻爱情始于登比台屋那间小卧室，而今它开始破坏4个人的生活。

在一次我、琼和克里斯滕都参加的派对上，我们之间的四重混乱关系终于得到解决。琼最好的朋友琳达逼问我。

"那么你到底爱的是谁呢？"她问道，"这样下去也不是个办法。你们无疑是在毁掉自己，得把事情理清楚。"

我看到琼在和别人说话。

"我爱着一个女人，"说着，我把目光投向那边的琼，"但她不爱我。"

"我现在跟你说，她爱你。"琳达顺着我的眼光望过去，说道。

我们点到为止。

第二天晚上，我一个人待在魅力号上，那是2月的一个夜晚，外面大雨倾盆，漆黑一片。我正打电话，没听见有人敲门。然后门开了，我一下子转过身。是琼来了。

"我稍后给你打过去。"我在电话里说，然后走过去拥抱她。

"嗯，我想我要搬进来了。"琼说道。

"我们又收到一份尼日利亚订单，"克里斯·斯蒂里安诺跟我说，"他们爱死尤-罗伊这家伙了。"

克里斯·斯蒂里安诺现在是维珍出口部的经理。1977年的最后几个月，他偶然得到价值数千英镑的订单，来自一个相当出人意料的地方——尼日利亚。尼日利亚人喜欢雷鬼乐。当时，英国唯一出售雷鬼乐的唱片公司就是克里斯·布莱克威尔的岛屿公司。

1976年，我曾经追随克里斯·布莱克威尔的足迹，来到牙买加，希望跟一些雷鬼乐艺人签约。我在彼得·托什的走廊上一连坐了几天，最后终于设法跟他签了约。彼得曾经跟鲍勃·马利以及一位名叫尤-罗伊的艺人一起唱歌。他在维珍公司出的第一张专辑是《让法律认可它》，在1977年销量很好。但现在又出现了不同的声音，牙买加的音乐节目主持人和音乐脱口秀节目主持人正在自己录制唱片，在作为背景音乐的节拍下，吟唱押韵的俚语和政治口号。这就是说唱乐的早期形式。他们被称为"念词人"。而在尼日利亚如此受人欢迎的尤-罗伊，浑身珠光宝气，就是这方面的行家。我知道牙买加肯定还有很多念词人，于是决定前去垄断这个市场。

我一直喜欢在隆冬季节逃离伦敦。我发现，阳光和长途旅行总能让我更透彻地看清伦敦的生活。这次我离开这座城市，还有另外两个原因。我想让约翰·罗顿和我一起去，因为他跟"性手枪"的其他成员以及马尔科姆·麦克拉伦之间产生了争执。我还希望能跟琼不期而遇，她计划和龙尼去洛杉矶一趟，给他们的婚姻最后一次机会。约翰·罗顿喜欢雷鬼乐，因此乐意同去；而琼和我达成一致，在她想出办法解决她的婚姻问题之前，我们不再说话。

　　西蒙本来也打算去，但在临出发前却脱不开身了，只好让我和肯一起去。就这样，在1978年年初，一名朋克乐手、一名会计师和一名改过自新的"伯爵的宫廷嬉皮士"一起，飞到牙买加的金斯顿，准备签下一些雷鬼乐乐队，寻找念词人。我们知道牙买加人不信任书面合同，便随身带了一个手提箱，里面装着30,000美元现金，然后就在金斯顿的喜来登酒店招兵买马。不久，三个老外在城里面试音乐家的消息便传开了，川流不息的乐队开始来到我们在酒店的房间。肯拿着手提箱坐在床上，约翰和我听乐队的磁带，和他们谈判。约翰决定我们跟哪些艺人签约，然后肯就打开手提箱拿钱。美元在牙买加是硬通货，这里全面取缔进口，什么都得去黑市买。有些乐队如此渴望给我们留下深刻印象，甚至把鼓和吉他也带来了。我们的房间很快就挤满了高高的拉斯特法里教[1]的追随者，他们戴着巨大的绒球帽，上面饰有红黄绿条纹。一位高个儿歌手居高临下地站在我们面前，热情地歌唱他的精神家园埃塞俄比亚。

　　我望着沙发上的约翰，他正和着音乐节奏轻轻点头。他瘦得像根避雷针，而就是这同一个人，曾经对每个人都破口大骂，朝女王画像吐唾沫，并且让一代人兴奋不已，这真是难以置信。想起埃塞俄比亚的海尔·塞拉西皇帝赢得了那么多拉斯特法里信徒的尊崇，我怀疑英国王室错失了一次良机。

　　在一周的时间里，我们签下差不多20支雷鬼乐乐队，并且出

1　拉斯特法里教（Rastafari Movement）：20世纪30年代自牙买加兴起的一个黑人基督教宗教运动。该宗教运动信徒相信后文提到的海尔·塞拉西一世是上帝在现代的转世。雷鬼音乐深受其影响。

乎意料地又找到两位念词人：一位叫远方王子一世，另一位叫塔帕·祖基。我试图说服约翰·罗顿留在性手枪乐队，但根本无用。他告诉我，乐队内部以及乐队与马尔科姆·麦克拉伦都闹翻了。希德已经失控，他吸食各种毒品，对女友南希越来越暴力。约翰想单干，还打算跟另外几位音乐家组成一支名叫"PiL"的新乐队，即"公共形象有限公司"。我感到遗憾，因为我本打算好好培养"性手枪"，让他们成为继滚石乐队之后的另一支经典摇滚乐队。毕竟，滚石乐队当初也是世界上最令人震惊的乐队，米克·贾格尔还因私藏毒品和引起舆论愤慨而被捕。到1978年，滚石乐队持续走红15年以上，已经成为摇滚乐权威的一部分。而他们的发展势头没有丝毫减弱的迹象。

对一支摇滚乐队来说，如何应付成功显然也会带来一些难题，但是，要让人们记住你的名字才是最难实现的。"性手枪"肯定已经进入世界词汇——哪怕只是作为一个让大多数人感到厌恶的典型——他们居然打算抛弃这个优势，我觉得这简直就是疯了。我试图劝说约翰，"性手枪"可以略微变换一下手法来利用他们的名声，或许可以摆脱他们自我塑造的极端朋克形象。我还想把他们推向海外，《别理那些浑球，"性手枪"在此》在海外只售出30万张唱片，跟在英国的销售量大致持平。我确信他们可以在随后出版的专辑中做得更好。在麦克·欧菲尔德一鸣惊人并退出公共生活后，我决心不让"性手枪"同样陷于崩溃。他们是维珍的顶级乐队，要让维珍唱片公司获得更大成功，要掀起全新的摇滚乐浪潮，他们都是重要的催化剂。但约翰压根儿没心思听我说。

在牙买加的最后一夜，我们顺着金斯顿的海岸漫步，找到一家拉斯特法里酒吧，里面出售的鱼加了很多的牙买加香辣酱。我们坐在酒吧外，望着大海。一群鹈鹕列队潜入水中，我们望着它们井然有序地穿梭于鱼群之间，每一只都接连离开队伍，潜到水下。在扎进海水之前，它们总是先收拢翅膀。我们一边喝"红带"啤酒，一边听鲍勃·马利的音乐。尽管我不断转移话题，讨论"性手枪"能够成就怎样一番事业，但约翰只是心不在焉地听着。

麦克·欧菲尔德跟"性手枪"截然不同，但他们都发现自己难以应付来自名气的压力。作为他们唱片公司的主管，在我看来，他们之间还有更多差异。麦克·欧菲尔德为维珍唱片公司赚了很多钱，让我们得以发展壮大并签下新的艺人。没有麦克，我们就无法进入唱片业。而"性手枪"虽然凭借《天佑女王》登上排行榜首位，他们的专辑《别理那些浑球，"性手枪"在此》也名列榜首，但维珍并没有从这个乐队中赚到多少钱。

跟约翰一道坐在牙买加海滩上，我不得不接受这个事实：维珍永远无法从"性手枪"那里赚到多少钱。马尔科姆·麦克拉伦安排"性手枪"出演电影《伟大的摇滚骗术》，我不知道它能否提供电影配乐给我们发行。不过，西蒙、肯和我将不得不承认，从此以后，"性手枪"解散了。

虽然看着他们走向分裂令人灰心丧气——而且他们比麦克·欧菲尔德的状况差得多，至少欧菲尔德仍在继续制作畅销唱片——不过我们也有聊以自慰之处：在签下"性手枪"之后，维珍在朋克和新浪潮乐队中就变得很吃香了，他们都争相与我们签约。音乐界看到了我们为"性手枪"所做的宣传，整个新一代有实力的乐队都找到我们。西蒙从中挑选了"发动机""XTC""打滑""杂志""渗

透"和"成员"等乐队，他们的唱片全都卖得很好，而另一支名叫
"人类联盟"的乐队已经在培养自己的乐迷了。维珍音乐出版公司
与一位来自纽卡斯尔的教师戈登·萨姆纳签约，他的艺名叫"斯
汀"[1]，在一支比较被看好的名叫"最后出路"的乐队里唱歌。

我回到金斯顿喜来登酒店，思索着维珍没有了"性手枪"之后
的前景。这时，有人送来琼给我的口信，让我给她打电话。

"我们在纽约碰头好吗？"她问。

第二天早上，我就离开了牙买加。

我在纽约见到了琼。她试图修补自己与龙尼的婚姻，但失败
了。我们就像难民一样在曼哈顿待了一周。我和克里斯滕的离婚手
续尚未办理，而琼几天前刚刚与龙尼分手。我们正考虑逃离纽约，
一起单独相处一段时间，避免电话的骚扰，这时，恰好有人问我，
维珍唱片公司的名字是否来自维尔京群岛（Virgin Islands）。答案
是否定的——但那个群岛似乎正是琼和我需要的浪漫庇护所。

琼和我在冲动之下，决定飞往维尔京群岛。我们无处可去，也
没什么钱。不过，我听说，如果你对购买一座岛屿表现出真正的兴
趣，那里的房地产经纪人就会安排你在一家豪华别墅里免费吃住，
并用直升机带着你周游维尔京群岛。听起来这很有意思。我厚着脸
皮打了几通电话，经过自我介绍，我提到了"性手枪"和麦克·欧
菲尔德，还说维珍唱片公司在不断扩大，我们想买一座岛屿供自己
的摇滚明星休闲，说不定还会在此设立一个录音棚，然后，房地产

1　斯汀（Sting，1951— ）：著名艺人，进入20世纪90年代后曾多次获得格莱美
奖，是全球最有影响的音乐人之一。

经纪人便开始变得兴奋起来。

琼和我乘坐飞机，向南飞到维尔京群岛，在这里受到了王室般的接待，并被送到一座华丽的别墅。第二天，房地产经纪人便带我们乘坐直升机，飞遍整个维尔京群岛，看那些等待出售的岛屿。我们装作喜欢最先看到的两座小岛，又问他还有没有别的。

"还有一个岛屿，简直就是一颗真正的小宝石，"他说，"有位从未光临此地的英国贵族正在出售它。那就是内克岛。不过我认为购买该岛并不明智，因为它到哪儿都很遥远。"

太棒了。

"很好，"我说，"请问我们能看看它吗？"

在飞往内克岛的途中，我透过直升机窗户往下看，那淡蓝色的海水让我叹为观止。我们降落到一片白色的沙滩上。

"岛上没有淡水，"房地产经纪人说，"据说，这里的最后两位居民是到此做野外生存训练的记者。一个星期还没结束，他们就通过无线电求助了。它是整个群岛中最美丽的岛屿，但也需要投入大量资金加以开发。"

沙滩上面有座小山，为了居高临下俯瞰整座岛屿，琼和我朝山顶走去。这里没有路，等我们到达山顶时，腿已经被仙人掌擦伤，鲜血直流，但山顶上的风景值得这点牺牲。我们看见岛屿周围暗礁环绕，大部分海岸线上有沙滩。房地产经纪人跟我说过，棱皮龟会爬到内克岛的沙滩上产卵。海水如此清澈，我们甚至还发现一只巨大的鳐鱼平静地拍打双翼，划过暗礁中的砂质海底。有数千只正在筑巢的海鸥和燕鸥，还有一小群鹈鹕在列队捕鱼。在更高的空中，一只军舰鸟伸展开巨大的翅膀，乘着上升的暖气流滑翔。朝岛屿内陆望去，我们看见两个咸水湖和一小片热带森林，一群非洲黑鹦鹉从树冠层上方飞过。我们眺望其他岛屿，只能看见它们碧绿的海岸线，一座房子都看不见。我们回到小山脚下，去找那位房地产经纪人。

"他要价多少？"我问。

"300万英镑。"

我们从山顶上观看日落的梦想破灭了。"真不错。"琼说，然后我们就吃力地朝直升机走去。

房地产经纪人突然感觉不妙，问道："你们打算花多少钱？"

"我们能够出15万英镑，"我欢快地说，"20万美元。"我补充了一句，想让钱显得更多一点。

"我知道了。"

飞回别墅，我们显然已不再受欢迎。出价20万美元，我们还没资格在别墅里住一晚。我们的行李已经被放到门外，琼和我拖着它们，穿过村子，去找一个可提供住宿和早餐的小旅馆。显然，不会再有直升机载着我们从这些岛屿上方飞过了。但琼和我决心买下内克岛。我们觉得它可以成为我们避开尘世的秘密岛屿，让我们可随时隐退到此。于是，尽管我们像偷牛贼一样被驱赶出维尔京群岛，但我们发誓要重返旧地。

后来我回到伦敦才得知，内克岛的主人急于将它出手。他打算在苏格兰修建一座房子，需花费大约20万英镑。我把自己的报价提高到17.5万英镑，坚持了3个月。最后，我接到一个电话。

"如果你给18万英镑，它就归你了。"

他连提都没提，18万英镑只是300万英镑要价的小零头。我当场答应下来，于是内克岛就归我们了。虽然价格这么低，但仍然存在一个障碍。维尔京群岛的政府曾宣布：不管谁买下内克岛，都必须在5年内开发它，否则就必须将所有权转交给政府。要在那里建一所房子，再从邻近岛屿将淡水跨海输送过去，这可要花一大笔钱。但我想和琼回到那里，我决心要赚足够的钱来支付这笔费用。

琼和我在比夫岛度过了那个假期剩余的时间，这里正是我建立维珍航空公司的地方。我们试图搭乘一个飞往波多黎各的航班，可波多黎各当地的定期航班都取消了。机场航站楼里挤满了进退维谷的乘客。我给包机公司打了几个电话，同意花2000美元包一架飞机飞往波多黎各。我把这笔钱除以座位数，然后借来一块黑板，在上面写下这样一行字："维珍航空公司：飞往波多黎各单程39美元。"我拿着它在候机楼里走了一圈，不久便找到了足够的乘客填满那架包机的座位。当我们在波多黎各着陆时，一位乘客转身对我说："维珍航空公司还不算太糟——把服务质量提高一点，你们就能开张营业了。"

"我真有可能那么做呢。"我笑着说道。

1977年，维珍作为一个整体，税前收入达到40万英镑，到1978年，这个数字增加到50万英镑。"性手枪"散伙后，我们就只剩下原来的少量艺人了，其中最重要的是麦克·欧菲尔德，在朋克和新浪潮音乐到来期间，他的专辑一直卖得很好。我们还签了两支新乐队，分别名为"夜半行军"和"人类联盟"，他们似乎很神秘，都演奏电子合成器音乐。尽管这两支乐队的唱片当时还没到畅销的时候,但"XTC""滑行"和"杂志"等乐队的唱片都卖得很好。在法国和德国,维珍唱片的销售业绩也很好,尤其是橘梦乐队的作品。

到1979年,外人或许会看着维珍得出结论说,它只是由一些杂七杂八的公司组成的。在位于弗农场的那些用马厩改建的小办公室里,我们经营着尼克管理的维珍唱片店,经营着西蒙和肯管理的唱片公司,经营着卡罗尔·威尔逊管理的音乐出版公司。庄园录音棚生意兴隆,于是我们又买下伦敦的一家录音棚,扩大了录音业务。我们最初计划向摇滚乐明星提供需要的一切服务,包括录音、出版、配销和零售等。现在这个计划开始初具雏形了。此外,我们还成立了维珍图书公司,主要出版音乐方面的书籍,以及摇滚乐明星的自传。

为"性手枪"出版新专辑的计划已落空,但我们获得了马尔科姆·麦克拉伦正在制作的电影《伟大的摇滚骗术》的版权,这就让该乐队的最后一张专辑即电影配乐有了保证。为了完成这部电影,我们又建立了维珍电影公司,由尼克管理。

尼克的另一个商业投资项目是"立场"夜总会,可供我们的乐队演出,并让人们在观看演出的同时吃喝交流。随着摇滚乐世界变得日益复杂,很明显,乐队们希望的已经不仅仅是录下自己的歌曲然后发行,流行音乐录影带成为宣传歌曲最有效的途径,一些愤世嫉俗的人评论说,流行音乐录影带就跟音乐本身一样重要。为了满足这种需求,尼克又建立了一个电影剪辑工作室,我们的乐队可以在这里制作和剪辑他们自己的录像。

维珍还应该给艺人提供一项服务:把他们的唱片销售到海外。

尽管我们只是一个从诺丁山的简陋房屋里起家的小公司，但我却知道，如果没有海外公司，那我们就没有机会跟全球性乐队签约。摇滚乐的优点之一就在于，在其市场顶端，它是一个纯粹的国际化商品。衡量一支乐队是否成功，最好的标准就是看其唱片的海外销量有多大。相较于维珍或岛屿公司，那些大型跨国公司有一个很大的优势，就是在跟乐队谈判签约时，他们能够突出自己在法国和德国的销售力量。

维珍可以选择不参与海外跨国公司的竞争，完全专注于英国国内市场，采用我们刚建立时对麦克·欧菲尔德唱片的做法，将我们的乐队授权给海外公司。这个选择很诱人，因为它能节省管理费用，但我并不满足于此。岛屿和蝶蛹两家公司就采用了这种方法，我认为这限制了他们的发展，因为他们完全受海外受权人的支配。一旦你将一支乐队授权给别的唱片公司，你对他们的宣传就彻底失去了控制。我们不仅想控制自己旗下这些英国乐队在国外的前途，而且希望能把国外乐队吸引到维珍公司来。我们希望，法国、德国和美国的乐队能与我们而非大型的国际唱片公司签订全球版权。

我们在弗农场的人手捉襟见肘，依靠他们，很难想象我们能平起平坐地跟跨国公司竞争。但我们决定尝试一下。1978年，肯前往纽约，建立维珍唱片美国分公司。维珍是从伦敦诺丁山的那些小房子里起家并发展壮大的，因此，我想象维珍在美国也采用同样的发展模式，从格林尼治村的一所房子起步，然后通过在芝加哥、洛杉矶、旧金山和其他地区中心城市购房，慢慢向全国各地扩展，这样我们就无须建立一个庞大的总公司了。

1979年，我前往法国，去跟宝丽金法国分公司总经理雅克·科纳会面。我在法国音乐界没有一个熟人，表面上，我去见他是为了请宝丽金配销维珍唱片，其实真正的目的是物色一个能在法国建立维珍分公司的人选。雅克·科纳把我介绍给帕特里克·泽尼克，他是一个颇有魅力的人，负责管理宝丽金的录音部门。帕特里克一副茫然的心不在焉模样，跟伍迪·艾伦很像，长着一头浓密的蓬蓬乱发，就像金属丝一样又细又直，戴着一副沉沉的黑边眼镜。帕特里克不仅外表酷肖伍迪·艾伦，行为举止也很像。我们第一次外出吃午餐时，花了4个小时才弄清帕特里克把车停哪儿了。帕特里克跟我说，他一直兴趣盎然地关注着维珍的发展；1974年，我们在戛纳音乐节上设了个摊位，那是他第一次试图跟我们会面。可他在摊子上只看到一个牌子，上面写着"滑雪去了"。从那以后，帕特里克就开始一路迢迢地赶到牛津大街的维珍唱片店买唱片，他喜爱麦克·欧菲尔德和橘梦乐队的音乐。

雅克·科纳出价30万英镑，购买维珍全部唱片在法国的授权，外加一定比例的版税。当时维珍没什么钱，而我们又刚刚贷了一笔款购买内克岛，因此接受这个条件是一个方便的选择。但我没在笔记本上老老实实记录这些细节，相反，却写下了"帕特里克·泽尼克：维珍法国公司"几个字。我要求给我时间考虑雅克·科纳的条件，这让他吃了一惊。

结束会面后，我向他们表示感谢，邀请他们下次来伦敦时顺便到船屋来看看。接下来这个月，帕特里克来到伦敦，给我打了个电话。我们在魅力号上吃午餐。我问他愿不愿意离开宝丽金，在法国建立独立的维珍分公司。我可以让他完全独立地决定跟他喜欢的法国乐队签约。我们在一张纸上大致算出一些数字，帕特里克答应了。他和一个朋友菲利普·康斯坦丁一起创建了维珍法国公司。帕特里克负责生意，而菲利普则把时间花在跟各种乐队打交道上。

帕特里克辞职时，雅克·科纳打了个电话指责我："当邀请你去吃晚餐时，你不该顺手牵羊把餐具拿走。"

我为挖走帕特里克而道歉，但也告诉他，帕特里克过来建立维珍分公司是他自己的主意。一直等到帕特里克离开宝丽金后，我们再次查看那些数字，才发现自己算错了，我们忘记在估算时加上增值税，零售利润也不对，而且无可救药地高估了巴黎的唱片销售量。但发现这些错误时已经太晚，帕特里克和菲利普已经开始维珍的工作。他们签下的首批乐队里有一个叫"电话"，它成为那一年的法国畅销乐队。后来那些年里，帕特里克回想起来总会摇头叹息，不敢相信自己居然放弃宝丽金那份有保障的工作，加入一家实际已经破产的英国唱片公司。

当我正和帕特里克谈判时，我又回到法国，去跟阿利斯塔唱片公司的总经理见面。我们无法在配销合同上达成一致，不过，当他开始夸耀阿利斯塔就要签下法国最重要的流行乐明星朱利安·克雷时，我却竖着耳朵仔细听起来。我不知道朱利安·克雷是谁，但我借故走开，溜到洗手间，在手腕上草草写下"朱利安·克雷"，然后小心翼翼地放下毛线衫衣袖，将它掩盖住。结束会面后，我冲到一个公共电话亭，给帕特里克打电话。

"你听说过一个叫朱利安·克雷的歌手吗？"我问。

"当然听说过，"帕特里克说，"他是法国最重要的明星。"

"哦，他现在还没签约。我们何不试试能否把他签下来。我们能在明天午餐时跟他见面吗？"

在第二天的午餐上，帕特里克和我设法说服朱利安·克雷和维珍签约，在阿利斯塔的眼皮底下偷走了他。在两个星期内，我就成功地从两家唱片公司的午餐受邀者名单上除去了我的名字。不过，帕特里克和朱利安·克雷都将继续为维珍法国公司和他们自己创造财富。

如今，肯在纽约，帕特里克在巴黎，乌多在德国，再加上我们自己在伦敦的业务，我们完全有理由把维珍作为国际唱片公司进行宣传。但我们的麻烦是没有现金储蓄，因此任何挫折都可能致命。现在，当我前往位于斯特兰德的顾资银行时，我穿上了鞋子，长发也修剪过，绝不会被旋转门缠住，可他们仍像对待天才学生而非商人那样对待我。甚至看到维珍1000万英镑的销售额后，他们仍摇摇头笑笑。

"都是很好的流行音乐，对吧？"顾资银行的经理亲切地说，"我儿子酷爱麦克·欧菲尔德。我只希望另一个儿子别放这么嘈杂的朋克乐。偶尔我不得不冲着他大吼，让他把音量调小。"

我试图向他们指出，维珍即将成长为一家大公司。我们的销售很好，就像任何正规企业一样稳稳当当地赚大钱。但银行家们从不这样看问题。"你们做得非常好，"银行经理说，"不过，你们的盈余品质很差。我们无法预知维珍未来的走势。"

尽管这种分析令人不快，但在1978年年底，我们感觉非常自信。在英国，我们这一年发展得很好，拥有一连串名列排行榜前10位的热门唱片，唱片店的销售业绩也不错。然而，到1979年玛格丽特·撒切尔当选首相后，利率升高，我们遭到一次严重经济衰退的打击。英国的唱片销量20年来首度下降，我们的连锁店亏损严重。肯在纽约的运气也不好，维珍在那里制作出第一支单曲后，花了50,000美元做宣传，结果却一败涂地。我们不太情愿地决定叫停纽约的生意，让肯回国。

似乎一切都不对劲，就连家里也是如此。1979年11月，琼给我打电话说，船屋有沉没的危险。我让水泵一直开着，可它非但没把水抽出去，反倒像虹吸管一样把水吸了进来。我们在魅力号上碰头，试图蹚水抢救出家具和一盒盒档案。在我们将能够挽救出来的都抢救出来之后，我们站在拉船路上，跟邻居讨论怎样把船拖上来。有位邻居移动了一个盒子，一只巨大的振动器掉了出来，让我们尴尬不已。当它撞到地面时，开关被撞开了，然后它就开始振动。我们全都望着它，它"嗡嗡"地转来转去，最后掉进运河里，像鱼雷一般在水里飞快地移动，终于从我们视野中消失。

"它跟你有关吗，理查德？"琼挖苦地问。

"不。你呢？"

"当然无关。"

那只盒子已经放在魅力号上好多年（当然）。振动器沉没处留下一圈圈波纹，似乎给20世纪70年代画上一个恰如其分的句号。

1980年，我前往洛杉矶，试图引起美国唱片公司对英国艺人的兴趣。这次旅行就是一场灾难。我带去一堆样带，但没人对任何新东西感兴趣。麦克·欧菲尔德仍然流行，一如从前——有人甚至把他的名字误拼为"Oilfield"，意为"油田"，当然，对维珍来说，这更接近于事实。然而，对于我试图授权的其他乐队，如"滑行""发动机""XTC""日本""夜半行军"（"等等，理查德，"来自哥伦比亚唱片公司的买主说道，"我们不能一整天弄这个，为什么不把他们简称为'OMD'呢？"）以及"飞行蜥蜴"，人们礼节性地表示兴趣，但几乎无人报价。

眼看着维珍的收入逐渐枯竭，我不断列出一连串我们能够节省的开支。我卖掉了登比台屋，把钱投入维珍，我们卖掉了自己在弗农场的两套公寓，想方设法削减开支。最近，我在笔记本上看到一长串当时需要立即优先处理的事情。它又让人回忆起那种陷入绝境的感觉。

1. 再次将庄园抵押出去；

2. 关掉游泳池的加热器；

3. 签下日本乐队；

4. 卖掉弗农场的房子；

5. 问问麦克·欧菲尔德能否允许我们暂时不给他付钱；

6. 卖掉船屋；

7. 卖掉我的汽车；

8. 出租所有录音设备；

9. 尼克可以把他的股份出售给一家商业银行或华纳兄弟公司；

10. 卖掉"立场"夜总会。

我写信给维珍的工作人员说，我们不得不赶快勒紧裤腰带：

好消息是伊恩·吉兰的新唱片直接登上排行榜第3名。

但坏消息是它只售出了70,000张，仅相当于去年一张第3名的唱片一半的销量。我们的管理费用没变，因此我们的利润就减少了一半以上。

根据尼克的计算，维珍在1980年的损失将达到100万英镑。

"我不能把我的股份卖给商业银行，"他告诉我，"维珍今年即将损失100万英镑。这些股票没有价值。"

"可是我们的品牌如何？"我问道。

"'维珍'？它的价值还不足100万英镑，"他说，"他们才不会承认品牌的价值呢。作为一个品牌，英国利兰[1]能有多少价值？"

维珍突然陷入绝境。1980年的经济衰退如同一场突然袭来的海上风暴，出人意料地抓住了我们。我们不得不二度裁员：共有9人被解雇，占维珍唱片公司全球员工的六分之一。跟当时的其他唱片公司相比，我们的裁员比例要低得多。对我们而言，这是一次令人肝肠寸断的打击。尼克、西蒙、肯和我花了一个又一个小时争论我们该怎么办。在我们的花名册中，没有能一炮走红的摇滚明星，因此维珍也就没有可预测的未来收益。我们发现自己正在拼命挣扎，试图证明顾资银行错了。我们再次仔细检查我们的乐队目录，裁掉几支乐队。我们不得不放弃在牙买加签下的大多数雷鬼乐乐队，因为尼日利亚发生了一场军事政变，一切进口都被取缔，我们的销售毁于一旦。

当尼克和西蒙争论维珍该保留哪些乐队时，他们俩的关系变得

1　英国利兰集团（Leyland）已破产。

紧张起来。尼克提出，维珍应当放弃"人类联盟"——这支年轻乐队来自谢菲尔德，演奏电子合成器。

"除非我死了。"西蒙告诉他。

"可他们无利可图，"尼克争论道，"我们没法一直养着他们。"

"我就是为了'人类联盟'才干这一行的。"西蒙说，他努力控制自己的脾气。

"你就会把我在店里省下的钱花个精光。"尼克说道，他的手在西蒙面前挥舞。

"你听好了，"西蒙突然站起来，厉声说道，"永远、永远别再对着我的脸，挥舞那根该死的手指头。而且'人类联盟'也必须保留下来。"

我望着争论不休的西蒙和尼克，意识到我们必须有所行动。尼克是我的主要合伙人，是我最亲密的发小，我们从《学子》时代就开始合作了，那时我们年仅16岁。可他沉迷于削减开支，省吃俭用——尽管在我们深陷困境时的确值得称赞。可我却再次感到，除非我们有点大动作——这意味着花钱——否则就永远无法摆脱困境。

尼克和西蒙都怒气冲冲，陷入僵局。他们转而要求我在他们之间做出公断。让尼克大为光火的是，我居然支持西蒙。这是我们仨关系的转折点，在此之前，我们一直合作得那么好。我觉得，只有西蒙的音乐品位能让维珍摆脱困境。没有西蒙的新一代乐队，我们将依旧裹足不前。虽然尼克认为我们把钱花错了地方，但他还是回到唱片店，决心从牙缝里再挤出点钱来。

在另一次会议上，我们争论是否跟一位来自创世纪乐队的鼓手签约。1980年9月，西蒙想花65,000英镑签下作为独立歌手的菲尔·科林斯。西蒙再次超级自信地认为，这是正确的行动，他勇敢地抵挡住了尼克的怀疑和批评。我们之所以能找到机会跟菲尔·科林斯签约，是因为我们扩大了录音棚业务。除了庄园，我们还收购了西伦敦的一家录音棚，把它称为"都市华宅"，在它的后面，我们又建起第二间录音棚，以较低的价格租出去。我们没采用能隔除所有噪声的普通隔音墙，而是砌了一个石墙。当菲尔·科林斯想录点音乐时，他觉得自己用不起一流录音棚，于是便租下了"石墙"。他发现，自己在那里录制的《今夜在空中》音带最棒，听起来奇异怪诞。菲尔跟录音师相处融洽，不久便和西蒙谈笑风生。我们还没明白过来，他已经准备好与我们签约了。

尼克让西蒙做各种销售分析，试图计算出我们能卖掉多少菲尔的独奏专辑。尼克担心"创世纪"的乐迷不买他的账，但西蒙证明，在已知的"创世纪"乐迷中，即使有10%的人购买菲尔的首张个人专辑，我们也会赚钱。我们沮丧地望着自己的透支额，以及维珍旗下其他乐队惨不忍睹的销售数字，这时，我们知道自己在拿什么赌博。值得称赞的是，尼克同意我们跟菲尔·科林斯签约，甚至还动用唱片店的备用金，凑够了预付金。菲尔证实了自己是一位才华横溢的音乐家和歌手。他的嗓音有余音绕梁之感，他的歌词感人至深——他注定要比作为整体的创世纪乐队获得更大成功。

就在这时，《新音乐快讯》提到维珍唱片公司陷入财务困境的事情。如果顾资银行阅读这份杂志——我相信他们不会去读——或许会在我提出增加贷款的要求后三思而行。我立即给编辑写信，试图消除这种猜想："在贵刊的上一期杂志中，你们猜测本人陷入深深的财务困境，本人需要对贵刊提起诉讼，目的是获得一些没有利息的钱，而不是向银行申请有息贷款，想必你们会欣赏这种做法……"尽管《新音乐快讯》的影响力远不如《金融时报》，但我也意识到，如果不迎头痛击此类谣言，它们就会越传越广，难以收拾。更糟糕的是，它恰恰说对了。

在公司内部因"人类联盟"和菲尔·科林斯发生争执后，我遇到两桩自认为无法抗拒的交易，都跟夜总会有关。首先是肯辛顿的"屋顶花园"夜总会，老板准备卖掉它，要价40万英镑。维珍当然是没钱，不过，向"屋顶花园"供货的酿酒商提出，只要我们接手后继续采购他们的葡萄酒、啤酒和烈酒，就可向我们提供一笔无息贷款。另外还有一个叫"乐园"的夜总会，就在查令十字街车站下面，是一家大型同性恋夜总会，老板是我妹妹凡妮萨的朋友，他希望买主能尊重和保持它作为同性恋俱乐部的传统。通过我在学生咨询中心的工作，他相信我能满足这个要求。他要价50万英镑，同样，酿酒商也准备给我们一笔无息贷款，支付全部收购费用，条件是采购他们的啤酒。我不明白酿酒商们为什么不想直接买下这些俱乐部，于是我就欣然接受这两次机会，将它们买了下来。

我知道尼克会反对我收购这些夜总会，因此没跟他商量就签订了合同。他怒不可遏，认为我是浪费钱财。望着由此带来的100万英镑额外债务，他认为我即将毁掉维珍。

"它会让我们完蛋的。"他争论说。

"但我们不用支付任何利息，"我说，"这可是无本买卖。如果有人以迷你汽车的价格卖给你一辆劳斯莱斯，你必须接受。"

"这世上没有免费的午餐，也没什么无本买卖。"尼克跟我说，"不管怎么说，它终究是债务，我们不可能把它还清。实际上我们就要破产了。"

"这钱又没利息，"我说，"我相信世界上有免费午餐。好好经营，我们就能摆脱困境。"

尼克跟我的看法完全针锋相对，显然我们不得不分道扬镳了。他认为我即将带着维珍一头栽倒。他拥有维珍40%的股份，趁现在还不算太晚，他希望保护它们剩余的价值。在我这方面，除了那些陈年旧事，我对我们俩的职业关系感到不满已有两三年了。尼克和我一直是最亲密的朋友，但随着维珍不断做大，从唱片零售商变成唱片公司，我感觉他已经变得力不从心。尼克认为我们全都力不从心，也许确实如此。唱片公司中没有他的位置，在和艺人们一起参加社交活动时，他不管怎样都浑身别扭，而西蒙、肯和我却不会这样。尼克有一种清教徒似的观念，我非常怀疑，每当我们多点一瓶香槟，他都会因为额外花掉的每一个便士而耿耿于怀，即便这样适度的慷慨能讨好并赢得乐队，可让维珍赚得大笔利润。我总感觉尼克老想阻止我做自己想做的事情，尽管其中大多数确实是拿着钱在新乐队上打水漂。我记得，大概在1977年之后，尼克就不再参加员工的滑雪度假了，要检验我们的关系，这或许是一张有趣的试纸。我总是希望维珍员工开开心心，只要我认为有助于活跃派对的热闹气氛，我就会率先以某种方式自我愚弄一番，以博得大家的欢笑。尼克发现自己对这样的娱乐提不起劲来。我们都非常了解对方，关于彼此的优缺点，甚至都能列出好几页来。最终，我们俩都意识到，最好在我们没伤和气之前分手。这样一来，我们就能保持友谊，而不是等到我们变成不共戴天的仇敌。

我从另一家银行弄到一笔贷款，买下尼克持有的维珍股份。除了这笔现金，尼克还从维珍集团带走了他最爱的几项业务：斯卡拉电影院以及电影与录像剪辑工作室。尼克真正感兴趣的是电影业，离开维珍后，他创建了皇宫影业公司，打算拍电影。凭借自己的天赋，他很快就制作出一批精彩的影片，如《狼之一族》《蒙娜丽莎》以及获得奥斯卡奖的《哭泣游戏》。

在我们的分手问题尘埃落定之后，尼克和我互相拥抱，言归于好。我们俩都得到了自己想要的，为了庆祝我们"分手"，我们在"屋顶花园"夜总会举行了一场分手派对。在许多方面，我们都取得了双赢。我们仍是好朋友，经常去看望对方，并且在失去对方后都设法独自把业务做得风生水起。尽管我购买了尼克那40%的维珍股份，但我非常清楚，对于一家倒闭的公司，持有100%的股份跟60%的股份没有区别。关于维珍1980年的交易损失，尼克算得很准：我们亏损了90万英镑。

1980年，我不仅跟尼克分了手，而且差点跟琼各奔东西。为了让维珍维持下去，我发了疯似的工作。我知道琼变得越来越心灰意冷。不管我多晚回家，都会有人打电话找我。每个周六早上，我们刚刚醒来，又会有人打电话。有天晚上，我回到船屋，发现里面人去船空。琼走了，给我留下一张纸条："我怀孕了，我不敢跟你说。我已经离家出走，如果你想我，就给罗丝家打电话找我。"

看着这张纸条，我意识到自己的生活已发生改变。我坐下来，考虑该怎么办。克里斯滕离开后，我有过很多绯闻，我喜欢这种多样化和自由。自从琼搬来和我同居之后，我担心我对她的存在太习以为常了。我与克里斯滕的婚姻失败，让我对感情能否天长地久产生怀疑，因此到那时我还没给琼做出同样的承诺。父母也给我施加压力，要我跟克里斯滕重归于好，否则就在萨里郡娶个受过高等教育、会打网球的姑娘——琼显然不在此列。

我记得跟父母说过琼搬来和我同居的事情。那时爸爸正在湖岸边钓鱼，妈妈正指着一条就要钓上来的鳟鱼。

在随后的沉默中，爸爸没有把渔线抛好，它们全都缠在了一起。

"它会断掉的。"他说。

然而，当我手握琼那张匆匆写好的纸条坐在船屋里，想到我们还没出生的宝宝时，我意识到自己是真的爱她。在此之前，我为一直妄想鱼和熊掌兼得而感到内疚：既要享受爱情，又不愿为此做出承诺。我享受过各式各样的两性关系，从不考虑后果。我想很多男性都乐意一辈子过着没有孩子的放荡生活，直到伴侣逼他们考虑这个问题。我给琼的妹妹罗丝打电话，然后便赶紧跑去找琼。

琼怀孕6个月后，去苏格兰度假，而我正在法国。她在威廉堡突然阑尾疼痛难忍，我飞到苏格兰陪她做手术。实际上，她的病不是阑尾炎，而是卵巢囊肿破裂，但医生决定继续手术，摘除她的阑尾——即使在患者身体最好的时候，这种手术也很危险，更何况一位孕妇呢。手术导致琼开始分娩。医生给她打点滴，试图缓解子宫收缩，然后我们立即坐救护车前往因弗内斯，去找一家更现代化的医院。在下雪时开车穿过苏格兰如同噩梦。途中的每次摇晃都会加剧琼的子宫收缩。当我们到达医院时，她已经被手术和子宫收缩造成的双重疼痛弄得苦不堪言，但仍拼命地想保住胎儿。

在因弗内斯医院，琼显然只能把孩子生下来了。因为比预产期早了3个月，所以宝宝活下来的机会很小。一个重量仅4磅[1]的女婴出生了，我们用我姨妈的名字给她命名，叫她克莱尔。克莱尔几乎无法进食，而医院也没有保证她存活的必要设备。

虽然克莱尔睁开了她那双漂亮的深蓝色眼睛，可她还是在4天后夭折了。现在，我只记得她小小的身体。医院不许我们俩抱她或碰她，早产婴儿保育箱成了她暂时的家。她那么小，几乎就我的手掌大。我们望着她的脸，对她那双小手以及她睡着时一脸坚定的神情感到吃惊。但如今那些记忆都已褪色。当我试图回忆克莱尔时，我脑海中一团混乱，充斥着医院消毒水的气味、病房里金属椅子擦过亚麻油地毡的声音，以及告诉我们克莱尔已经死去时那名护士脸上的表情。

克莱尔占据了一个属于她自己的世界，她进入我们的生活又离开，只留下绝望、空虚和爱。她的身体那么小，生命那么短暂，就跟从未来过差不多。然而，在那段令人心碎的时间，她将琼和我紧紧联系起来。我从没想过要孩子，直到看见克莱尔纤小脆弱的身体——就连最小号的尿布对她来说都太大——看见她那么漂亮，意识到她是我们俩的孩子。

克莱尔夭折后，琼和我决心再要一个孩子。让我们高兴的是，过了不到一年，琼又怀孕了。

琼再次早产，这回提前了6周。我们俩都被吓了一跳。那天晚上，我去"立场"夜总会参加一个派对，凌晨3点才醉醺醺地回家。我·觉醺睡过去，直到琼在我的脸旁拍手大叫，说她出现了子宫收

1　1磅 = 0.4536千克。

缩，我才很不情愿地醒来。我从床上滚下来，开车把她送到医院。医生给琼做了检查，把她送进产房。"看起来你没事。"他们安慰她。

然后，他们望着我。

"看起来你很糟。最好吃掉这些阿司匹林，上床睡觉。"

那天早上晚些时候，我突然惊醒，发现4个戴着口罩的医生正盯着我看。我以为自己遇到什么可怕的事故，正躺在哪家医院的急诊室里。

"琼已经开始分娩，"他们说，"你最好跟我们一起来。"

霍丽出生了，体重还不到6磅。这是我生命中最不可思议的经历。到最后（我认为）我甚至比琼还疲惫。我暗暗发誓，以后决不会在我们的孩子出生时离开。不过，有了克莱尔的遭遇之后，我们迫切关心的是让霍丽活下来。

1981年11月，一个寒冷刺骨的清晨，我们驾车回到船屋，琼将霍丽和自己包裹在一起，躺在床上。整个冬天，她们俩几乎一直待在卧室，而我则在隔壁的房间工作。彭尼的办公桌放在船底排水泵和楼梯之间的逼仄空间里，她往往要穿过卧室才能走到那里去。

1981年，维珍唱片公司终于开始盈利了。日本乐队的《绅士们的拍立得》和《锡鼓》都成为热门专辑。我们最近的热门单曲包括XTC乐队的《将军与少校》和《中士摇滚》以及伊恩·吉兰的《麻烦》和《新奥尔良》等。"专业人士"和滑行乐队也取得成功。我们还不知道菲尔·科林斯会拿出什么作品。在我本月安排的事务中，排在第24位的是苏格兰的一场音乐会，由我们的新乐队"头脑简单"演奏，他们的专辑《新黄金梦》十分畅销。

西蒙对"人类联盟"的预言终于得到证实，这是1981年最好的消息。他们的头两张专辑颇具实验性，为他们培养了一批忠实的乐迷。我们注意到它们的销售额在稳步上升，知道我们拥有了最大的突破机会。他们的第三张专辑《挑衅》底气充足，一举闯入排行榜前10名，然后上升到榜首。《挑衅》在英国的销量超过了100万张，全球销量达到300万张。他们的单曲《难道你不想要我，宝贝？》十分热门，人们翻来覆去地听，将它牢牢记在心里。

　　维珍曾经飞快地用完自己的现金余额，现在又以同样快的速度重新积累。维珍一有点钱，我就会再次寻找新机会。我一直在努力扩大这个集团，以免可供依赖的收入来源过于狭窄，但我怀疑这主要是因为我好奇又好动，而不是因为我有可靠的金融意识。这一次，我以为自己找到了一个完美的机会。既然维珍是一家娱乐公司，我想我们何不出版一份自己的娱乐指南杂志，就叫《社交活动》。不幸的是，我们跟那份非常成功的《休闲》同时推出，《社交活动》失败了。

　　承认失败总是很难的，不过，《社交活动》的失败也有其积极的一面。它让我意识到将维珍各公司分开有多重要，这样一来，我们就不会将所有鸡蛋放进同一个篮子里，即使一家公司破产，也不会对维珍集团的其他公司造成威胁。《社交活动》是一场灾难，但它是可控范围内的灾难。每个成功的商人都会有失败的商业投机，大多数管理自己公司的企业家至少会破产一次。我们没有拖欠债务，而是在偿清欠债后关闭了杂志。

　　《社交活动》给维珍造成的亏损很快得到弥补，这要归功于"人类联盟"、头脑简单乐队、菲尔·科林斯那张大获成功的个人专辑处女作《面值》，以及一位自称"乔治男孩"的年轻歌手——

他是其中最轰动的。

　　我头一回听说"乔治男孩"和文化俱乐部乐队，是在1981年西蒙到斯托克纽因顿的一个录音棚去观看他们表演之后。维珍已经签下他们的音乐出版权，西蒙尤其感兴趣的是他们那位主唱——他是一位男扮女装的年轻漂亮歌手——以及他们演奏的悦耳、随和的白人雷鬼乐。西蒙邀请乐队回到弗农场，在这里，他们答应签订一份录音合同。

　　当西蒙把我介绍给乔治·奥多德[1]时，我发现，我正和一个独一无二的人握手，他完全不同于我以前遇到的任何人。他的长发编成拉斯特法里信徒那样的辫子，他有一张苍白的脸，弯拱形的浓眉，穿着日本艺伎的华美长袍。

　　我们知道"文化俱乐部"是一个非比寻常的杰作，但他们的第一支单曲《白人男孩》失败了。维珍于1982年4月30日出版这张唱片，但没激起什么动静，它只卖掉大约8000张，在排行榜上是第144名。我们不以为意。我们真的觉得，一旦为"乔治男孩"好好拍一张照片，或者，如果我们能够让他登上《流行音乐精品》，那么他的唱片销量就会上升。只需看到"乔治男孩"的模样，人们就会购买他的音乐。青少年们会为他癫狂。乔治不仅有一副令人惊艳的外表，而且有副不可思议的好嗓子，诙谐而又迷人。他是一个叛逆者，虽然跟"性手枪"或詹姆斯·迪安都截然不同，但仍是叛逆者。6月，维珍发行了"文化俱乐部"的第二支单曲《我害怕我》，尽管它卖得比《白人男孩》好点，但在排行榜上也仍然仅仅

1　乔治·奥多德（George O' Dowd）："乔治男孩"（Boy George）的本名。

是第100名。"文化俱乐部"继续录制他们的专辑《巧吻》，其中的大部分作品是在他们与维珍签约前创作的。

1982年9月3日，维珍发行了"文化俱乐部"的第三支单曲《你真想伤害我吗？》，这是我们为这支乐队做的最后一次尝试。好笑的是，无线电二台比一台更早播放这首歌曲，而对这支单曲的普遍评价都很差："掺水的四等雷鬼乐，恐怖。"《劲爆热曲》评论说。然而，在二台播放该曲后，它在排行榜上逐渐上升，在发行后的第一周升到第85位，第二周升到第38位。我们竭尽全力宣传"乔治男孩"，但BBC拒绝采访他，说他有"易装癖"。接着，我们听说《流行音乐精品》撤了一篇稿子，便想方设法让"乔治男孩"填补这个空隙，《流行音乐精品》终于答应了，我们感觉自己即将造成轰动。

"乔治男孩"凭借他白白的脸、摇摆的袍子、毛毡帽子和弯得不可思议的眉毛，以其他成熟的浪漫乐队——如"斯潘道芭蕾"——擅长的方式，将他们一一击败。所有青少年，不分男女，都喜欢他，甚至八九岁的小孩子和他们的老奶奶也同样如此。根本无法解释他为何如此流行，母亲们想呵护他，女孩们希望自己跟他一样漂亮，男孩们希望自己的女朋友跟他一样漂亮，诸如此类的原因真是不胜枚举。第二天，维珍的电话铃便响个不停，单曲订单源源不断。《你真想伤害我吗？》升至排行榜第3名。然后，乔治在诺埃尔·埃德蒙兹主持的《晚晚早餐秀》中出现了。埃德蒙兹问他是否痴迷于利伯雷斯[1]。"再也不是了。"乔治说，暗示他们的地位现在已经颠倒。那支单曲升至榜首。当乔治声称自己喜欢茶甚于性

1　利伯雷斯（Liberace，1919—1987）：美国20世纪五六十年代著名钢琴歌手，曾是世界上收入最高的艺人，被誉为"闪耀之王"。

时，他就成了国际偶像。

1982年圣诞节，我们发行了"文化俱乐部"的第一张专辑《巧吻》，全球销量达到400万张。接着，又出现了另一个惊人的突破：他们的第6支单曲《羯磨变色龙》成为1983年的最畅销单曲，在英国的销量达到140万张，在所有拥有音乐排行榜的国家——据我们所知，有30多个国家——都高居榜首。"文化俱乐部"成为全球流行音乐现象，他们的第二张专辑《五颜六色》卖了差不多1000万张。

维珍的财务一下子翻了身。1980年，我们亏损90万英镑，到1982年，我们的销售额为5000万英镑，利润为200万英镑；1983年，我们的销售额飙升至9400万英镑，利润也升到1100万英镑。我们刚创立"乔治男孩"俱乐部，就无法控制它了。1983年，我们有40%的利润来自"乔治男孩"。在最初的两年里，"文化俱乐部"的故事堪称完美典范。唱片业最棒的一点是：成功会毫无征兆地从天而降。在上一分钟，"乔治男孩"还不为人所知；到了下一分钟，从爱尔兰到韩国，从日本到加纳，整个世界的人都在哼唱《羯磨变色龙》。"乔治男孩"的成功速度就跟音速差不多。许多人发现这样的垂直上升非常可怕，认为它会在公司里造成混乱。这种想法是正确的，但我一直很高兴在混乱与刺激中兴旺发达。因此，当我们为"文化俱乐部"的成功煽风点火时，我感觉非常自在。

08

这次疯狂的飞行
简直就是自杀

事后聪明总是很容易。人们常常指出，尼克选错了时间出售他那40%的维珍股份。不过，当尼克和我各奔东西时，他和我一样了解维珍的销售额和预期利润，而情况确实很糟糕。当时尼克和我都很高兴，我们俩各得其所。尼克很高兴离开一家似乎即将一头栽入困境的公司；我也很高兴能真正掌控自己的命运，即使我知道维珍处境危险。尼克离开后，很快发生了两件无法预料的事情。第一个变化，激光唱片逐渐普及，因此我们又可以把旧唱片制作成CD再次出售了。很多人都将自己收集的全部唱片复制到CD上，像麦克·欧菲尔德这样的艺术家，他们的CD当然也卖得很好，"性手枪"则略显逊色。

而第二个变化则是，维珍自己也成了无可置疑的一流独立唱片公司。西蒙的音乐品位最终获胜，在单曲和专辑排行榜前10名中，维珍唱片公司开始占据支配位置。维珍曾被视为仅拥有单支乐队的小公司，旗下的艺人最初是麦克·欧菲尔德，后来又一下子签下了风格迥异的性手枪乐队；而现在，维珍已成为唱片业的翘楚。西蒙在最近几年签下的乐队全都一下子获得成功。我们拥有"人类联盟"及其副产品"17号天堂"，以及"头脑简单""乔治男孩"、菲尔·科林斯、"中国危机"和"日本"等。最棒的地方在于，这些艺人全都是我们自己一手打造成功的。我仍然决心跟一流的艺人签约，希望拥有布赖恩·费里[1]和滚石乐队那样有才华的艺人。不过，我们的唱片花名册也自有其不同凡响之处：它们全都是本国产品，并且终于开始在海外畅销起来。

看着钱源源不断地流入银行，我又开始考虑其他花钱的途径。我大量参与乐队的签约工作，觉得自己在唱片合同的谈判方面已经驾轻就熟。我需要其他挑战。我现在有机会用我们的现金创建更多维珍子公司，扩大集团的基础了，这样，如果我们再次遭遇经济衰退的打击，就不会因为经营单一而面临破产的威胁。我还希望扩大维珍品牌，让它不仅代表一家唱片公司，而且广泛进入所有媒体类型。从维珍差点破产到现在只有3年，从尼克离开维珍到现在只有两年。过去3年我没钱可花，如今我存在银行里的现金堆积如山，我想尽快地把这些钱再次投资出去。

当我着手寻找其他商机时，我也在考虑扩大我们微不足道的图书出版业务。我知道，维珍唱片公司的图书出版部门通过出版乐谱和收取版税，过得很滋润。我想知道一家管理有方的图书出版分公司是否能同样成功。我心里想的是，如果一个摇滚明星出了名，那么就应该有其他各种衍生产品可供开发，包括图书、录像、出演电影以及电影配乐。

罗伯特·德弗罗是我未来的妹夫，从他在剑桥上大学时起，我的小妹妹凡妮萨就开始跟他约会了。罗伯特已经成为这个家庭的一

---

1 布赖恩·费里（Bryan Ferry，1945— ）：英国著名的洛克西乐团（Roxy Music）的主唱。

员。维珍并非传统意义上的家族公司，因为它不是一个纵向代代相传的企业；它只是横向层面的家族公司，因为不管我做什么，都总是希望家族成员能更广泛地参与其中。我会认真听取他们的意见，一如其他所有人。我知道许多商人不许家人参与他们的工作，他们几乎从不让自己的孩子去他们的办公室，回家后也从不谈论自己的工作。家里吃饭时不谈金钱问题是英国的特色。但是，如果过分拘泥于这个信条，从不跟家人讨论生意，那么我认为这意味着失去一个机会。经商是一种生活方式。既然商业已经从家族圈子里排除出去，企业家如此罕见也就不足为奇了。

　　我正琢磨该怎样管理维珍图书公司，凡妮萨建议我去跟罗伯特谈谈，他已经在麦克米兰出版公司[1]工作3年。罗伯特和他的老板罗布·施里夫一起来到魅力号，我问他们是否愿意到维珍图书公司来工作。除了继续开发利用维珍摇滚明星们接连不断的成功，我并不知道维珍图书公司应该如何运作。罗伯特建议图书和录像都利用同样的销售渠道，他认为，如果维珍在传媒方面开展更广泛的业务，维珍图书就能够成为其中的一部分，除了图书，这个集团还应包括电视、广播、电影和录像。维珍图书公司实际只是一家小企业，但罗伯特并未因此而气馁，毅然辞职加入了维珍。罗布·施里夫则决定暂时留在麦克米兰。

　　来到维珍图书公司后，罗伯特立即停掉了我们正在销售的一连串小说。他重新定位维珍图书公司，使之成为专门出版摇滚乐、体育类和非虚构类图书的机构。几年后，他决定收购W. H. 艾伦出版

1　麦克米兰出版公司（Macmillan Publishers）：全球知名的国际出版机构之一。

公司，把它跟维珍图书公司合并。事后看来，这是一个错误。我们想做的事情太多，到1989年，维珍出版业务陷入困境，不得不大幅精简公司规模。这是我们早期的收购行动之一，为了让公司继续运转，不得不裁员，我们亲身体会到这一过程中的所有痛苦。它也证明了从无到有创办公司的优势：你可以雇用自己真正需要的人才，真正确立你想要的工作氛围。

一年后，罗布·施里夫加入维珍图书公司，担任总经理，罗伯特则担任董事长。他们一起重新推出了维珍的出版业务，专注于我们的核心优势——音乐和娱乐。几年之内，这家公司就成为娱乐图书领域极为成功的出版商，或许也是流行音乐图书方面的全球一流出版商。

1984年2月，有位名叫伦道夫·菲尔兹的美国年轻律师联系到我，问我是否有兴趣经营航空公司。他正在寻找投资者，资助一家利用盖特威克机场到纽约航线的新航空公司，在1982年弗雷迪·莱克爵士的航空公司倒闭后，这条航线就闲置下来。他给我发来一份计划书，我把它拿到我们的米尔恩德别墅去读。在找到我之前，他显然还联系了许多其他投资者，他不可能把一个唱片公司老板作为首选人物。因此，我一边浏览计划书，一边不断提醒自己："千万别受诱惑，压根儿就别考虑这事。"

我喜欢在遇到陌生人30秒钟内对其做出判断，同样，我也会在看到一份商业计划书30秒钟内，断定自己是否对它感兴趣。我主要依靠的是直觉，而不是对大量统计数据的研究。这也许该归结于我的阅读障碍，我不信任数字，我觉得人们能够扭曲数据来证明任何事情。经营维珍航空公司的念头抓住了我的想象力，但我必须自己在脑子里盘算潜在的风险。

整个周末，我都在考虑这份计划书。伦道夫的想法是提供一条全商务舱航线，但这没什么吸引力。我担心的是，在商人不出差的日子，如圣诞节、复活节、银行休假日以及整周的感恩节假期，公司该怎么办？我认为，在那几个星期，我们就必须让度假旅客将飞机填满。其他航空公司拥有头等舱、商务舱和经济舱，如果我们希望自己跟其他航空公司区别开来，或许我们可以只提供两种客舱等级：商务舱和经济舱。我不知道这意味着什么。我们要将商人和旅游者都吸引过来——我们还会漏掉谁？我将自己在飞机租赁方面希望了解的事情列出一份清单。如果我们能够租一年飞机，然后又有机会将飞机还回去，那么，即便经营失败，我们也会有一条显而易见的退路了。这会非常难堪，但可以限制亏损额。到那个周末结束时，我已下定决心，如果我们能够把所有事情，如劳动合同、飞机租赁、外汇风险以及开辟一条纽约航线涉及的方方面面，都限制在一年以内，那么我认为尝试一下倒也无妨。

在1984年，只有人民捷运航空公司在跨大西洋航线上提供廉价机票。我拿起电话想跟他们联系，但电话老是占线，整个早上都不可能打通他们的机票预订电话。我推断，人民捷运要么管理极差，要么机票供不应求。如果是前者，他们就很容易在新的竞争中成为靶子；如果是后者，那就说明新竞争对手有生存空间。整个周六，我的电话里都不断传来忙音，这让我确信，我们能够建立和经营一家航空公司。

周日晚上，我给西蒙打电话。

"你觉得创办一家航空公司如何？"我喜气洋洋地问他，"我弄到一份计划书——"

"看在上帝的分上！"他打断我的话，"你疯了，别胡思乱想了。"

"我是认真的。"

"你不是，"他说，"你疯了。"

"好吧，"我说，"我现在不谈这事。不过我想我们应该吃顿午饭。"

周一早上，我给国际查号台打电话，询问波音公司的电话号码。波音公司的总部位于西雅图，由于时差的关系，我要到下午很晚才能够和他们通电话。听到一个英国人问他们有哪些大型飞机租赁业务，他们觉得很困惑。整个下午和整个傍晚，我都在给波音公司打电话，最后终于找到了能够帮我的人。他们告诉我，波音公司确实出租飞机，他们有一架二手的大型喷气式飞机，如果一年之后生意失败，他们会认真考虑收回飞机。凭借着这一点点信息——连粗略信息都算不上，我就准备去见西蒙和肯了。

第二天的午餐并不成功。我跟他们说起人民捷运的订票电话有多难打，而且波音公司有飞机出租，这时他们看起来吓坏了。我想，他们意识到我已经做了自以为必要的市场调查，已经下定了决心。他们想对了：我确实已经做到这一步了。

"你是个自大狂，理查德。"西蒙说，"我们才十几岁时就是好朋友了。但是，如果你这么做，我就无法保证我们还能继续合作。老实告诉你，等我死了你再打这个主意吧。"

肯没那么直言不讳，但他也认为，把唱片公司与航空公司合并，这主意颇为诡异。

"我看不出它们有何关联，"他说，"而且，如果你想通过亏损来抵销我们的盈利，那么我们可以不断投资新乐队。"

"那么，好吧，"我说，"我们不合并航空公司，而是让两家公司分别独立运营。我们能够安排资金，这样维珍唱片公司差不多就没有风险了。我已经联系过波音，他们可以提供租赁，如果生意不成功，他们就把飞机收回去。维珍顶多损失200万英镑。"

西蒙和肯仍然坚决反对。

"好啦，"我继续软磨硬泡，"走到这一步，维珍承担得起相关费用。它的风险还不到今年利润的三分之一，'文化俱乐部'在源源不断地赚钱。而且这事儿很有趣。"

当我说"有趣"时，西蒙和肯都露出畏缩的神情，对我来说，这是一个特别意味深长的口头禅，也是我的首要商业标准之一。既然我已经拿定主意，我知道自己就必须说服他们。我继续争论说，我们只租一架飞机，可以稍做尝试，如果太难，也能减少损失。我解释说，相较于购买现成的航空公司，从无到有地创建新公司有一个优势：如果行不通，我们就能轻松撤离。在我的想象中，事情就这么简单。西蒙最担心我损害他拥有的维珍集团股票价值，我想肯一定也认为我这是惊人之举。

有关"人类联盟"的争执成为西蒙和我两人跟尼克关系的转折点，同样，那天午餐时的争论也成为我跟西蒙关系的转折点。多年来，我有好儿次都让他感到紧张，但这一次，他觉得我准备拿这家公司以及我们积累的所有财产做赌注，押在一个在他看来愚蠢不堪的计划上。西蒙对生活的兴趣和热爱都来自艺术，来自音乐、书籍，以及他收集的绘画和靓车。而我对生活的兴趣，则来自设立并战胜那些表面上显然不可实现的巨大挑战。纯粹从商业角度看，西蒙绝对是正确的；然而，我总希望活得尽情尽兴，从这个角度看，我觉得自己必须尝试一下。从那天的午餐开始，我们俩的关系就变得逐渐紧张起来，而且这种紧张关系在以后也没能完全消解。

伦道夫计划把这家公司命名为"英国大西洋航空公司"，但如果我参与其中，我就想把"维珍"放进去。我们同意暂时搁置这个分歧，等公司有点眉目之后再说。我需要了解的事情还很多，于是我就向弗雷迪·莱克爵士请教，不管他是否能帮我，我一直都对他倍加尊崇。弗雷迪爵士到魅力号来吃午餐，跟我解释了航空公司的运作机制。他很快证实了我的疑虑：启动一个只有商务舱的航班，确实有很多局限。

"你可不要把座位全部设为仅提供基本必需品的经济舱，"他指出，"我犯的就是这个错误。如果这样做，别人要攻击你这样做纯粹是为了降低成本就很容易了，我就是这样破产的。"

吃午餐时，我们开始讨论商务舱服务的基本原则。我们谈到以商务舱的价格提供头等舱的服务，外加各种增值服务。我们在那次午餐时谈到的想法中有两个最好的：一是用豪华轿车接乘客，二是为任何购买过商务舱机票的人提供一张免费的经济舱机票。

弗雷迪还警告我，当心英国航空公司[1]可能会带来的残酷竞争。

"要想方设法地阻止英航，"他说，"尽可能大声地抱怨，可

1　英国航空公司（British Airways）：英国曾经的国营航空公司。

以利用民用航空管理局（CAA）来阻止他们，要毫不犹豫地把他们告上法院。他们无情至极。我错就错在从未发出足够响亮的抱怨声。他们破坏了我的融资计划，现在我悔之晚矣。我起诉他们，虽然赢得了几百万美元的赔偿，但失去了自己的航空公司。如果你遇到麻烦，一定要趁早起诉他们，以免太晚。还有一件事，理查德，就是压力问题。我不是开玩笑的，你应该定期体检。这项工作压力很大。"

弗雷迪告诉我，他患了胰腺癌，刚刚康复。

"你得去看医生，让他把手指插到你的屁股里，然后他就能告诉你真相了。"弗雷迪说。

尽管弗雷迪遇到那么多问题，但他仍然热情洋溢，这让我大受鼓舞。他并未屈服于自己的经历，把我视为他的继承者，在他失败的地方接过了他留下的大旗。我问弗雷迪，如果我用"弗雷迪爵士精神"命名维珍大西洋航空公司的第一架飞机，他是否会反对。他笑着拒绝了。

"别这么命名第一架飞机，"他说，"我的名字现在是个障碍，这会让你传递出错误信息。不过，在你拥有更大的机群之后这么做，我会感到非常荣幸的。"

他爆发出一阵爽朗的笑声，然后便沿着拉船路走了。

我和伦道夫达成一致的第一个安排是：我们将建立平等的合作伙伴关系。我负责投资，他负责管理航空公司。伦道夫已经从莱克航空公司招募了两位关键人物。一位是罗伊·加德纳，他管理过莱克的机械部门；另一位是戴维·泰特，他管理过莱克在美国的运营。

"你对公司名有何看法？"我问戴维·泰特。

"英国大西洋？"他轻蔑地说，"正好是这个世界需要的，又一家'英航'？"

利用戴维的反应，我设法说服了伦道夫，把公司名改为"维珍大西洋航空公司"，然后确立了我们的合作伙伴关系。

"你对这个新名字有何看法？"我问戴维·泰特。

"维珍大西洋？"他轻蔑地说，"没有人会登上一架名叫'处女'的飞机。太荒唐了。谁会搭乘一个没有准备飞完全程的航班？"

不到两周，情况变得明朗起来：伦道夫和我的安排无法运作。我们第一次到负责监督航空公司安全的民用航空管理局开会时，伦道夫开始讲述他为这家新航空公司制订的计划。我那位来自哈勃特与刘易斯律师事务所的律师科林·豪斯也参加了会议。望着伦道夫咆哮了几分钟后，科林溜出听证会，给我打了个电话，建议我到霍尔伯恩的国王大道去一趟。

"有点不太妙，"科林说，"我认为伦道夫是在自掘坟墓。"

我来到听证会现场，只见英国苏格兰航空公司正在严厉地盘问伦道夫，它反对我们申请许可证。我们的航空公司还只是个想法，是个纸上航班，因此，他们可以轻松地难倒我们，问我们打算怎样做安全演习、保养飞机、保障乘客的安全。我看得出来，伦道夫没有耐心，面对反复不断的询问，他变得越来越愤怒和窘迫。同样，对于伦道夫是否有能力让航空公司顺利启动，CAA看起来也相当怀疑。当CAA问到资金问题时，英国苏格兰航空公司的律师远远地望着房间这头的我，说道："要维持这家航空公司的运转，你们需要很多登上《流行音乐精品》的热门歌曲。"

"事实上，"我尖刻地指出，"维珍去年赚了1100万英镑——是你的客户英国苏格兰航空公司利润的两倍以上。"我决定不提我们不得不花一大笔钱继续拍摄《1984》的事情。

CAA明确提出，新航空公司必须拥有300万英镑的流动资本，他们才从理论上允许我们飞行。这是正式批准。当然，如果我们无法满足安全要求，CAA也可随时收回批准。等我们租下飞机后，还得再次接受CAA的检查。但眼下我们已经获得建立航空公司的许可。我们在盖特威克机场附近租了一个仓库，作为罗伊·加德纳及其机械师团队的总部，然后就开始招收飞行员和乘务员。我们又在位于伍德斯托克大街——就在牛津街附近——的佛罗里达航空公司办公楼里租下办公的地方，顺便使用他们的计算机订票系统，为维珍大西洋公司的航班制作了一份模拟文件。戴维·泰特把家人从迈阿密迁回多伦多家中，自己则生活在纽约的维珍唱片公司办公室里。波音公司派出一群律师代表来到伦敦，开始跟我们谈判飞机租赁事务。很快，他们每天的大部分时间都和我待在魅力号的甲板上，琼和霍丽则住在下面一层的房间里。

家里添了霍丽，航空公司的来往事务又十分繁忙，船屋变得越来越拥挤了。琼和我决定在岸上找个新家，最终在拉德布罗克树林的一所舒适的大房子里安顿下来。

我与伦道夫·菲尔兹的关系恶化，这是维珍大西洋航空公司的第一场严重意外。有两件事情逐渐变得明朗起来。首先，由于维珍集团被要求为维珍大西洋航空公司的全部资金提供担保，顾资银行就只能在我们控制维珍大西洋公司的情况下，才同意给我们贷款；

如果我们对新航空公司只拥有一半的控制权，他们就不愿意借钱给我们。既然伦道夫不投一分钱，他也明白这意味着什么，于是便很不情愿地答应让维珍拥有控股权。

我和伦道夫之间还有一个更麻烦的问题，那就是他和新的维珍大西洋公司员工的关系。如果我们给自己的准备时间能多于4个月，情况或许会不同。但我们认为，如果要让公司挺过第一年，那就得从6月开始飞行，利用夏天巨大的客流量，积累储备金和现金流，以此度过冬天的淡季。这样紧迫的时间表，其实是知其不可而为之，要求我们必须加班加点地工作。我们刚才还在选择空姐制服的设计方案，或者制作飞机餐菜单；没多会儿，又拿出我们跟波音公司那份长达96页的飞机租赁文件，就上面的某些法律条款展开争论。

我首先从戴维·泰特那里听到一些风声，好像是有严重的麻烦。戴维是伦道夫从美国雇用的，他关系到我们能否成功。

"我已经辞职了，"他告诉我，"我很遗憾，但跟伦道夫这种人就没法合作。"

"怎么回事？"我问他。我知道，如果没有戴维在美国卖票，维珍大西洋公司就会胎死腹中。

"我没法跟你细说，"戴维说，"就是没法合作。我很遗憾，不过我祝你们所有人好运，希望公司成功。"

我听得出来戴维马上要挂电话了，于是我恳求他到伦敦来看我。他没钱买机票，于是我给他买好票。他于两天后到达伦敦，来到魅力号时，看见我抱着霍丽，她正在发高烧，哭个不停。琼出去买更多的扑热息痛了。我抱着哭闹的孩子，跟戴维互相微笑致意。

"你也许认为这哭声很吵，"戴维说，"但我可以告诉你，伦道夫叫喊起来比她还吵。我没法为他工作。"

戴维的经历让我们愈加确信，如果我们打算启动航空公司，就必须把伦道夫挪到一边去。戴维冒着很大的风险加入维珍大西洋公司，他成家没几年，为了维珍，已经把家人从迈阿密送回多伦多，孤身一人来到肯·贝里在格林尼治村买下的那栋房子，住在顶楼的房间里。他只有一张办公桌、一部电话和一间小小的卧室。而他必须设法在美国为刚刚建立的航空公司卖票。由于公司还没有美国的执照（我们到首飞的头天才拿到手），不能做传统广告，戴维曾试图在曼哈顿的空中为公司做宣传，吸引纽约人的注意。在一个万里无云的春日下午，他雇了一个包括5架小飞机的编队，计划用白色和红色烟雾在空中喷出"等待英国维珍"几个字。不幸的是，他们刚喷完，空中就飘过来一小片云，涂掉了最后一个字母。于是，纽约人就伸长脖子望着天空，琢磨"等待英国维吉"的神秘信息是什么意思。

戴维与伦道夫在售票系统的问题上产生分歧。伦道夫想避开所有旅行社，因为他们要收取10%的售票服务费。他想通过一家订购戏票的代理机构"Ticketon"出售所有机票。戴维也考虑过"Ticketon"，他们每张票只收5美元服务费，但他最终拒绝与他们交易。

伍德斯托克大街售票处的员工也对伦道夫的一些做法怨声载道。他们跟我说，伦道大老是不时闯进房间，把所有人都赶出去，这样他就能够私下里打电话。我意识到，要管理一家新航空公司，伦道夫并非合适的人选。我向戴维·泰特许诺，如果他留下，来自伦道夫的麻烦很快就会消失。

"他不会在这里待多久了，"我说，"你可以直接和我联系。"

在整个4月和5月的工作中，航空公司越来越多的员工直接跟我联系。伦道夫被排除在工作之外，他变得越来越难应付了。最后，我的律师建议我换掉售票处的锁，不让他进去。随着预定在6月举行的首航仪式一天天临近，伦道夫和我的冲突一触即发。

我们居然在最后几天安排好了一切，我至今仍感到不可思议。空服人员刚刚培训好，就来到伍德斯托克大街的办公室，负责接电话。我们的电话差点被打爆了。与波音公司的飞机租赁终于谈妥，其中包括各种烦琐全面的法律条款，简直就是一个庞大的迷宫。不过，他们基本上同意了我们在一年后归还飞机，并且至少把我们现在付出的原始成本退回。如果到时候飞机升值，就按上涨后的价格退给我们。经过两个月的谈判，我想波音公司一定对我们的坚韧感到吃惊。谈判结束后，他们的谈判者承认："卖一个巨型飞机群给一家美国航空公司，也比卖一架给维珍容易。"之前参与过的音乐录音合同谈判对我大有帮助。我们还签订了一份货币协议作为租赁合同的附带协议，如果英镑兑美元的汇率下跌，我们就可借此保护自己的利益（我们的外汇敞口是美元）。

有一次，我带"乔治男孩"来到伍德斯托克大街的办公室，跟维珍大西洋公司的所有员工见面。他穿着平日的那套怪异袍子，头发编成辫子，再扎上缎带，手套外戴着几枚巨大的钻戒。每个人都在忙着接电话、出票、把我们的时间表告诉乘客、邀请名流和记者参加首航、为飞行杂志制作样本文档。他站在那里望着这一团混乱，过了一会儿才说道：

"我很高兴自己双脚稳稳当当地踩在地上。"

1984年6月19日，离我们预定的首航日还有3天，我前往盖特威克机场，通过一次试飞，争取获得CAA的最后批准。处女航行者号矗立在一个登机口旁边，我再次对它的庞大感到惊讶，也对它尾翼上巨大的维珍徽标感到惊奇，它非常大——是我见过的最大的维珍徽标。我还记得20世纪70年代早期，西蒙和我请特雷弗·基提供新徽标设计方案的情形。特雷弗没有成功，他后来求助于设计咨询机构凯特公司，简单地向平面设计师雷·凯特介绍了情况。雷创造出一个签名风格的徽标概念，并提供了视觉设计，这个徽标可以诠释为我的个人风格，其中的字母"V"构成一个含义丰富的钩。有些营销专家分析过这个徽标，写文章论述了它从左到右的上升趋势。当然，雷在考虑最初的构思时，可能已经想到这一点了。看到尾翼上的徽标，我开始意识到我们开创了什么事业。我们拥有巨型飞机，这即将变成事实。

为了这次飞行，全体空服人员都登上了飞机，100多名维珍员工也登上飞机，我和CAA官员一起坐在后面。飞机头天才从西雅图飞抵伦敦，在我们获得正式的CAA许可证之前，引擎还没上保险。我们起飞了，全体人员爆发出掌声和欢呼声。我不禁流下一滴热泪：我为每个人感到骄傲。

随后外面传来"砰"的一声巨响，飞机歪向左侧，一个引擎里冒出一团巨大的火焰，然后喷出一股长长的黑烟。

人们吓坏了，顿时陷入可怕的沉默，这时那位CAA官员拍拍我的肩膀。

"别担心，理查德，"他说，"发生这种事情很正常。"

我们刚刚飞进一个鸟群，其中一个引擎吸入了几只鸟儿，发生了爆炸。为了重做CAA试飞，我们需要厂家连夜送一个新引擎过来。我们飞往纽约的首航定在后天，机上将有250名记者和摄影师。

罗伊·加德纳跟我在一起，他通过无线电与英国苏格兰航空公司的机械团队取得联系，他们负责维护我们的飞机。处女航行者号头天到达时，出于财务原因，罗伊拒收了其中的两个引擎，要求另外安装两个。现在，他召回了其中一个，本来它已经被送到希思罗机场，即将空运回西雅图。

飞机降落后，我站在机身旁，试图想出解决这个问题的办法。这时，一位媒体摄影师笑容可掬地朝我走来。

"很遗憾，"我道歉说，"我现在还没准备好呢。"

"我也很遗憾，"他说，"我看到你们的引擎里喷射出火焰和烟雾。事实上，我拍了一张很棒的照片。"

他看着我那张目瞪口呆的脸，然后说道："不过别担心，我来自《金融时报》，我们不是那种类型的报纸。"他打开照相机，取出胶卷交给我。我简直不知道该怎么谢他才好。如果报纸上登出那张照片，维珍大西洋公司还没开张就死定了。

不幸的是，由于维珍大西洋公司尚未获得CAA的许可证，我们还没为引擎上保险，这次只得自己掏60万英镑购买新引擎。打了几通令人绝望的电话后，我意识到我们别无选择。于是我怀着沉重的心情，打电话告诉顾资银行，我们必须支付一笔60万英镑的款子。

"你们已经很接近限额了。"我们在顾资银行的客户经理克里斯托弗·拉斯布拉克说。

我们在顾资银行为整个维珍集团确定的透支限额为300万英镑。

"这是一次奇怪的可怕事故，"我说，"有个引擎爆炸了，我们要先获得许可证才能上保险。可没有新引擎，我们又无法获得许可证。这简直就像第二十二条军规[1]。"

"好吧，我只是警告你一下，"拉斯布拉克告诉我，"你们花了一大笔钱拍摄《神通情人梦》，我们还在等米高梅的支票呢。"

所谓的米高梅支票，就是米高梅公司为获得《神通情人梦》在美国的发行权而支付的600万英镑。

"能否请你们等我完成首航后再说？"我问道，"我一回家咱们就处理这件事情。我周五回来。我们只超过透支额30万英镑，等米高梅的支票一到，我们就没有透支了，而且还有大约300万英镑的存款。"

他说他会考虑这件事。

首航头天，处女航行者号装上了一个新引擎，准备再次试飞。CAA官员登上飞机，我们起飞了。这次没发生爆炸，我们获得了许可证。我赶紧回到伦敦，解决伦道夫·菲尔兹带来的另一场灾难。我们答应过要给伦道夫100万英镑，但他嫌不够，已经到美国起诉我们，申请禁令阻止处女航行者号起飞。我们跟戴维·泰特、罗伊·加德纳以及我的律师们开了整整一个晚上的会，试图把损失控制在最小范围，制订出阻止伦道夫毁掉航空公司的计划。法官最终驳回了伦道夫的请求，不过那是在我们经过一个晚上的斗智斗勇、挫败其诡计之后的事情了。到天亮时，我们觉得自己会赢。

1　第二十二条军规（Catch-22）：出自美国作家约瑟夫·海勒1961年的同名小说，用来形容自相矛盾的条件所造成的无法摆脱的困境，或是一件事情陷入了死循环。

早上6点，我给浴缸注满水，躺在里面。我觉得筋疲力尽，想洗把脸，但感觉眼睛又痛又痒，仿佛有股沙子吹进了眼里似的。戴维·泰特走进来，坐在抽水马桶上，我们把已经最后确定的各项必须完成的事务又匆匆浏览了一遍。然后，戴维就赶去搭乘协和式飞机回纽约，以便为首航组织欢迎仪式。

我登上首航的飞机，四周都是我的亲朋好友。在过去的10年中，不管对我还是对维珍而言，他们都是至关重要的人。我坐在琼旁边，霍丽坐在她膝上。在我们的后面，整个维珍集团的员工几乎全来了。飞机上坐满了记者和摄影师，还有一群魔术师、艺人和尤里·盖勒[1]。当处女航行者号顺着跑道滑行时，机舱前方的屏幕闪烁几下打开了，里面出现飞行员和空勤机械师的背部，他们正坐在驾驶舱里操纵控制杆。越过他们的肩膀，我们能透过风挡玻璃看见外面的风景。喇叭里传来通知：

"这是本航班的首航，我们想，你们也许喜欢跟我们一起分享驾驶舱里看见的风景，看看我们起飞时的详细情形。"

我们看见跑道在前面伸展，然后飞机开始加速。风挡玻璃下方，柏油跑道越来越快地闪过，直到那些白线变成模糊一团。但飞行员们似乎非常放松：他们没有紧盯着前方驾驶飞机，却开始左顾右盼，望着彼此微笑。其中一名飞行员的帽子下露出长发，另一名则是西印度人。我们现在顺着跑道疾驰，但两名飞行员什么都不做，他们压根儿就是心不在焉。每个望着屏幕的人都屏住了呼吸：这次疯狂的飞行简直就是自杀，全是布兰森那个疯子搞的。机舱里

---

1 尤里·盖勒（Uri Geller, 1946— ）：以色列著名特异功能表演者。

死一般寂静。接着，飞机抬起头部，跑道开始从视野里消失，这时那名西印度人却从耳朵后面取下一支烟卷，递给另一名飞行员。人们还没意识到这纯粹是玩笑，飞机就起飞了。两名飞行员摘下帽子，转身对着摄像机。他们是伊恩·博瑟姆和韦夫·理查兹[1]，而那个长着络腮胡子的空勤机械师是我。机舱里顿时爆发出一阵大笑。这是我们头天在一个飞行模拟器中录下来的。

我们在飞机上装了70箱香槟。飞行变成一次长达8小时的派对，这些酒刚好够喝。伴着麦当娜的最新热门歌曲《宛如处子》，还有"文化俱乐部"和菲尔·科林斯的音乐，人们在机舱过道里翩然起舞。在安静的休息间隔，我们放映了电影《空前绝后满天飞》，电影放到一半时，空服人员给大家发巧克力冰激凌，维珍的这一传统由此开始。

在纽约的纽瓦克机场，我突然想起自己在出发前太过兴奋，连护照也忘带了。在参加机场终端的欢迎招待会时，我差点连门都进不去。空服人员误将所有餐具扔掉，所以他们只得慌里慌张地翻寻所有垃圾箱，把餐具找回来洗干净，然后再送到飞机上。当我跟纽瓦克的市长交谈时，出于某种怪异的原因，我以为他是客机膳食的组织者，使得除他本人之外的所有人全都尴尬不已。登上返回盖特威克的航班后，我很快睡着了，几个星期以来，我第一次睡这么久。我梦见飞机引擎爆炸，梦见空服人员直接从垃圾箱拿出盘子给乘客装食物，还梦见飞行员吸烟卷。当我醒来时，我确信再不会出

---

1 伊恩·博瑟姆（Ian Botham，1955— ）和韦夫·理查兹（Viv Richards，1952— ），两人均为板球明星。

现别的差错了。但这种想法大错特错。

我乘坐出租车回伦敦，快到家时，看见一个满脸不快的人坐在台阶上。起初我以为他是记者，但接着我就认出他是克里斯托弗·拉斯布拉克，我们在顾资银行的客户经理。我邀他进屋，他在起居室里坐下。我精疲力竭，他坐立不安。听着他说话，我脑子反应很慢。突然我听见他说，顾资银行无法满足维珍增加透支额的要求，因此，在我们的透支超过300万英镑后，银行将退回维珍的所有支票，非常遗憾。我很少发脾气——事实上，我掰着一只手的指头都能数出自己发脾气的次数。可看着对面这个身穿蓝色细条纹西服、提着漂亮黑色小皮箱的人，我感到怒不可遏。他站在那里，穿着一双黑亮黑亮的牛津镂花皮鞋，平静地跟我说他即将迫使整个维珍集团破产。我想起3月以来，我和维珍大西洋公司的员工无数次为解决一个问题而彻夜工作；我想起新招聘的空服人员是多么自豪自己能跟一家初创的航空公司一起飞行；我想起我们与波音公司之间那场旷日持久的谈判。如果这位银行经理退回我们的支票，维珍将在几天内破产。如果支票被退回的消息传开，就没人为航空公司提供诸如油料、食物或维修之类的服务，也没有乘客会坐我们的飞机。

"很抱歉，"我不愿听他继续找借口，便对他说道，"我这里不欢迎你，请你出去。"我抓住他的胳膊，把他带到前门，推出门外。我对着他那张困惑的脸关上门，回到起居室，因为疲惫、沮丧和担忧，我泪流满面地瘫坐在沙发上。然后我到楼上冲了个澡，给肯打电话："今天我们必须尽可能从国外多收一些钱回来。然后找一家新银行。"

那个星期，我们的海外唱片分公司救了我们。我们设法在周五收回足够多的钱，将透支额刚好保持在300万英镑的限额内。我们让顾资银行找不到理由退回我们的支票，阻止了他们将维珍各公司和新创立的航空公司一下子推到无力偿付债务的地步。这是一种超现实主义般的环境。那一年，维珍唱片公司估计会赚1200万英镑，预计下一年能赚2000万英镑。我们已经是英国最大的私营公司之一了，尽管随时会有一张600万英镑的支票从美国寄来，顾资银行却仅仅因为我们超过透支额30万英镑，就准备将我们推入无力偿付的境地，让3000名员工失去工作。

顾资银行危机让我意识到，我们需要一位强势的理财专家填补尼克留下的空缺。我们需要一位特别的管理者，他能处理维珍大西洋公司和维珍唱片公司的财务，并且还能在它们之间架起一座桥梁。仅仅依靠现金流和借款生存的话，整个维珍集团都危机四伏。20世纪80年代中期，伦敦金融城处于繁荣期，似乎每家公司都能把自家股票卖给公众，筹集数百万英镑用于投资。我开始考虑，这或许就是摆在维珍面前的路。

维珍集团现在除了唱片公司、唱片店、影像公司和新的航空公司这四大主要业务，旗下还有一些新成立的小公司，包括在工业区一带递送食品的顶好食品公司、维珍服装公司、若干维珍酒吧以及万顺物业——这是一家房地产开发公司，负责照料我们逐渐增多的房产，同时以买卖和开发房地产为副业，从中赚了很多钱。这些业务彼此毫无联系，需要有人将它们管理得井井有条。

唐·克鲁克香克是英国电影制片人戴维·帕特曼推荐给我们的。唐是注册会计师，曾在管理咨询机构麦肯锡工作5年，后来到

《星期日泰晤士报》担任总经理，接着又跳槽到培生公司，担任《金融时报》的总经理。罗伯特·德弗罗已经和我妹妹凡妮萨结婚，他在与培生旗下的戴菊莺电影公司做生意时，曾经偶遇唐。但西蒙对他一无所知。唐开始到拉德布罗克树林那些逼仄的办公室上班。他是维珍集团内第一个穿西服打领带的人。人人都对他感到好奇。担任总经理后，唐开始把维珍组织成一个能吸引外来投资者的公司。

不久，唐就引进特罗弗·阿博特担任财务总监。特罗弗曾就职于MAM，即经营与代管音乐公司，这家娱乐公司曾经管理汤姆·琼斯[1]和英格伯特·洪普丁克[2]的职业，并建立起自己的唱片公司，推出了吉尔伯特·奥沙利文[3]。后来MAM又展开多样化投资，拥有音乐图书出版公司和一个酒店连锁店，经营一支公司商务飞机群，拥有夜总会，还出租吃角子老虎机和自动唱片点唱机。MAM与维珍有许多相似之处，不过，当特罗弗离开时，他已经着手MAM与蝶蛹唱片公司的合并工作了。

唐和特罗弗不久便与各家银行会面，对我们的财务和集团内部结构都做了重新安排。维珍作为一个整体，在1984年的营业额将会超过1亿英镑。每次唐和特罗弗见到我，都对维珍集团的状况感到惊愕。他们恐怖地发现，我们没有计算机，没有库存控制，西蒙、肯、罗伯特和我显然以相当随意的方式决定投资。他们到魅力号来

1　汤姆·琼斯（Tom Jones, 1940— ）：英国威尔士歌手、流行巨星。
2　英格伯特·洪普丁克（Engelbert Humperdinck, 1936— ）：英籍印度流行歌手。
3　吉尔伯特·奥沙利文（Gilbert O' Sullivan, 1946— ）：爱尔兰创作歌手。
上述3名歌手都曾在英国红极一时。

看我们，提出重组维珍集团的计划，以便吸引外面的投资者。

他们处理的第一件事就是解决我们的透支限额问题。顾资银行及其母公司国民西敏寺银行一直想在维珍的透支超过300万英镑后关闭我们的账户。唐和特罗弗带着同样的资产负债表，来到另一家银行集团，安排了3000万英镑的透支限额。然后，他们检查了维珍集团的结构，决定关闭一些小型子公司，如顶好食品和那些酒吧。他们把维珍集团分成唱片、零售和影像三部分，然后将维珍大西洋公司分出来，跟维珍假日公司、"乐园"和"屋顶花园"夜总会以及内克岛一起，组成一家独立的私营公司。西蒙和我都已经33岁，特罗弗和肯也是一样。唐比我们稍微年长，罗伯特则略小几岁。我们觉得自己能够跟任何人较量。现在我们决心让维珍集团上市，打算从摇滚乐市场走向股票市场。

09

赶紧！赶紧！
我们就要下沉了，快点！

经常有人问我，为何要乘坐汽艇或热气球参加各种打破纪录的挑战。他们说，我是有钱的成功人士，还有一个幸福的家庭，应该停止此类对自己和家庭、事业都构成威胁的活动，享受幸运带给我的一切。这种观点显然很有道理，我的部分想法也跟它完全一致。我热爱生活，也热爱家庭。想到自己会在冒险中死于非命，留下琼以及霍丽和山姆，我也感到恐惧。但是，我的另一部分想法又驱使我尝试新的冒险，我发现自己仍然希望不断拓展自身的极限。

如果更仔细地思索这个问题，我得说自己喜欢尽情感受生活。我参加过的冒险活动赋予我的生活一个特殊的维度，增强了我在商业中获得的愉悦感。如果我当初对跳伞、驾驶热气球或汽船横跨大西洋的活动不予考虑，我想我的生活会因此而更加枯燥。我从未想过自己会在事故中死于非命，不过，如果我真的死了，我只能说自己错了，而那些麻木而务实的实用主义者才是对的。但我至少尝试过。

除了实际活动给我带来的兴奋，我还喜欢活动前的准备工作。在为挑战做准备时，我们的团队会建立起深厚的友情。如果我们想打破一项纪录，要面对的就不仅是技术挑战，还有公众的欢呼带给我们的强烈爱国之情。在英国历史上，出现过许多伟大的探险家，全都属于"南极斯科特"[1]留下的那个优良传统，我为自己追随他们的足迹而自豪。

我参与的首次挑战是设法为英国重新夺回蓝带奖。在维多利亚女王的汽船时代，蓝带奖被用来奖励速度最快的跨大西洋轮船。1893年，蓝带奖由英国冠达海运公司获得，然后被3艘德国轮船夺走，到1906年，冠达公司凭借皇家邮轮卢西塔尼亚号赢回该奖。1915年，卢西塔尼亚号被德国潜艇击沉。第一次世界大战之后，德国人再度赢得蓝带奖；接着，意大利轮船雷克斯号以29节的平均速度，于1933年获得该奖。为了庆祝这一成就，也为了庆祝整个蓝带奖比赛，一位名叫哈罗德·黑尔斯的英国船主兼国会议员创立了一个纪念奖。从那以后，黑尔斯奖就和蓝带奖一起授予获胜者。

在获奖条件的限制性附属细则中，黑尔斯把它奖励给以最快速度横渡大西洋的船只，他将大西洋定义为美洲海岸上的安布罗斯灯塔与英国锡利群岛附近的主教岩灯塔之间的水域。黑尔斯没有提到船只的大小，只要它能载人即可。实际上，在那些年代，从安全性上考虑，没人认为小船能有任何机会与大船竞争。

接下来赢得黑尔斯奖的是法国轮船诺曼底号，它在其处女航中以30节的平均速度跨越了大西洋。1952年，就在大型客轮时代走

---

1 南极斯科特（Scott of the Antarctic）：这里指的是罗伯特·福尔肯·斯科特（Robert Falcon Scott, 1868—1912），英国海军上校和极地探险家，曾率领他的探险队于1912年第二个到达了南极极点，却在回程中不幸过世。

向终结之前，美国船合众国号仅仅花了3天10小时40分钟，就跨越了那段水域，赢得黑尔斯奖。随后，黑尔斯奖便被放进了美国商业航海博物馆。不幸的是，哈罗德·黑尔斯没能活着见证合众国号获奖，他在泰晤士河上的一次船难中溺死，这实在是一次颇具讽刺意味的可怕事故。随着人们开始使用作为新型交通工具的飞机，客轮的辉煌时代渐渐式微，没有人还记得黑尔斯奖。

1980年，有位名叫特德·托勒曼的汽艇制造商决定恢复蓝带奖比赛，并试图为英国赢回黑尔斯奖。为此，他必须建造出一艘能在少于3天10小时40分钟的时间里穿越大西洋的船只。合众国号是一艘真正的辉煌巨轮，它重达5.2万吨，需要24万马力才能驱动。它创下的速度纪录也同样辉煌，平均速度为35.6节（约等于每小时40英里）。这艘巨型客轮还带有游泳池和大钢琴。与之相比，特德仅打算建造一艘轻型双体船。

驾驶小型快艇跨越大洋极其危险。首先，你经不起海浪的冲击。在这方面，大型轮船更容易对付波涛汹涌的大海，它只需划开海浪即可。船上舞厅里的乘客，还可以轮船轻微的摇摆为借口，突然倒入对方怀里，但船的速度不会因海浪受到影响。而一艘小船如果以30节的速度航行，一个判断失误的驾驶动作就会让船头扎入海浪，导致整艘船沉没或破裂。

特德·托勒曼设计了一艘65英尺长的双体船，于1984年下水。他没有使用合众国号那种24万马力的引擎——它们跟一座小教堂大小相当——而是采用了两个2000马力的引擎，在平静的水面上，它们差不多能以50节的速度驱动他的双体船。当然，以50节的速度穿越平静的湖面是一回事，而以这个速度在大西洋波浪滔天的海面上航行就完全是另一回事了，因为大西洋的海浪可能会高达20英尺，甚至更高。特德知道，自己的船能达到35节的速度就算走运了。这仍然需要三四天才能穿越大西洋，问题在于，这个时间会是3天零9小时还是3天零11小时。

1984年，特德建造这艘船的费用超过了预算，于是找我资助这次航行，作为回报，我能给这艘船命名，并跟他一起参加挑战。他已经邀请环球游艇赛运动员布莱斯帮忙。维珍大西洋航空公司刚刚起飞，为英国赢回大奖——这类奖项在英国不多——的想法立刻吸引了我，而且我也很高兴利用这次机会，宣传我们的新航空公司。一次成功的跨大西洋航行会吸引纽约和伦敦的公众，它们恰好位于维珍航线的两端。

"你的身体状况如何？"布莱斯问我。

"不算太糟。"我比较乐观。

"那还不够。"布莱斯说，"这艘船上可没有乘客的空间，你得好好锻炼身体。"

于是，我开始了自己一生中最严酷的健身计划。

"你要连续苦干整整3天。"当我们在体育馆里拼命锻炼时，特德说道，"你必须拥有能够承受这趟旅行的体魄。"

我们邀请埃索公司提供燃油，赞助这次旅行，他们慷慨地答应了。然后，我们仨就跟他们的全体董事共进午餐以示庆祝。

"我非常希望对你们所有人表示感谢。"我真诚地说，"这将是一次伟大的航行，我们会竭尽全力为BP公司[1]做广告的。"我想

---

1 BP公司，即英国石油公司，是埃索公司的主要竞争对手。

我听到了大家不约而同地倒吸了一口冷气，但我依然继续费力地说道："我们会在燃料补给船上贴满BP的广告，把你们的徽标打在我们船上，一定要让BP出名。以后再也没人会把你们同你们的老对手搞混了……"

就在这时，我抬头望了一眼对面的墙壁，看到一个巨大的埃索徽标。我意识到自己口误。埃索的管理人员惊恐万状地看着我，就像看着一个鬼似的。我倒在地上，趴到桌子下面去了。

"我很抱歉。"我说，然后开始呕吐，将他们的鞋子搞得油光锃亮。

难能可贵的是，埃索信守诺言，仍然资助了这次航行。

我们花了两个月的时间跟这艘船磨合，才最终准备停当。

琼怀上我们的第二个孩子差不多8个月了，我急不可耐地希望早点完成跨洋航行，及时赶回来迎接孩子的出生。但是，为了避开风暴天气，我们在纽约滞留了3周。在那3周里，我不断飞回伦敦去陪着琼，然后，当他们告诉我即将出发时，再飞回纽约。到我飞越大西洋8次之后，我感觉自己对3万英尺的高空已经了解够了。

风暴结束，我们可以起程了。琼告诉我，她感觉很好，我该走了。她离预产期还有两周。我们从曼哈顿呼啸而出，朝北方驶去。

维珍大西洋挑战者号不同于大型客轮的另一个地方在于舒适度：在20世纪30年代的客轮上，乘客们可以在爵士乐队的伴奏下跳舞，在甲板上玩掷环套桩；而我们却把自己绑在座椅上，被无情的海浪冲得上卜颠簸。听着震耳欲聋的引擎声和海浪不断撞击的声音，感觉自己就像被绑在巨型风钻的钻头上一样。我们几乎无法说话，更别提移动了，只能忍受没完没了的巨响、颠簸和撞击。

到第一天结束时，我收到一条无线电信息。

"理查德，"是彭尼发过来的，她在控制中心，"琼在医院里，她刚刚生下一个男孩。罗丝在陪着她，一切都很好。"

我没能遵守诺言，但最重要的是，我和琼有了一个健康的孩子。我们都快乐地欢呼起来，另一名船员史蒂夫·里奇韦费力地找来一瓶香槟，要为琼和新生的儿子干杯。我拿着酒瓶，并没怎么摇晃，酒就喷射而出，四处飞溅。根本不可能把酒喝下去，香槟在我们的牙齿之间冒着泡泡，在我们的喉咙里上下翻腾。我紧紧抓住救生索，跌跌撞撞地来到船舷上，把瓶子扔出船去，它在后面上下漂动。现在我必须加大马力，赶回去看琼、霍丽和我们的小婴儿。

这次跨越本来可以轻松创造纪录。我们在3000英里的海上度过了3天地狱般的日子，剧烈的颠簸弄得我们头痛。我们有3个燃料补给站，每个相隔800英里。这些油轮都是些庞然大物，就像摩天大楼一般，高耸于我们上方。在靠近它时，即使碰到一个小海浪也很可怕。我们在距离它30码的地方停下，他们就朝我们射来一个渔叉，线的末端有个浮筒。我们把这个拖上甲板，然后从油轮上拉出巨大的输油软管。夹好软管后，我们就让他们继续，于是，油就被输送到我们船上来了。汽油味和翻滚的波浪让我们全都感到恶心。当我们趔趔趄趄地走到船边呕吐时，我们似乎差点就要撞上油轮的侧面了，它巨大的黑色船体上布满锈迹，就像一道峭壁。

我们即将到达爱尔兰，只剩下几百英里的航程了，这时却碰上一场强风暴。我们已经结结实实地颠簸了3天，但这场风暴才是最可怕的。巨浪接连不断地撞击着小船，我们紧紧抓住座椅，什么都看不见。我们就要到达锡利群岛，只剩下60英里了，黑尔斯奖几乎已成我们的囊中之物，就在这时，我们撞上一个巨浪。一秒钟后，我们听见机械师皮特·唐尼的叫喊声。

"我们即将下沉，船体已经开裂。赶快出去。"

"救命！救命！救命！"布莱斯立刻用无线电发出求救信号。"维珍挑战者号正在下沉。我们即将弃船。重复一遍：我们即将弃船。嗨，特德？"布莱斯突然转过身来，"你是船长，你必须最后一个离开！"

几秒钟之内，船就开始下沉了。我们给第一只救生筏充上气，但它挂上了什么东西，被撕破了。我们抓起备用救生筏，把它扔下船去，打开放气索，开始充气。

"谁都别慌张！"布莱斯大喊，"不要着急！每个人都要从容不迫！"

当我们顺着栏杆慢慢朝救生筏上挪动时，布莱斯又叫喊起来："赶紧！赶紧！我们就要下沉了，快点！"

救生筏就像一只可充气的小圆舟，上面罩着帐篷。我们挤成一团，在海里上下翻滚，就像在游乐场上疯狂地骑着木马奔腾。我坐在无线电旁，拿起麦克风。一架英国皇家空军的"猎迷"飞机收到了我们的求救信号。我把我们的方位告诉了飞行员，他很快通过无线电联系到该海域的所有船只。

"好了，附近有3艘船或飞机正朝你们驶去，"飞行员回答我说，"不分先后顺序，分别是前往纽约的QE2号轮船、一架从锡利群岛出动的英国皇家空军的直升机，吉斯特公司一艘前往牙买加的船也在朝你们驶去。请登上最先到达的救援工具。"

"跟他说，我不会登上该死的香蕉船去牙买加，"布莱斯说，

"我也不回纽约。我要那该死的直升机。"

"很好。"我对着无线电说，决定不转述布莱斯的话，因为我认为这一次我们没机会讨价还价。

特德极度失望，默不作声地坐着，他的梦想破灭了。

透过救生艇小小的舱门，我们看见维珍挑战者号的船尾露出水面，而船体其余部分已沉到水下。就剩下"维珍"两个字还能看见。

"好了，理查德，"布莱斯指着维珍徽标说道，"就跟往常一样，你的那几个字是最后沉下去的[1]。"

等待救援时，我开始唱一首歌："我们全都要放暑假……"每个人都跟着唱起来，就连特德也唱了。

最终，我们被吉斯特公司开往加勒比的香蕉船救起。绞盘把我们挨个拉上船去，留下救生筏在海上孤零零地旋转。

"万一别人翻船，上去就很方便了。"布莱斯说。

现在是正餐时间，客人们聚拢在船长的船舱里。就像远洋轮船的黄金时代一样，他们全都穿着无尾礼服和晚礼服。我们则穿着湿漉漉的尼龙救生衣，狼狈不堪。

"我可怜的孩子，"一位老夫人对我说，"你还没见过自己新生的儿子呢，是吧？"

"是啊，"我说，"我们正朝牙买加前进，恐怕我暂时见不到他了。"

"嗯，我有一张他的照片给你。"

---

1 原文为"have the last word in"，引申义是"拥有决定权"，此为双关。

她掏出伦敦当天的《旗帜晚报》，让我惊讶不已。报纸头版上有一张我小小的儿子裹在披肩里的照片。我得承认，看着照片时，我不禁泪眼婆娑了。

一支海上打捞队给我们发来无线电，问是否需要打捞那艘沉船。

"当然要。"我透过舷窗望着远处说道。从这里，我们仍能看见如同墓碑一般露出水面的船尾。

"你这个大白痴！"布莱斯呵斥我说，"你别想看见那艘船了。它不过是泡在水里的一堆电子仪器，再也无法使用了。如果捞上来，你从保险公司那里就得不到一分钱。"

"我又考虑了一下，"我说，"我能稍后给你们答复吗？"

"好吧。"他们说。

我放下耳机，布莱斯和我望着远处海面上的维珍挑战者号。就在我们的注视下，它无声无息地沉入水里。

我的耳鸣过了一个月才好，久到我都开始认为自己的大脑受到永久性损伤了。然而，赢得蓝带奖和黑尔斯奖的任务尚未完成。我们决定不获成功决不罢休。布莱斯和我认为，在维珍挑战者号遭遇沉船之后，我们应该造一艘比双体船更结实的单体船。特德·托勒曼专攻双体船，他拒绝改变设计，便退出了竞赛。我们组成一支新团队，其中包括托勒曼原来那几位船员中的3个关键人物：克里斯·威蒂、史蒂夫·里奇韦和克里斯·莫斯。莫斯问我，他们能否来维珍工作。布莱斯是首席航海专家，他也继续留在这个项目中，然后我们一起设计了一艘新船。

1986年5月15日，在肯特郡的麦克尔亲王夫人主持下，维珍大西洋挑战者Ⅱ号举行了下水仪式。这是一艘75英尺长的单体船。我们相信它比上一艘船更善于应付波涛汹涌的大海。维珍大西洋挑战者Ⅱ号首航沿着南部海岸驶向索尔科姆，不料在途中撞上一股巨大的海浪，船差点被掀翻。所有人都被抛到甲板的另一侧，其中一名船员皮特·唐尼摔断了腿。他脸上露出痛苦的表情，与其说是因为伤腿的疼痛，不如说是因为他明白自己无法跟我们一起航行了。布莱斯摔折了一个脚指头，史蒂夫差点被卷下船去。我们到达索尔科姆时，就像一艘医疗船一样满船的伤员。

我们把船运到纽约，再次等待好天气降临。1986年6月一个晴朗的清晨，当我们离开纽约港向新斯科舍进发时，我们硬着头皮再度经受海浪撞击的折磨。这次不像第一次那么糟，沿美洲东海岸北上，速度比我们预想的快得多。我们一路飞驰，18个小时后，就在纽芬兰附近海岸遇到第一艘加油船。

我们补充了燃料，然后便朝着暮色四合的大海继续进发。夏夜很短，再加上我们的前进方向是东北方，夜晚更加短促，因此我们只有5个小时的黑夜需要应付。我们戴上夜视镜，眯着眼睛，依靠雷达拼命往前赶。但是，我们仍然前途未卜。以那样的速度在黑夜中穿行，就跟蒙上眼睛驾驶差不多，我们险些就撞上一头浮出水面的鲸。

到第二天，那种支撑我们前进的肾上腺素已经消退。现在只剩下无情而可怕的撞击。每个浪头都打得我们上下颠簸，直到我们再也无法咧嘴笑着忍受下去——我们只能咬紧牙关忍受。

当我们在加拿大海岸附近靠近加油船RV2号时，还必须小心提防冰山。从雷达上可以看到巨型冰山，这些都能够避开；最危险的是那些"小"冰山，在雷达上只能看见它们露出海面部分的小光点，但实际上它们重达100吨，能将船体撞得粉碎，非常危险。当然，即使冰山只有懒人沙发那么大，也会严重损坏船体。我们的麻烦在于，随着时间的流逝，我们被引擎的轰鸣声震聋了耳朵，无法一直集中注意力。我们前面还有2000多英里的航程，每一分钟都是一次痛苦的撞击。正是在这种时候，我们的团队力量表现出来了。我们齐心协力，互相帮助，渡过难关。

我们挥手告别第二艘加油船，加快引擎飞速离开。这时，引擎突然发出咳嗽般的"噗噗"声，仿佛窒息了一般。我们的新机械师埃基·拉斯提格到甲板下面去查看情况，然后惊恐地回到甲板上来，滤油器里装满了水。这简直就是灾难。根据量油计测得的样本，他计算出我们每抽12吨油到船上，就同时抽上来4吨水。水是怎样和油一起抽上来的，还不得而知，但我们没时间担心这个。也许这是埃索的董事们报复我把他们误说成BP公司！柴油和海水已经乳化，这意味着我们无法从柴油里把水分离出来，我们不得不抽干整整4只燃料箱，重新开始。埃索的油轮驶回我们的船边，再次加油，这又花去了宝贵的3个小时。

我们再次发动引擎，但它们仍有故障。现在已是夜里11点，我们已经花了7个小时，在天寒地冻的大海中靠着油轮上下颠簸。比赛获胜的机会正在悄悄溜走，滔天的巨浪越来越恶劣了。

"风暴就要追上我们了，"布莱斯说，"这可不是好玩的。"

在我们享受了第一天的晴朗天气后，风暴接踵而至。这并不是一次来去突然的强风暴，而是长时间的恶劣天气，对我们来说，是最可怕的噩梦。很快，船便驶入了升至50英尺高的海浪。我们简直都不敢站在甲板上，因为我们一会儿跌入巨大的埃索油轮下的浪谷，感觉油轮似乎就要翻倒在我们头上似的；一会儿又被抛上浪峰，以为自己一定会顺着海浪边缘滑到油轮上摔得粉碎。到现在，令人窒息的汽油浓烟弄得我们全都恶心起来。每个人都翻肠倒肚地呕吐，痛苦地蜷缩成一团。我们的救生衣已经被海水浸透，上面沾满了呕吐物。我们的脸一会儿发白，一会儿发青。头发也结了冰。

"没必要继续了，"布莱斯冲着我的耳朵大喊，"我们全都商量过了，我们都吐得一塌糊涂。结束了。我很遗憾，理查德。"

我知道，如果这次努力失败，我们就不会有第三次了。我们必须奋力争取。我不得不劝说他们。

"让我们发动引擎，看看能走多远，"我说，"来吧，再试一次。"

埃索油轮上有一位引擎专家，名叫史蒂夫·劳斯。我认识他，于是就请他过来帮忙。他们架起绞盘，顺着船舷把他送下来。两条船在巨浪中上下摇摆，他需要惊人的勇气才敢这么做。他们把握好时机，将他放到我们甲板上。在又一个浪头把我们掷下浪谷并将油轮抛上浪峰之前，他猛地挣脱皮带，以免被重新卷回到空中。史蒂夫走到下面，和埃基一起待在引擎舱里。引擎旁边有一个狭窄的空间，他们俩一起排干燃料箱，加入更多燃料。我下去看他们，但那里根本没有容纳其他人的地方。

不用我请求，史蒂夫就答应和我们在一起了。

"我留下只是为了享受驾船前进的快乐。"他说。而油污已经把他的脸弄脏了。

我突然觉得我们还有获胜的机会。

"燃料中仍然有水，"埃基说，"不过我们可以一边前进一边把水过滤掉。我们必须每隔几小时就过滤一次。"

我费力地爬上楼梯，发现偏偏只有布莱斯在船边呕吐。我拉着他的肩膀。

"史蒂夫会留下，"我对着他的耳朵大叫，"我们可以继续前进了。"

"已经结束了，理查德，"布莱斯对着我大叫，"都结束了。这条船已经废掉了。"

"我们必须继续。"我大吼道。

我们俩就那样站了一会儿，就像两个老醉鬼似的，揪着对方，相持不下。我们的胡须上都粘着斑斑点点的呕吐物，眼睛被海水里的盐分和汽油的浓烟刺激得充血发红。我们都面无血色，双手皮肤粗糙，还在流血。又一个浪头扑来，船向一侧倾斜，我们一个趔趄，撞到一起，两个人都完全没有了力气。我们痛恨这艘船，痛恨这次旅行，痛恨这片大海，痛恨这种天气，而且现在——我们肯定也痛恨对方。

"我们必须继续，完成航行，"我像个疯子一样重复着，"我们必须完成。只能这样。你还有什么建议？找人把我们拖回家？"

"我的上帝啊，你比我还顽固，"布莱斯说，"好吧。我们最后再试一次。"

我拥抱着他，两个人都摔到栏杆上。

"好了！"布莱斯对船员大叫道，"解开缆绳，继续航行。"

我们全都振作精神，行动起来，从油轮上解开缆绳。在埃基和史蒂夫的调整下，引擎组呼啸着再次运转起来。它们仍然像咳嗽一样，发出"啪啪啪啪"的声音，很有可能会再次熄火。不过，至少它们还能工作，我们不必拿出桨来划船了。我们向埃索油轮挥手道别，朝着一片灰蒙蒙的黎明之光驶去。现在远离了油烟，我们感觉舒服些了，但我们全都疲惫不堪。我感觉自己的胃如同被一名职业拳击手一次次击中似的。所有人现在都只能自己照顾自己，挣扎着挨过每个小时。我不断对自己重复说，我们必须继续。我们不仅要跟天气和燃料斗争，而且还要跟自己的意志搏斗，不让自己崩溃。

滤油器堵得很厉害，每过4个小时就需要更换一次。我们停下引擎，等史蒂夫和埃基换好滤油器，再继续前进。一个又一个小时过去了，我们没有足够的滤油器支撑到最后一个燃料补给站，这已经是显而易见的事实。等到滤油器用光，引擎熄火，我们将被困在海上，孤立无援。我正在与一架经过这里的"猎迷"飞机（它来得可真是时候）联系，它一直在保护我们。这些飞机在大西洋上不停地飞行，搜寻潜艇，飞行员很高兴我们能暂时打破他单调的工作。他提议让另一架"猎迷"飞过来给我们空投一堆过滤器。但他们需要从上面获得许可。我通过无线电和蒂姆·鲍威尔取得联系，他在牛津街的大卖场，负责管理控制中心。

"蒂姆，我们需要帮助。我们需要空投一些滤油器。'猎迷'提出帮忙，但他们需要获得许可——直接从上面获得许可。"

不到一个小时，蒂姆就联系上了唐宁街的相关人士，一架英国皇家空军的"猎迷"飞机从南安普敦带上一些滤油器，飞来接应我们。

我们没有听见飞机到来的声音，它直接从我们后面的灰色云层里钻出来，一下子飞到我们头顶上。飞机很大，虽然没有太阳，但飞机好像吸走了所有光线一样，将我们笼罩在阴影中。"猎迷"在我们上方轰鸣，发出"隆隆"的巨响，把我们的船也震动了，随后飞机在我们后面的航线上投下一个拴着浮筒的鼓形小圆桶。我们全都高兴地欢呼雀跃起来。布莱斯掉转船头，朝那个小小的红色标记驶去。史蒂夫用一根长长的钩子把它钩住，我们一起把它拖上船来，鼓形的金属桶里装满滤油器。滤油器上面还放着一些巧克力棒和一张手写的小纸条，上面写着："祝你们好运！"

我们通过无线电联系上飞行员，向他表示感谢。

"我的飞机上有一群电视台的工作人员，"他说，"整个国家都在焦急地等待你们。上帝保佑你们一路顺风。"

我们到达第三艘埃索油轮，把油箱加满，又吃了一顿爱尔兰焖肉，这是我们两天来第一次吃上热乎乎的饭菜。然后，我们就毅然决然地踏上最后一段航程。根据计算，如果我们想打破纪录，在最后12个小时里，就必须以39节或40节的平均速度航行。引擎状况欠佳，要达到这个速度非常困难。天气变得更加恶劣，我们继续拼搏着，有3个小时速度都无法超过30节。接着，太阳出来了，海面平静下来。史蒂夫和埃基最后一次更换滤油器，我们打开节流阀，呼啸着滑过大海，在海浪上飞驰，冲向锡利群岛。

当我们经过上次跨大西洋航行途中的沉船地点时，我们全都欢呼起来，突然意识到自己已经成功在握。在距离锡利群岛5英里远的地方，我们遇到一队直升机和数百条形形色色的船，全都是来迎接我们回家的。我们在傍晚7时30分驶过主教岩灯塔。埃基和史蒂夫跌跌撞撞地爬出引擎舱。他们都是英雄，在闷热而拥挤的引擎舱里，忍受了3天的波浪冲击，一直站在深及脚踝的油里面，拼命让引擎保持转动。戴格·派克关掉导航系统，我们全都拥抱在一起。我们成功了。我们的整个旅程持续了3天8小时31分钟，在3000多英里的航程中，我们仅以2小时9分钟的优势打破蓝带奖纪录。

10

即将坠毁：从世界上
最大的热气球上一跃而下

在金融大改革之后，来点流行乐如何？

1986年，人人都向往伦敦金融城。只要购买英国电信公司股票，就会获得比其他投资多一倍的收益。

我永远忘不了在金融城看到人们排队购买维珍股票的情景。我们已经收到7万多封维珍股票申购信，但这些排队的人直到最后一天——1986年11月13日——才离开。我顺着一排排长队来回走动，感谢人们对维珍的信任，他们中许多人的回答让我永远难忘。

"我们今年不去度假了，把积蓄都给维珍。"

"加油，理查德，你要证明我们选对了。"

"我们信赖你，理查德。"

我突然发现媒体摄影师的镜头正对准我的脚。我不明就里，低头一看，大吃一惊。原来，我匆忙中穿了两只不成对的鞋子。

除了政府的大规模私有化企业，跟其他所有新上市的公司相比，维珍股票吸引的公众申请是最多的。我们的股票一共有超过10万的个人申购者，为了处理那些邮包，邮局增加了20名工作人员。那一天，我们得知了"人类联盟"登上美国排行榜榜首的消息。尽管我们欢呼雀跃，但是听说只有寥寥可数的金融机构申购维珍股票后，我们仍然忧心忡忡。这是我们与伦敦金融城的交易陷入困境的第一个标志。

到1986年，维珍已成为英国最大的私营公司之一，拥有大约4000名员工。截至1986年7月，维珍的年销售额达到1.89亿英镑，与前一年度1.19亿英镑的销售额相比，增加了60%左右。我们的税前利润也从1500万英镑增加到1900万英镑。尽管我们是一家大公司，但如果要扩大发展，却仍缺乏弹性。我们只能要么花光自己赚来的现金，要么要求银行提高透支额。我看见其他许多私营公司都在股票市场上出售自己的股份，包括美体小铺、信托储蓄银行（TSB）、"袜子商店""我们的价格"唱片店、路透社、大西洋电脑公司……实际上每周都会出现一家新公司，因此股票交易所不得不建立一个排队系统，这样一来，在英国电信公司、英国航空公司和英国石油公司（BP）的大规模私有化过程之中，其他私营公司也能秩序井然地上市。

我们结束跨大西洋航行之旅归来后，整个国家似乎都很欣赏这次挑战。撒切尔夫人表示想看看大西洋挑战者Ⅱ号，我提出用这艘船载着她沿泰晤士河溯流而上。泰晤士河上的船时速都不得超过5英里，我们获准突破这一限制。当大西洋挑战者Ⅱ号从泰晤士河上呼啸而过时，塔桥打开了大门。我们把撒切尔夫人接上船，然后跟歌手鲍勃·格尔多夫和斯汀一起，驶往议会大厦，环游一圈以示敬意，再返回。这时，泰晤士河上的其他船只都拉响汽笛，消防队也向空中喷射巨大的水柱，表示致敬。"铁娘子"撒切尔夫人迎着扑面而来的大风，站在我身旁的甲板上。

"我必须承认，"当我们加速逆流而上时，她说道，"我确实喜欢飞驰而过的感觉，我喜欢马力大的船。"

我远远地望着她。她真的玩得很愉快。她的侧影宛如船首斜桅一般从风中掠过，而她的头发丝毫没被吹乱。

通过在股票交易市场发行股票，维珍筹集了3000万英镑，但我很快开始感觉到我们的决定是一个错误。我们在摩根建富银行的投资银行家名叫罗杰·西利格，他曾在这一年的1月参与了健力士酒厂兼并联合酿酒集团的协调工作，就在我们于11月上市几个星期之后，贸易与工业部开始调查他在这次兼并中扮演的角色。罗杰从摩根建富银行辞职，尽管针对他的诉讼最终撤除，但他的职业生涯已经毁于一旦。罗杰未能成为我们的"试金石"，我开始对伦敦金融城及其对我们提出的苛刻要求失去信任。

首先，金融城坚持要求维珍任命一些非执行董事。菲尔·哈里斯爵士被推荐给我们。哈里斯爵士白手起家，靠销售地毯赚了钱。我们还任命了科柏·斯坦汉姆，他曾担任联合利华公司的财务总监，也是一位备受尊敬的金融家。金融城坚持要求我们采用一些正规做法，我发现自己很难遵守。我已经习惯了跟西蒙和肯一边聊天一边讨论该和哪支乐队签约，然后让他们具体实施。维珍的董事会召开的地点一直都很随意，有时在魅力号上，有时在我位于牛津花园的住宅里。我们甚至会在共度周末的时候突然召开董事会。我发现很难把维珍的业务限制在严格的会议时间表中。我们常常需要当场拍板。如果必须等到4周后召开下一次董事会再授权西蒙签下UB40乐队，那么我们很可能会完全失去他们。

我和唐之间还有一些分歧，特别是在股息问题上。我非常不愿遵守英国传统，支付大额股息。我更倾向于美国或日本的传统，公司全神贯注地将利润用于重新投资，促进公司发展，提升股票的价值。对我而言，大笔的股息意味着现金损失，与其将它付给别人，不如留在维珍内部，还能让这些现金得到更好的利用。在我看来，我们的外部持股人把自己的钱委托给维珍管理，目的是通过我们来创造更多的财富，而不是让我们把他们5%的投资作为收入，放在盘子上还给他们，政府会对这笔钱征收所得税，它将立刻失去40%的价值。

　　这个论据听起来站不住脚，但它生动地说明了我体验到的那种全面失控的感觉。大多数人认为，拥有一家上市公司50%的股份是掌握其控制权的关键。这在理论上是对的，然而，在很大程度上，任命非执行董事，花大量时间满足金融城的要求，仅仅这些就意味着失去控制。以前，我对我们做出的决定总是充满信心；而现在，随着维珍成为上市公司，我开始对自己失去信心。我对自己飞快做出决策的一贯做法感到不安。不知道是否每个决定都应在董事会上获得正式批准，并记录在案。从许多方面来看，在我们成为上市公司的1987年，维珍最缺乏创造性。我们至少有50%的时间花在金融城里，向基金管理人、金融顾问和公关公司解释我们要做些什么，而不是一心一意地做自己的事情。

　　对于那些投资购买维珍股票的人，我也感到负有很大的责任。菲尔·科林斯、麦克·欧菲尔德和布赖恩·费里都购买了股票；我在米尔恩德的邻居兼好朋友彼得和塞瑞丝夫妇拿出他们一辈子的积蓄，投了一部分给维珍；我的家人、我的表亲和堂亲以及各行各业中许多曾经与我偶遇的人，也购买了维珍的股票。特罗弗·阿博特从我这里借了25万英镑，购买维珍股票，尽管他比我更了解数字，但我仍觉得责任重大，唯恐股价下跌。

金融城的分析家评价维珍经营不善，或者说维珍管理不当，如果他们的评价是对的，我也不会介意。我们有30%的收入来自旧唱片的版税，即使没发行新唱片，我们也仍会财源滚滚；在法国分公司，我们有40%的收入来自法国歌手而非"乔治男孩"或菲尔·科林斯，法国歌手在当地为我们带来了稳定的收入。让我们大为光火的是，不管西蒙、肯或者我怎样频繁地解释这几点，金融城都继续过分简化维珍的运作过程。分析家们仍然认为，维珍完全依靠我和"乔治男孩"。西蒙和肯开始把录音带拿到金融城去，给分析家们播放"UB40""人类联盟"和"头脑简单"等乐队的音乐，但他们仍然无动于衷。维珍的股票价格很快从140便士跌至120便士。那些排着长队认购维珍股票的民众，以及购买维珍股票的维珍艺人和员工，都给予我很大信任，我开始为此感到不堪重负。

1987年，随着时间的流逝，维珍的股票价格恢复到140便士左右，但再没有往上涨。我们利用从股市上筹集的资金，开始投资两项业务。其一是在美国建立真正的维珍唱片分公司，其二是开始慢慢接近索恩–百代公司，希望投标兼并这家公司。维珍唱片美国公司投资不菲，我们吸取以前的惨痛教训，这次投入很大。1987年，我们设法发行了4支进入前20名的单曲和一张金唱片专辑。尽管美国分公司在1987年有些亏损，但这毕竟是一次长期投资，我们确信，相较于向美国的唱片公司出售我们最好的艺人的版权，在那里建立自己的唱片公司最终能赚到多得多的钱。

第二项挑战，即慢慢接近索恩-百代公司，需要小心完成。我们感觉百代唱片公司的管理缺乏生气，他们那些精彩的旧唱片——包括披头士乐队的作品——本来能够赚到更多利润。索恩-百代公司作为一个整体，价值7.5亿英镑左右，其规模是维珍的3倍。最终，我认为最好能以友好的方式，去跟索恩-百代公司的总经理科林·索斯盖特爵士聊聊，问他是否愿意将百代公司出售给我们。

"我们要一起去吗？"西蒙和肯问我。

"那是不是有点太招摇了，"我说，"我会悄悄溜进去，亲自向他探探口风，如果他非常急切，我们就一起去见他。"

我给科林爵士打电话，约好在他位于曼彻斯特广场的办公室见面。我被带到办公楼顶层的一个房间。我一进去，房间里顿时安静下来。里面是至少20张面无笑容的脸，他们在桌子的一侧排成一行，身穿细条纹布西服，肩并肩地排列成一堵密不透风的墙。科林爵士和我握手，朝我肩膀后望去，看是否还有别人和我一起来。

"就我一个人，"我说，"我该坐在哪里？"

在那张长长的、油亮的桃花心木桌子的一侧，是一排空座位，桌上摆着10~15份记事簿和削好的铅笔。我坐下来，望着对面的一张张面孔。

"好了，让我给你介绍一下。"科林爵士说。他开始挨个说出那些金融家、律师、会计师和管理咨询师的名字。

"我是理查德·布兰森，"我紧张地微笑着自我介绍道，"我来这里的原因是，我想知道你们是否愿意……也许愿意……"我停下来，对面的人都朝我伸长了脖子，"也许愿意出售你们的百代子公司，"我说，"在我看来，索恩-百代公司规模那么大，也许百代唱片公司不是你们最优先考虑的事情。你们在其他方面有那么多事务要处理。就这样。"

屋子里鸦雀无声。

"我们对百代唱片公司很满意,"科林爵士说,"我们正在采取一切措施,把它作为索恩-百代公司的重要部分加以管理。"

"嗯,"我说,"我认为我们不妨一试。"

说着我就站起身来,离开了房间。

我直接到弗农场去见西蒙和肯。

"他们是认真的,"我说,"他们急不可耐,还以为我打算去投标呢,他们其实已经箭在弦上了。既然科林爵士这么担忧,把自己的所有重量级人物都请了出来,那他们显然很容易被说服,我想我们应该尝试着和他们谈谈。"

西蒙和肯同意我的看法。特罗弗安排我们去找另一家商业银行塞缪尔·蒙塔古公司。塞缪尔·蒙塔古又把我们介绍给房地产公司芒利,建议我们联合投标。科林爵士不愿把百代唱片公司单独卖给我们,因此,我们可以和芒利共同投标,然后将百代拆分出来。简明扼要地说,芒利将接管其全国连锁的电视出租店,我们将接管百代唱片公司。

我们知道,公司上市后头一年的利润有望增加一倍以上,超过3000万英镑(除去在美国建立分公司的费用)。因此,我们计划在10月宣布并购索恩-百代公司的同时,公布这一结果。

在整个夏天,特罗弗安排维珍从加拿大丰业银行贷款1亿英镑,我们开始以每股7英镑左右的价格,慢慢买进索恩-百代公司的股票,以便积累一定的股份,用作投标的基础。随着夏季那几个月的股市行情不断飙升，有人开始传言说索恩-百代很可能将被收购，我也开始担心我们到10月宣布收购会不会太迟了。但我对此几乎无可奈何，因为我已决定开始一场崭新的挑战，许多人认为我将就此玩儿完。这次挑战令人畏惧，不亚于任何商业冒险。佩尔·林德斯特拉德和我正计划乘坐热气球飞越大西洋。在我平安归来之前，没人会认真对待维珍收购索恩-百代公司的想法。

这一切都得追溯到大西洋挑战者Ⅱ号跨大西洋航行之后，我回去上班的第一天，接到一个电话。

"有个名叫佩尔·林德斯特拉德的人打来电话，"彭尼说，"他说他有个惊人的计划。"

我拿起电话。

"如果你认为驾船跨越大西洋令人难忘，"一个带瑞典口音的人拘谨地说，"不妨再想想，我计划建造世界上最大的热气球，还计划在3万英尺高的急流层中驾驶热气球飞行。我相信它能飞越大西洋。"

我似乎听说过佩尔·林德斯特拉德。我知道他是气球飞行领域的世界级专家，是好几项纪录的保持者，包括气球飞行海拔最高的纪录。佩尔跟我解释说，载人热气球飞行最远距离还没有超过600英里的，时间也没有超过27小时的。为了驾驶热气球跨越大西洋，它必须飞行超过3000英里的距离，是此前最远飞行距离的5倍以上，并且持续飞行时间也是此前最长时间的3倍。

一只充满氦气的气球，就跟以前的齐柏林飞艇一样，能够在空中飘浮好几天。热气球气囊内的热空气能升到周围的冷空气之上，从而带动气球上升。但热量通过气囊损失很快，气球驾驶者需要燃烧丙烷加热空气。在这个创造性的想法诞生之前，为了让气球一直飘浮在空中，需要大量燃料，其重量令气球无法承担，因此遏制了热气球的发展。

佩尔认为，只需运用三种理论，我们就能打破飞行纪录。第一种理论是让气球升到约3万英尺的海拔高度，并顺着疾风也就是急流层飞行，这里的风速高达每小时200英里。以前认为这种想法无法实现，因为急流层的风力太大太急，能将任何气球撕成碎片。第二种理论是白天利用太阳能加热气球内的空气，节约燃料。这种方法还没人尝试过。第三种理论是让飞行员待在加压的吊舱而非传统的柳条筐里，因为气球要在3万英尺的高度飞行。

当我研究佩尔的计划时，我惊讶地意识到，这个笨拙的庞然大物里面的空间即便装下整个皇家阿尔伯特厅[1]也绰绰有余，但佩尔却打算驾驶它跨越大西洋，且所需时间远远少于拥有4000马力引擎的大西洋挑战者号。佩尔估计飞行时间不到两天，与船只近40节的速度相比，这只气球的平均速度为90节。这就像在高速公路的快车道上驾车，却被速度快一倍的"皇家阿尔伯特厅"超了过去。

我费了好大劲了解到一些有关惯性和风速的原理与科学运算，然后便邀请佩尔来见我。见面时，我把手放在那堆记录着理论运算的纸张上。

"我永远无法理解所有这些科学与理论，"我说，"不过，如果你能回答我一个问题，我就跟你走。"

1　皇家阿尔伯特厅（Royal Albert Hall）：位于伦敦的国宝级音乐厅，体形巨大，可容纳9000人。

"当然。"佩尔说，挺直腰板，准备回答某个特别具有挑战性的问题。

"你有孩子吗？"

"有啊，我有两个孩子。"

"那好吧。"我站起来握住他的手，"我会去的。不过，我最好先学会怎样驾驶这玩意儿。"

我后来才知道，此前已有7个人试图驾驶气球跨越大西洋，其中5个人都失去了生命。

佩尔带着我，到西班牙参加为期一周的气球驾驶速成班。我发现，驾驶气球是我做过的最兴奋的事情之一。它将几种感觉结合起来，可以升到世界的上空，体验燃烧器熄灭后的寂静以及飘浮在空中的感觉，还可以从上面看到蔚为壮观的全景式风景，所有这一切对我来说都是很大的诱惑。我的指导教练罗宾·巴彻勒外表跟我酷似，在忍受了一周他的大喊大叫之后，我获得了气球飞行执照。我准备好了。

因为盛行的急流是从西流向东，所以我们在美国缅因州找到一个气球起飞地点。这里靠近波士顿，距海边约100英里，可避免海风的影响。佩尔估计，等我们越过海岸线时，气球应该已经升入急流层，就不会受当地天气影响了。我们有两位至关重要的顾问，一位是领导机械团队的汤姆·巴罗，另一位是专业的气象学家鲍勃·赖斯。他们俩显然都是真正的权威，能让我毫无保留地信赖他们。大西洋上空有两股急流，一股流向北极，另一股则突然转向亚速尔群岛，然后回到海洋的中央。鲍勃·赖斯告诉我们，找到正确的飞行路线就像"在两块磁铁之间中滚动一个滚珠"。如果发生燃料用尽或者气球结冰的意外，我们就不得不在大海上丢弃气球。

"吊舱周围有安全环状浮袋，它能让吊舱漂浮在水面上。"汤姆·巴罗说道。

"如果它们无法工作，那该怎么办？"我问。

"你会收回你的钱，"他说，"或者更有可能的是我们替你把钱收回来。"

在气球升空的头天，我们在缅因州的苏格洛夫山向汤姆做最后一次咨询时，他举行了最后的紧急训练："要让这个东西着陆，就跟让一辆没有刹车的谢尔曼坦克依靠惯性滑行一样，那将导致气球坠毁。"

他的最后警告是最有说服力的："现在，虽然我们已经走到这一步，但如果我认为它太危险，或者如果你们出现健康问题，我也仍然能中止计划。"

"包括精神健康问题吗？"我开玩笑说。

"不，"汤姆说，"那是做这次飞行的先决条件。如果你不是个彻头彻尾的疯子，并且害怕得要死，那你首先就不应该登上气球。"

我当然是害怕得要死。

气球起飞的前一天晚上，佩尔和我吃了安眠药。我们在凌晨2点醒来，外面漆黑一片。不过，当我们驱车前往起飞地点时，我们看见那只巨大的气球被泛光灯照亮，高高挺立在树林上空。它看起来非常壮观，侧面为银色，圆圆的顶部是黑色。它真是雄伟。气球已经充满气，连接固定装置的绳索拉得紧紧的。我们担心一阵风会突然刮来，将它吹翻，于是就爬进吊舱，地勤人员开始做最后的检查。

在吊舱里，我们没有意识到一场意外将我们猛地向上推去。一根缆绳跟两个丙烷桶缠绕在一起，当气球忽上忽下地拉扯固定装置时，缆绳把桶扯掉了。失去了它们的重量，气球就向上弹了出去，但仍然拖着两根系着沙袋的缆绳。我们升到一定高度，到达缅因州的森林上方，朝着大海前进，这时佩尔才爬出吊舱，砍断了最后两根缆绳。我们迅速向越来越亮的东方前进，以85节的速度顺着急流层翱翔，时速接近100英里。10个小时后，我们已经飞行了900英里，轻松地打破了热气球的最长飞行距离纪录。鲍勃·赖斯通过无线电告诉我们，不管发生什么，都要保持27,000英尺的高度，因为疾风就在这里。

第一天晚上，我们遇到风暴，下降到了天气比较平稳的高度，但这里在下雪，我们立刻失去了急流层中的速度。

"我们得重新回到急流层。"佩尔说。他点燃燃烧器，我们再次上升，去面对坏天气。气球受到风暴的猛烈冲击，吊舱前后摇晃。但就在我们拿不准是否该重新下降时，却一头闯入了晴朗的天气，速度达到140节——每小时超过160英里。第二天早上，维珍的747飞机处女航行者号到了，在我们周围做了一个"8"字形飞行。"噼啪"作响的无线电里传来我妈妈的声音："加油，理查德，加油！我们在和你比赛。"

"我将竭尽全力，妈妈。请向特意前来迎接我们的全体机组人员和乘客表示感谢。"我说。

我们一路飞奔，实际上，在7月3日星期五的下午2时30分就越过了爱尔兰海岸。跟驾船相比，这是一次梦幻般的跨越。我们在空中只飞了29个小时。

但不可思议的飞行速度也给我们带来了意想不到的问题：吊舱上仍挂着整整3桶燃料，它们很可能在着陆时爆炸。我们决定突然下降，超低空飞行，在一片空地上扔掉它们。然后再次下降，准备平稳着陆。佩尔停止燃烧丙烷，让气球朝低处下降，这样我们就能看见在哪里能安全地投弃多余的燃料箱。当我们下降时，气球周围突然刮起一阵旋风，比我们预想的更猛烈。地面朝我们猛扑上来。我们的移动速度差不多有30节，即每小时约35英里。相对于我们的突然下降，我们的地速还没有构成问题。我们撞到地面上，擦着地面跳跃前进。所有的燃料箱，连同我们的无线电天线，都被撞掉了。失去燃料箱的重量后，我们又猛然向上冲去，险些撞上一所房子和一座电塔，不过我没有看见这一幕。我们撞上了利马洼迪的地面，这是一个爱尔兰小村庄。

没有了燃料箱，气球完全失控了。除非我们能加热空气，否则，一旦气球上升到顶点，我们就会飞快坠落，就像背着一个没有打开的降落伞那样获得加速度。吊舱里还有一个小型备用燃料箱，佩尔迅速将它和燃烧器连接起来。

"它给缠住了，"佩尔说，"缆绳都被缠住了。"

气球像火箭一般腾空而起，顶部被空气压得凹下来，气球中部的缆绳挂上了什么东西，开始拉着我们旋转，打成一个绳结。整只气球都扭曲成螺旋起子的形状，气球入口也封闭了。如此一来，我们根本没办法加热里面的空气。当我们开始向下飘落时，我打开吊舱盖，爬到顶上，掏出刀子，劈砍缠绕的缆绳。

"快点！"佩尔冲着我大叫，"我们正在飞快坠落。"

我终于设法砍断了缆绳，气球猛地转身，顶部一下子向外凸起，气囊底部的入口打开了。

"进来！"佩尔叫道。

当我从舱口跳进吊舱时，他打开燃烧器，开到最大。我们距离地面已经不到300英尺了，不过，加热的空气让气球稳定下来，停止下降，我们又开始上升了。我试了几个开关，但吊舱里已经没电了。

"该死，"我说，"没有灯，没有无线电，没有燃料箱。只有高度计还在工作。"

"让我们试试能否在海滩上着陆，"佩尔说，"我们不能冒险在内陆任何地方降落。"

我穿上救生衣和降落伞，又将救生筏系到皮带上。我们看见气球逐渐接近海岸线，佩尔从气球顶部排出热气，降低我们的高度。但这一次，地面气流仍比我们预想的猛烈得多，风把气球刮到海上。我们朝东北方冲去，吊舱里没有了无线电，也没有了电能，我们比以前更无能为力，只能任由肆虐的狂风摆布。

"抓紧了。"佩尔说。

我们撞上大海，这让我一下子跌进了佩尔怀里。吊舱倾斜得可怕，我们无法站直身体。气球开始拖着我们掠过海面，一个接一个的海浪猛烈地撞击着我们。

"爬出去！"佩尔对我大叫，"理查德，我们必须爬出去。"

佩尔顶住舱盖，猛地拉下控制杆，打开了舱口。在海水涌进吊舱的那一刻，气球暂时减慢了速度。佩尔艰难地站起来，爬出舱口。我看见佩尔的后背挤过舱口，消失在外面，于是我也跟着他，扑过去爬上楼梯。我注意到佩尔仍然背着降落伞。我们紧紧抓住钢缆，试图在倾斜的吊舱顶上保持平衡。

"你的救生衣去哪儿了？"我大叫着。

佩尔似乎没听见我的叫声。狂风和呼啸的海浪把我的声音吹了回来。气球东倒西歪，它的一侧横冲直撞地掠过灰色的大海，丝毫没有减速的迹象，在我们后方留下泛着泡沫的白色拖痕。接着，一阵狂风朝我们席卷而来，刮得气球离开了海面。

佩尔从吊舱顶部跳进冰冷的黑色海水，坠落了至少100英尺。我觉得他死定了。

我犹豫不决，接着便恐怖地意识到自己已错过时机。失去了佩尔的重量，巨大的气球开始上升。当吊舱像钟摆一样在气球下方摇摆时，我差点被摔回到吊舱边缘。我蹲下来，抓住栏杆，望着灰色的大海在我下方飞快坠落。气球上升得很快，而且又看不见佩尔。现在，气球正在顺风飞行，不再拖着吊舱划过水面，周围安静多了。我眼睁睁地望着气球向上攀升，钻进厚厚的云层，什么也看不见了，心里越来越害怕。

现在我孤身一人，待在有史以来最大的热气球上，朝苏格兰飞去。寒风凛冽，下面的大海冰冷刺骨，而我陷入了重重迷雾，身边只剩下那个小小的紧急燃料箱。

我爬回到吊舱里面。现在，它不再歪歪倒倒，我看到一个个屏幕和控制器都恢复到我们做越洋飞行时的状态，于是又恢复了信心。我飞快地考虑了一下自己面临的抉择。我可以跳伞到海上，但很可能没人会在海上找到我，我会被淹死；我也可以向上飞入夜幕降临的天空，如果能幸运地飞到陆地上，就可以尝试在夜里降落。

我捡起麦克风，但无线电仍然失灵，我与外界无法联系。

高度计上的数字在下降，我本能地点燃丙烷。令我欣喜的是，火苗蹿入气球里面，让它稳定下来。我还以为海水把燃烧器泡坏了呢。我把燃烧器开到最大，让它好好烧上一会儿，气球开始再次上升。我感觉呼吸困难，便戴上氧气罩。我看了看高度计：12,000英尺。厚厚的白云从四面八方向我挤压过来。我不知道自己身在何处，只知道泛着灰色泡沫的大海在下面等着我。佩尔在迫降气球前告诉我，我们没有足够的燃料在天黑前飞到苏格兰。这个备用燃料箱只能让我飞一个小时。早晚我会再次面对爱尔兰海。

在随后的10分钟，我的行动将攸关生死。我要完全靠自己。我们已经打破纪录，但我几乎是死定了。佩尔没穿救生衣，他要么已经死去，要么正设法往前游。我必须让人找到他，我必须活下来。我厘清思路，把注意力集中在自己面前的几种抉择上。我已经有24个小时没睡觉，觉得脑子里一团糨糊。我决定让气球继续升高，这样我就能跳伞离开吊舱。我打开燃烧器，接着发现了我的笔记本，在空白页上潦草地写下一行字："琼、霍丽、山姆，我爱你们。"等高度计读数达到8000英尺后，我就爬到外面。

我蹲在吊舱顶上，抬头望着上面那只巨大的气球，渐渐意识到自己正站在世界上最大的降落伞下面。如果能让气球下降，我就可以在坠毁前的最后一刻跳进大海。现在，我知道自己的燃料还够支撑30分钟。如果背着降落伞跳下去，我很可能最多活两分钟，相比之下，再活30分钟肯定更好。

"趁自己活着，我还能想想法子。"我说，"肯定会想出办法的。"

我爬回舱里，脱下降落伞。我想好了，为了那额外的几十分钟，我愿意做任何事情。我抓起一些巧克力，塞进夹克的口袋里，检查了一下手电筒，它仍在里面。

我朝吊舱外瞥了一眼下面的雾气，试图计算出该何时熄掉燃烧器、何时打开排气口、何时离开控制台并爬到吊舱顶上做最后一跳。我知道自己必须精确地计算出最后的燃烧时间，好让气球尽量缓慢地撞上大海。尽管丢掉了所有燃料箱，气球仍载着大约3吨重的东西。

当气球穿过云层底部钻出来时，我看见了下面的灰色大海，还看见一架英国皇家空军的直升机。我最后一次点燃丙烷，减缓下降速度，然后就让气球自己降落。我抓起一块红色的破布，从舱口爬到外面，蹲在吊舱顶上，对着直升机飞行员挥舞破布。他相当漫不经心地挥手回应，似乎并未觉察到我身陷困境。

我在吊舱边缘凝视着外面，看见大海正向上扑来。我拖着步子，在吊舱上四处走动，试图弄清风向。这很难确定，风似乎从四面八方涌来。我最终选择了上风处，朝下方俯瞰。我距离大海仅50英尺，跟一座房子差不多高，海浪翻滚着朝我扑来。我检查了一下救生衣，紧紧抓住栏杆。气球失去我的重量后，我希望它能再次上升，而不是撞到我头顶上。我等待着，直到吊舱恰好降到大海上方一点点，才打开救生衣拉索，从吊舱上一跃而下。

海水冰冷刺骨。我旋转着沉入海水深处，感觉自己的头皮在水中结冰了一般。然后，救生衣将我一下子弹回水面。谢天谢地，我还活着。我转身望着气球。在失去我的重量后，它静静地升回空中，就像一艘巨大的外星宇宙飞船一般，穿过云层，从视野中消失了。

那架直升机飞到我上方，放下一根吊索。我就像荡秋千那样坐在吊索里面。但是，每次它试图拉我上去，都把我再次浸入水中。我不明白哪里出了错，而我太虚弱了，根本无法坚持更长时间。最终绞盘把我拉了上去，有人伸出手，把我拽进直升机里面。

"我想去寻找佩尔。"我说，"我很好。"

如果佩尔跳下海后活了下来，他会在爱尔兰海里继续游泳——或者更有可能，在里面淹死。白昼的光线逐渐消隐，而在空中搜索，只能看到他的头部。这就跟寻找一只足球差不多——在狂暴的灰色大海上寻找一只灰色的足球。飞行员不理会我的话。不到两分钟，我们就降落到一艘船上，我被拖上船去。飞行员都没停下来歇口气，又立即起飞，回到大海上空。我被架着穿过甲板，放进热水浴缸里。洗完澡后，我来到驾驶台上，看搜索进展如何。10分钟、15分钟、20分钟过去了，什么消息都没有。然后无线电"啪啪"地响起来。

"我们发现他了，"飞行员说，"他仍在游泳，他还活着。"

我们在船上见面，一下子扑进对方怀抱里。佩尔已经被脱得精光，身上裹了一块保温救生毯。他的脸就像白色的大理石，身上被冻得发青，牙关不住地打战。

不管怎么说，我们是最早乘热气球飞越大西洋的人。更重要的是，我们都活了下来。我们简直不敢相信自己还活着。

1987年整个夏天，英国苏格兰航空公司挣扎着勉强维持运营。它拍了一系列广告，广告中的商人和着沙滩男孩乐队那首《加利福尼亚姑娘》的曲调，唱着"我希望她们全都是'加利多尼亚'¹姑娘"，并尽情展示空服人员的格子呢服装。但这些都无济于事，英国苏格兰航空公司不断亏损。到8月，他们宣布接受英国航空公司的兼并条款。

在我看来，这次兼并显然违反了垄断与兼并委员会的规定，因为这是英国规模最大的两家航空公司合并，由此组成的新公司在跨大西洋飞行中占据了50%以上的市场份额。我们向委员会提出控告，认为这份合并协议使英国航空公司在几条跨大西洋航线上的市场份额从45%左右上升至80%，但协议仍在9月获得批准。两家公司大耍花招，英国苏格兰航空公司将独立运营，其空服人员也将继续穿着格子呢制服，保持他们的独立性。没有了苏格兰航空公司的竞争，英航开始转移注意力，全力以赴地痛击最后的英国小竞争对手——我们——然后垄断大西洋航线。

当英航和苏格兰航空公司的交易正在进行时，我们意识到，更加壮大的英航虽然对我们构成威胁，但这次合并也为我们带来了潜在的机遇。维珍的第一架大型飞机已经升值1000万美元，我们利用这笔钱租了第二架飞机，打算让它飞到迈阿密。我们想进一步扩大航空公司规模。根据调节英、美国际空运的《百慕大协议》，在英、美之间飞行的英国航空公司应有两家。我们的律师还发现，英、日两国达成的政府协议规定，英国和日本也须各有两家航空公司在两国之间飞行。在苏格兰航空公司被兼并后，维珍大西洋公司

1　加利多尼亚（Caledonian）：意为"古苏格兰人"，英国苏格兰航空公司的英文原名即为"British Caledonian"。这里是借用了原歌词"加利福尼亚"（California）的谐音。

现在就可以自由地向前发展，作为英国的第二家航空公司，申请在这些航线上飞行。

麦克·欧菲尔德和性手枪乐队无疑是维珍唱片公司发展中的转折点，同样，英航兼并英国苏格兰航空公司也成为维珍大西洋公司的转折点。在它们合并之前，我们只能飞往迈阿密以及纽约附近的纽瓦克机场。现在，作为英国第二家远程航空公司，维珍大西洋公司有资格申请苏格兰航空公司以前的航线，也就是它们合并后的新公司拥有的重复航线。我们首先申请的是纽约的主要机场肯尼迪国际机场，然后还有洛杉矶和东京。接着，我们列出了苏格兰航空公司以前运营的另外三个目的地：旧金山、波士顿和香港。在1987年，我们只拥有两架飞机。为了飞洛杉矶和东京，我们不得不再租赁两架飞机，并把我们的空服人员增加一倍。

我们一边争取英国苏格兰航空公司的航线，一边继续争取索恩-百代公司。在9月的最后一周，特罗弗终于办完了我们从加拿大丰业银行贷款1亿英镑的手续。尽管整个夏天股市行情都在上涨，我们却仍感觉索恩-百代的股票价值受到低估。有了1亿英镑供我们支配，我们就从1987年9月25日开始购买百代的股票。面对百代的庞大规模，我们没有退缩，我们开始提出一次购买10万股的订单。我们决定在宣布投标之前买进该公司5%的股份。即使我们的投标失败，我们也知道，从长远来说，自己那5%的股份会升值。

股市上立刻出现索恩-百代公司将被人收购的传言。有时我们一天会购买25万股，花掉大约175万英镑；有时我们一天花500万英镑购买他们的股票。而有时，我们也会售出股票，让人们继续猜测。我们搅动股市，确保索恩-百代公司的大量股票都在交易，让百代将被收购的传言继续流传。到了10月的第二周，我们已经在股票上花了3000万英镑。

1987年10月15日的周四晚上，英国刮起一场飓风。我记得从牛津花园步行前往魅力号，途中看到大街上全是绿色的——上面盖满落叶。能去上班的人非常少，周五股市关闭。但美国从周三就开始一窝蜂地抛售股票了。整个周五晚上，我惊讶地望着道琼斯指数下跌95点，这是它到当时为止跌幅最大的一天。到了下周一，华尔街股市崩盘才对伦敦以及世界其余地方造成全面冲击。周日的报纸上充满了乐观的声音，甚至有人还鼓励读者尽量多购买英国石油公司的股票。到了周一，澳大利亚股市最先开盘，它下挫了五分之一。接着，东京股市也跌了1500点。我想这是购买索恩-百代公司股票的绝好时机，便给我们的股票经纪人打电话，让他先购买价值500万英镑的索恩-百代股票。我担心别人会抓住这次机会，希望赶在其他所有人之前下手。但这次我的担心是多余的。我想，看到股市上居然还有买家，没人会相信自己的运气。股票经纪人在20秒钟内就填好了订单，然后问我是否打算购买更多股票。

"股市上有成吨的股票可买。"他说。

我终于察觉到灾难的气息，赶紧住手。就在我考虑这件事时，伦敦股市就下跌了100点，然后又下跌了100点，接着又下跌了50点——在一天内就下跌了250点。那天下午，道琼斯指数再次下挫500点。在3天之内，全球股票市场就损失了大约四分之一的价值。

特罗弗和我碰了个头。我的直接损失在于，维珍的股票价格几乎减少了一半，从每股160便士下跌到90便士。有人计算出来，我拥有的维珍集团上市公司的股票价值损失了4100万英镑。实际的情况比这糟糕得多。索恩-百代的股票价格从7.30英镑跌至5.80英镑，降低了20%，我们持有的股份价值也缩水到1800万英镑。

加拿大丰业银行可不觉得这好玩。随着股价的下跌，他们要求维珍立即归还500万英镑现金贷款。奇怪的是，我仍对收购索恩-百代充满自信。我从不打算出售自己的维珍股票，而且非常肯定人们大大低估了股票价格，因此并未感到维珍股价暴跌对自己造成影响。我更关注百代的利润和现金流，开始把股市崩盘看作购买这家公司的大好时机。但芒利公司受到这次股市崩盘的沉重打击，损失惨重——他们的股票价格暴跌了60%，他们无法借更多的钱买入索恩-百代的股票，谁也借不到钱。

那个星期，我和两位非常务董事发生了激烈争论，他们是维珍在上市时引入的，代表了外部持股人的利益。菲尔·哈里斯爵士和科柏·斯坦汉姆坚决反对继续包围索恩-百代，也反对我们稍后到10月公布盈利结果时宣布投标购买百代公司。

"但这是独一无二的购买机会，"我说，"索恩现在的价值只有它在上周五的三分之二，这简直难以置信。我们知道自己能从它的旧唱片中赚多少现金，因此，从纯现金的角度看，这对我们来说是便宜货。"

"前面可能还会有艰难时期，"他们警告我，"这次崩盘改变了整个局面。"

"但是人们不会停止购买唱片，"我说，"大多数人根本就没有任何股票。他们会继续购买披头士乐队和菲尔·科林斯的专辑。"

但所有人都不赞成我的做法。他们都想知道股市下一步的走势。索恩-百代的股票价格继续下跌，一直跌到每股5.30英镑。我确信，如果我们能团结一致，就能筹到钱，以相当低廉的价格买下索恩-百代。我认为股市彻底崩盘还没有充分的理由，股价很快就会恢复。我告诉他们，现在机不可失，时不再来。但是他们全都反对。我无法说服他们，只好让这件事不了了之。我期望公布了当年的盈利结果后，维珍的股价会上升。于是，我们宣布，截至1987年7月，维珍的年利润从1400万英镑上升到3200万英镑，增加了一倍多，但没有提索恩-百代的事。结果，我们的股价并未上扬，一点都没升高。为什么维珍头一年能以140便士的价格发行股票，而在公司利润翻番的情况下，股价却下跌了一半？这实在令人费解。

这次股市崩盘在维珍作为上市公司的棺材上钉下了最后一颗钉子。我知道唐会反对我们改变方向，但特罗弗和我悄悄讨论了将维珍再次变为私人企业的计划。特罗弗开始计算大规模回购股票需要的资金。

1988年7月，我们宣布维珍的管理人员将买下维珍上市公司的全部股份。本来，如果我们以低于最初每股140便士的价格回收，也能侥幸获得成功，但我们仍决定按发行价回购。相对于我们宣布这一决定时的股票交易价格——每股70便士——这是一笔不小的加价。这意味着，在维珍上市时向我们投资的人——所有那些在银行外排队购买股票、祝我好运的人——都不会遭受损失。我们的声誉将毫发无损。

特罗弗重新协商了维珍集团的整个资金结构，在1988年11月底安排好了私有化手续。这是一项繁重的任务，我们的顾问塞缪尔·蒙塔古公司提议其母公司米特兰银行加入贷款银行联合组织，结果遭到拒绝，从而使得这项任务更加艰巨。

特罗弗决定放弃蒙塔古的服务，仅在名义上保留他们。他没有建立以一家银行为联系者和主要谈判者的银行集团，而是开始组建一个银行联盟，直接跟每家银行联系。这意味着他不得不到处跑腿，因为他跟所有银行都单独对话。但这也意味着他能够挑拨离间它们。最终，他从20家不同银行安排了一系列贷款，为我们定下3亿英镑的总透支额。我们购入外部持股人的股票，为获得维珍集团上市公司的股票而重新筹资，同样也为维珍大西洋航空公司筹资。

现在，我们背上了超过3亿英镑的沉重债务，我们知道，如果维珍想生存下去，就必须加快发展。我们不得不放弃购买索恩–百代公司的计划，于是卖掉了百代的股票，集中精力处理自己的问题。我一直觉得金融城低估了维珍唱片公司的价值，现在，我们得看看它真正的价值是多少。唐·克鲁克香克、菲尔·哈里斯爵士和科柏·斯坦汉姆离开了维珍。唐曾将维珍重塑成一家能够展示鲜明管理方针的公司，他的工作非常出色。特罗弗接替他的职位，担任维珍的总经理。

特罗弗和我开始寻找其他愿意跟我们合作投资任何维珍子公司的企业。我们想给各子公司找一两个关键合伙人，取代金融城的持股人。维珍集团的结构将变得极其复杂。

11

股市崩盘:
我们准备出售一切

当我买回尼克那40%的股份时，我已经有能力偿还我那100万英镑的透支了，因为从菲尔·科林斯开始，维珍突然发行了一系列热门唱片。当时我知道自己成败未定。如今，这笔钱的数目更加让人望而生畏。我们欠下高达3亿英镑的债务，而且必须在头一年还掉2亿英镑。在这样的压力下，我们准备出售一切。世界上没有神圣不可侵犯之物，如果有人对维珍任何业务提出可观的报价，我们都会接受。特罗弗、肯和我开始试探业界的反应，看他们有多大兴趣。我们首先考虑的是维珍零售业务。

特罗弗和我把维珍零售业务分成三个独立部分。第一部分是我们在W. H. 史密斯的收购后保留下来的唱片店，都是典型的主要街道店铺，外加牛津街大卖场；第二部分是帕特里克·泽尼克计划在香榭丽舍大街创办的巴黎大卖场，他将建立一家独立的法国子公司来投资这家店铺；第三部分是我们为伊恩·杜菲尔制订的计划，他曾在牛津街设计并建立其HMV唱片店，我们已经设法说服他加入维珍。

我们向他提供了在全球任何地方建立维珍大卖场的机会，允诺支持他的判断，让他直接拥有大卖场的股份。伊恩是该行业最优秀的唱片零售商。他为唱片店制订详细计划，从我们开设最早的一批维珍商店起，我就产生一种前所未有的感觉，认为我们能够东山再起。伊恩对开设一系列海外维珍大卖场很有兴趣。

我们考虑在美国建立大卖场，不过当时那里的零售业租金是天文数字，而且竞争十分激烈。于是，我们便选择把首家大卖场开在悉尼，因为那里的市场比较平静，没有什么竞争。在那里开设大卖场并尝试不同的方案，也不会造成多大损失。

与此同时，巴黎大卖场成为维珍在国外真正建立的第一家唱片店。帕特里克找到了店址，这里曾是一家古老的大银行，其历史可追溯到19世纪。里面有大理石地板和高高的天花板，还有华丽至极的楼梯。这抓住了我的想象力。我们知道小型唱片店无法赚到足够的钱，它们只能吸引过路人，而店里库存太少又只能让此类顾客感到失望。既然20世纪70年代已经结束，地上的坐垫也就清理掉了，传统的维珍唱片店似乎失去了自己的身份认同和顾客的忠诚。我们必须建立规模更大的商店，以便提供全球最丰富的产品。

帕特里克的巴黎大卖场获得难以置信的成功。自从开张以来，它就超越了帕特里克的所有销售预测，成为巴黎最著名的唱片店。事实上，它不但是唱片店，还是路标和景点。没过几个月，巴黎大卖场吸引的顾客就跟卢浮宫的游客数量不相上下了。如今，它每平方米创造的销售量依然比世界上其他任何唱片店高一倍以上。似乎每个十几岁的日本和德国游客都会到此朝圣，大量购买CD，甚至顶层的咖啡馆也成为法国主管们见面的时髦地点。我为帕特里克感到高兴，但是，我仍然不知道该把英国的唱片店怎么办。

我们认定该让别人来扭转维珍零售店的局面了。正式通知解雇职员是一件痛苦的事情，我讨厌这么做。我讨厌对抗，也讨厌让人们失望，我一直想再给大家一次机会。但这个团队显然已经无能为力，造成了亏损，根本没指望扭转局面。在那个财政年度结束时，他们承认维珍零售业务的亏损比他们预计的还多200万英镑。这么晚才处理这个问题，我们进退维谷。

我们要求一些猎头公司拟出一份合适人选的名单，不过，当西蒙·伯克申请主管职位时，我对他是最感兴趣的。西蒙几年前加入维珍，担任发展部经理。其任务就是浏览我们收到的所有商业计划书，看其中是否有值得我们采纳的计划。

我一直希望维珍的员工们能挖掘自身潜能。我坚信一切皆有可能，尽管从表面看，以西蒙的资质，还不足以让一个失败的大型连锁唱片店扭亏为盈，但是我确信，如果有人能做到这一点，那么他一定是那个人。果然，1988年8月，西蒙刚到维珍零售店工作，店里就开始出现改观。他着手清除我们不需要或造成亏损的一切东西。

他的策略开始奏效，到1989年6月，维珍零售业务首次获得利润。他在维珍董事会面前第一次做报告时，给我们看了一些幻灯片，要求向新店铺投入1000万英镑。他指出，维珍的零售业务正走向崩溃，他还给我们展示了店铺的一些照片，里面有摇摇欲坠的屋瓦和老化的电线。西蒙指出，假如航空公司的顾客看见这个，就会对飞机的状况感到担忧。不幸的是，帕特里克·泽尼克也需要1000万英镑的投资，在波尔多和马赛发展维珍大卖场。我为最近巴黎大卖场的成功感到兴奋，更倾向于把资金转给法国而非英国。这一定让西蒙感到烦恼。与此同时，悉尼大卖场已经为开张做好准备，伊恩和迈克也在日本考察。

为了给我们在英国的唱片店带来投资，帮助它们偿还普通债务，我们又建立了另一家合资企业。如果能有金融投资者接收30%的股份，那就最理想了。但由于当时利率太高，而且感觉主要街道上的零售业都在走向衰退，因此我们找不到这样的投资者。我们开始与伍尔沃斯的所有者翠丰集团商谈。就在这些商谈拖延未决时，W. H. 史密斯听到风声，给我打电话，问他们能否提出报价。因此，当西蒙·伯克正在为维珍集团整顿维珍零售业务时，他突然发现自己有了个新老板：由维珍集团和W. H. 史密斯公司组成的双头公司。W. H. 史密斯公司从我们的10家英国大卖场购买了50%的股份，与我们早先出售给W. H. 史密斯的店铺不同，它们仍在维珍的名义下经营。通过出售这些股份，我们获得了1200万英镑，然后立即用它归还了维珍大西洋航空公司借下的债务。这个案例再次体现了比银行家提前一步行动的机会。

我们在英国的零售分公司摇身一变，成为跟W. H. 史密斯建立的合资公司，而我们在欧洲的零售业务也开始从巴黎扩张到波尔多、马赛以及德国。与此同时，几个不同的维珍分公司又把注意力转向了日本。

很多英国公司都抱怨，在日本做生意很难，但维珍却一直跟日本人保持着十分友好的关系。到1988年，维珍在日本已成为一个知名度相当高的品牌。我们有一些艺人的唱片在那里卖得很好，尤其是"乔治男孩""人类联盟"和头脑简单乐队以及菲尔·科林斯。在英航兼并苏格兰航空公司之后，我们成功地申请到伦敦飞往东京的权利。当我们寻求减少透支的方法时，我们意识到，为了降低集团如山的债务，就必须出售维珍大西洋公司和维珍唱片公司的股份。

我们的第一桩交易，是将航空公司10%的股份出售给西武集团，这是一家大型的日本旅游集团。当时，维珍大西洋公司刚刚宣布其税前利润增加了一倍，达到1000万英镑，西武集团以3600万英镑的价钱购买了10%的股份。与此同时，罗伯特·德弗罗也跟世嘉公司签订了一份维珍传媒配销世嘉游戏的长期合同。显然日本的公司与维珍拥有许多共同之处。

就跟我们一样，他们也倾向于追求长期目标。维珍上市后，除了听命于非执行董事和持股人带来的压抑感，投资者的短视也让我倍感沮丧。我们承受着巨大的压力，必须创造出立竿见影的成绩。而且，除非我们支付大笔股息，否则我们的股票价格就会受到影响。日本投资者对股息多少不以为意，他们差不多总是寻求资本增值。考虑到投资可能需要很长时间才能获得收益，跟公司的收入相比，日本的股票价格是非常高的。因此，日本的市盈率往往高达英国的3倍。有一次，我还听说一家日本公司正在制订长达200年的商业计划！这让我想起20世纪80年代的一句话，当有人问起怎样看待1789年法国大革命的意义时，一位名人回答说："现在下结论还为时过早。"

接下来跟日本伙伴合作的维珍业务是唱片公司，这次出售至关重要。如果我们打算让回购维珍集团上市公司的行为显得有意义，那么我们就必须为维珍唱片公司提出一个好价钱。西蒙、特罗弗和我跟许多美国公司商议过出售维珍唱片公司股份的事情。有一家美国公司出价最高，但它不准备扮演长期的被动投资者的角色。我们都倾向于一家日本传媒公司富士产经集团。跟该集团的阿吉先生在我位于荷兰公园11号的住宅花园里会面时，我下定了决心。

"布兰森先生，"他平静地提出一个问题，"你喜欢美国太太还是日本太太？美国太太难以应付——她会造成大量诉讼和赡养费，而日本太太却贤惠又安静。"

通过出售维珍唱片公司25%的股份，我们获得1.5亿美元——合1亿英镑——我们一直认为金融城低估了维珍的价值，这就是明证。这次出售清楚地表明，单是唱片公司，至少就值4亿英镑，这还不包括上市的维珍集团中其他子公司（如唱片零售店）的价值。这远远高于我们回购集团股票前金融城估计的1.8亿美元，也远远高于我们最终恢复私有化时支付的2.4亿英镑。

在给航空公司和唱片公司这两项主要业务找到日本合伙人之后，我们便把目光转向维珍的第三项业务，决定在日本扩大零售生意。伊恩·杜菲尔和迈克·英曼已经跟我们的日本顾问植山周一郎一起展开调查。迈克在悉尼的时候就开始学日语了，因为他的兄弟跟一个日本姑娘结了婚。伊恩把迈克派到东京，自己前往洛杉矶，开始沿着日落大道寻找大卖场的店址。

迈克报告说，我们不可能完全靠自己在东京设立大卖场。东京是个大都市，几乎没有易于辨别的功能区，外人很难确定哪里是关键部分。东京的零售区、居住区和商业区全都混在一起，这一点跟伦敦大不相同，因为伦敦有明确的商业区——如牛津街、骑士桥和肯辛顿大街——很容易找到方向。东京似乎哪里都一样，而且房产极贵，要租店铺，就必须付一大笔押金，即"保证金"。特罗弗、伊恩和植山联系了很多潜在的日本合伙人，最终选定一家名叫"丸井"的时装零售商。特罗弗与他们组成对等的合作伙伴关系，日本的维珍大卖场由此开始。

开唱片店难就难在商品的"同质化"问题比较突出。维珍没有任何自有或专卖产品。我们知道其他唱片店在东京都亏损严重，部分原因就在于他们必须支付这么高的"保证金"，同时也由于他们未能培养起顾客的忠诚度，因此没有赢得对店铺生死攸关的回头客。

为了规避这些隐患，我们与丸井建立合资公司。他们最先真正意识到火车站对零售业的重要性，尽量地把商店设在大型火车站附近，确保有大量行人经过。丸井出售服装时针对的是新一代越来越富裕的年轻人，并且首先推行大众化的内部购物卡。丸井设法在东京市中心的主要商业区新宿为我们找到一个很棒的店址，店面达1万平方英尺。这处房产属于丸井，我们同意把一定比例的销售款交给他们，取代固定的月租金。通过这种办法，我们就不用支付大笔押金。按照欧洲的标准，1万平方英尺的店面是很小的，但已经比东京的其他唱片店大了。这正是我想要的日本旗舰店。

为了跟竞争对手区分开来，吸引更多顾客，我们安装了试听装置，还雇用了一位DJ，他不仅能娱乐顾客，而且通过播放精彩歌曲，还可促进销售。的确，很快他就把他的工资赚了回来。我们早期在牛津大街和诺丁山开的唱片店曾风靡一时，东京的维珍大卖场很快也获得同样的地位。全城的青少年都蜂拥来到这里，它成了一个时髦的地方。东京物价很高，因此，青少年们很喜欢来这里听音乐、聊天和买唱片，花不了多少钱就可以度过一个下午。顾客在我们的东京大卖场平均停留40分钟——比在麦当劳吃顿饭的时间长得多。这差不多是我们20世纪70年代零售哲学的延续。这家唱片店每天拥有10,000名顾客，比我们预想的还要成功。

由于伊恩待在洛杉矶，迈克就独立撑起东京的店铺。他追随自己兄弟的脚步，爱上一个日本姑娘。他们在内克岛举行了婚礼。

从1988年到1990年，在两年之内，维珍的每个子公司都找到了日本合作伙伴。有了世嘉、丸井、西武和富士产经集团，我们获得了在日本扩大发展的独特地位。我也即将在日本参加一次全然不同的冒险：佩尔和我打算再次踏上热气球冒险之旅，从东京越过太平洋，飞往美国。

等佩尔把他最担忧的事告诉我时，这次行动已经无法挽回了。在我们搭乘飞机前往日本的途中，他坦白地告诉我，自己无法在压力舱里对吊舱进行检测，因此无法百分之百地保证吊舱能承受4万英尺的高空环境。如果有个窗户在那么高的地方被刮掉，我们就只有七八秒钟的时间戴上氧气罩。

"我们需要把氧气罩放在手边，"佩尔像往常那样轻描淡写地说，"当然，如果同伴在睡觉，那就必须在3秒钟内戴上氧气罩、打开开关，然后在3秒钟内为同伴戴上氧气罩并打开开关，只有2秒钟的时间磨蹭。"

我可不喜欢和佩尔一起磨蹭，哪怕就两秒钟也不行。于是我发誓，决不在冒险途中睡觉。

"会有预警吗？"

"如果吊舱出现泄压，你会发现里面突然变得雾蒙蒙的，跟充满雾气似的。你会听到耳朵里一声嘶鸣，还会感觉自己的肺仿佛要通过嘴巴被吸出胸腔一样。"

有名记者问我这次飞行有何危险性，我复述了佩尔的话。

"你看，我们俩必须有一个在飞行中保持清醒，这至关重要。"我告诉那名记者，"因此，我们不会像飞越大西洋那样使用维珍航空公司舒适的座椅，我们已经要求英航送两把座椅来。"

我们打算在11月飞行，这时太平洋上空的急流最强。但这也是一年中海洋风暴最多的季节。从日本起飞后，我们几乎立刻就会飞到海上。要抵达对面的美国，我们的旅程将比跨大西洋飞行时创下纪录的3000英里多一倍以上。

佩尔的团队已经把气球和吊舱运到都城市的起飞地点，根据他们的计算，这个日本南部小城正好位于急流下方。到达都城市的第一天晚上，我接到汤姆·巴罗的电话，他跟佩尔从飞越大西洋那时起就闹翻了。我们让迈克·肯德里克取代了汤姆的位置，但汤姆一直关注着佩尔的进展，感到非常担忧。

"你们最终会掉进水里，"他告诉我，"你们优先考虑的第一件事，就是准备好在海上能安全迫降，死里逃生。如果——尽管概率不大——你们到达大陆，有60%的可能那里已经天黑。在11月，北美洲每天有长达15个小时的夜晚，尤其是你们经过的最北方。你们没法在黑暗中着陆，因此，你们最好再飞15个小时。即使每小时飞30英里，你们也会深入内陆1000英里，那时你们很可能会遇到麻烦。你们得考虑风暴天气——碰到一个风平浪静的天气几乎不可能。在北方，困在小屋里的人只能等天气变好了再说，因此，你们务必安排好搜救队。别指望你们降落时天气晴朗。

"起飞前彻底检查所有系统，不要急急慌慌地起飞。即使一切设备都安装好，能正常工作，这次飞行也仍然十分危险。"

我对汤姆的建议表示感谢。

"最后一句话，"他跟我说，"跨大西洋飞行虽然成功，但却失控了。我们都知道这一点。最后完全失控了，不过幸好你们俩都活了下来。你们俩都逐渐学会驾驭那只气球了。在大西洋上，你们或许还有可能迫降到一艘船附近，而在太平洋上，你们只有死路一条。因此，你们要么在海上迫降并死去，要么会在黑夜里撞上陆地，那将是千钧一发的逃生机会。"

我放下电话，直冒冷汗。不等我把他说的话草草记录下来，电话铃又响了。是琼打来的。那天是霍丽的8岁生日，她接过了电话。

"我在写日记，爸爸，"她告诉我，"等你回家的时候，我们就能交换日记了。"

"好的，宝贝。"我努力克制自己的情绪，说道。

我向佩尔指出，我们不大可能在海上迫降中生存下来。他表示同意。

"我们没必要买健康保险，"他漫不经心地说，"倒是可以买份人寿保险。"

佩尔的团队在吊舱上安装好了电气系统，他和我一起坐下来，检查飞行操作。真是难以置信，我们将再次被禁闭在这个小小的吊舱里，周围都是各种设备——我们与外界的唯一联系方式。

一名记者正在浏览一张罗列出所有潜在错误的单子，我对他说道："你瞧，这要么就是小菜一碟，要么不是。"

太平洋上空的急流层形状与大西洋的不同。大西洋的是"V"形极地急流，就像一块翻转的瑞士三角巧克力。随着气球的上升，急流层会变得越来越宽，风速也越来越快，因此气球的速度是逐渐增加的。在10,000英尺的高度，气流速度可能是50节，到27,000英尺就达到100节，以此类推。气球能够轻松滑入急流层，不会受到冲击。但太平洋的急流层则截然不同，凶猛如野兽。它是亚热带气流，形状就像单孔电缆。在20,000英尺的高度，气流可能很平静，到25,000英尺也是一样。但到了27,000英尺，你会突然撞上急流，其速度达到100～200节。此前从没有人在太平洋的急流层驾驶过气球。我们知道，当气球顶部撞上急流时存在一个危险，它可能会将气球跟下面悬挂的吊舱割断。就算没出那种事，气球也会遭遇相当猛烈的冲击。在那一瞬间，吊舱的速度只有5节，而气球的速度却达到200节，我们知道，这时就像被1000匹马拖着狂奔一样。

如果我们设法进入了急流，里面就有一个直径约4000英尺的内孔。为了留在这根管子里面，我们就得时刻密切注意高度计，警惕任何冲击，因为这表明气球和吊舱正处于不同的气流中。

都城市的气氛简直跟狂欢节差不多。甚至还有一名神道教神职人员来到起飞地点祈福。我的父母已经抵达，不过琼选择待在家里，等气球起飞后再搭乘飞机前往洛杉矶。这样她和孩子们就能在飞行结束后去迎接我。周日晚上，我们的气象员鲍勃·赖斯预报周二会有好天气。可到了周一，预报中的好天气又被推迟到周三。佩尔和我又花了一天时间待在吊舱里，一遍又一遍地检查一切可能出错的地方。

"让火一直燃烧着——这是最重要的。"我们开了3个小时的会，讨论飞行中可能出现的所有意外，然后，我把上面这句话写到笔记本上。

由于这次拖延，我有机会再看一遍吊舱墙壁上嵌入的众多仪器盘、测量仪和开关；还让我有时间好好区分投弃空燃料箱的开关跟分离气球与吊舱的开关。

"现在是黄色警戒，"鲍勃·赖斯宣布，"预计到11月23日21时，绿灯就会亮了。"

"太平洋是世界上最大的海洋吗？"霍丽在电话里问我，"它有多少英里？你围着地球飞一圈要多长时间？"

该睡觉了。我躺在酒店的床上，却没法合眼。于是，我爬起来写日记：

> 想休息几个小时，很悲惨，我失败了。只好呆呆地望着窗外，看着美好的一天结束。空中飘浮着火山冒出的烟尘，看起来就像薄薄的云。一辆辆装有高音喇叭的汽车穿街走巷，宣布我们的起飞时间。按照市议会的计划，到凌晨2时30分，还将为这座城市尚未完全醒来的人们放焰火。想象一下，英国城市的市议会这么做会怎么样！我仍然不觉得紧张，高兴、兴奋，但并非真正的紧张。一切似乎都很顺利。鲍勃感觉越洋飞行和着陆的环境都接近我们的最佳期望。我仍对充气不太放心。两个小时后必须回起飞地点，接受《1点钟新闻》节目的实况采访。

当我回到起飞地点时，我感觉到有麻烦了。气球的气囊仍然铺在地上，还没有充气。佩尔的团队成员正挤在操作室里听报告："风太大，风险太大，顺风太多。"他们决定把气囊留在外面的地上，希望第二天晚上风会小点。在70吨重的气球固定装置上，一阵狂风就能撕破气球。我回到外面找我们的翻译。有人递给我一支麦克风，我向聚集在发射地点山坡上的一大群人道歉。我们允诺明天再试。

第二天的白昼漫长而令人倦怠。急流似乎表现得有些异常，鲍勃·赖斯正在努力计算我们会降落在加利福尼亚还是育空。

"唉，让天气见鬼去吧，"鲍勃是美国最负盛名也最有经验的气象学家，他终于说道，"尽管飞吧！"

我回到酒店睡最后一觉，结果还是睡不着，望着窗外的火山发呆。我听见城里的鼓手开始敲鼓。然后，我的房门下面塞进一封传真。霍丽用细长如蜘蛛脚、歪歪倒倒的字母写道：

> 我希望你不要落进水里，那样着陆可太糟了。我希望你顺利着陆，降落在陆地上。据说萨拉维森小姐也顺利着陆了。我希望你一路顺风。
>
> 我爱你。
>
> 女儿霍丽
>
> 另：祝你好运，我也爱你。

我吃了一片安眠药，倒在床上。

几个小时后，佩尔把我叫醒。我们开车前往起飞地点。已经有大约5000人冒着严寒出来观看。有的是全家出动，连老太太和婴儿也来了。当气球从地上升起，摇摇摆摆地升到吊舱上方时，我听见人群中爆发出一阵欢呼声。燃烧器已经在呼啸，加热空气，大风已经平息。不过，我们需要尽快起飞，以免地面出现狂风。几百只炭火盆已经拿出来放在山坡上，它们冒出的烟直直升入繁星满天的夜空，清楚地证明此刻天气是多么平静。

我站在父母身边，欣赏那只庞大的气球。正在这时，气囊上突然被风撕下一片织物，垂在空中。

"那是什么？"爸爸问我。

我跑去找佩尔。

"怎么回事？"

"不用担心，"佩尔说，"只有少量热量损失。气球很大，能应付过去。"

我带着佩尔回到操作室，爸爸抓住他的胳膊说："气囊半中腰被撕下来的是什么？"

"是空气升到了气球的侧面。"佩尔说。

爸爸看起来半信半疑。

佩尔和我走出去，站在气球下方。事实上，气球外壳被撕裂的地方已经破了个洞。我们回到控制室，我找到爸爸。

"爸爸，别告诉妈妈，"我说，"气球上面已经有个洞了。佩尔仍然觉得我们能飞到美国。"

"你们不能驾驶那玩意儿飞行。"爸爸说。

一分钟后，气球外壳上更多的薄膜被撕裂，一条条地垂落下来。

"理查德，恐怕我们要取消这次飞行了。"佩尔说，"如果我们起飞，就会掉进太平洋里。"

我看着外面山坡上拥挤的人群，我会让他们所有人失望。我的双手因为寒冷和痛苦的绝望而哆嗦，我再次拿起麦克风。

"我感到非常抱歉，"我说，试图不让自己发出哽咽声，"气球外壳已被撕破。我们认为这是因为昨晚整夜都把气球留在外面，导致气球结霜……"

翻译用日语重复了一遍我说的话，人群中传来一阵叹息，然后是一声惊呼。我抬起头，看见气囊上又撕下来三四块巨大的薄膜，掉在燃烧器上，有人将它们拽掉。整只气球就在我们眼前破裂了。

"关掉燃烧器！"我叫道，"退后！离开这里。"

燃烧器熄火后，气球垂了下来。它倒向一旁，热气从那些洞里漏了出来。

"我们明年会再来的，"我发誓说，"请相信我们。"

"好了，理查德。"当我们驱车返回酒店时，爸爸说，"和你一起度假，从来不觉得无聊。"

当琼得知这个消息时，她已经在飞往洛杉矶的飞机上坐了两个小时。

"太好了！"她大叫着，"请为大家准备香槟！"

飞行员往后拉了一下节流杠，直升机飞得更高了。在我们下方，淡蓝色的大海波光粼粼。当我们快到内克岛时，我望着下面的景色，先看到白色的珊瑚礁，然后是一条苍白的海滩、倾斜的棕榈树和巴厘式房屋的尖屋顶，还有内陆苍翠欲滴的森林。我们在岛屿上空盘旋，我看见我的家人和朋友站在海滩上。他们大多数戴着白色宽檐帽，有些穿着五颜六色的热带衬衫。我看见凡妮萨和罗伯特，林迪和她的丈夫罗宾，所有的孩子，彼得和塞瑞丝，以及我在米尔恩德的邻居和朋友，还有肯和他的妻子南希，西蒙和他的妻子弗朗索瓦丝。他们仰着头，我朝他们挥手。在人群中，我看见了琼，她穿着一袭漂亮的白色婚纱，带着霍丽和山姆，身旁是她的妹妹罗丝、她的弟弟约翰以及她的妈妈。外婆和我父母站在一起，开心地朝我挥手。

我拍了拍飞行员的肩膀，他驾驶直升机又转了一圈。

我拿起那盒吉百利牛奶巧克力，叼在嘴里。一切就绪，我蹲下，在打开的舱门前停下。当我往下看时，一阵热浪扑来，吹到我脸上，沙滩和波光粼粼的银蓝色大海在我下方疯狂地旋转起来。我们正在游泳池上方盘旋。我抓住直升机舱门的一侧，回头望了一眼飞行员。

"只因女士喜欢巧克力！"他叫道。

我把盒子从嘴里取下片刻。

"孩子们也喜欢！"我大声回答他。

我向他伸出大拇指，最后看了一眼正下方的游泳池，然后爬出来，站在横梁上，在上面摇摇摆摆。琼和我终于结婚了，我可不希望巧克力化掉。我准备一跃而下。

12

海湾战争：
飞往巴格达解救人质

我背上被重重地踢了一脚，一下子醒了。山姆整晚都在打我、戳我。既然已经是早上5时30分了，我就溜下床，穿上晨衣。我望着山姆搂抱着我暖烘烘的空枕头，他整晚都在争夺这个地方。他和霍丽仍然常常跟我们睡在一起。我打开电视，转到CNN（美国有线电视新闻网）台，把头凑到屏幕跟前听新闻。不需要把声音开大，我就能明白情况很糟。上周伊拉克刚刚入侵科威特，全球陷入失控状态。原油价格由入侵前的每桶19美元暴涨到36美元。航空燃料的价格则从每加仑75美分暴涨到1.5美元，比原油价格涨得还要厉害，因为联军已经开始囤储航空燃料，准备空袭伊拉克。

影响航空公司盈利能力的主要因素有两个，即乘客数量和航空燃料价格。所有独立航空公司现在都面临灾难，燃料价格（占全部管理费用的20%）增加了一倍以上，而乘客数量逐渐减少，但我们却不得不继续运营。入侵后的头一周，维珍大西洋航空公司预订出去的机票有3000张被取消。我们刚刚在劳埃德银行开户，刚刚打破我们2500万英镑的透支额。我不知道在劳埃德银行要求我们采取措施之前，我们还能走多远。我把这些忧虑暂时抛诸脑后。

我不知道今天会有多少乘客取消预订。大型国有航空公司受到的打击更沉重，它们有可能遭受恐怖袭击，谁也不敢冒险搭乘其航班。撒切尔夫人答应让美军飞机在空袭利比亚的途中到英国补给燃料，因此，人们认为那些与政府关系密切的公司容易受到恐怖分子报复。泛美航空公司大型喷气式客机在洛克比上空爆炸，就说明了这种报复具有多大的毁灭性。英航是普通的上市公司，但仍自称英国官方航空公司。如今它这个名头首次给我们带来有利影响。在空荡荡的航班飞了一周之后，我开始感到一线希望，乘客们正在小心翼翼地回到飞机上来。我们注意到，跟美国和英国航空公司相比，乘客们更喜欢维珍大西洋航空公司。

在1990年夏，维珍大西洋仍是一家小型航空公司，只飞往两个国家的4个目的地。每天我们都会观察这4条航线的订票情况，看是否有迹象表明我们正在赢回乘客。到东京的航线是最冷清的，我们只获准每周飞4趟，而且不能在周日飞，而商人最喜欢在周日出差。因此，早在伊拉克入侵科威特之前，这条航线就一直在亏损。整个夏天，我们都在四处游说，希望获得另外两条即将公布的东京航线。但是，就跟往常一样，我们受到英航反对。从入侵后的第一周起，我们飞往纽瓦克和洛杉矶的乘客就在不断减少，但现在我们觉察到乘客正由美国的航空公司转向维珍。最好的消息是，我们飞往迈阿密和奥兰多的假日航班似乎基本上没受影响。

我上个月刚度过自己的40岁生日，尽管琼在内克岛上安排的生日派对非常精彩，我却发现自己感到异常沮丧。我觉得西蒙已经对维珍唱片公司失去兴趣，我很同情他。每次签约都要经过极其艰难的谈判。有时候，翻来覆去地重复同样的观点，让人感觉十分厌烦。尽管我们已经把维珍唱片公司打造成主要的独立唱片公司之一，但西蒙的所有财产都绑在了这个公司上，我知道，他担心我会通过一些新的风险投资，危及他的财产。西蒙对我谈论的其他项目没有兴趣，仅仅把维珍大西洋公司视为维珍集团其余部分的沉重负担。因为英航或某些意外事件（如海湾战争）都会把维珍的航空公司逼入绝境。

已进入不惑之年的我也开始思索自己该怎样度过一生。在迈出一大步，建立维珍大西洋航空公司之后，我现在发现，要让它如我期望的那样迅速发展，还相当困难。我们去年干得不错，被评为"最佳商务级航空公司"，但仍被局限在盖特威克机场运营。盖特威克机场只有一条短短的跑道，而且又缺乏连接航班，因此在货运和客运方面，它都不如希思罗机场利润高。我们在拼命赚钱。另外，我们与英航在飞机维护上发生了争执，英航仍是造成争端的核心问题。

考虑到西蒙逐渐对维珍失去兴趣，而为了让维珍大西洋公司保持收支平衡，我们又一直在不断奋斗，我开始考虑自己是否应该做点截然不同的事情。我甚至考虑去上上大学，研究历史，有时间读读书是好事。当我跟琼商量这事时，她坦率地指出，这个想法其实只是个借口，我是想离开家，去跟众多漂亮姑娘约会。对此我无言以对。我也考虑过全身心投入政界，去研究一些重要的社会问题，如医疗保健、无家可归者等，找到最好的解决方法，然后努力在政治改革中将它们实施。

但是，萨达姆·侯赛因入侵科威特后，我这些想法都被抛到一边。我们的航空公司面临着全面危机，我发现自己以独特的个人方式卷入了海湾战争。

"爸爸，你能帮我找找鞋子吗？"

是霍丽。

"哪一双？"

"你知道的，我那双新买的软运动鞋。"

电视上，世界继续在战争中崩溃；半空中，我们的波音747处女航行者号越过大西洋，迎着晨曦飞往盖特威克；这时，我们一家人正坐在床上吃早餐。琼端上来一大盘煎蛋、煎面包、火腿和焗豆。当我们吃饭时，一些维珍员工陆陆续续从前门进来上班了。我听见彭尼在楼下打开了复印机。我们新来的新闻官威尔·怀特霍恩急匆匆地上楼，到他的办公室去了。威尔总是保持着令人愉快的活力，他已经证明自己是个能干的人才。

要让霍丽和山姆准备好去上学，实在是令人抓狂的考验。头天晚上，他们会把鞋子、袜子、内衣、衬衫、运动夹克和贝雷帽扔到自己也说不清的地方，我们必须一一找出来。只有经过最富有灵感的缜密思索，才能像变戏法一般把它们找到。

"找到了！"琼不知怎么想起在一个大布娃娃的房子里找霍丽的鞋子，据我所知，那个房子谁也没用过。

"鞋子怎么跑那儿去了？"我问。

"谁知道呢。"霍丽说着，把鞋子放进帆布书包，没有再做解释。

"山姆，我们两分钟后必须出发。"琼威胁道。

山姆刚刚开始重新组装他的玩具汽车模型。

他们终于设法收拾好所有那些零零碎碎的东西，朝门口走去。这时，电话铃响了，是约旦的努尔王后打来的。

我与努尔王后的友谊是那次跨大西洋气球之旅的意外结果。努尔王后是约旦的格雷丝·凯利。她是美国人，当过空中小姐。她高高的个头，满头金发，魅力无穷，现在生活在安曼的一座宫殿里，那里筑着围墙，戒备森严。努尔王后听说了我们那次气球飞行的故事，打电话问我能否教她和她的家人驾驶气球。我和汤姆·巴罗前往约旦，在侯赛因国王的宫殿里花了一周时间，教王室成员驾驶热气球。

萨达姆入侵科威特后，约旦国王侯赛因是少数拒绝立刻谴责萨达姆的世界领袖之一。侯赛因国王指出，科威特曾经许诺给伊拉克若干油井，以援助伊拉克对伊朗的长期抵抗。但科威特一直拒绝兑现承诺，而且在其欧佩克[1]配额上也有欺诈行为。

在入侵之后的骚乱中，大量外国工人从伊拉克逃到约旦。大约15万难民聚集在一处没有供水和毯子的临时难民营里。他们白天无处躲避极端酷热的阳光；夜晚没有御寒物抵御刺骨的寒冷。如果有毯子，就可以在白天把它勉强支起来遮阴，晚上可以裹在身上取暖。我一听说这个问题，就联系到侯赛因国王和努尔王后，提出想尽力帮助他们。现在，努尔王后告诉我说，尽管红十字会正在安装供水系统，但他们仍然需要10万张毯子。

"有几个很小的孩子已经死了。"努尔王后说，"但这一切还没演变成全面灾难。我想，为了避免难民大批死亡，我们只有两三天的回旋余地。"

那天，我开车来到克劳利，与维珍大西洋航空公司的一些员工讨论该怎样弄到10万张毯子，然后空运到安曼。维珍的所有员

---

1 欧佩克（OPEC）：石油输出国组织（Organization of Petroleum Exporting Countries）。

工都齐心协力，援手相助。我们白天打电话给红十字会、外交部的威廉·沃尔德格雷夫和海外开发部的琳达·乔克，设法弄到3万张毯子，哥本哈根的联合国儿童基金会承诺送来更多毯子。我们已经提出自己提供飞机，于是，红十字会便通过全国电台发出呼吁。从那天晚上起，盖特威克的一间仓库就逐渐堆满了毯子。此外，戴维·塞恩斯伯里[1]也允诺提供几吨大米。

两天后，我们拆掉一架波音747客机上的全部座位，在里面装上4万多张毯子、几吨大米以及医疗用品。然后，这架飞机便飞往安曼，毯子装满了在机场等候的一排排汽车。回来时，我们带上许多滞留在约旦希望回家的英国公民。

我回到英国后，威廉·沃尔德格雷夫告诉我，他接到英航董事长金勋爵的电话，后者惊讶地在《10点钟新闻》上看到有关维珍大西洋航空公司飞往约旦的特别节目。

"这事该由我们来做。"金勋爵告诉沃尔德格雷夫。

威廉·沃尔德格雷夫向金勋爵指出，是我主动提出给予帮助的，而且维珍大西洋航空公司刚好有架空闲的飞机来完成这项任务。随后那个星期，英航运送一些供给去约旦，带回更多的英国国民。基督教援助会告诉我们，他们感到很奇怪，多年来，他们一直求助于英航，都没有成功；但自从维珍大西洋航空公司飞到安曼之后，英航实际上是追着他们要提供帮助。有时候，健康的竞争甚至也会给慈善事业带来好处。

听说我们最初运过去的救援物资有一部分没有送到难民营，

1　戴维·塞恩斯伯里（David Sainsbury）：当时英国最大零售商之一塞恩斯伯里连锁超市的董事长兼首席执行官（CEO）。

于是我决定到安曼去待几天，监督下一次运送供给，直到物资最终抵达难民营。我再次来到侯赛因国王和努尔王后的王宫。我跟他们的内政部长展开激辩，提出必须严格管理这些物资，好让捐献者确信它们被送到了难民营。我还就海湾危机与侯赛因国王做过几次长谈。侯赛因国王相信战争是能够避免的，但他担心西方国家希望外交努力失败，这样他们就能支持科威特，保护他们的石油供给。到我回国时，约旦显然已不会爆发全面难民危机了。努尔王后告诉我，再没有难民死于痢疾或脱水。15万难民也一天天慢慢散去。

几天后，我正在看电视新闻，突然看见一连串令人惊讶的镜头。萨达姆·侯赛因坐在一群被扣押在巴格达的英国公民中间，他示意一个小男孩过去，站在他身旁。他把手放在男孩头上，一边轻轻拍着他的肩膀，一边继续对着摄像机讲话。这是我见过的最可怕的电视镜头之一。那个男孩和山姆年龄相仿。我知道自己必须设法帮助他们。如果那个男孩是我的儿子，我会不惜一切代价把他带回家。记者估计这些人质会被用作"人盾"，关押在联军的主要攻击目标内。

我不知道怎样帮人质回家，不过，我知道维珍大西洋公司有一架飞机。如果我们能想办法获准飞入巴格达，就能带上萨达姆·侯赛因同意释放的人质。我突然想到，正如我能为约旦的危机提供帮助，或许我也能用同样的方式，为获释的人质提供交通工具。

第二天，弗兰克·赫西给我打电话。他的妹妹莫林和妹夫托尼都被扣留在巴格达当人质了。托尼有严重的肺癌，需要紧急治疗。他打电话给外交部各部门以及伊拉克驻欧洲各国大使，甚至还把电话打到巴格达的伊拉克政府，但似乎谁都爱莫能助。弗兰克请求我帮忙。

在运毯子到约旦时，我不仅联系了外交部，而且还跟侯赛因国王和努尔王后建立了友谊。侯赛因国王是西方国家与伊拉克之间的少数联系人之一。我听说伊拉克缺少医疗用品，我想知道能否跟他们做个交易：如果我们给伊拉克空运一些医疗用品过去，他们能否释放一些被扣押的外国人。我给努尔王后打电话，问她能否帮我。我描述了自己的计划，她建议我再去一趟安曼，与侯赛因国王讨论这个问题。

随后的3天，当我到安曼跟侯赛因国王和努尔王后在一起时，我深深地认识到商人在危急时刻如何提供帮助。乍一看，我之所以敢向侯赛因国王毛遂自荐，不过是因为我曾用热气球载着侯赛因国王和努尔王后飞行，而且我拥有一家小型航空公司，经营着4架波音747客机。尽管再没有别人用热气球载着侯赛因国王飞行，但许多商人都拥有大型飞机。不过，这两个条件使我处境微妙，我是侯赛因国王信任的少数西方人之一，因此，我实际上能直接联系到萨达姆·侯赛因。

我开始起草一封给萨达姆·侯赛因的信。我告诉他我正在安曼，帮助遣送移民回国，组织医疗和食品供应。我问他能否考虑释放一些在巴格达抓住的外国人，尤其是妇女、儿童和病人。为了表达善意，我提出运过去一些伊拉克紧缺的医疗物资。我提到了弗兰克·赫西的妹夫和他的肺癌，然后在落款中写上"理查德·布兰森敬上"。

侯赛因国王替我将信译成阿拉伯文。他还给萨达姆·侯赛因写了一封说明信，然后通过特使送往巴格达。

回到伦敦，我开始跟外交部磋商。我试图了解所有被扣押在巴格达的人质的详细健康状况，这样我就能"证明"他们患病。然后，我又给其他外国大使打电话，提醒他们会有一趟救援航班飞往巴格达，他们应该出示本国一些公民患病的"证据"，设法让这些人上飞机。

我回到英国后过了两个夜晚，就收到萨达姆·侯赛因的答复。他答应释放妇女、儿童和患病的人质。但是，他需要某个有地位的人飞到伊拉克，向他公开提出这个要求。我给英国保守党前首相爱德华·希思打电话，问他是否愿意担此重任。他同意了。侯赛因国王联系萨达姆·侯赛因，提出爱德华·希思的名字，萨达姆·侯赛因同意接受。第二天，我们就把爱德华·希思送到安曼，由侯赛因国王安排他前往巴格达。

一天后，侯赛因国王给我打来电话：

"先生，我有个好消息要告诉你。"他说。他总是彬彬有礼，以"先生"或"女士"称呼人们，他的孩子们也是这样。"你们可以出发前往巴格达了。我已经收到萨达姆的消息，他说你们会平安无事的。"

我们最近这几天一直在为这个电话制订计划，已经在员工中找到一群自愿前往伊拉克的勇士。我希望在此列出他们的姓名：雷·米尔格特、杰夫·纽、保罗·格林、雷·梅德门特、彼得·约翰逊、简-安·赖利、山姆·拉希德、安妮塔·辛克莱、卡罗琳·斯潘塞、拉尔夫·穆顿、彼得·马尔尼克、保罗·基思利、海伦·伯恩、尼科拉·科林斯、贾奈恩·斯威夫特和史蒂芬·利奇。我们事先提醒乘客们说，维珍大西洋航空公司可能会有耽搁，说不定会把他们转到另一家航空公司去。

我告诉航空公司的其他董事，我们已获准飞往巴格达，这时他们都难免有些担忧。他们知道，如果飞机在巴格达多滞留几天，我们就会破产。

　　"政府已经保证，如果飞机被毁，他们会支持我们的保险公司。"维珍大西洋公司的财务总监奈杰尔·普里姆罗斯说，"但如果飞机受到劫持而留在巴格达，那就没人会给我们提供'商业损失'保险。记住，英航已经有一架747飞机在科威特坠毁啦。"

　　董事们反复咀嚼这段话，房间里鸦雀无声。

　　"这里头有一个优势，"戴维·泰特一脸严肃地说，"他们也会把理查德扣留下来，这样他就不会再向我们提出更多轻率的计划了！"

　　大家都笑了起来。

　　尽管我知道这次飞行会让我们冒着失去一切的危险，但我也知道，事到如今，我们已没有退路了。

　　1990年10月23日上午11点，我们从盖特威克机场起飞，向东飞到欧洲。我们在飞机前部挤坐在一起，这是一个奇怪的人群，其中包括人质的亲人、医生、护士、维珍空服人员和一名作为媒体代表的记者。我们身后是400个空荡荡的座位。相当诡异。过了几个小时，我们都顺着过道来回散步，稍微活动活动。

　　飞机外面，白昼迅速消退，等我们进入伊拉克领空时，天已经黑了。我望着外面的黑夜，不知道伊拉克军队在什么地方。我想象着我们在雷达监视下飞往巴格达。在他们阴暗的屏幕上，我们是唯一的绿色亮点，在慢慢移动。我本以为会看见两架战斗机飞上来为我们护航，但四周只有令人紧张的寂静。飞机轰鸣着，战战兢兢地朝巴格达飞去，在过去的12个月中，这是第一架前往那里的飞机。所有人都不再说话。我们即将进入世界上最危险的领空，是联军计划攻击的核心目标。我不知道进攻何时开始。

我走进驾驶舱，坐在机长雷·米尔格特以及两位第一副驾驶杰夫·纽和保罗·格林后面。他们正通过无线电与空中交通管制人员说话，巴格达就在外面，但无线电是它的唯一标志。透过风挡玻璃，我们前面一团漆黑。伊拉克已实行全面灯火管制。我不知道下面住着谁、他们是否听见我们飞过头顶、会不会把我们当作第一架联军轰炸机。我们似乎是天空中唯一的飞机。

"我们正在接近这座城市。"雷·米尔格特说。

飞机开始降落，我扫视了一眼前面的屏幕，看见高度计上的数字在下滑。长途飞行会让人产生错觉，因为，在大部分飞行时间中，飞机都处于云层上方急流层的奇妙世界里，你几乎意识不到自己在移动。然后，随着飞机开始下降，你会突然意识到自己正坐在一块巨大的铁皮里，以每小时400多英里的速度飞行，而且还必须让它停下来。我们继续下降，飞机呼啸着穿过黑暗。通常，机场是由橘黄色和银色灯光构成的一大片辉煌灯火，很难分辨出其中哪些是跑道上的灯光。跑道、廊桥、飞机和控制塔都闪烁着荧光灯。然而，飞到一片如此漆黑的土地上，对我们来说还是第一次，简直就跟在大海上空飞行差不多。

杰夫·纽正在接受巴格达空中交通管制员的指引。他打开襟翼，放下起落架。我一直望着飞机不断下降，现在只有600英尺高……现在500英尺。空中交通管制员空洞的声音开始读出我们的高度。突然，在我们下方的黑暗中，出现了两行着陆灯。我们对准正中间飞去。飞机接触到地面，顺着跑道滑行。又出现几道灯光指引我们，飞机慢慢朝卸载区滑去。我能模模糊糊地分辨出一些端着机枪的人站在一段楼梯旁。我们的乘务长简-安·赖利示意机舱门可以安全打开了，我望着外面。天气非常寒冷。

舷梯朝我们移动过来。我带头向伊拉克停机坪走去。两排士兵呈扇形散开，把我们围在中间。两名政府高级官员身穿棕色驼毛大衣，前来迎接我们，要求人质的亲属待在飞机上。巴格达机场比希思罗机场还大，但它完全荒废了，只有我们的飞机停在这里。我回头看了一眼维珍空服人员，她们穿着红色迷你裙和红色细高跟鞋，走过空旷的机场，走过那群伊拉克士兵，跟这一切显得格格不入。在一片寂静之中，她们的鞋跟敲击着地面，那么响亮。我们都微笑着。起初士兵们有点腼腆，但随后他们也露出了微笑。跑道上没有其他飞机，我们的飞机大得有些怪异。

我们被带进一间空荡荡的候机室，这里的所有技术设备都已被拆除，包括电脑终端、电话甚至电灯。这需要花点时间，而且也表明伊拉克正在为空袭做全面准备，已经从机场抢救出他们需要的一切物品。我们递过去自己带来的一些礼物，送给军官们一盒盒巧克力，又把维珍公司的儿童航空旅行包送给士兵们，他们可以送给家人。然后，我听见外面传来动静，泰德·希思[1]率领一大群男男女女和孩子，通过玻璃门走了进来。在荧光灯的照射下，他们显得那么苍白，一见我们就爆发出欢呼声，跑过来跟我们拥抱。泰德笑着

1　泰德·希思：正是上文提到过的英国保守党前首相爱德华·希思（Edward Richard George Heath, 1916—2005），泰德（Ted）是其昵称。

与每个人握手。

我很快意识到，我们不能把这些人全都带回去。每个人都笑着互相拥抱，脸上热泪纵横。外面，士兵们正在卸下我们带来的医疗用品。我打开一瓶瓶香槟，举杯祝福每一个人，也祝福那些继续留在伊拉克的人。我找到了弗兰克·赫西的妹夫，我们拥抱了一下。一个怀孕的菲律宾妇女不得不离开丈夫，她泪流满面地朝我走来。一个男子不得不把3岁大的女儿交给保姆，向她说再见。除了给他一个拥抱，我再也无能为力了，我们俩眼里都噙着泪水，我也是个父亲。

一个小时后，伊拉克人叫我们回到飞机上。当我们走过寒冷的停机坪时，我和士兵们握手，又送给他们一些儿童航空旅行包，跟他们互道祝福。等我们飞走后，这些外表虚弱而恐惧的士兵将穿着难受的靴子和橄榄绿裤子，握着枪支继续站岗，而这里很可能成为第一个被炸毁的目标。一想到这些，我就感到不安。

大多数人质手拉着手，走过跑道，这样既可互相取暖，又可互相支撑。大伙儿看起来就像一群幽灵。那架孤零零的波音747客机让他们显得更加渺小。除了一盏照亮舷梯的聚光灯，所有的灯光都再次熄灭。我走上舷梯，转身挥手道别。

"你们总是迟到！"一个沙哑的声音说道。那是弗兰克·赫西。他待在飞机上，想给他妹妹和妹夫一个惊喜。当他们看见对方时，不禁泪眼婆娑，拥抱在一起。

我向伊拉克士兵投去最后一瞥，他们聚在一起，开始打开我们送去的红色维珍旅行包。我们很可能是他们碰到的第一批西方人。他们知道第二批西方人将很快到来，从他们头顶上呼啸而过，发射导弹。威尔·怀特霍恩已经检查了人质们携带的所有行李。在最后一分钟，他找到一个装有晶体管收音机的包，无人认领。就在机舱门快要关闭时，他朝门口跑过去，把包丢到下面的水泥地上。那些士兵们吃了一惊，不知道该如何是好。机舱门关闭，当飞机朝着远离机场大楼的方向滑行时，那个包还躺在地上。

在飞机上，人质和亲人们拥进过道，互相拥抱，人群中响起一阵阵欢呼。我们系好安全带起飞，飞机刚一拉平，派对就开始了。我们终于逃过一劫。大家都手握香槟站着，互相倾诉自己的遭遇。当飞行员宣布我们已离开伊拉克领空时，人们鼓掌欢呼起来。

我抓起麦克风，拉着泰德·希思的腿宣布："我刚刚得到消息，撒切尔夫人非常高兴泰德安全归来！"她的眼中钉正在回家的路上。

弗兰克·赫西跟妹妹莫林、妹夫托尼手拉着手，简直不敢相信眼前的一切，不敢相信离开了巴格达，不敢相信他们再次团聚。飞机上的其他人都在哭泣——既为自己获得自由感到高兴，又为留在巴格达的亲人担忧。两个月后，托尼死于肺癌，巴格达机场则在有史以来最猛烈的集中火力攻击下化为灰烬。我想起那些穿着粗劣军装的士兵，希望他们能逃过这场劫难。

"理查德·布兰森以为自己是谁？"金勋爵在打给威廉·沃尔德格雷夫的第二个电话中问道，"他以为自己隶属于该死的外交部吗？"

金勋爵的愤怒得到了一些报纸的响应，他们指出，我做这件事纯粹只是出于个人荣誉。这些批评刺痛了我，当我与侯赛因国王在一起时，我试图在日记里分析自己的动机：

> 感觉身心俱疲，心力交瘁。在接受独立电视新闻（ITN）采访时，谈到自己看见的各种人物，我不禁哽咽了。我讲述那位英国父亲的故事，他在巴格达机场被迫将3岁大的女儿交给保姆带着离开；还有那位菲律宾妇女的故事，她怀着第二个孩子离开了伊拉克。我勉勉强强讲到一半，就再也说不下去了。

> 做这些事情的动机是什么？那些嘲笑是否也说出了部分事实？一个月前，我在接受《名利场》杂志采访时，情绪低落到极点。我似乎失去了人生目标。我已经在许多领域证明了自我，刚满40岁，正在寻找新的挑战。我甚至还考虑出售除航空公司以外的一切，缩小规模，把注意力集中到自己热爱的一种商业冒险上。但是，我也有时间利用自己的商业技巧，尝试处理我力所能及的一些问题，例如抨击烟草公司、对付宫颈癌等。

> 我感觉这可让我获得更大的自我满足，也不会把我后半生40年的光阴浪费在仅仅经营公司、做大企业上头——那是我前40年生活的重复。

> 我是否需要从中获得认可？不，我不这么认为。要发起运动解决诸多问题，你就需要抛头露面，让人们行动起来，这是个进退两难的事情。电视是影响很大的媒介。通过我在电视上的讲话，难民获得几吨医疗用品、食品、毯子和帐篷，撒切尔夫人的政府捐献了200万英镑，5家慈

善机构联合召开了紧急会议，BBC和独立电视台（ITV）开始做免费广告。我相信，通过迅速采取行动，一场大灾难得以避免。但是，如果不大声呼吁，这一切都不可能发生。

在英国这样的小国，一个人既要以这种方式频繁利用媒体，又不能让公众厌烦，到底该如何行事，这是一个进退两难的问题。如果有迹象表明我这么做只是出于个人荣誉，那么我根本就无法做下去。

维珍客机飞到巴格达去解救人质，这再次抢占了英航的传统地位。那时，我没意识到维珍的巴格达之行会让金勋爵如此恼怒。我只是试图给予帮助罢了——有一架飞机受我支配，我能够迅速行动起来，仅此而已。尽管它只是维珍大西洋公司仅有的4架飞机之一，但我们却突然显得规模更大了似的。我们曾经跟萨达姆·侯赛因斡旋并获得成功，我们为伊拉克送去医疗物资，又带回了人质。我到后来才发现，在英航试图挤垮维珍的整场运动中，金勋爵的愤慨反应只是一个开端。

对我们在劳埃德银行的客户经理悉尼·肖来说，1991年1月25日的星期五结束了一个可怕的星期。他坐在我的沙发边上，摆弄他的笔和纸，起初连咖啡都不愿喝，后来才改变了主意。特罗弗和我开始担心起来。悉尼对我上周的跨太平洋飞行毫无兴趣，他不愿看我的眼睛，就跟我过去在顾资银行的客户经理一样，他的举止透着一种不祥的预兆。

"我周一去欧洲航空公司看了看，周三去了丹纳尔航空公司，"悉尼开始说话，"我怀疑你们也陷入了跟他们相似的麻烦。恐怕我们马上要收回这两家航空公司的贷款了，我看不出我们有何理由继续支持你们。我们看不出你们怎样让维珍大西洋航空公司继续运转。"

　　他此行的目的不言自明。他来拜访我们的时间，也许是航空史上最糟糕的一年中最糟糕的一个星期。维珍集团在劳埃德银行的正式透支限额设为2000万英镑，而我们现在已经透支5000万英镑。欧航是欧洲最大的独立短程航空公司，由哈里·古德曼经营。在劳埃德银行周一拜访该公司并收回贷款后，欧航已于周三宣布破产，造成4000名员工失业。就像对付莱克航空公司、英国苏格兰航空公司、丹纳尔航空公司——当然还有维珍大西洋航空公司——那样，英航设法一直把欧航限制在盖特威克机场。

　　随着海湾战争的继续，航空燃料的价格仍是每加仑1.20美元，而乘客们仍不愿乘坐飞机——尤其不愿乘坐国有航空公司的飞机。在外人看来，民航业仿佛陷入了一场灾难。然而，就维珍集团的其他公司而言，形势却相当乐观。光是世嘉游戏这一项，维珍传媒那年的销售额就将超过1.5亿英镑。西蒙和肯在唱片销售方面也没有问题。实际上，维珍的歌手宝拉·阿巴杜和史蒂夫·温伍德在美国名列排行榜首位，而布赖恩·费里则在英国名列榜首。海湾战争和日益恶化的经济衰退并未影响唱片销售。维珍大卖场没赚多少钱，但也没什么亏损。

　　维珍大西洋航空公司是我们最大的障碍，因为我们无法削减它高昂的日常管理费用。然而，即使是这个公司，也有令人鼓舞的潜在前景。维珍的度假者仍在度假，罗恩·西姆斯当时担任维珍假日公司的总经理（之后就退休了），我们去年有8.3万度假者，他预测，到1991年，这个数字将增加到10万左右，增长率约为20%。罗恩把维珍假日公司打造成维珍旅行社最赚钱的业务。我知道，实际人数往往能轻松超过他的预测，多出好几千人，因此，我就把这当作实际数字。考虑到一次维珍度假的平均价值为730英镑，那意味着，单是从这些顾客身上，我们就能获得7300万英镑的销售额。而且这些度假者还可乘坐我们本来空荡荡的飞机。在货运方面也有好消息，到日本的货运费实际上增加了。艾伦·钱伯斯成功地发展了我们的货运业务，他指出，由于许多航空公司都取消了远东业务，因此，他现在能够对运往日本的货物收取高额运费。

"我们运过去的都是什么货物？"我问他。

"你永远猜不到，"他说，"主要是苏格兰熏鲑鱼和威士忌。然后我们会运回一些电脑游戏。真是生意兴隆。"

有时候，我觉得自己一辈子都在说服银行家们给我贷款。考虑到维珍的策略一直是把现金盈余用于再投资，我们的利润和亏损账户根本无法充分表现公司的潜在价值。长期以来，这种策略一直都很成功，不过，每当出现危机，它就会掩盖公司的真实前景，而银行也会对我们的短期利润以及支付当前利息的能力感到忧心忡忡。特罗弗向悉尼·肖解释说，在我们的资产负债表中，并没有包括维珍品牌自身的价值，以及维珍艺人那些合同的价值。

"瞧，"我告诉悉尼·肖，"简单地说，我们的业务做得很好。尽管我们在美国的大规模投资成本很高，不过，单是唱片公司今年就能创造3000万英镑的利润。预计明年的利润会达到7500万英镑。维珍传媒和维珍零售也有很大的利润。到今年年底，航空公司、假日公司和货运公司也会盈利。它们只是暂时陷入困境罢了。由于海湾战争和冬季的到来，我们会出现1000万～2000万英镑的现金流短缺。与维珍集团的整体价值相比，这只是一个很小的比例。而且到今年年底就会解决困难。"

"不管怎么说，"我指出，"我们可以轻松出售部分或全部维珍唱片公司。花旗银行最近估计它价值9亿美元。现在，你会因为战争导致的暂时困难而收回贷款吗？"

"不不不，"悉尼让步了，"但你也必须从我们的角度看问题。"

从他那个角度，我把问题看得再清楚不过了。维珍大西洋公司只有少量现金流赤字，尽管维珍集团的其余部分价值不菲，但这个赤字却让我们任由劳埃德银行摆布。在英国的金融体系下，银行通过收取高额利息赚钱，不像日本和德国银行那样往往通过持有产权股票来赚钱。因此，英国银行更倾向于匆忙逃离一个公司，而不是帮助公司渡过难关。正是在类似于战争那种令人绝望的时期，一些相当有利润的企业也会破产。对航空公司来说，可怕的地方在于，它差不多比其他任何企业更容易破产。只要电话铃声不再响起，乘客停止订票，它就彻底歇菜了。甚至一家大型航空公司也会在几天之内分崩离析。

等悉尼·肖离开荷兰公园时，他的大部分疑虑似乎已被打消。他给我写了封信，承认他最大的担忧毫无根据，甚至为自己"反应过火"而道歉。我们暂时赢得劳埃德银行的支持。唯一的麻烦在于，他们现在把出售部分或全部维珍唱片公司的想法，坚定不移地列入了议事日程中。

特罗弗已经为1991年做过许多预测，就算是其中最糟糕的预测，也表明维珍大西洋航空公司那年会创造700万英镑的利润。因此我们相当自信。然而，我一回到伦敦就意识到，除了劳埃德银行的直接忧虑，金融城还有一些流传更广的谣言，说维珍将会步欧航和丹纳尔航空公司的后尘，说我注定要成为另一个弗雷迪·莱克。

我没时间为维珍唱片公司寻找合适的投资者，却不得不转移注意力，扑灭有关维珍大西洋航空公司的种种奇谈怪论。我跟记者一直保持着密切联系，现在，我开始接到他们打来的一系列电话，一会儿问我"乐园"夜总会是否有毒品问题，一会儿问我有关维珍大西洋公司的财务状况，弄得我非常困惑。在此之前，记者们通常向我提出的问题都是飞机提供了什么新服务，最新签订了什么唱片合同，或者珍妮特·杰克逊到底什么模样，等等。因此，当"严肃"的报纸开始接二连三地提出有关"乐园"的毒品问题，并在同一次采访中问到汇率动荡对我们的损益账户有何影响时，我感觉事情的发展相当怪异，感到迷惑不解。等差不多每家报社会询问有关"乐园"的问题时，我几乎可以肯定有人在发动一场对我们不利的商业运动了。这一切实在是太奇怪了。

来自航空公司的消息仍令人不安，那些订票后未搭乘飞机的乘客数量急剧增加，比我们建立航空公司以来的任何时期都要多。

有一天，威尔满脸忧愁地走进我的办公室。

"我刚接到罗斯柴尔德银行一位朋友的电话，"他说，"显然金勋爵昨天在那里吃过午餐，他说了一些维珍大西洋公司的坏话。"

对财务问题的指责会很快变成自我实现的预言，尤其是当它来自沃特纳比的金勋爵这种高傲的权威人士时——谁也不会认为他会觉得维珍大西洋这样的小公司对他构成了威胁。金勋爵指责维珍大西洋公司出现财务问题，引起许多关键人物的注意。媒体最先做出反应，他们迫不及待地搜罗又一位成功企业家因过度扩张而陷入麻烦的新闻，就像艾伦·邦德、拉夫·哈尔彭、乔治·戴维斯、杰拉尔德·龙森、赖克曼家族以及其他许多企业家一样。然而，金勋爵的听众中也包括伦敦金融城的银行家，我们正考虑让他们持股维珍大西洋公司，对我们来说，这更为重要。我们已经跟美国的所罗门兄弟银行做了初步谈判，他们正在准备一份筹集大约2000万英镑的标售书。当我们正在磋商时，维珍大西洋航空公司快要破产的谣言不啻釜底抽薪。第三类伸长耳朵打探这些谣言的听众是飞机制造商和租赁公司。尽管出现经济衰退，我们却打算扩大机群。可谁愿意跟一家摇摇欲坠的航空公司做生意呢？在许多方面，最后一批听众对于我们1991年年初的那几个月是最重要的，那就是民航管理局（CAA），它有责任确保所有航空公司都能安全运营。

对于正当的竞争——努力工作，尽情享受——我并不陌生。但维珍和英航之间毫无交情可言。最近两年来，在英航为一架维珍飞机提供的维护问题上，我们已经陷入激烈的争吵。正是因为他们的拙劣服务，我们的波音747飞机在8月停飞了16天，当时正值一年中最繁忙的季节。

我走投无路，便打电话给英航主管科林·马歇尔爵士。

"你们的机械维护太差劲了，这样会把飞机搞下来的。"我告诉他。

"那正是进入航空业的危险之一，"他说出一句令人不寒而栗的话，"如果你专心搞你的流行音乐，就不会碰到这些问题。不，我们是不会借飞机给你的。"

这一切都意味着，维珍大西洋航空公司无法在夏季多赚点钱来撑过冬天的淡季。我们夏天的生意很糟，乘客也疏远了维珍。再加上我们不得不花钱租一架替补飞机，我们的现金流也受到沉重打击。当我们试图跟英航达成赔偿协议时，他们却拖拖拉拉，欠我们几百万英镑的赔偿金，却迟迟不肯付款，让我们航空公司的现金危机提前降临，迫使维珍唱片公司出手帮航空公司摆脱困境。就在我出发前往日本做跨太平洋气球飞行之前，我们对英航提起了诉讼。

除了飞机维护上的争端，我们还提出申请，要求每周向日本增派两次航班，当时正与日本政府协商此事，这也是我们与英航之间的一次重要交锋。在民航业之外，航班时间表和起降时段没什么吸引力，但却是我们的命根子。如果无法获得飞往某地的许可，我们实际上就无法起飞。如果维珍想扩大规模，那么，在飞往东京的起降时段和路线之争中获胜，对我们来说就攸关生死。

在英国苏格兰航空公司被兼并后，他们飞往东京的4条航线就转给了维珍，但这仍然不够。为了让这条航线生存下去，我们需要每天都有航班，而且要从希思罗机场起飞。在英航获得每个工作日两趟航班的许可之前，我们一定要优先获得每天一趟航班的许可。当时日本政府提供了两个民航频率，即4个起降时段，英航自然认为这些都属于他们。在咨询律师之后，尽管知道英航已经排队申请这些起降时段，我们也仍然提出了申请。我们的未来要依靠它。如果我们成功，维珍将不仅赢得这些航线，更重要的是，还会赢得英航为自己在东京成田机场安排的起降时段。

我们提出申请的消息泄露出去后，英航气急败坏。这种事情前所未有。小航空公司必须任凭英航践踏，不管获得什么起降时段都该谢天谢地。然而，我们居然要求得到"理应"归他们所有的起降时段！他们立刻采取行动。金勋爵和他的团队拼命四处游说，提出那些起降时段理应是英航的，把它们转给维珍大西洋公司是违法的。但这场争论造成了相反的结果。

"它们不是'你们'的起降时段，"时任交通部部长马尔科姆·里夫金德言简意赅地告诉英航，"事实上它们属于政府，由我们授权给你们。英航并不拥有它们。"

当英航意识到自己在那场争论中失败后，他们转向了更具毁灭性的辩解，指出维珍大西洋公司没有足够雄厚的财力接管那些起降时段。事实上，他们咕哝道，业内有消息说维珍大西洋公司就要破产了。因此才有了金勋爵在罗斯柴尔德银行午餐上的那番评论。他们还给交通部写"机密"信，散布对我们财务状况的怀疑。这一点击中了CAA的要害。CAA可不愿在把民航频率授予维珍大西洋公司之后，却看见我们轰然倒闭。

我们不得不说服CAA，维珍大西洋公司是有生存能力的。整个1月，当CAA权衡是否把这两个东京频率给我们时，我听说了越来越多有关维珍和我的谣言，全都暗示我们陷入了困境。

最终，在1月的最后一周，CAA做出了对我们有利的两个历史性决定。它把额外的两个民航频率授予维珍大西洋航空公司，命令英航把他们在成田机场安排的起降时段交给我们，并且宣布，建议交通部批准维珍大西洋公司从希思罗机场运营。金勋爵大发雷霆。作为保守党经费的主要提供者，他宣布自己受到背叛，并提出上诉反对有关成田机场的决定。

1月29日，泰晤士电视台播出了首部有关维珍大西洋航空公司和英国航空公司之争的电视纪录片。节目描述了我们在东京频率和希思罗机场上的争斗，也突出了维珍大西洋公司对英航的其他抱怨，包括我们在飞机维护方面旷日持久的争端。在泰晤士电视台播出这个节目后的第二天，英国航空公司发布了一篇新闻稿，声称遭到维珍大西洋公司的毁谤，并把我们对他们的抨击称为"猛烈攻击"。

在听说了金勋爵有关我的另一通激烈言论后，我意识到这会间接导致维珍大西洋公司破产，希望阻止谣言。我不在乎英航或其他任何人的竞争——只要这是公平竞争。但是，我仍然听到了越来越多具有破坏性的谣言。

1月31日，我给金勋爵写了第一封信。我希望把问题公开后，就能阻止谣言。我一直相信个人关系在生意中的重要作用，认为人们对自己的行为负有直接责任。如果我警告金勋爵当心自己的所作所为，那么我希望他会给我打电话，让我们很快交谈一次，达成和解。

我在2月5日收到金勋爵的答复。他只是引用了他对《星期日电讯报》说的话："我经营我的航空公司，理查德·布兰森经营他的航空公司。祝他走运。"他还补充说，他不打算在这个问题上再做任何评论。

这封信的简洁跟它的傲慢相配。显然，在金勋爵对我这种藐视态度的影响下，英航的所有人都会觉得他们可以这样对待维珍大西洋公司。

金勋爵的信包括两个短短的句子。金勋爵并不想让我"走运"。事实上，他无论如何也决不会让我"走运"。而且，金勋爵也将继续跟很多人大肆评论"这个问题"。

金勋爵的信中还有一个特别之处，这封信不是写给我个人的，他只是引用他对一家报纸的答复。好像他无法勉强自己给作为个人的我写信，甚至也无法承认我的存在。我知道他杜撰了一个侮辱性的词语"咧嘴大笑的套衫"来形容我。我突然意识到，就跟英航试图压扁维珍大西洋公司的手段一样，金勋爵假装我根本不存在。

"好消息，理查德，"1991年3月15日，马尔科姆·里夫金德跟我说，"我很高兴地宣布，政府即将允许维珍大西洋公司在希思罗机场运营。而且，除此之外，我们还打算提名你们作为经营另外两趟东京航班的英国航空公司。"

这是我们期待已久的关键转折点。

"大好消息！"我叫道，"彭尼，让我们喝香槟庆祝一下！给威尔打电话。给所有人打电话！"

当大家都聚集到我办公室来庆祝时，我拨通了休·韦尔伯恩的电话。休写了一篇论文，指出航空公司从希思罗运营具有至关重要的意义。论文的结论是：由于盖特威克只有一条短跑道，并且缺少转接班机，因此，对于相同的航线，从希思罗机场起飞比从盖特威克起飞要多15%的利润。休的论文还发现，由于希思罗机场的跑道更长，如果维珍的飞机从这里起飞，就能运更多的货物，赚得更多应税收入。这篇论文和这个发现都给马尔科姆·里夫金德留下了深刻印象。

"我们胜利了，"我告诉休，"干得好。我们终于设法进入希思罗了。"

休既高兴又吃惊。长期以来，他一直是航空业的顾问，他曾经目睹英国苏格兰航空公司和其他几家更小的航空公司在盖特威克运营时入不敷出的情况。

"这是你们的突破，"他说，"不过，当心一点。英航可不喜欢你们的胜利——他们会暴跳如雷的。"

我们正在喝香槟，听到风声的记者开始打来电话。他们也给金勋爵打了电话，第二天和随后的周末，我饶有兴趣地在报纸上读到他的反应。

"政府运输政策？"金勋爵在《观察家报》上轻蔑地说道，他的女婿梅尔文·马库斯是该报商业版的编辑，"什么运输政策？"

这篇访谈让我感到哭笑不得，我怀着越来越大的兴趣，继续阅读。

"似乎每次我们创建一条有利可图的航线，"金勋爵继续说道，"就会有人过来说'我也要分一杯羹'，于是政府便悉听尊便。"

金勋爵估计，由于马尔科姆·里夫金德决定让维珍大西洋公司经营另外两趟前往东京的航班，英航每年会因此而损失2.5亿英镑左右的收入。"这2.5亿英镑是我们那些公众股东遭受的损失，它直接落入了理查德·布兰森的腰包。"他怒斥道。

如果收入真的都直接落入我的腰包该多好。也许金勋爵在盛怒中忘记了一点：不幸的是，收入要刨除成本才是利润。

同一天的《星期日电讯报》上有如下评论：

> 本周，维珍终于获准进入希思罗机场，这个决定让金

勋爵火冒三丈。长期以来，维珍一直被限制在盖特威克，让英航获益匪浅，现在我明白其中的原因了。英航的服务手段墨守成规，这产生于它自命为国家航空公司的管理思想。而维珍却拥有初生牛犊不怕虎的放肆、坚定和创意思想，敢于挑战庞大的联合企业。就食品和服务而言，维珍豪华商务舱毫不逊色于英航的头等舱。

在《观察家报》上，金勋爵争论说，每次政府试图培养第二家强大的航空公司，都会以灾难告终——说出这通话时，他无疑是一脸严肃。他举出莱克航空公司、英国苏格兰航空公司和欧洲航空公司的例子。这样的伪善实在令人瞠目结舌。英航曾逼得弗雷迪·莱克破产——法院召集了一个大陪审团调查这个问题，但最终，在英国和美国政府的干预下，没有提出指控。所有这3家航空公司都曾被限制在盖特威克。只要把竞争排除到它视野之外的盖特威克，英航就支持竞争。

父母一直向我灌输这样的座右铭："不入虎穴，焉得虎子。"为了进入希思罗机场，我们努力奋斗，终于获胜。与英航相比，维珍大西洋公司仍微不足道，但我们现在对他们的长远未来构成严重威胁，这是英国苏格兰航空公司从未做到的。

对我们进入希思罗机场的问题，泛美航空公司和环球航空公司的破产也产生了影响。美国两家大型航空公司——美国航空公司和美国联合航空公司——开始接手，希望购买泛美和环球在希思罗机场运营的航线许可权。为了激活这些航线，他们要求把泛美和环球在希思罗机场的起降时段转让给他们。根据《交通分配条例》的严格规定，这些起降时段不能被转让，而是应该交还给希思罗起降时段委员会。我们立即提出，既然如此，就应该允许维珍和其他所有有兴趣从希思罗机场起飞的航空公司一起申请这些起降时段。原则上，马尔科姆·里夫金德为我们打开了通往希思罗机场的大门，但我们仍需为怎样真正获得这里的起降时段而战斗。

彼得·弗莱明曾在英航位于维多利亚的办公室担任高级销售主管。他告诉我，英航成立了一个内部特别小组来败坏我的名声，并且还下令销毁有关维珍的文件。为何如此害怕那些文件会牵连他们入罪，以至于需要销毁它们？我决定把彼得·弗莱明的信保存起来，看看英航那些被称为"肮脏诡计"的行动会怎样发展。

与此同时，我们还有很多事情要做。如果维珍打算在希思罗运营，就必须设立登机服务台、行李搬运部和一个机械师团队，当然，还必须向乘客提供一份可行的时间表。这意味着要先给我们分配起降时段。只有起降时段安排好之后，维珍大西洋公司才能设立时间表，然后卖票。如果我们想从交通繁忙的夏季获利，就必须最晚在4月安排好这一切。每个项目都是一场战斗。经过一场恶战，并且声称我们将把整个起降时段分配问题提交欧洲议会处理后，我们才最终获得了自己需要的起降时段。

13

来自四面八方的商业袭击

当我同希思罗起降时段委员会争论不休、无法脱身时，在美国管理维珍唱片分公司的乔丹·哈里斯和杰夫·阿伊洛夫打电话告诉我，珍妮特·杰克逊说她愿意与维珍唱片公司签约。这对维珍唱片公司来说是一次重大突破，就跟成功进入希思罗机场对维珍大西洋公司一样重要。珍妮特·杰克逊是世界一流女歌手，我意识到她下定决心要保持领先位置，甚至希望比哥哥迈克尔·杰克逊更成功。除了天才，意志力也是决定一名艺人能否成功的关键因素之一。而珍妮特意志坚定，她凭借众多唱片构筑了自己的成功。从许多方面看，如果乐队在很长一段时间里逐步获得成功，这对他们更有利，因为他们能够慢慢学会适应成功，而且也拥有更广阔、更忠实的乐迷基础。

尽管珍妮特跟我说她愿意与维珍签约，但仍有很多公司争夺她的合同。因此，在她对我们的好感改变之前，维珍必须提出与她相配的最高报价。这笔庞大的费用将远远超出我们目前可支配的资金。不过，我本能地意识到我们必须签下她。签下珍妮特·杰克逊，维珍作为全球最性感的唱片公司，地位才会巩固。如果让那些银行家的谨小慎微阻止我们，我就完蛋了。

在我的整个商业生活中，我一直努力控制成本，尽量避免不利的冒险。维珍集团能够幸存下来，唯一的原因就在于我们一直牢牢控制着现金。但我知道，有时候，打破这些规则，该花钱时慷慨大方，同样重要。与珍妮特·杰克逊签约就是这样的机会，她是一位不容错过的艺人。在跟西蒙和肯商量之后，我决定向珍妮特提供有史以来最大的一笔酬金。此外，我还打算打破唱片业的所有规则，维珍不打算把她绑在多张未来的专辑上，只跟她签一张专辑的合同。实际上，这种做法前所未有。我想击退所有竞争者。我充满信心：一旦珍妮特开始与维珍合作，她就再也不想到别处去了。

跟珍妮特·杰克逊签约不仅能巩固维珍作为最佳唱片公司的地位，而且还可向伦敦金融城的所有人以及CAA传达出正确的信息，否则他们说不定会相信英航散布的谣言，以为维珍集团遭遇了现金危机。

唯一的麻烦在于，我们确实遭遇了现金危机。我知道，如果我为了签下珍妮特而要求提高透支额，劳埃德银行并不会帮助我们。因此，特罗弗和我想尽办法修改我们的资产，找到更多资金来支付预付款。在跟各家银行紧急会面之后，特罗弗终于赢得加拿大丰业银行的认可，他们答应为珍妮特·杰克逊的合同提供资金。

我们向珍妮特·杰克逊提出1500万美元的报价，签约时支付500万美元。但竞拍价格很快超过了它，我们只好把价钱提高到2000万美元，最终达到2500万美元，而这只是一张专辑的钱，比以前任何唱片公司为单张专辑支付的报酬都高出好几百万美元。我们向银行指出，珍妮特是世界顶级女歌手，在她最近的一张专辑中，名列排行榜前5位的单曲比其他任何歌手——包括她哥哥迈克尔——都要多。加拿大丰业银行向我们保证，他们会把贷款提高到2500万美元。

当投标升到2500万美元并保持平稳后，珍妮特信守诺言，选择了维珍。我们拿到合同准备签字了，我们必须弄到1100万美元，在签字的时候支付给她。我想，珍妮特根本不知道我们费了多少功夫才筹到那笔钱，也不知道我们为了满足最后期限而带着银行家的汇款搭乘飞机疯狂地来往于世界各地——不管怎样说，我们成功了。

为了签下珍妮特，我们决定付一大笔钱——约2500万美元。但这笔巨额贷款也给劳埃德银行敲响了警钟，因为他们看见维珍又背上了另一笔债务。特罗弗和罗伯特设法将在欧洲销售世嘉电脑游戏的许可证卖给了它的母公司，即日本的世嘉公司。我们需要这笔现金，也需要向外界展示维珍集团的部分潜在价值。没有一个银行家看重这份许可证的价值，但我们把它卖了3300万英镑。这次出售时机恰好。一年后，电脑游戏市场跌至最低点，日元飞速升值，这本来会让那份许可证变得一文不值。

1988年，当维珍买下那家拥有世嘉许可证的公司玛斯特特洛尼克（Mastertronic）时，也就获得了在欧洲销售世嘉电脑游戏的许可。当时我们根本不了解电脑游戏生意的潜力。我只知道，霍丽、山姆和他们的朋友突然将大把时间花在电脑游戏上。特罗弗在MAM公司工作时，曾租赁世嘉的商场游戏机，因此跟这家公司打过交道。他确信，世嘉能够凭借自己的软件专家对抗任天堂公司，他们的新产品——那种在家里玩的小游戏机——也会卖得很好。这桩生意似乎不错。

玛斯特特洛尼克公司只有5年历史，是弗兰克·赫曼于1983年建立的，拥有很多电脑游戏的授权。当时他通过报刊经销人卖这些游戏——它们被放在盒式磁带上，在电脑终端上玩。弗兰克注意到，任天堂生产的一系列新游戏在美国卖得不错。他试图签下在英国销售任天堂游戏的许可证，但任天堂已经把它签给大型玩具制造商美泰公司了。任天堂占有了美国95%的电脑游戏市场，因此弗兰克就去找它的唯一竞争对手世嘉公司。1986年，他签约成为世嘉在英国的经销商。签约后的头一年，他的公司设法销售了2万套世嘉MD[1]游戏。

第二年，即1987年，玛斯特特洛尼克销售的世嘉游戏数量剧增。但由于世嘉对每个电脑终端都要收费55英镑，因此弗兰克需要一个合伙人来资助他销售。尽管他能以99英镑的价格出售电脑终端，却仍需要一大笔营运资本，以便向世嘉支付一笔现金预付款，然后才能通过销售获得99英镑。

1987年6月，我接到罗杰·西利格的电话，他要求我去跟他的朋友弗兰克·赫曼见一面。弗兰克加入了这桩相当有趣的生意。特罗弗和西蒙·伯克通过谈判买下玛斯特特洛尼克公司45%的股份，我们把它并入维珍传媒。弗兰克和罗伯特开始一起工作，买下了在西班牙、法国和德国销售5年世嘉游戏的许可证。他们面临的挑战是在欧洲从零开始树立世嘉的品牌名声。维珍把世嘉当作一款很酷的游戏来推销。最初，我们销售世嘉游戏的基础策略是，或许你的弟弟喜欢玩任天堂公司的《超级马里奥》和《游戏男孩》，但更聪

1　MD：Mega Drive，是日本世嘉公司推出的家用游戏机。

明的孩子则应该玩更聪明的游戏，比如世嘉公司的《音速小子》。随后，由于市场发展迅速，我们发现年龄更小的男孩也在购买《音速小子》，他们全都希望自己跟哥哥一样。我们的窍门就是把世嘉置于任天堂之上，一点一点地挤占后者的市场。这个诀窍发挥了作用。在欧洲，世嘉赶上了任天堂，市场份额达到45%。而在它们的老家日本，世嘉的市场份额微不足道。

到1991年，世嘉在欧洲的销售额从1988年的200万英镑飙升至1.5亿英镑。那时我们开始担心这宗投机生意的泡沫会破裂。为了维持我们的地位，在为销售提供成本之前，我们必须每年花7000万英镑为世嘉做宣传。这些游戏主要卖给部分青少年，顾客群非常狭窄。因此，我们一直面临这样的风险：假如突然出现另一种流行产品，世嘉的销售就会一落千丈。互相攀比的压力会让孩子们争先恐后地购买新产品，谁也不想落后片刻。

在家里，我注意到山姆和霍丽开始厌倦电脑游戏。他们在电脑终端和"Game Boy"游戏机上花的时间少了。山姆开始听更多的音乐，霍丽开始做其他事情。他们俩曾让我们产生购买这项业务的想法，同样，他们也向我们发出了电脑游戏市场正在萎缩的第一个警告信号。如果我们要继续这项业务，就不得不再次投入巨额预算推广世嘉。出售这项业务的时候到了。

世嘉许可证的出售让外界和我们的银行家都大吃一惊。我们就像变戏法一般，从他们认为毫无价值的生意中弄到3300万英镑的现金，是最初购入价格的10倍以上。

在开始讨论出售世嘉许可证之前，罗伯特已经把那支编写软件程序的小团队分出来，成立了一家名叫"维珍互动"的新公司。

1990年，新的技术浪潮带来了在光盘上玩的游戏。罗伯特委托软件编写人员制作CD程序。抛开了世嘉和《音速小子》，罗伯特在美国召集的这一小群软件程序员开始为CD-ROM（只读光盘）技术设计一种新游戏，称为《第七访客》。我注意到人们对它越来越感兴趣。这个游戏要求你在一所闹鬼的房子里打出一条通路，同时会毫无预警地遭到各种攻击。

"我不知道在这个游戏中会发生什么，因为我总是在第一个房间里被'搏击王'杀死。"罗伯特告诉我，"我只知道这些家伙跟我说的话，《第七访客》将大获成功。他们说这比市场上的其他游戏领先了很多。"

随着虚拟现实世界和CD-ROM的扩张，孩子们盯着电脑显示器，从鬼屋中杀出一条通路；而我却发现自己处于一个同样怪异的世界中，不得不击退越来越多来自四面八方的突然袭击。

7月7日，维珍开始从希思罗机场运营。不出休·韦尔伯恩的预料，在我们提供的3条飞往肯尼迪机场、东京和洛杉矶的航线上，机票销售额很快增长了15%。7月14日，英国航空公司的内部刊物《英航新闻》上发表了一篇文章，标题是《维珍将攫取更多起降时段》。文中再次说道，允许一家低价竞争对手跟他们竞争是多么不公平的事情。

然后，到7月16日，金勋爵在英航年度大会上宣布：英航将停止向保守党提供捐款。金勋爵没有意识到，他的行动泄露了这样的事实：在他们看来，英航过去向保守党捐款，就是为了获得各种特权。有些批评家指出，自从英航1987年私有化以来，他们给予保守党的捐款总额就达18万英镑，每当英航需要向交通部提意见时，这些捐款都帮助他们获得了同情。如果一家尼日利亚的航空公司向执政党提供金钱和免费机票以换取垄断地位，那么西方世界就会把它当作显而易见的腐败来加以嘲笑。"在非洲没法做生意！"人们会反驳说，"瞧瞧尼日利亚，他们可真够腐败的！"英航的这一决定在7月16日的年度大会上赢得了热烈掌声，这让我感到惊讶不已。

事实上，英航的影响力远远超出向保守党送钱的地步。那年夏天，我向一群国会议员介绍了英国民航缺乏竞争的问题。然后，我跟这些议员一起喝酒，与其中两位聊起了他们的度假计划。

"你见到你的旅行代理商没有？"一个问道。

"没有，我正打算给他们打电话要我的免费机票呢。"

"这位旅行代理商是谁？"我问道。

"当然是英国航空公司了！"他们异口同声地回答道。

在金勋爵让英航停止向保守党捐款后，我希望英航会因此而失宠，正如以前的捐款显然让他们得宠一样。我还希望政府开始鼓励更多竞争。就在英航召开年度大会的第二天，英国米德兰航空公司的董事长迈克尔·毕晓普爵士和我向媒体发表了一份联合声明，庆祝英国政府开放希思罗机场，支持政府对英航的反驳。

尽管1991年7月我们开始在希思罗运营的事情令人兴奋，但维珍大西洋航空公司显然暂时无法进一步扩张了。结果，在随后的3年中，维珍都没能提供新航线，直到1994年才开通了飞往香港的航班。这一切都是因为，一家航空公司针对更小的竞争者，发动了一场最凶猛、最集中也最邪恶的攻击。

我的世界似乎真的就要天崩地裂了，1991年9月的一个周末，我们来到米尔恩德。年初，我们签下珍妮特·杰克逊，又进入了希思罗机场，在达到这样的顶点之后，现在一切都变得很糟糕了。因为与珍妮特·杰克逊的合同，公司背上沉重的债务，就连维珍唱片公司也遇到了困难。我们的航空公司试图同时在盖特威克和希思罗运营，这让我们疲于奔命，几乎就要崩溃了。此外，有关维珍财务困境的谣言越传越凶。如同被森林大火吞没了一般，尽管我不断踩灭火苗，却也意识到，越来越多的人正在谈论我迫在眉睫的破产。那么多记者打电话问我们的支票是否被银行退回，弄得我差点没法正常思考了。我需要新鲜空气，需要不受干扰地独处一段时间，于是我一圈圈地顺着湖边散步，试图想出对策。我感觉自己就要被面临的问题压倒了。

虽然我们签下了珍妮特，但西蒙对维珍唱片公司的冷漠让我越来越担忧。他不再去各俱乐部寻找新的天才，结果，维珍好几年没推出有影响力的新乐队。在许多方面，能否推出新乐队都是对唱片公司活力的严峻考验。我知道西蒙在担心，如果维珍大西洋公司出个什么差错，就会影响他拥有的唱片公司的股份价值。但是，我也同样担心，他对维珍唱片公司缺乏热情，也许会破坏我拥有的股份价值。他的心思不再放在生意上了，他似乎对自己的个人项目更感兴趣。

在与英航的竞争中，维珍大西洋公司进入一段极其艰难的时期。我们的机械师团队每天要多次开车往返于希思罗和盖特威克，为两边的每一趟航班提供服务，如果这个机场有一趟航班推迟，就会对另一个机场的航班造成撞击效应。威尔听说，金勋爵到处得意扬扬地宣布："希思罗要塞战役已经获胜——维珍就要崩溃了。"

除此之外，英航现在竟然明目张胆地挖走我们的乘客。我们有两篇报告说英航打电话到维珍的乘客家里，试图劝说他们将维珍的航班改为英航的航班。我们的工作人员也看见英航员工在机场终端接近维珍的乘客，企图劝说他们转乘英航班机。

我被夹在维珍的航空公司和唱片公司之间。只有我一个人"脚踏两只船"，另一个将它们联系起来的是劳埃德银行，因为它借给航空公司的贷款是由唱片公司担保的。这是西蒙忧虑的症结所在。但是，航空公司又只能这样运转。

由于维珍大西洋公司遇到麻烦，我们也到了决定维珍唱片公司未来的危急关头。整个夏天，西蒙、特罗弗、肯、罗伯特和我都试图想出办法。我实际上压根儿不想考虑出售唱片公司。然而，随着有关维珍大西洋公司的谣言汇聚成汹涌巨浪，我意识到我们必须付出代价。

《理查德·布兰森的气球会爆炸吗？》，这是10月2日星期三那期《卫报》的头条，它用整个商业版讨论我的债务问题。"在那个点石成金的男人身后，是一个债台高筑、利润低下的联合企业构成的图景。"文章写道。它的副标题是《旋律余音缭绕却无法满足投资需要》。这篇文章让人感觉意外。通常，当记者做人物专访时，即使是恶意攻击，也会联系我核对一些事实。但《卫报》的这位记者从未联系我。

我开始阅读："最近获得的维珍各公司账目展现出一幅令人警醒的景象，现金流量不稳定，无法满足公司的投资要求。"我怀着一种可怕的感觉把它浏览了一遍，这篇文章会引发一大堆类似的报道。如果它的目标是让财经记者知道维珍陷入了这样的困境，那么银行家们会拿走他们的钱，直接放回金库。

"因此，维珍仍然风险很高，"文章总结说，"跟它的主要竞争对手相比，它仍显得渺小。它的主要业务都属于高度易变的行业。回购股份带来的遗留问题，以及这个商业帝国吹气球似的飞速扩张，都带来了棘手的高负债率。布兰森的气球似乎正顺着一条危险的道路，飞向最高的同温层。这是一次刺激的旅行，充斥着装模作样的炫耀。但布兰森先生的气球之旅是不幸的典范，任何行业都不可效仿。"

这篇文章击中了我们的软肋。整个报道都根据潜在的最坏情况来分析。对整个世界来说，或者至少对《卫报》的读者来说，我似乎处于类似于澳洲巨富艾伦·邦德[1]的困境中——理查德·布兰森正在飞快下沉。

别的记者开始打来电话，询问我的反应，我按照威尔和我起草的方案回答。我们试图强调，这些数字实际上很不准确，这篇文章忽视了维珍唱片公司的无形价值，也无视维珍大西洋公司那些飞机的价值。我预定当天飞往日本，由于航班在下午5点起飞，因此我没多少时间回应《卫报》的报道。我给报纸编辑潦草地写了封信，试图对那篇文章一笑置之：

在贵报刊登的文章《理查德·布兰森的气球会爆炸

1　艾伦·邦德（Alan Bond）：澳大利亚企业大亨，他的邦德公司曾价值几十亿英镑，但后因扩张过度，欠下了几十亿英镑的债务。

吗？》一文中，有许多不准确的地方。如果贵报记者撰稿之前跟我联系，这些本来都可避免。再过几分钟，我就要飞往日本了（在这封信的背景下，我却即将成为一名经济学博士，这真是有趣），没时间在一个长长的单子中，向贵报的读者一一列出它们。不过，且让我向您指出一个不准确之处：作为上市公司，我们的利润并未"突然下降"，而是增加了一倍！

我进一步指出，在还清全部债务之后，我所有公司的净资产大约有10亿英镑。威尔过来与我讨论这封信。

"应该不仅仅是写封信就算了，"威尔说，"他们用整整一版的文章攻击你。我想做的是让他们给你整整一版的篇幅，让你为自己辩护。"

"他们决不会那么做的。"

"也说不准，这会导致轰动，那对《卫报》有好处。这比一封塞在第27版、根本没人看的读者来信好多了。"

我们共同写出整整一大篇文章，对《卫报》刊登的那篇文章加以反驳，但是，我在写完之前就不得不离开，前往东京了。我一到那里，就接到威尔的电话。

"好了，我们弄到半个版面，"他说，"总比没有强。我会把草稿传真给你的。《卫报》以为我们会起诉他们，因此，当我们要求获得做出答复的权利时，我相信他们松了一口气。"

我给特罗弗打电话，询问劳埃德银行怎样看待那篇文章。

"真够好笑的，他们对此很不以为意。"他告诉我。

当我给劳埃德银行打电话时，我明白其中的原委。

"是的，我确实看到了那篇文章，"约翰·霍布里说，"但我认为不会有多少人看到它，在我认识的人当中，没人把《卫报》当回事。如果那篇文章登在《每日电讯报》或《金融时报》上，那就另当别论了。"

"那么，关于那笔贷款，你们有什么决定？"我努力装出一副漫不经心的样子，仿佛并不介意结果如何。

"董事会已经通过了，"霍布里说，"我们确立了一种机制，能让我们对维珍的零售业资产享有优先权。"

我放下电话，躺回酒店的床上，闭上眼睛。如果那篇文章出现在别处，伦敦金融城的反应会截然不同。这是一个可怕的事实，不过，对有些银行家来说，印象决定一切。通常，我们总能好好利用维珍给人留下的印象。但这回却头一次出现相反的情况，我们正在努力恢复人们的信心。如果这样一篇文章出现在《金融时报》上，那些银行很可能会收回贷款，让维珍集团轰然倒闭。

我来日本接受一个荣誉博士学位。那所大学曾经要求我坐飞机过去跟学生见面，建议我做问答讲座而不是正式的演讲。我坐在1000名学生面前，教授让他们提问。随后是死一般的寂静，持续了近3分钟。为了打破僵局，我提出，第一个向我提问的人，将获得两张飞往伦敦的豪华商务舱机票。50只手举了起来。在接下来的3个小时中，我一直忙个不停。

我还打算在京都为维珍大卖场物色店址。迈克·英曼和我从东京搭乘火车前往京都。这种火车被称为"新干线"，流行的名称叫

"子弹头列车"。坐在上面就跟坐飞机差不多，上面有音响、乘务员服务，甚至还有自动贩卖机。

"为什么英国没有这样的火车呢？"我一边思索，一边草草写下几条有关英国和日本火车的笔记，然后就把注意力转向大卖场店址上。

接下来那个星期，我回到伦敦。星期五傍晚，威尔的电话响了，是《星期日电讯报》交通运输版记者托比·赫尔姆打来的。他问威尔，假如政府将英国铁路公司私有化，维珍是否有兴趣经营火车。威尔下楼来问我。

"嗯，我们会吗？"我反问道。

我们讨论得越多，就越有感觉。必须让铁路成为解决所有交通问题的方法之一。每次新建成一条高速公路都会很快出现堵车现象，从伦敦开车去曼彻斯特不啻一场噩梦。

"告诉他，我们会有兴趣的，"我提议说，"反正也不会有什么害处。"

《星期日电讯报》的头条是《维珍将进入铁路业》。文中解释说，维珍想获得东海岸的特许经营权，并和英国铁路公司合作。它成为本周的热点新闻——有利于分散人们对维珍资金问题的关注，也很好地抵消了我们受到的所有负面宣传。它表明我们现在考虑的是公司的扩张，而不是为财务问题担忧。这对释放我们的压力发挥了关键作用，记者们暂时停止唠叨我们的财务和即将破产的问题，开始对我们未来的大胆计划产生兴趣。

星期一，形形色色的人都给我们打来电话，包括西门子和通用电气，其中有个自称吉姆·斯蒂尔的人，来自交通咨询公司斯蒂尔·戴维斯·格里夫公司。威尔立刻意识到吉姆是个行家。

"你们必须把这事坚持到底，"吉姆告诉威尔，"我建议你们跟城际公司合作，在125次列车上提供联合服务。"

我们注册了3个可能使用的商标名："维珍铁路""维珍特快"和"维珍飞车"，请吉姆站在行家的角度谈谈他对维珍列车的感想。虽然我们提醒他，我们的预算为零，但他仍然为我们联系上一家叫作"伊莱克特拉"（Electra）的风险投资公司，说它也许会提供一些种子资金做一些调查。威尔和我一起到伊莱克特拉公司去见一个名叫罗恩·戈姆利的人，他同意为我们提供2万英镑做可行性研究。

在准备好一份小小的商业计划书和一个维珍列车模型之后，特罗弗、威尔和我就跟吉姆、罗恩·戈姆利一起，去见英国铁路公司城际服务部主任克里斯·格林、来自交通部的罗杰·弗里曼以及英国铁路公司主管约翰·威尔斯比。我们讨论了维珍经营铁路服务的可能性，但英国铁路公司并不热心。约翰·威尔斯比反对任何私有化，把我们的计划视为得寸进尺的开端。

当他离开会议室时，他扭头跟他的一个同伴说了一句话，这句话不幸通过内部通话系统，传遍整个办公室。他说："在我进坟墓之前，决不许那个笨蛋把他的徽标贴到我的列车上。"

14

1991.10—1993.1

击溃英航，解除危机

英航显然接触到一些本该禁止外人获得的电脑信息。这一点从英航前职员彼得·弗莱明突然写给我的第二封信中得到证实，里面详细描述了英航做过的许多事情。这封信是1991年10月29日写的，它包含的信息比年初那封信更广泛。他再次提到，英航在管理层建立了一个特别工作组，目标是破坏"布兰森形象"。他写道："我感觉这个决定来源于英航最高层。公司对这件事居然如此明目张胆，并且以如此不可妥协的方式描述它，这让我震惊不已。"

关于英航那场运动，彼得·弗莱明已经描述过了，但看到它们被白纸黑字地写成书面材料，我仍然感到吃惊。更有趣的是他进一步突出强调的一些细节："我意识到，下面几点跟英航试图逼迫维珍破产的事情有关。它们未必构成反竞争行为，但究竟是否如此就得由你自己判断了。"

他列出的问题包括：英航故意申请飞往日本和澳大利亚的起降时段，它并不需要它们，之所以这么做，唯一的目的就是阻止维珍得到它们。英航在盖特威克地区有一支拉生意的特殊销售队伍，提供从盖特威克出发的低价机票，挤压那里的所有航空公司的利润

（同时继续对英航的希思罗航班实行高价垄断）。如果有乘客搭乘维珍航班从日本飞到盖特威克，随后又想转乘英航班机，那么英航就拒绝给他们订票，迫使他们来回都乘坐英航的飞机。英航还偷偷潜入计算机订票系统，获取我们的订票信息。

"在我看来，"弗莱明写道，"英航缺乏诚信，这种风气直接源自处于公司高层的金勋爵，并不幸渗透了整个机构。"

现在，凭借彼得·弗莱明提供的证据，我知道了英航在幕后做的一些事情，也知道了他们在新闻界的所作所为。尽管受到两面夹攻，但我至少知道了英航到底玩的是什么花招。他们非常阴险，不过现在，我可以考虑怎样报仇雪恨了。

《布兰森抨击英航的"诡计"》，这是《星期日泰晤士报》1991年11月3日的头条。文章跟我想象的不太一样，但它说的仍是事实。我一直希望《星期日泰晤士报》会不惧风险、正义凛然地指出英航的诡计有多么可耻，而不是仅仅重复我的声明。但这至少是一个开端。文章援引我的话说，我有一份单子，列出了针对英航的100项指控，除非英航停止其肮脏诡计，否则我就把它提交给欧洲委员会。

"理查德，英航居然会干这种勾当，说出来连你都不会相信。"龙尼·托马斯告诉我。

"跟我说说看，"我说，"在这个特殊时刻，我还有什么不敢相信的呢？"

龙尼·托马斯在纽约经营自己的豪华轿车公司。他20年前从曼哈顿一个普通出租车司机起家，慢慢攒够一笔钱后，就把那辆破旧的黄色出租车换成了一辆漂亮的豪华轿车，在纽约的两个机场专门提供接送乘客的服务。当我1986年与他见面时，他已经成功地建立起自己的豪华轿车服务体系，共拥有200多辆汽车。他从报上读到，维珍大西洋公司将为所有豪华商务舱乘客提供豪华轿车接送服务，于是就给我打了个电话，竭力想揽到整个生意。他赢得了这笔业务，多年来，龙尼的服务从未让我们失望。

前几天，他和他的司机们发现，当他们在街边让乘客下车时，英航员工就会迎上来，向乘客提供种种"优惠"，鼓动他们搭乘英航而非维珍的航班。龙尼曾经和他们发生激烈争吵，后来，他接到英航的电话，不许他在英航位于肯尼迪机场的专用客运站接送乘客。

"你以前遇到过类似的事情吗？"我问龙尼。

"没有，伙计。"他说，"我认为美国的各家航空公司已经够没绅士风度的了，但跟英航相比，完全是小巫见大巫。"

我不知道这是否违法，英航不择手段地从我们这里挖乘客，而这肯定是最明目张胆的做法。

在《星期日泰晤士报》揭露了英航的一些诡计之后，下一家跟进的报纸是《卫报》，它在头版头条发表了一篇文章，标题是《英航因中伤维珍而受到攻击》。另外又用一篇占据了整整一版的文章，分析了英航的诡计，标题是《维珍向欧洲委员会提出控告，给英航的做法投下更多疑云》。

英航不顾这些文章的批评，继续玩弄肮脏诡计。不管有多少准确的媒体报道发表，英航对各种批评一概不做回应。面对整个世界，他们把我当作一个不能承受竞争的人，把我的指控当作歇斯底里的过度反应而不屑一顾。他们的傲慢不可一世。显而易见，英航不把我们赶走就誓不罢休，我知道自己不得不给予更猛烈的还击。我变得越来越绝望，开始寻求通过法律手段反击英航。

"在美国，这其实是个反垄断案，"在我们全面回顾了英航的诡计之后，杰勒德总结道，"但英国没有相应的法规。"

英国缺乏规范民航业竞争的法律条文，这实在令人吃惊。在这种情况下，垄断委员会和公平贸易局都无权管辖英航，因为他们只能调查航空公司的合并，而CAA除了从安全角度为飞机服务并监督机票价格，也没有多少管辖权。尽管英航是一家类似于英国电信的私有化垄断企业，却没有像英国电讯管理局那样的政府部门监督它。我们已向欧洲法院提出控告，根据《罗马公约》第85款的公平竞争原则，该法院有一定的理由对英航做出否定裁决，但它实际上缺少必要的强制手段来迫使一家公司改变其商业策略。事实上，我们向欧洲法院提交的一系列控诉只能发挥宣传作用。

我并不想把英航告上法庭。我知道这花费不菲，风险很大，知道他们会雇一支最好的律师队伍，利用它作为大型航空公司能够收集的大量统计数据，来将我们和陪审团压倒。我只想阻止他们的肮脏诡计。当我寻求其他途径劝说英航放弃他们的活动时，我想到了那些非执行董事。我已经给金勋爵写过信，却无济于事，因此我希望英航的非执行董事们能更加不偏不倚。如果我要求他们调查其公司发生的事情，那么从原则上说，他们就必须重视这个要求。非执行董事和执行董事都承担着同样的法律责任，不过他们通常只是在董事和持股人发生冲突时，才维护持股人的利益。既然英航现在的行为能够造成这样的冲突，他们就会因此而受到指责，并且又受到媒体和维珍大西洋公司的指责，那么持股人就应该要求他们对公司董事们做的事情做出解释。

英航的非执行董事包括迈克尔·安格斯爵士（他当时也是索恩-百代的董事，以前担任过联合利华的董事长）、怀特勋爵（他和汉森勋爵一起经营汉森信托公司）、查尔斯·普赖斯阁下、弗朗西斯·肯尼迪爵士和迈克尔·戴维斯。他们的名字读起来就像是商界的《德布雷特贵族年鉴》。我花了一个星期起草这封信，把我们知道的所有英航诡计都列了出来。1991年12月11日，我终于在这份总共长达11页的文件上签好名，把它们寄了出去。这封信在概述了众多事实后，得出结论：

> 我希望您对这封信中提到的问题加以调查，给予详细的答复，并向我保证，您会保证调查这里揭露的行为，阻止任何类似的行为，并且再也不要重犯。
>
> 当初英航为消除莱克航空公司造成的竞争威胁，也给自己酿成了苦果，我原以为，英航从这段经历中学到的教训，足以防止他们再以同样的手段对付其他竞争者。我相信您还记得英航因打击莱克航空公司而自食恶果的往事。英航的私有化计划被打断，他们在美国的董事面临刑事检控的威胁，管理时间遭到极大浪费；英航招来大量负面宣传，花掉了数百万美元的诉讼费，并且还支付了最大的单笔诉讼和解金。

在信后面，我还加上一份共有8页的附件，覆盖了我知道的所有细节。我将那些肮脏的诡计分成6部分：媒体运动，破坏性花招，飞机维护问题，市场营销，肮脏的诡计和私人侦探。我在最后一种类型后打了个问号，因为我仍然觉得这难以置信，然后又写道："最近发生了一些怪异的事情，简直就像《至尊神探》里面的情节，而非发生在民航业中的事情。"我讲述了自己挑选出来的那些片段，并且问道："您能解释这些事情吗？我无法相信，像英航这样的主要上市公司，居然会支持此类行为。"

信寄出之后，我不知道会有怎样的回应。我不希望起诉英航。即使把每天用来对付英航的18个小时花在别处，我也有足够多的事情要做。我深切地意识到，当我们打这场战役时，我被迫忽视维珍集团内的其他所有业务。

我不知道那些非执行董事是否认为我不敢打弗雷迪·莱克那样的官司，该案制造了100多万份法律文件。弗雷迪爵士是在他破产后起诉英航的，那时他能投入全部精力打官司。但到那时，英航当然也完成了他们的任务。这次诉讼或许推迟了他们的私有化，迫使他们付出了1000万英镑的赔偿金，可在莱克的飞机不再翱翔蓝天之后，英航立刻提高了跨大西洋航线的机票价格，由此获得大笔利润，相比之下，那笔赔偿金不过是九牛一毛。我试图一边管理航空公司，一边阻止英航的诡计，但英航似乎不把维珍逼破产就决不罢休。

不管那些非执行董事有何反应，我确信他们不会忽视那份详细列举英航肮脏诡计的附件。他们要对自己的持股人负责，于是我们向媒体公布了这封信，确保英航持股人也有机会读到它。

令人惊异的是，我第二天就收到了科林·马歇尔爵士和迈克尔·安格斯爵士的回信。迈克尔·安格斯拒绝对此事负责，他指出，"对于一家上市公司的非执行董事，按照你要求的方式向第三方负责是完全不合适的"，并总结说，"采取行动的正确程序是向整个董事会提交这种主张"。

科林·马歇尔爵士的回信同样表现出屈尊俯就的态度。他断然否认英航试图蓄意损害维珍或"以非正常的推销和宣传手段参与竞争"。他暗示，我们提出这些"说法"是为了搞宣传，说我应该"把真正的精力投入到更有建设性的目标上"。

考虑到这两位董事给我回信的时间，他们不可能对我那封信的内容做任何调查。

此后的一段时间，似乎英航对这些事的描述逐渐占了上风。到处都有人引用科林·马歇尔爵士的话，声称我的说法"完全没有根据"。

我那些抨击英航的说法已经是箭在弦上不得不发。除非英航道歉并结束其肮脏诡计，否则我将在那封致非执行董事的公开信之后采取某种法律行动。困难在于怎样找到合适的起诉理由。

我们之间的争吵造成一个直接的损害，我本应预见这一点：维珍大西洋航空公司完全无法筹集任何资金了。我们的美国投资银行所罗门兄弟公司正试图私下里出售股份，以筹集2000万英镑的资本。但是，正如在莱克诉讼案拖延期间英航不可能售出股票一样，因为我们似乎打算和英航对簿公堂，所以也没人敢碰维珍的股票。而且我们仍在遭受亏损。当我们忙作一团，试图弄清英航的诡计时，我们的贷款银行团却一直在观察公司的现金流。在降冬时节，那些数字显得更加惨不忍睹了。

我意识到，事情发展到这个程度，我其实是在为英航谋方便。他们的目标之一就是阻止我扩大维珍大西洋公司的规模，而我要做到这一点，就只能为航空公司再筹资金。我越是大声抱怨他们的肮脏诡计，其他航空公司、风投公司或投资者就越不愿向维珍大西洋公司投资。局外人很可能会认为这一切都是无风不起浪。如果维珍大西洋公司即将被英航这样的大企业挤出市场，那就没人会向我们这样的小航空公司投资；如果我们打算针对世界上最大的航空公司之一，提起漫长而昂贵的诉讼，同样没人愿意向我们投资。出现这两种情况，我们都必输无疑。

　　没有了来自伦敦金融城的资金，维珍大西洋航空公司继续对资本求之若渴。到1991年圣诞节，维珍大西洋公司仍在举步维艰的冬季淡季中苦苦挣扎，入不敷出。我们的6家主要贷款银行不断给特罗弗写信，提醒我们明年4月归还贷款。劳埃德银行是我们的清算银行，因此能看见我们起伏不定的收入和支出，他们变得越来越焦虑不安。或许英航打算赌一把，即使我们真的宣布采取法律行动，他们也能拖延足够长的时间，把我们拖到破产。甚至在我发出12月11日那封信之后，英航依旧厚颜无耻，对我的说法一笑置之。

　　我平生第一次感到不知所措。我花大量时间思索，变得沉默寡言。威尔的情况和我相反，他因为无法痛击英航，整天怒气冲冲，在沮丧中吼叫、咆哮。

　　12月21日，我们收到一封劳埃德银行的信，进一步加剧了我们那种身陷重围之感。这封信提醒我们，我们最近超过了5500万英镑的透支限额，并且明确指出，银行之所以允许我们超过限额，是因为我们需要这笔钱支付薪水，而且国际航空运输协会确认第二天会把750万英镑打入我们账号。它警告我们，银行不会"再次积极回应突破5500万英镑透支限额的要求"。信的最后祝我们圣诞快乐，过一个"压力较轻的新年"。

如果那750万英镑晚一周打进我们的账号，劳埃德银行很可能会退回我们的薪水支票。如果维珍大西洋公司破产，我甚至无法保证维珍唱片公司不受损害。我怀疑航空公司的破产会给珍妮特·杰克逊或菲尔·科林斯留下不好的印象。

在讨论到哪里弄到足够的资金来偿还部分银行欠款时，我们越来越清楚地意识到，自己必须找到根本解决方法，总为了增加小笔贷款而跟银行争论也不是办法。维珍唱片公司是我们唯一真正盈利的企业，也是我们拯救航空公司的唯一机会。由于英航的纠缠不休造成了负面宣传，给维珍带来很大压力，我们无法顺利出售维珍大西洋公司，但可以卖掉维珍唱片公司。如果出售维珍唱片公司，我们就能拯救航空公司，留下两家强大的公司。如果关闭维珍大西洋公司，那就只剩下一家强大的公司和一家破产的公司，并造成2500人的冗员，而维珍集团作为一个公司和品牌，也会变得体无完肤。

我给约翰·索恩顿打电话，他仍在和几家有兴趣收购维珍唱片公司的企业磋商。我怀着越来越强烈的不祥之感，关注他的进展，对此既无热情，又没法阻止。约翰告诉我，索恩-百代现在已经提出4.25亿英镑的预付款，而且从第二年开始，按照公司获利能力，向我们分期付款。可是，跟戴维·格芬向MCA出售其唱片公司的价格水平相比，仍然偏低。1990年3月，他把自己的唱片公司卖了5.2亿美元，相当于其年销售额的2.6倍。如果按照同样的倍数计算，维珍唱片公司的价值将是我们3.3亿英镑年销售额的2.6倍——

超过8.5亿英镑。

1992年1月期间，劳埃德银行不断向我们施压，降低我们的透支限额。劳埃德银行的约翰·霍布里采取了更加强硬的姿态。自从我们一年前提出可能出售维珍唱片公司后，这就成了他最希望听到的消息。为什么再没有任何进展？他们能亲自和高盛公司谈谈吗？从他们的角度看，只要维珍唱片公司还没有出售，它就只是一些唱片合同的集合——只是无形资产。他们不明白为什么要拖延这么久。维珍唱片公司出什么差错了吗？竞买者都放弃了吗？我们曾轻描淡写地提到这家公司价值10亿美元，它真的值那么多钱吗？他们越来越没有耐心了，他们希望维珍能用真正的现金将借走的贷款归还给他们的金库。我们面临的一个问题是，我们有大量欠款都应该在4月归还，我们能否说服银行把还贷日期往后延长？特罗弗和我都感到怀疑。

劳埃德银行的信让我想起自己从顾资银行接到的一些信，当时，看见一个留着披肩发的客户赤脚走进他们的办公室，讨论贷款购买一栋位于牛津郡的庄园，顾资银行的工作人员不知所措。现在，我的头发变短了，维珍变大了，但银行却依旧忧心忡忡。尽管我们从来没有不付款，他们却有其他一些破产的客户，这让他们感到担忧。

这篇有关股市的报道概括了1月初的投资环境：

> 现在，负债累累的蓝罗集团及其主要贷方劳埃德银行、渣打银行、巴克莱银行和国民西敏寺银行的态度成为

关注的焦点。蓝罗集团董事保罗·斯派塞坚持认为，蓝罗跟它的各家银行之间关系"正常"，他们并未向自己"施加压力"。但是，在宝丽碧、布恩特沃克和马克斯韦尔的债务崩溃之后，如今伦敦向那些由强势个人领导的企业提供大笔贷款的银行家们，几乎没有一个过得轻松。不管是否属实，蓝罗现在都受到"大亨因素"的压制，经济衰退更让他的处境雪上加霜，恰好在他必须出售业务来筹集现款时，其资产价值严重缩水。这位老资格的大师以前曾绝境逢生，谁也说不准他能否再次脱险。然而，这次的压力确实很大。

看起来，构成这个故事的各种因素跟我们有着不祥的相似之处。

当劳埃德银行看见他们借给一个创业型公司的钱危在旦夕时，约翰·霍布里再次努力控制我们的透支。在一封写于1月3日的信中，他指出，我们的透支一直在不断上升，劳埃德银行"无法资助这样的资金外流"。显然，劳埃德银行希望我们在那个月之内就卖掉维珍唱片公司。约翰提醒我们，必须在当月月底之前全部还清我们的透支，同时还不能再次提高我们的透支能力。我们居然还想抓住维珍唱片公司不放，并期待获得比索恩-百代更高的报价。他对此表示惊讶。

这就跟1984年我们面临的顾资银行危机一样糟糕。尽管当时我们还有时间，能够去跟其他银行磋商，组成财团。然而，对银行家和航空公司来说，1992年1月是一个糟糕的月份，就跟欧洲航空公司和丹纳尔航空公司破产的1991年1月差不多。所有的银行家都慌作一团，很难保持平静。

我们欠劳埃德银行5500万英镑。进入2月和3月后，我们的航空公司还需要3000万英镑的现款资金。冬季那几个月是花费最高的，因为在乘客数量下降的同时，我们还不得不支付所有重要的飞机维护费用。关于无担保的贷款就说这些了。从收入的现金看，我们知道维珍唱片公司那年有3.3亿英镑的销售额，营业利润为3800万英镑，我们预计明年的销售额将达4亿英镑，营业利润达7500万英镑。但劳埃德银行不愿意等待。我看得出来，我们必须有所付出。

泰晤士电视台又做了一期有关英航与维珍大西洋公司之争的节目，预定2月底播出。这一期是泰晤士电视台全国时事新闻旗舰节目《本周新闻》做的。1月初，节目制片人马丁·格雷戈里为拍摄这部纪录片来找我们，这是威尔和我跟他首次见面。我们尽量把有关英航的事情全告诉他，再让他去做独立调查。马丁与彼得·弗莱明以及我们没见过的其他英航前职员谈过，设法证实了我对英航肮脏诡计的诸多指责。英航拒绝参加这次节目，他们的法律总监默文·沃克写信给马丁·格雷戈里，谴责他落入了"理查德·布兰森的陷阱，被他当作宣传工具加以利用"。还有什么比这更能激怒一位独立电视节目制片人的呢？

我对这个节目犹豫不决。我明白，通过展现那些针对我们的所有肮脏诡计，观众会产生两种反应。首先，他们会看到我们的薄弱之处，认为维珍大西洋公司可能会破产，因而远离我们。尽管"飞机会从天上掉下来"是为英航工作的布莱恩·巴沙姆说的，但仅仅这句话就会给人们留下深刻印象，让他们对搭乘维珍航班心存忧惧。不过，公众也同样可能把我们当作受欺压者，给予我们帮助和支持。后者是我的主要希望所在。杰勒德还指出，由于电视观众如此广泛，这个节目说不定会唤起人们的回忆，促使他们打电话给维珍大西洋公司，讲述其他故事，帮助我们收集证据回击英航。2月27日的星期四，我在航空公司位于克劳利的销售部安排了30名销售人员，让他们守在电话总机旁，以防有人给我们打电话。

《本周新闻》的纪录片《侵犯维珍？》从一个俯拍镜头开始，展示了莫哈韦沙漠中封存的所有飞机。这里就像个飞机太平间，停放在空气干燥的沙漠中，它们就不会生锈。飞机上的燃油已经抽干，部分零件被取掉，引擎和阀门也都用银箔包了起来。在这幅令人难忘的图景中，传来解说人的声音：

"维珍航空公司大叫'强奸！'，理查德·布兰森声称，英国航空公司正在破坏他的生意。"

"世界上有公平竞争，也有不公平竞争，"我对记者说，"但我简直不敢相信，英航居然会采用这些肮脏的诡计。"

这部纪录片采访了彼得·弗莱明，当他描述英航建立特别小组来败坏我的声誉以及英航大规模销毁文件时，影片将他的面部隐藏起来，对他的声音也做了失真处理。一位同样经过画面和声音处理的美国证人描述英航也在美国销毁了有关维珍的文件。在纽约，龙尼·托马斯说起维珍乘客从他们的豪华轿车上下来时，被英航强行留住。一位洛杉矶的旅行代理人描述了乘客在听说维珍即将破产后转乘英航班机。接着，我们听见布莱恩·巴沙姆告诉克里斯·哈钦斯：维珍是"靠不住的生意——完全靠不住"，字幕打出了他说的这句话。弗雷迪·莱克爵士也重复了他的建议：起诉那个浑蛋。

《本周新闻》的记者拦在英航一些工作人员的门口要求采访。他们在纽约碰到了英航的一个副总裁迪克·埃伯哈特，又在戴维·伯恩赛德位于伦敦切尔西的住宅外面找到他。两个人都拒绝回答任何问题。在纪录片的末尾，再次出现几个鸟瞰沙漠中那一大片封存飞机的镜头，它们在加利福尼亚的阳光下无助地闪着银光，英航也希望在这里看见维珍飞机群。

　　"也许理查德·布兰森已经到了要么出售公司、要么关闭公司的时候，"最后的画外音说道，"否则维珍大西洋公司的飞机将会跟莱克公司的飞机一样，以沙漠作为最后的归宿。"

　　有超过700万的观众观看了《侵犯维珍？》，那天晚上，我们接到400多个电话。大多数打电话的人只是向我们表示同情，说他们再也不搭乘英航飞机了。但是，在这些表示同情的人当中，也有很多人提到，当他们在机场办理维珍航班的登机手续时，有英航的工作人员找到他们。接着，我们意外碰上了好运。

　　2月6日，伊冯娜·帕森斯在家里接到一个电话，对方自称是维珍订票部的工作人员，告诉她这趟航班已经超员。既然她没有订到票，问她是否介意改乘英航班机。这让她忍无可忍。在过去的8个月中，伊冯娜·帕森斯曾4次往返于英、美之间，每次都碰到维珍出现所谓的"订票错误"。去年10月，有个自称"维珍代理人"的"玛丽·安"，把电话打到帕森斯位于纽约的办公室，说她预订的维珍航班已经超员，为了补偿由此造成的不便，她可以在第二天乘坐协和式飞机——不收取额外费用。帕森斯拒绝了这个提议。她定期往返于纽约和伦敦之间，她更喜欢维珍的航班——在登机之后。她是一位应该受到重视的顾客，而维珍居然对她如此漠不关心，这让她非常吃惊。她要求把自己列入她那趟航班的等候者名单，要求"玛丽·安"第二天打电话过来，告知她是否订上机票。

帕森斯还曾在8月接到自称维珍员工的"邦妮"打来的电话，说她的航班推迟了，在9月接到自称维珍员工的"拉里"打来的电话，说非吸烟区的座位全都订满了。"玛丽·安"和他们一样，都未能在第二天给帕森斯回电话。于是，帕森斯便打电话给维珍的订票部，要求跟"玛丽·安"说话。

"我们这里没有名叫'玛丽·安'的人。"订票部的人告诉她。

"那么昨天是谁给我打电话，说10月16日的航班订满了？"帕森斯问。

"10月16日的航班？不，您已经订上票了，在非吸烟区。"

伊冯娜·帕森斯感到非常困惑。她对维珍也很愤怒，于是，在这一年随后的时间里，她改乘美国航空公司与美联航的飞机。今年2月，她决定最后试一次维珍航班，令她难以置信的是，又有一名自称维珍订票部的人打电话，说机票已经订满，问她是否愿意搭乘英航的飞机。

随后，她看到《侵犯维珍？》这个节目。第二天，她给维珍打来电话，并被转接到我们律师那里，向杰勒德讲述了自己的故事。

"当我看那个节目时，"她对他说，"我忽然意识到，我肯定落入了英航精心策划的无耻骗局中。每次他们都让我换乘英航而非其他航空公司的飞机，我怀疑他们是英航员工假扮的维珍订票部工作人员。"

"我们弄到一份令人震惊的陈述，"杰勒德记下帕森斯的故事后告诉我说，"我们可以单独就她遭遇的事情提出诉讼。"

周五，我正在基德灵顿，威尔给我打来一个电话。

"理查德，"威尔说，"我在公用电话亭，刚从盖特威克下飞机。我拿到一份《英航新闻》，头版头条的标题是：《布兰森所谓的'肮脏诡计'毫无根据》。他们说你在撒谎。"

那个节目播出时，威尔正在滑雪度假。节目播出时间和他的度假日期都改变了好几次，以避免它们重合，但不幸的是，它们还是冲突了。有那么多人给我们打电话，我只好让威尔回来处理酝酿中的公关风暴。于是，他就匆匆忙忙地回来了，刚到盖特威克。

《英航新闻》里那篇文章是这么说的：

> 昨晚，在泰晤士电视台的时事节目《本周新闻》中，播出了理查德·布兰森认为英航用"肮脏诡计"对付维珍的说法。英航曾受邀参加这个节目，但经过仔细考虑后拒绝了。我们的法律总监默文·沃克已致信泰晤士电视台主持人马丁·格雷戈里，全面地阐述了其中的原因。

这篇文章其余的篇幅就是默文·沃克那封信的原文，他谴责泰晤士电视台落入了我的宣传陷阱，声称英航不会"在挑动之下，玩布兰森先生那套徒劳的游戏，因此必须拒绝参与节目"。

"真是胡说八道，"我们异口同声地说道，"他们居然说我撒谎，这是诽谤。"

这让我们忍无可忍。威尔从荷兰花园把那篇文章传真给我。我们联系上杰勒德，他同意我们的说法：英航在诽谤我。如果起诉英航在希思罗机场滥用其垄断地位，这个案子会非常复杂，与之相比，起诉英航诽谤就更容易找到证据，也更容易向陪审团说明问题，同时又能把所有事情都公之于众。

星期一早上，我发现金勋爵给所有向他写信质疑英航肮脏诡计的电视观众写了一封私人信件，向他们保证我的说法全无事实可言。实际上，信中重复了相同的诽谤，而且同样是面向公众的。我决定要连同金勋爵一起起诉。

在接下来这个星期，出售维珍唱片公司的事情终于降临到我头上。

桌子上放着5.6亿英镑——10亿美元，可我却不想要。

"他们想在今天下午两点前知道答复。"约翰·索恩顿告诉我。我挂断电话，看着对面的西蒙和肯。在过去的20年里，我们把公司发展到这个规模，却怎么也都没想到会把它卖掉。

从很多方面来说，跟滚石乐队签约都是我想要维珍唱片公司达到的巅峰。为了签下他们，我们奋斗了20年，而今，我们旗下终于拥有世界上最伟大的摇滚乐队了。1973年，维珍唱片公司创立之初，我们完全依赖麦克·欧菲尔德的天赋；现在，我们已经发展成熟，成为全球众多顶尖乐队首选的唱片公司。艺人们已经目睹我们怎样开创菲尔·科林斯的个人事业、怎样宣传"UB40"和头脑简单乐队、能够为"文化俱乐部"和彼得·加布里埃尔做些什么，他们希望与我们签约。但是，就在我们达到巅峰之际，这一切都结束了。

"肯？"我问道。

"由你定。"他说。

"西蒙？"

"接受这笔钱。你别无选择。"

每当有人跟我说我别无选择时，我总想证明他们是错的。在过去的几天里，索恩-百代起先提出一个合股报价，能让我拥有14%的索恩-百代股份，成为它最大的股东，随后又提出更高的现金报价。尽管索恩-百代现在改变了策略，提出的现金比股份多，我却更喜欢那个股权交易的选择，因为这意味着我拥有索恩-百代的部分股份，今后可以此作为基础，竞买这家公司。困难在于，每个人都告诉我，这么做太冒险。因为我无法用这些股份做担保，借更多的钱支持维珍大西洋航空公司。拥有索恩-百代的股份可不是什么牢靠的担保。尽管我已经拟好一封给全体员工的信，解释说我打算接受索恩-百代的股份，从而保留这家公司的一份产权，但我却只能很不情愿地改变主意，选择现金报价。

在最终同意接受报价之前，我给彼得·加布里埃尔打电话，向他透露了这个消息。我需要他的建议，我也意识到这次出售会影响他的职业。

"别那么做，理查德，"他说，"说不定哪天晚上你就会流着冷汗醒来，希望自己从没做这件事。你再也没法把唱片公司买回来了。"

我知道他说得对。这跟琼的说法完全一样。然而，来自英航的压力太大了。到现在，我已经非常肯定，劳埃德银行打算取消我们的抵押赎回权，因此我别无选择。我还意识到，西蒙也希望卖掉公司，他宁愿得到现金，也不愿通过持有股份，继续卷入维珍集团的事务。接受索恩-百代的股份或许会延长维珍大西洋公司的垂死挣扎，一旦它破产，这一切努力都将变得毫无意义。我的首要目标是挽救维珍大西洋公司，不让它破产；而我出售维珍唱片公司的唯一原因恰恰是它经营得非常成功——这真是残酷的抉择。卖掉维珍唱片公司，我就能挽救维珍的声誉。这样，就会有一家安全无虞的航空公司和一家安全无虞的唱片公司——虽然拥有唱片公司的是索恩-百代——而不是一家苦苦挣扎的航空公司和一家唱片公司。我知道西蒙会离开维珍，但我仍是公司的总裁。最重要的是，肯打算继续在索恩-百代门下执掌维珍唱片公司，他会保护维珍的声誉。

我给特罗弗打电话，他证实了银行的立场。

"现金是唯一的选择，"他告诉我，"这意味着我们能够还清所有贷款，东山再起。这会让你获得完全自由。而且，当你考虑索恩-百代的股份时，想想当初股市崩盘后发生的事情。"

这让我下定了决心。如果我接受索恩-百代的股份，而股价又突然暴跌，那么，我无法制止银行的干预。弗雷迪·莱克爵士曾经提醒过我，那种事情会很快降临，快得让你透不过气来。就像维珍一样，他的航空公司也跟英航打了一场持久战。然而，就在他需要银行支持时，他们却收回了贷款。他被邀请到银行去，他本来希望，看在公司第二年会生意兴隆的分上，银行会答应稍微增加他的透支额。可当他到达银行时，却被带到一间侧屋，整整30分钟都没人理他。最终，他设法找到了银行董事，后者邀请他来到另一个房间。他刚一进去，看到他们的脸色，就意识到发生了可怕的事情。

"我们已经让莱克航空公司进入破产管理了。"他们告诉他。

全都结束了。委托管理人解雇了所有员工，把大楼里的锁全部换掉，没收了公司的所有财产，归还了飞机，任凭乘客被困在机场，对此弗雷迪爵士根本无能为力。一夜之间，莱克航空公司在盖特威克的登机服务台便消失了，售票处也停止了机票预订。电话被拔掉，仅仅6个小时，就让他一生的心血化为乌有。正是弗雷迪爵士的经历让我没再进一步逼迫银行。一旦让他们控制了局面，维珍大西洋航空公司就完了。就算10亿美元摆在桌上，也难以安慰我。

尽管我非常顽固，却也意识到自己有时必须让步。"活在当下，"——我脑子里响起父母那句老格言——"车到山前必有路。"尽管我本能地希望继续参与维珍唱片公司的工作，接受索恩-百代的股份，但我对财务安全的需要压制了这种渴望。约翰·索恩顿鼓吹我应该接受股份，但他并不了解全局；彼得·加布里埃尔劝说我千万别出售维珍唱片公司，他也同样不了解全局。我拿起电话，给高盛的约翰·索恩顿打电话。于是，我让维珍唱片公司成为过去。

"我要现金，"我听见自己说，"其余的事就交给你了。"

"好的，"他说，"现在律师们正在做最后的准备。等需要你过来时，我会给你打电话的。"

尽管我挽救了航空公司，我却觉得自己仿佛扼杀了心里的什么东西似的。看着西蒙和肯，我为我们即将各奔东西而难过。从某些方面来说，我觉得肯是最幸福的，他会继续留在索恩-百代旗下的维珍公司里，很快就能发行珍妮特·杰克逊和滚石乐队的唱片。我不知道西蒙有何打算，不过我估计他会喜欢过一种更宁静的日子。我知道，一旦失去维珍唱片公司，我就不得不从角落里走出来，回去跟英航决一胜负。我已经记不清我们斗过多少个回合了，我开始感到一阵眩晕，疲惫不堪。

在签订合同之前，我们不得不再等一段时间，由于富士产经集团持有我们25%的股份，根据一个优先购买权条款，他们可优先向维珍提出报价。我们还得决定，是该接受索恩–百代5.1亿英镑的现金报价和维珍公司5000万英镑的固定债务，还是该接受5亿英镑的现金，并在4周后的结束日期接受公司留下的任何债务。尽管我们不得不继续按照平常的方式管理维珍唱片公司，但肯确信，到收购程序结束时，债务会减少。

"目前有一些唱片卖得很好，"他说，"让我们现在收下所有的钱吧。"

于是，我们选择了5.1亿英镑外加维珍唱片公司的5000万英镑固定债务。结果证明肯是对的（一直如此）！通过这个选择，我们额外赚到1000万英镑。与此同时，我们还不得不等到凌晨3点钟，等富士产经集团最终选择跟我们同甘共苦，接受索恩–百代的现金。天刚破晓，我们就开始签合同。第二天早上，索恩–百代宣布自己以10亿美元——5.6亿英镑的价格，收购了维珍唱片公司。

西蒙、肯和我来到我们位于哈洛街的办公室看望员工。

"简直就跟死了爸妈一样难受，"我们进去时西蒙对我说，"你以为自己已经为这一天做好了准备，可是，当那一切发生的时候，你才意识到自己根本无法应付。"

我觉得这更像是失去自己的孩子。西蒙、肯和我白手起家创办了维珍，每次在它看起来就要完蛋时，我们都设法渡过了难关，依靠一代又一代的音乐让它重获生机，在本行业中一直是最令人兴奋的唱片公司。当其他唱片公司——例如苹果——仍以披头士乐队和阿比路作为自己的象征时，维珍已经从麦克·欧菲尔德和大锣乐队跳到了性手枪乐队，然后是"乔治男孩"，然后是菲尔·科林斯，然后是彼得·加布里埃尔，然后是布赖恩·费里，然后是珍妮特·杰克逊和滚石乐队。在每一个时代——嬉皮士、朋克、新浪潮——西蒙的音乐品位都大获成功，而肯则让大家团结在一起。

现在，肯站起来告诉大家，他们将成为索恩-百代的员工，而他也将留在百代公司，确保维珍的独立性。西蒙开始讲话，他的眼泪却突然夺眶而出。每个人都看着我，我站起来，想强忍住泪水，却无济于事。我处在一种棘手的状况中，又没法跟他们说明卖掉公司的真正原因。如果我说出真相，把银行对维珍大西洋公司的态度告诉他们，那么航空公司和维珍集团其余的公司都将会因为缺乏信心而遭到破坏。航空公司完全建立在信心的基础上，承认我们的劣势就会吓跑乘客。因此，尽管我痛恨自己摆出一副大发横财的样子，却仍然站在那里，告诉他们，如果他们不愿留在百代，那么每个人都可获得在维珍大西洋公司工作的机会；如果愿意留在百代，肯保证会照顾好他们所有人。当乔恩·韦伯斯特建议，为了"我们一生中最美好的时光"而公开向我、西蒙和肯表示感谢时，我再也忍不住了。我离开房间，泪流满面地开始顺着拉德布罗克树林一路飞奔。

我不顾路人的注视，肯定跑了差不多一英里。经过一家报刊亭时，我看见一份会让大多数成年人破涕为笑的《旗帜晚报》海报：布兰森卖了5.6亿英镑现金。我跑过报刊亭，眼泪仍然顺着我的脸哗哗流淌，不知道为什么，我朝家里跑去。琼出去了，于是我走进厨房，放上水壶。这是3月里一个寒冷的清晨，但在花园的尽头以及荷兰公园里，樱桃树已经开花。当我凝视着窗外时，一只狐狸从树篱中的隐蔽处跳了出来，朝后门一路跑去，琼在那里给它留了些残羹剩饭。它叼起一块鸡骨头，转身消失在矮树丛里。我记得最近看到过一张金勋爵的照片：他骑在马上，全副狩猎装备，光彩夺目。

"感觉沮丧至极，"我在笔记本上提到接受现金而非股份的决定时写道，"我这辈子还是第一次决定遵循保守路线，我的所有顾问（除了约翰·索恩顿）都鼓吹的这条路线。"

肯通过选择固定债务，让我们额外赚了1000万英镑；在向富士产经集团付款时，又通过货币兑换，让我们赚了900万英镑。索恩-百代向我们支付了5.1亿英镑的现金，其中的1.275亿英镑必须付给富士产经集团。富士产经集团希望他们的那份钱是日元，我们只得把它兑换一下。从拿到现款到6月1日完成转交，我们有一个月的时间把那笔钱转付给富士产经集团，因此必须选择兑换日元的时间。西蒙和特罗弗希望马上兑换，这样我们大家立刻就知道自己拥有多少财富了。肯和我不那么着急，倾向于在汇率上赌一把。我们一直以英镑的形式保留那笔钱，幸运的是，英镑对日元的汇率上涨了，于是我们就把钱捏到最后一刻才兑换成日元，又为我们赚到了900万英镑的利润。什么都比不上一点好运气。

就这样，危机解决了。从5.1亿英镑的原始收购现金中，富士产经集团获得1.275亿英镑，我们获得超过3.9亿英镑。西蒙和肯带着他们的那份收益各奔东西。我用自己的那份收益偿还了银行贷款，把剩下的钱投入维珍大西洋公司。有关维珍大西洋公司被迫用现金购买燃料的谣言不攻自破，烟消云散。我们可支配的现金比英航还多。

各家银行立刻再次急不可耐地给我打电话——不再要求归还

贷款，因为我们已经把钱还清，而是向我提供高利息的储蓄账户和离岸账户，提出用这笔钱去投资，或者邀请我吃午餐，跟我做生意，并且还提出，他们愿意让我随心所欲地贷款资助未来的交易——他们显然看不出这有多么讽刺。

我花了点时间才明白这次出售的意义。我这辈子头一次有了足够多的钱，来实现自己最疯狂的梦想。眼下我还没时间细细考虑，因为就在那个星期，有关英航的事情急转直下，令我无暇他顾。从某种程度上说，我很高兴自己没时间老想着出售维珍唱片公司的事。我讨厌生活在过去，尤其不愿回忆所有那些失去的友谊。但现在，我肩上的重负已经解除，在我内心深处，我意识到自己可以随心所欲地选择维珍集团的发展方向了。尽管我们失去了维珍唱片公司，肯、西蒙和我也分道扬镳，但最美好的未来还没有到来。

"彭尼，"我叫道，"能否请你给我弗雷迪·莱克在迈阿密的电话号码？"

我拨通了那个电话。

"弗雷迪，"我说，"我是理查德。我想听听你的意见，我打算起诉那个浑蛋！"

"就该这么做！"弗雷迪说。

当我们着手这桩诉讼案时，我不断提醒自己记住一件事：这是一桩诽谤案，不是有关商业实践的争论。我必须恢复自己的名誉。

我们分三个阶段举证。首先，我们已经拥有一些证据；其次，根据信息披露的法规，我们接收了大量来自英航的文件；最后，幡然悔悟的英航员工也开始提供大量证据，最有力的正是这种证据。

出乎意料的是，杰勒德接到一个名叫撒迪格·哈里发的英航前雇员打来的电话，他从1974年起就进入民航业了，当时他在的黎波里工作，受雇于英国苏格兰航空公司。1988年，在英航收购英国苏格兰航空公司时，哈里发加入了英航内部一个被称为"特别服务部"的部门，处理所有特殊的乘客问题。1989年，他开始在盖特威克机场担任登机处服务人员，然后加入了"热线服务电话"部门。表面上，该部门的任务是迎接英航乘客，帮助他们转机，并照顾老年乘客。但它还有一项更隐秘的活动，就是试图挖走其他航空公司的乘客。英航在希思罗也设了一个相同的部门，绰号"猎手"。

1990年4月，"热线服务电话"团队被销售和订票部接管，他们的新老板杰夫·戴走进"热线服务电话"办公室，向哈里发和他的15名团队成员宣布："帮助老妇人登机赚不到钱，你们必须做的工作是走出去，从其他航空公司挖来更多乘客。"哈里发向杰勒德讲述了他们在8月开的第二次会议，杰夫·戴特别指出，这次会议必须是"保密的"，非"热线服务电话"团队成员不得参加，也不能向外透露这次会议的消息。

在这次会议上，杰夫·戴告诉哈里发和他的同事，"热线服务电话"有了一项新任务：尽可能多地收集维珍大西洋公司的信息，包括航班信息、预订机票的乘客人数、实际登机人数、豪华商务舱与经济舱之间的比例以及飞机起飞时间。每次交接班时，"热线服务电话"的员工都必须填写每个航班的表格，亲自交给萨顿太太，再由她交给戴。那么该如何获取信息呢？杰夫·戴告诉"热线服务电话"的员工，他们可以用维珍的航班号直接进入英国航空订票系统，业内简称"BABS"。英航曾经向维珍许诺不会做这种事的。

"热线服务电话"办公室的门锁换了，他们必须对自己这些行动的性质保密。哈里发有个女同事拒绝参加此类活动，因为她认为这很不道德，于是其余的团队成员便将她取而代之。

杰勒德记录下了哈里发的陈述，我们把它发送给英航。它注定会成为本案的一大要点。

就在哈里发的宣誓证词随着英航的若干律师到达后，我立即接到英航一位非执行董事迈克尔·戴维斯的电话，他是我父母的老朋友。他问我，我们能否见面吃顿早餐。

我们会面时，迈克尔开始说到"出丑"，这是第一个表示道歉的迹象。他显然是英航从非执行董事里精心挑选出来跟我对话的。金勋爵和科林·马歇尔爵士显然仍不愿把自己降低到我这个水平，不愿承认我的指责是事实。但是，迈克尔·戴维斯是我们家的一位老朋友，派他来巧施手腕解决英航犯错的麻烦问题是最合适的。

"我认为我们3个人不妨聊一聊，"迈克尔说，"稍稍聊一聊。我们3个人——你、我和科林爵士。"

"科林爵士？"

"是的，你瞧，再过10年，他还会活着。你瞧，金就要死了。马歇尔万岁。我认为大家见个面是明智之举，就我们3个人，看能不能产生什么明智的结果。"

我望着迈克尔·戴维斯搜肠刮肚地寻找恰当的词语。他话中有话，大概是想告诉我，金勋爵在英航的日子就要结束了。

"你瞧，英航中某些人认识到这里头有一些出丑的事情，"他承认，"曾经有人接受这种出丑的事，但是，如果我们将来打算保持明智的关系，我认为你、我和科林爵士就应该坐下来谈一谈。"

我听着他那些痛苦的措辞，听他说想跟我做交易，这时，我意识到自己是在听一个人谈论别人的财产和生计。不管迈克尔·戴维斯、科林·马歇尔爵士、罗伯特·艾林和金勋爵在英航发动了一场什么运动，他们都会照拿薪水不误。英航的持股人会掏腰包付钱给布莱恩·巴沙姆，付钱给私人侦探，如果我起诉英航，他们也会付钱给律师。也许这是一项不错的投资。如果他们成功地搞垮了维珍大西洋公司，这笔钱就花得很值。然而，维珍大西洋公司主要是属于我的，这是一家私营公司，如果英航从维珍挖走一位飞往纽约的豪华商务舱乘客，维珍就会损失3000英镑，我们也就无法把这3000英镑重新投入生意。而且，不同于英航，我没有大笔的公司储备金可用来发工资。因此，尽管迈克尔·戴维斯说了一大堆"出丑"的事情，他却没有抓住重点。英航一直挖空心思想把我挤垮，让我的员工失业。他们还迫使我卖掉了维珍唱片公司，这已经影响到整整一群与航空公司无关的人。这让我愤怒不已。我可不想彬彬有礼地坐下来吃一顿绅士的早餐，不想对他把这一切仅仅当作"出丑"的事情表示赞同。

　　在发生肮脏诡计事件的整个时期，我一直被指责为"天真"。天真地相信英航不会做这种事，天真地以为英航会停止做这种事，天真地相信自己能把英航告上法庭，有一刻还天真地以为自己能打赢官司。"天真"这个词在我脑海中挥之不去，有几次差点损害了我继续奋斗的决心。迈克尔·安格斯爵士告诉科林·索斯盖特爵士，我天真地接受英航的挑战，"仿佛这是《男孩周报》上的故事一般"。珍妮·戴维斯告诉我父母："理查德必须学会既能享受也能吃苦。"甚至英国机场管理局的约翰·伊根爵士这样的人也告诉我"别动那棵摇钱树"。

我想得到的是正义，也许在为此奋斗时我很天真，也许这是理想主义，或者，也许我只是冥顽不灵罢了。但我知道英航的行为不合法，而我想得到赔偿。我决心让所有那些认为我态度"天真"而对我不屑一顾的人收回他们的话。

早餐之后，我给杰勒德·蒂勒尔打电话，告诉他，迈克尔·戴维斯多么令人同情，多么能言善辩。

"废话，"他回答道，"英航从一开始就有机会和解，但他们没这么做。他们现在被迫考虑和解，不过是因为他们的律师已经窥见一个犯罪黑洞罢了。"

我从没听过杰勒德说话如此愤怒。

"要揭露他们的肮脏诡计，再没有比现在更好的机会了，"他继续说道，"现在千万别屈服。"

"只是试探一下你，"我说，"我当然不会屈服。"

随后这个星期，我们见到了那位令人敬畏的"御用"律师乔治·卡曼，他正在准备我们的案子。乔治满头银发，言谈举止完美无缺，在法庭外，他看起来就像一位对每个人都亲切和蔼的叔叔；而在法庭上，他却有螳螂似的精明、顽强和残酷本性。人们对他都唯恐避之不及。

我给迈克尔·戴维斯打电话，告诉他，我不会让我对英航的谴责不了了之。案子预定1月开庭，英航的董事长们将接受乔治·卡曼的交叉盘诘。我甚至都不用暗示乔治·卡曼会多么欣赏这事。如此前景让迈克尔·戴维斯清醒过来，他放下了电话。

现在，我真的感觉对击败英航充满信心。我们不仅发现了这么多有关其肮脏诡计的事，而且发现了一次特别的英航秘密行动的细节。

有人跟我的办公室联系，说他掌握了有关英航雇用私人侦探从事一次秘密行动的信息。他说他有一张电脑光盘，里面是一份日记，记录了私人侦探所做的每一件事情。他坚持要见到我本人才会交出光盘。

当我跟助手朱莉娅·麦当娜钻进汽车时，我感觉非常奇怪。这部分是因为我的胯部隐藏着一个麦克风，可让我录下我和那个联系人的谈话。我知道当初布莱恩·巴沙姆与克里斯·哈钦斯见面时录下的那盒磁带有多重要，我可不想白白放过这次会面中的任何东西。当我建立维珍大西洋公司时，哪里会想到，为了经营这家公司，我会被迫采取"007"詹姆斯·邦德那样的行为呢？

当我们的联系人说话时，我在笔记本上潦草地写着：

> 试图弄清我们想做什么，（但又）不想留下那样的印象。跟金勋爵不是一个层次……小心翼翼，不希望被人视为在做调查，只是采取防御手段。

最重要的是，那位联系人把那张光盘交给了我们。我把它打印出来，这是一个新发现。这些私人侦探的记录非常详细，他们要做的事情，他们向英航的谁负责都有记录。这份日志揭露了一次代号为"考文特花园"的行动。第一篇日志的日期是1991年11月30日，里面写道："第一次在恩瑟奇大楼——英航位于伦敦市中心的总部——S1的办公室看见'芭芭拉计划'。"原来"S1"是戴维·伯恩赛德的代号，而"芭芭拉计划"就是巴沙姆交给克里斯·哈钦斯的那份关于维珍的报告。

日志里提到了英航的大部分高层管理人员，但大多数用字母和数字组成的代号表示，因此他们的真名从未出现在打印资料上。我发现，要确定这些代号指的是谁，其实很容易：金勋爵用"LK"或"C1"表示，科林·马歇尔用"C2"表示，巴沙姆用"S2"表示。但其他一些代号，如"R1"和"R2"，我们就不知道是谁了。原来它们代表的是私人侦探尼克·德尔·罗索和汤姆·克劳利，他们领导这支团队，表面上的理由是为了找出向我们透露消息的英航内鬼。据推测，"考文特花园"行动是由"国际安全管理顾问"公司伊恩·约翰逊协会管理的。日志详细记录了约翰逊和德尔·罗索向英航安全部门主管戴维·海德和法律总监默文·沃克汇报"考文特花园"行动进展的情况，也记录了他们跟罗伯特·艾林以及科林·马歇尔会面的经过。

日志中还包括一些令人震惊的细节：这队侦探说服英航的一些高级管理人员，维珍正在实施反对英航的秘密行动。他们估计我们为这项并不存在的行动付出的费用高达40万英镑。我们后来发现，英航每周花在"考文特花园"行动上的费用为1.5万英镑。

最荒唐的是，在这次行动中，侦探们居然在兰开夏郡的"胳肢鳟鱼"宾馆安装秘密摄像机和录音设备，目的是偷偷录下伯恩赛德和一名"内鬼"见面的情况，"考文特花园"行动组确信后者在为维珍工作。日志记录了因伯恩赛德未能打开窃听设备而导致计划失败的经过！我本来能够免除英航的这个麻烦，因为我从未雇用任何私人侦探，而且永远不会雇用。那不是我或维珍的做事风格。

读完"考文特花园"日志，我感觉自己仿佛从一个平行宇宙中归来，那是英航雇用的阴谋家和英航高层管理人员凭空臆造的世界，代价高达成千上万英镑。我真的开始期盼这桩诽谤案尽快开庭，它后来被称为"一切诽谤庭审之母"。

1992年12月7日

"英航已经崩溃了，"乔治·卡曼告诉我，"他们今天刚向法庭支付了大约50万英镑，确切地说，是48.5万英镑。实际上，他们已经承认了被指控的罪行。"

我们后来发现，就在预定的开庭日期之前，英航的律师们告诉他们，英航根本别指望打赢官司，如果他们不愿站在证人席上，屈辱地接受乔治·卡曼的交叉盘诘，也不希望看见报纸报道他们的所有行动，那他们就只有一个选择：向法庭支付一笔钱，并开始寻求庭外和解。

起初，我对是否接受这笔钱犹豫不决。我很无辜，我们可以让英航的所有董事站在证人席上，毁掉他们。但随后，当我们讨论这个问题时，我意识到，这样做虽然诱人，却会被人视为恶意报复，而且非常冒险。

"你必须记住，自己打这场官司是为了什么，"乔治·卡曼向我建议道，"你希望阻止肮脏诡计，洗清自己的名誉。英航已经承认你是完全正确的，你已经洗清名誉了。

"如果你坚持打官司，那么有两件事情可能会出错。陪审团或许会判给你赔偿，但是，他们也会认为你非常富有，不需要50万英镑，而只判给你25万英镑。这对你来说算是失败，而对英航来说算是成功。如果陪审团判给你的赔偿金不如英航交给法庭的钱多，那么你就不得不付出两方面的代价。这样一来，你也许会打赢官司，但却输会掉许多钱。公众也会对维珍大西洋公司被迫为此支付300万英镑的费用感到迷惑不解。"

乔治的最后一部分建议很有说服力。尽管从某种程度上说，达成庭外和解类似于反高潮，无法满足我们看乔治·卡曼盘诘英航董事们的愿望，但是，如果接受英航提出的条件，我们无须冒任何风险，就能获得完胜，并且可以立刻摆脱英航的纠缠，解脱出来，继续管理我们的业务。

"那么现在我们该做什么？"我问道。

"如果打算接受这笔钱，那么我们就有21天的时间从法庭拿到它。"

"那我们就这样做吗？"

"我的天，当然不行。"乔治一脸震惊地说道，"我不打算接受它。我要让他们至少付给我们60万英镑。既然他们已经付了48.5万英镑，那他们就能提高到60万英镑。增加10万，新闻标题也会大一英寸。"

乔治花了一个星期就这笔钱展开磋商。1992年12月11日，我们同意接受英国历史上数额最高的协议诽谤赔偿金。英航向我个人支付50万英镑，作为对个人诽谤的赔偿；向维珍大西洋公司支付11万英镑，作为对公司诽谤的赔偿。

1993年1月11日

《太阳报》的头条是《维珍搞了英航一把》，除了这个标题，头版就没剩下多少空间刊登别的东西了。

"我宁愿你选择了另一条路，"《太阳报》的编辑卡尔文·麦肯奇告诉我，"那样头条就更精彩了。"

我在乔治·卡曼的办公室里，跟我在一起的是杰勒德·蒂勒尔和我父亲——我很高兴让他分享我的胜利。我们来到位于斯特兰德的最高法院，从外面的一大群记者中挤进去。庭审在11号法庭举行，外面的走廊上已是人满为患，但法庭里面非常安静。英航因为他们的缺席而备受瞩目——金勋爵、科林·马歇尔爵士和罗伯特·艾林这3个主角都没到，戴维·伯恩赛德缺席，布莱恩·巴沙姆出国了，不过他的律师们都在那里，为了从道歉书上删去他的名字而做最后的努力。法官听了他们的申诉，又询问英航律师的意见。他们和维珍都一致认为，布莱恩·巴沙姆的名字应该列入道歉书。法官裁决道歉书保持原样。

乔治·卡曼站起来，宣读和解声明。当他快读完时，法庭上鸦雀无声。

"英国航空公司和金勋爵现无条件接受如下指控：他们针对理查德·布兰森和维珍大西洋公司之信用的说法，均为不实之词。他们进一步承认，由于若干英航员工和巴沙姆先生的活动，他们对维珍大西洋公司和理查德·布兰森的商业利益和名誉造成潜在影响，理查德·布兰森和维珍大西洋公司完全有理由对这些行为深感担忧。因此，英国航空公司和金勋爵现在通过首席律师，在此就他们的不实之词给原告造成的损失和伤害，向原告道歉，并给予充分赔偿。他们同时也将撤回对维珍大西洋公司和理查德·布兰森的反诉。

"此外，英国航空公司和金勋爵已同意承担理查德·布兰森和维珍大西洋公司为本次诉讼和反诉支付的法律费用，并允诺不再重复本次诉讼中所涉的诽谤言论。"

乔治·卡曼暂停片刻，吸了一口气。整个法庭的人都屏住了呼吸。

"英国航空公司和金勋爵将向理查德·布兰森支付50万英镑的赔偿金，向维珍大西洋公司支付11万英镑的赔偿金。"

法庭上突然出现一阵嘈杂声，为了让人听见自己说的话，乔治不得不提高嗓门儿：

"鉴于英航已做出无条件道歉，并且支付了可观的赔偿金，理查德·布兰森和维珍大西洋公司认为他们的名誉已得到公开维护，因此同意本案在上述条款的基础上达成和解。"

我看见父亲听着和解书，双目垂泪。他胸前的口袋里有一块很大的丝绸手帕，他掏出来擦了擦眼睛。我在桌子下握紧拳头，以免自己忍不住一下子跳起来。

英航道歉书中唯一刺耳的声音在于，尽管他们做出无条件道歉，但接下来却想洗脱自己的罪名。

"在本案诉讼期间，英航经过调查，揭示了若干有其员工参与的事件，英航对此表示遗憾，并承认理查德·布兰森和维珍大西洋公司有充分的理由感到担忧。不过，应该强调的是，"他们的律师说道，"英航各董事未参与任何攻击理查德·布兰森和维珍大西洋公司的一致行动。"

法庭上很多人发出嗤笑声。这是英航拒绝从道歉书上删除的一个条款。

"让他们留着好了，"乔治·卡曼最终建议我，"人们完全能够明白这句话的意思是什么。我们还没有听过最后的'一致'之词呢。"

接着，在获得法官许可后，巴沙姆的律师站起来指出，他的当事人认为，在上述声明中提到其名字未能准确地概括他代表英航采取的行动。

法庭外，记者和摄影师们疯狂地挤作一团，我兴高采烈地举起双手，挥舞拳头，庆祝我们获胜。

"我接受这个判决，既是为了维珍，"我说，"也是为了所有其他航空公司，为了莱克，为了丹纳尔航空公司、欧洲航空公司和英国苏格兰航空公司。他们破产了，我们在英航造成的麻烦中挺了过来，但也只是勉强获胜。"

回到荷兰公园，我们开始举行派对。我决定跟所有维珍员工分享我获得的50万英镑赔偿金，因为他们全都以减薪和降低红利的方式，忍受过英航给我们造成的压力。角落里开着电视，每个新闻节目都把维珍的成功作为当天的主要新闻加以报道。独立电视台甚至采访了撒迪格·哈里发和伊冯娜·帕森斯，派对暂时停下来，向他们喝彩，然后才又继续。

过了很久，当我正和人说话时，我忽然感到一阵疲倦袭来。我意识到我们已经获胜，我肩上承受的所有压力都解除了。我感到幸福而满足，笑容可掬，然后倒向一边，酣然入梦。

15

维珍商业帝国：
40多家公司，400多个行业

对维珍而言，1993年是一道分水岭。从那年起，我们头一次拥有了丰裕的资金，并确立起"维珍"的强大品牌，可广泛用于各种业务。我们面对着未知的领域，但我们终于能够顺应自己的本能，不用再花全部的时间劝其他人顺应我们的本能了。一旦完成了从维珍唱片公司到维珍大西洋航空公司的惊人飞跃，我们就能够放手尝试任何事情了。从第一次在船屋上仿照一份旧合同并签下麦克·欧菲尔德到现在，我们已经走过漫漫长途。斗转星移，如今我们在银行里存着5亿英镑。但我坚信，钱不应该就这么放在那里。

这时，我当然可以退休，集中精力学习如何画水彩画、如何在高尔夫球场上击败我妈妈。然而，不管是当时还是现在，这么做都不符合我的本性。人们问我："为什么你现在不好好享受人生乐趣？"他们的话都不得要领。对我而言，工作就是乐趣。在我喜爱的经商方式中，乐趣都是其核心；从一开始，我做的每一件事情都以乐趣作为关键；维珍成功的秘密恰恰在于乐趣而非其他因素。我意识到，认为经商有趣且富于创意的观点与传统观念不符，这当然也个是某些商学院教学生做生意的方式，在那里，生意意味着苦差事，意味着许多"贴现现金流"和"净现值"。

经常有人要我给自己的"商业哲学"下个定义，但通常我不会这么做，因为我不相信它能像食谱那样教给别人。没有什么能确保成功的因素和技巧。确实也存在一些要素，如果好好遵循，就可确保生意维持下去。但你不可能为我们的商业成功下一个清楚的定义，然后像香水那样把它用瓶子装起来。事情没这么简单。要获得成功，你必须走出去，全力投入其中；如果你拥有一支优秀的团队，而且运气非常好，那么你或许能有所作为。但按照别人的规则依样画葫芦，你当然无法确保自己获得成功。

　　商业是不断流动、变化的，就我而言，维珍集团永远不会静止不动。它一直都是不断变异、无法定义的事物，过去几年的经历就证明了这一点。然而，只有当你开始写这样一本书的时候，你才会发现，自己想走的路还有多么漫长。那就是我对本书的看法：它全面记录了我这辈子头50年左右的生活——我的奋斗岁月——但它也是不断发展的著作和生命。我从不打算把这本书写得跟资产负债表一样枯燥乏味，而是希望它能够说明，到目前为止，对我的生活和我周围的人们来说，什么才是重要的。

　　最近几年，维珍的发展或许比其他任何欧洲集团都要快，并且在这个过程中得到了根本性的发展。我们经营的方式也许还跟从前一样，但环境已发生根本变化。在1993年1月出售维珍唱片公司和击败英国航空公司之后，我意识到，在我的商业生涯中，我第一次登上挡在自己前面的墙，终于能够窥见福地了。这并非总能做到。对于任何白手起家、没有经济后盾的人，成败仅一线之隔。生存是必须首先考虑的关键要素。不管维珍获得多少成功，我们都总面临着现金耗尽的危险。维珍一直在赚钱，但为了让集团不断发展，我总是把钱投入新项目。结果，我们很少能够奢侈地拥有作为缓冲的备用现金。

这些年来，我们挺过了3次经济衰退，我们遭受过亏损，我们关闭过一些公司，而且有时候还不得不裁员。但在1993年之后，再也没有哪家银行能对我们该怎样经营业务指指点点了。我们已经获得经济自由。我是那种罕见的幸运儿之一，大多数企业家没能挺这么久、走这么远。在获得经济自由的过程中，我们不得不克服各种各样突如其来的障碍。

当我们建立起邮购公司的时候，我们非常依赖邮政，结果却凭空遭遇了为期6个月的邮政大罢工。如果我们没有进行再投资，说不定已经倒闭，根本就别无选择。罢工期间，我们仅用几天时间就开设了第一家维珍唱片商店。尽管它位于一家鞋店楼上，要经过一段阴暗、狭窄的楼梯才能上去，而且只有几个货架、一张破沙发和一个钱柜，但它"麻雀虽小，五脏俱全"，就那样教我们掌握了现在拥有的所有零售知识。我能够将那家小店跟我们位于伦敦、巴黎和纽约的大卖场直接联系起来。这只是规模大小的问题，但首先你必须相信自己能够梦想成真。

同样，当唱片公司在草创阶段积聚动力时，每一单生意都是不成则败。虽然我们未能签下10cc乐队，但是，当我们再次尝试，跟下一支乐队签约时，我们仍愿意给公司一次机会。我们开创航空公司全靠运气，当飞机引擎在试飞中爆炸时，公司本来会胎死腹中。我们很幸运，每次出现差错，我们都比银行家抢先一小步。

不管坏境多么残酷，你仍然需要优先考虑全局。在这一点上，最生动的证明来自1992年经济衰退中最困难的时期。当时，我正试图筹集资金，为我们的所有飞机安装个人椅背电视。我一直认为，维珍应该在飞行中提供最好的娱乐。我们需要1000万英镑来安装这些设备，维珍大西洋公司无人能够筹到必需的资金。有一天，我们全都坐在位于克劳利的办公室里，垂头丧气，就在我们快要放弃时，我想我要试着最后赌一把。

我紧张地拿起电话，拨通波音公司的号码，要求和他们的首席执行官菲尔·孔杜说话。我问他，如果我们购买10架崭新的波音747-400客机，他能否在经济舱里安装个人椅背电视。居然有人在经济衰退期购买飞机，菲尔感到很惊讶，于是就一口答应下来。然后，我又给空中客车公司的让·皮尔逊打电话，提出同样的购买新飞机的问题。他也同意了。在经过几轮进一步咨询后，我们发现，争取40亿英镑贷款购买18架新飞机，比争取1000万英镑贷款安装椅背电视更容易。结果，维珍大西洋公司以迄今最便宜的价格，一下子拥有了一支业内最年轻、最先进的崭新机群。

维珍集团一直拥有自身的生命力，我总想为它提前打算。20世纪70年代初，当我试图向IPC杂志出售《学子》时，他们被我吓跑了，因为我开始谈论自己想探索的其他商业领域——我想建立一家学子旅行社，提供比现有航空公司更廉价的机票价格；我想建立一家学子银行，因为我认为学生没有收入保护自己而受到剥削；我甚至还想从英国铁路公司租火车，因为他们的车票太贵，而且火车总是晚点。甚至在那个时候，我就试图凭借有限的资源，进入那些商业领域，通过颠覆它们，来探索各种潜在的可能性。当时，这一切都还只是空谈，远非我的能力所及，但在此过程中却出现一些有趣的想法。我或许只是个商人，因为我建立和经营公司是为了追求利润；然而，当我试图提前制订计划，构思新产品、创建新公司时，我是一个理想主义者。

我的宏伟计划对《学子》不起作用。但是，在出售维珍唱片公司之后，我准备再次向前推进。这次的情况就大不相同了。我拥有的财产不再是《学子》饼干盒里的几个英镑——我们用它购买外卖的咖喱饭菜——而是拥有数亿英镑，能装满整整一个财宝箱。在这个令人陶醉的时刻，似乎一切皆有可能。我们有雄厚的财力，更重要的是，我们拥有"维珍"品牌，它已经留下一连串不断改头换面的记录。什么也挡不住我们对其他新领域的探索。

我任凭自己的本能自由驰骋。最重要的一点是，任何商业计划听起来都必须有趣。如果存在一个只有两家大型公司提供服务的市场，在我看来，这里就存在有益的竞争空间。我不仅喜欢寻求乐趣，而且喜欢制造轰动。我喜欢跟那些大公司一争高下——尤其是当他们提供高价低质的产品时。

20世纪90年代早期，我已经在笔记本上潦草地涂抹筹划推出一系列维珍软饮料的可能性，由维珍可乐公司率领，跟作为全球十大企业之一的可口可乐公司竞争。科特公司专门生产贴牌可乐，他们正在寻求一个具有全球吸引力的品牌。

"你们已经拥有未知的X因素和Y因素——你们已经拥有所有要素，"科特公司的主管格里·彭瑟尔对我说，"人们喜欢维珍，信任这个品牌，他们会因为这是维珍产品而购买它。怎么样？我们有配方，你们有品牌。你觉得维珍可乐公司怎么样？"

就跟往常一样，一旦我已经下定决心，当别人警告我放弃自己的想法时，我会更加坚定地去尝试一番。这一次，我们都意识到，自己必须在超市的货架上一英寸一英寸地争取。不过，在确认了失败造成的经济风险很小之后，我们就决定继续做下去。我们知道自己的产品跟可口可乐和百事可乐的产品相比毫不逊色。我们在当地的学校举行了蒙眼测试，随后又在全国各地举行了这项活动，它们都证明，大多数人更喜欢维珍可乐。于是，我们就正式成立维珍可乐公司。几个月内，我们就在全国销售了价值5000万英镑的维珍可乐，并且在供应维珍可乐的商店获得了50%的市场份额。我们继续把它推向法国、比利时和南非，甚至设法将一台维珍可乐机放在了纽约时代广场的可口可乐招牌下面。在此之前，我们驾驶一辆奇伏坦坦克，闯过一道用可口可乐和百事可乐罐构成的墙壁，并朝时代广场上悬挂的可口可乐招牌开火！

最初，可口可乐总公司并未把维珍可乐当作威胁加以严肃对待，所以我们没有遭到他们的反对。我不知道，在可口可乐的亚特兰大总部，有一位身居高级职位的英国女士，她警告那里的管理人员，说维珍拥有的力量和品牌能在全世界撼动可口可乐的地位，她劝说董事们让她在英国建立一个特别行动小组，试图毁掉我们。几天之内，她和她的小组就来到英国，向零售商提出无与伦比的条件，让他们的可口可乐压倒我们的维珍可乐，而小零售商则受到拆除可口可乐冰箱的威胁。可口可乐的这场运动甚至比英航当初对付维珍大西洋公司的肮脏诡计还有效，但维珍可乐幸存了下来。具有讽刺意味的是，正是这位女士，如今在维珍的主要清算银行拥有一个高级职位。

展望未来，我不知道维珍可乐是否会成为软饮料中的全球领先者。不过，就像对待我们的所有业务一样，我对此保持开放心态。

然而，我确实知道，如今已扩大发展为维珍饮料公司的维珍可乐体现了维珍哲学——在销售维珍可乐带来的乐趣和兴奋下面，还有一个合理的商业计划。推出维珍可乐的决定以3个关键因素为基础：找到合适的人选，积极利用维珍品牌名称，防止不利的方面。

维珍可乐的商业计划非常明确，出售这种饮料，我们决不会有多少亏损。生产可乐非常便宜，不同于其他大多数产品，它的生产成本可忽略不计。因此，我们完全能够在广告、推销费用跟销售收入之间保持平衡。只需看一眼可口可乐的资产负债表，就足以揭示这个行业利润有多高。根据那样的边际利润，我们知道该行业肯定拥有足够的空间，让另一家企业带着不错的可乐加入进来，跟可口可乐和百事可乐平分秋色。

一旦确信我们已经防止了维珍可乐制造方面的不利因素——这一直是我担忧的首要方面——另一个需要解决的重要问题就是，加入维珍可乐能否真正扩大维珍品牌的声誉？尽管遭到一些同事的反对，但我却相信可乐拥有许多能让人们把它和维珍联系起来的特性，它咝咝作响的泡沫以及趣味和自由感。除此之外，我们的可乐也比其他可乐质量更好，价格更低。跟两大巨头相比，我们是规模很小的初来乍到者，正是这个事实，让我们得以茁壮成长。这也意味着我们能让这个品牌活跃在年轻人市场上。

"好吧。"听完我对维珍可乐的辩护后，人们只得承认，"我看得出来可乐很有趣。它咝咝冒泡，有利可图，符合维珍的形象。但人寿保险肯定不是这样吧？你们销售人寿保险、债权和投资，到底想做什么？"

我不得不承认，在我们决定推出维珍银行之前，已经对人寿保险做过有益的讨论了。"人寿保险?"听说这个主意的时候,每个人都嗤之以鼻,"人们讨厌人寿保险。所有保险销售员看起来都那么寡廉鲜耻,他们闯入你家里,收取秘密佣金。这行业太可怕了,跟维珍绝对格格不入。"

"确实如此,"我说,"所以它才有潜力。"

我喜欢唱反调,这不是什么秘密。我把金融服务业内的所有不足都看得清清楚楚。建立维珍人寿保险公司和维珍银行的主意或许会吓坏我们当初在阿尔比恩大街上班的老员工,吓坏我们那些躺在唱片店懒人椅上的懒洋洋的顾客。然而,每当我看见人们做了一笔亏本买卖时,我都想介入进去,做点事情。当然,这并非纯粹的利他主义——其中也要有利可图。但我的与众不同之处在于,我准备和顾客分享更多利润,让我们实现共同富裕。想到那个曾给你带来"性手枪"的家伙,也能把你的养老金安排妥当,以我那种标新立异的个性,就觉得好玩。而当我想到建立我们自己的银行,跟那些逼得我们险些破产的银行一决雌雄时,我身上另一部分自我也同样觉得好玩。

罗恩·戈姆利最早把我的注意力吸引到金融服务上来。戈姆利是风险投资家,我邀请他来维珍工作,为我们寻找新的商机。他来做的第一件事就是检查维珍的养老金政策,他告诉我,这个政策根本没有意义。当他要求6名不同的养老金顾问提出最佳系统重建方案的建议时,6种不同的回答让他感到困惑。

"我不明白,"他告诉我,"我获得了3个金融学学位,但他们说的6种方案我没一个弄得懂。"

我直觉地感到,金融服务界隐藏在神秘和欺骗之中,其中肯定有空间让维珍提供没有业务隐语和秘密陷阱的替选方案。

　　就跟我们的其他风险投资一样，我们需要一个合伙人——他既要了解这个行业，又能为维珍品牌提供相应的资金。尽管我们过去遇到过麻烦，但我仍然认为五五分成的合作模式是解决资金问题的最好方式。如果出了什么差错——有时候这是不可避免的——那么两个合伙人都能在同等的动机下纠正错误。这种情况并非总能奏效，在最坏的情况下，例如伦道夫·菲尔兹和维珍大西洋公司合作时，维珍买下了合伙人的全部所有权；在最好的情况下，例如维珍移动公司在美国跟斯普林特公司的合作，我们就能继续保持五五分成的模式，让双方都觉得满意。在这两个极端之间还有许多变种，我们已经尝试了大部分组合方式。最终，当你和其他人打交道时，尽管双方看起来都怀着同样的热情参与一个项目，但你永远无法预料以后的事情，因为情况总在变化。知道何时、怎样重新磋商一份合同，这不过是商业挑战中的一部分。

　　我们的金融服务公司维珍银行最初叫"维珍直接个人金融服务公司"，是以五五分成模式与诺里奇联合公司合作建立的。在维珍进入金融服务业后，我可以毫不谦虚地说，这个行业已今非昔比。我们取消了所有佣金，我们提供了性价比很高的产品，购买这些产品的投资者蜂拥而入，几乎把我们踩扁。我们在诺里奇联合公司设了一个新办事处，而不是在伦敦金融城租下一栋金光闪闪、高耸入云的大楼。我们从未雇用资金管理人——世界上收入最高的人群之一，因为我们发现了他们严守的秘密：他们并非总比股市指数更有用。

　　我们发展迅猛，最初的迹象也很好。然而，尽管我们获得成功，我们却意识到自己发展太快、走得太远，让诺里奇联合公司感到不安。看起来，我们的规模将达到最初预测的3倍。没过多久，我们就安排诺里奇联合公司将其股份卖给一家和我们一样雄心勃勃的公司——澳大利亚宝安保险集团（AMP）。跟AMP以及维珍银行的优秀团队一起，我们在金融服务的森林里开拓出一条宽阔的阳关大道。维珍银行从1995年开始起步，现在已经成为这个国家最受欢迎的投资银行，有25万人把超过15亿英镑的钱托付给我们，而这一切都是在3年内实现的，实在令人惊愕。

罗恩·戈姆利及其对维珍银行的设想获得成功，这表现了维珍集团最强大的优势之一：我们之所以欣欣向荣，靠的是特立独行。邀请罗恩来维珍工作时，我在他身上发现一种敢作敢为的品质。当他来到荷兰公园11号，在楼梯平台的一张桌子旁开始工作时，我们俩都没有料到他会在几个月后建立一家金融服务公司。当他偶然发现金融服务时——事后看来，这并不令人吃惊——我们设计了一个可让他和他的团队拥有公司股票的公司结构，并可让他放手大干。就像维珍集团的其他所有经理一样，罗恩拥有强大的动力去争取成功，因为他能清楚地看见，成功会给他自己及其团队带来财富。

跟当初作为摇滚乐公司的维珍相比，维珍银行或许是一个很不和谐的偏离，就像从唱片业发展到航空业一样，这也是一次横向飞跃。但它仍涉及服务业、资产价值以及提供一种简单产品。依照我的远景设想，我并不希望维珍顺着传统道路，发展为一家拥有庞大总部的公司，从位于核心的董事会层层向下发布命令，就像金字塔一样。我并不是说这种结构不好——根本不是，它有利于从可口可乐公司到培生公司、微软公司这样令人生畏的强大企业。只是因为我不喜欢那样思考罢了。我太随便，太不安分，而且喜欢不断前进。

人们总是问我，维珍的发展有何限制？我们是不是过分扩展这个品牌的名称，以至于超越了它的自然承受力？他们凭借枯燥的规律性指出，世界上再没有其他任何公司把自己的品牌用于如此种类繁多的企业和产品了。他们的说法绝对正确，而这种特点仍然让我感到自豪。

这没有阻止我思考这个问题，而答案很难解释清楚。我一直过着靠机遇和冒险取得成功的生活。有些最奇妙的想法是突然产生的，你必须敞开胸怀，找到其优点。1984年，一位美国律师打电话建议我创立一家航空公司，同样，1987年，瑞典一位狂热的热气球运动爱好者也叫我和他一起飞越大西洋。一份份计划书纷至沓来，我不知道下一个计划会是什么。但我确实知道，如果我能够仔细倾听，那些好点子总会以某种方式融入维珍既有的框架。我天生对生活充满好奇，这一点也延伸到我的生意上。好奇心把我引上许多出人意料的道路，让我结识了许多特别的人物。维珍就是这样一些人物的集合，它的成功也依赖于他们。

然而，公司越是扩散，人们就越会频繁问到我对维珍未来的打算。通常，我要么回避这个问题，要么给出非常详尽的回答，我知道下一次被问到时会给出不同版本的答案，心里很踏实。就像公司本身一样，我赋予维珍的远景从来都不固定，而是总在不断变化的。我一直靠列表过活，列出要打的电话，列出各种点子，列出打算建立的公司，列出那些敢作敢为的人。每天我都浏览这些表格，是那一连串的电话推动我向前。早在20世纪70年代初，我就同时要弄不同的银行、供应商和债权人，目的是通过挑拨离间他们，来保持我自己公司的偿付能力。我仍然按照同样的方式生活，只不过现在处理的是更大的交易而非银行。同样，这也只是规模大小的问题。

我最重要的财富是一个标准尺寸的学生笔记本，在全国各地的主要街道上的任何文具店里都买得到。当我忘记把它放到哪里去时，我办公室里的人全都知道它对我多重要。我随身带着它，记下维珍员工和我遇到的其他人向我提出的建议。我把所有的电话谈话和会议都记录下来，而且还在上面起草书信，列出我需要打的电话。

多年来，我记的笔记本已经摆满一个书柜了。我要求自己把所有事情都记录下来，确保自己不得不仔细听别人说话。现在，再次翻开这些笔记本，我发现有些被我忽视的点子：曾有人建议我投资一种名叫《追根究底》[1]的棋盘游戏和一家倒闭的电台。但是，当我拒绝成为劳埃德保险公司[2]的会员时，我的守护天使肯定在保护我。

每当我搭乘飞机，或者去唱片店时，我总会四处走走，向我遇到的人征求提高服务水平的建议。我把它们都记下来，回家后再翻看自己写了些什么。如果其中有好点子，我就会拿起电话，把它付诸实施。听说我在机场班车上遇到一个建议我们在航班上提供按摩服务的人，我的员工们就觉得恼火——请问他们能安排这种服务吗？他们嘲笑我，把这称为"理查德的非正式投票之一"。然而，一次又一次，维珍在顾客的建议下，提供各种额外服务。我不在乎这些建议来自何处，只要它们行之有效就可以。

---

1 《追根究底》（*Trivial Pursuit*）：曾经风靡一时的棋盘游戏，在北美，1984年售出2000万套。

2 劳埃德保险公司（LIoyds Insurance）：英国著名保险公司，因"9·11"事件损失惨重，赔付了近1500万美元；后又因2011年日本地震海啸等自然灾害，亏损近10亿美元。

我还坚持认为我们要持续向员工征求各种意见，而且我会尝试他们的工作。当我试着在一架大型飞机的过道上推手推车时，我发现自己会撞上每一个人。我和机务人员谈起这件事，他们建议我们引入更接近女侍者风格的服务，把手推车的使用降到最低限度。结果，我们就在豪华商务舱里完全取消了手推车，并利用过道的部分空间提供飞机上最长、最大的座椅。

我对维珍远景的看法最终被彼得·加布里埃尔概括了出来，他有一次对我说："简直太过分了！维珍将无所不包。早上，你在维珍电台的广播中醒来，穿上维珍牛仔裤，来到维珍大卖场，喝维珍可乐，搭乘维珍大西洋航空公司的飞机去美国。不久，维珍还会向你提供从出生、结婚到葬礼的全套服务。我认为你应该把维珍改名为'从头到尾公司'。从生命的开始到结束，维珍提供一切服务。"

彼得不仅是天才的音乐家，而且是精明的商人，就跟往常一样，他的话非常接近事实。那时候，他还不知道我们在伊斯特本有200名员工，正在研制一系列维珍化妆品，还有另外一支团队在设计一系列维珍服装，而且我们即将投标购买英国铁路公司的两项特许经营权，从而成为英国最大的铁路运营商。我不知道维珍会不会进入殡葬业，但维珍生育服务公司的点子似乎倒也靠谱。如果有一份可行的商业计划书，而且不利因素有限，又能找到优秀的人才，创造出优质产品，那么我们就会动手实施。

从某些方面说，这一切都可概括为传统。也许你已经注意到，按照这种所谓的智慧，我就不会开设很多店铺。按照传统做法，当你经营一家公司时，你会专心做自己的事情，决不偏离这个极其狭窄的范围。我发现，这种做法不仅有局限性，而且很危险。如果你只管经营唱片店，拒绝接受变化，那么，当类似于互联网或MP3[1]的新事物出现时，你就会失去那些使用新媒体的顾客。甚至在1999年那个令人兴奋的时期，我也觉得，建立自己的网上商店，接收自家唱片店失去的生意，也比让它们落入别人的网上商店好。许多局外人确实试图让我们建立一个网站，奇怪的是，他们提议我们别使用自己的品牌名。"这是无核葡萄干面包、手袋和果酱瓶的时代。"他们说。他们就是不理解品牌的意义。

我们拥有的公司发展水平参差不齐，也可从中得到部分解释。它们不仅互相保护，而且存在共生关系。当维珍大西洋公司开通飞往南非的航班时，我发现我们还能在那里推出维珍广播电台和维珍可乐公司。同样，我们也能够利用自己在民航业中的经验，让人们更容易买到更便宜的火车票。我们可以利用自己在飞机上娱乐乘客的经验，为火车上的乘客带来娱乐。

尽管雇用了大约4万名员工，维珍仍然算不上大公司——它是由一系列小公司构成的大品牌。我们优先考虑的是跟我们的强大竞争对手反其道而行之。传统的做法要求一家公司应该首先照顾自己的股东，然后是顾客，最后才关心自己的员工。维珍的做法相反。对我们来说，员工是最重要的。如果你拥有一群心情愉快、干劲十足的员工，就更有可能获得愉快的顾客。不久，最终的利润也会让你的股东感到愉快。对我来说，这是常识。

传统认为"以大为美"，但是，每当我们的风险投资变得过大

1　MP3：一种能播放音乐文件的播放器。

时，我们就把它分成更小的单位。我走向副总经理、销售部副经理和市场部副经理，对他们说："祝贺你们。你们现在是一家新公司的总经理、销售部经理和市场部经理了。"每次我们这样做，相关人员的工作量都不会增加，但是他们必然会获得更大的工作动力和热情。对我们来说，这样的结果非常好。到我们1992年出售维珍唱片公司时，它已经拥有多达50家分公司，每家公司的员工人数都不超过60人。

但是，在2002年年初之前，回顾往事没有意义，除了一点——自从维珍唱片公司出售之后，肯·贝里就不断巩固它的力量，使它成为百代公司冠冕上最有利可图的一颗明珠。对我们而言，我们现在能够放手从头做起，运用同样的方法和技巧，创建"V2"唱片公司。我们签下的第一批艺人或许不如麦克·欧菲尔德那么有影响力，但是，立体声乐队仍获得1998年全英音乐奖的"最佳新人奖"，并且此后推出了许多成功的唱片。

维珍的经营方式就是做多样化的风险投资，让它们有机地发展下去。我们的大多数公司是从头创立的，不是收购的现成公司。我们希望维珍的每一家子公司都拥有高效且易于管理的规模。开始创立新公司时，我的优势之一就在于我不用具备高度复杂的商业眼光。当我考虑在维珍大西洋公司上提供什么服务时，我会试着想象我的家人和我是否愿意为自己购买这种服务。通常事情就这么简单。

当然，在你获得有机发展之后，生活就变得更加复杂了。最近几年，在我们自己建立的公司基础上，维珍又收购了一些公司。米高梅院线是我们收购的第一家大企业，我们还从英国铁路公司购买了两项重要的火车特许经营权。从某些方面来说，我们成为自己成功的受害者，因为维珍一接管那些火车的运营，乘客们就希望发生奇迹般的变化。不幸的是，这项任务的统筹安排对我们不利。我们的两家火车公司拥有3500名雇员，我们需要建立全新的火车队，同时为了升级轨道和信号系统，还需要跟铁路线路公司展开谈判。

尽管整个铁路业都处于困难时期，但我们仍充满自信，认为维珍火车公司会成为维珍品牌运用得最好的公司之一。

过去的10年发生了很多很多事情。本书从我第一次尝试做环球热气球飞行开始，那次旅行在阿尔及利亚的沙漠中结束。1998年年末的最后一次热气球之旅最终让我恍然大悟。我意识到，也许我应该让自己在个人冒险中学会的一切得到更好的利用。不过，那次旅行仍很精彩。

我们快要起程时，有人建议我写日记，于是我就记下了本章使用的文字。我没对它做任何删改，希望让你们看见它的原貌，这样你们就能体会到，飘浮在距地面几千英尺的高空中，而且只有风为你提供动力，那是什么感受。

1998年12月18日　第一天

这份逐日记录的日记是为我的教子西奥写的。今天，他看着我们从马拉喀什升空。这份日记也是为洛奇、英迪亚、伍迪和我挚爱的所有外甥、外甥女以及我的孩子霍丽和山姆写的。

快乐的摩洛哥人像欢迎兄弟一样欢迎我们。霍丽和琼来到机场。气球看起来就像一座巨大的清真寺，太阳正冉冉升上阿特拉斯山脉。奇怪的是，这次我并不感到特别紧张。我们有如此优秀的团队策划这次旅行，我们过去经历了那么多令人心痛的事情，我真的觉得这次机会难得。只有一个问题比较严重：昨晚英美联军开始轰炸伊拉克了。我们预定30个小时后顺着伊拉克边境飞行——距离边境大约50英里。

我们有鲍勃·赖斯，他是世界上最杰出的天气预报员、气象学家。他相信自己能帮我们找到合适的气流，让我们恰好能沿着边境飞行，无须越过边境。我向他发誓，如果他弄错了气流，今年圣诞节就把他当火鸡吃掉——如果到时候我们自己没被吃掉的话。

除了必须上学的山姆，我所有最亲密的亲朋好友几乎都飞来为我们送行。前一天，他们刚刚和我们一起飞到加勒比海度假。可刚到加勒比海，气球团队就通知我立刻回来，因为出现了适合飞行的完美天气。天气那么好，如果不出什么意外，我们都能在节礼日我祖父生日那天赶回来。

我们到达摩洛哥时，受到了音乐家、骆驼、魔术师甚至飞毯的热烈欢迎。亚历克斯·里奇的孩子阿利斯泰尔和邓肯、我女儿霍丽以及佩尔的女儿珍妮将一起摁下起飞的按钮，让我们升入空中。我们穿上降落伞，然后说再见——向我的妈妈和爸爸、我的妹夫、我的女儿和我的朋友们。他们眼里泪光闪闪。

倒计时开始：10、9、8、7、6、5、4、3、2、1，起飞！

我们缓缓爬升了2000英尺。吊舱门仍然开着，人人都在鼓掌欢呼。接着，气球突然开始下降，出现天气逆转了。我们用燃烧器拼命给氦气加热，冲破了逆转。这时，我意识到我们又加热过度了。

我们急剧上升，气球底部正在闷燃——我们在一分钟内上升了1700英尺，接着是1800英尺、1900英尺——然后才终于减缓了上升速度。但是，液体燃烧器已经在热气球底部烧了一些洞。幸运的是，这些洞恰好位于底部。至关重要的氦气球没有烧着。我们还能继续飞行，那些洞很难看，但什么都无法阻止我们。

太棒了！我们和鸟儿一起飞翔，我们已经步入正轨。看来一切都很顺利，我们升到了飞行高度，吊舱已经加压，气球没有爆炸。我们进入了一次精彩的冒险之旅，下方是美丽的阿特拉斯山脉，山上覆盖着皑皑白雪。

1998年12月19日　第二天

我们顺利地飞了好几个小时，俯瞰巍峨的阿特拉斯山脉，它从摩洛哥经阿尔及利亚和利比亚，横跨整个北非，我想它几乎一直延伸到了埃及。飞行了大约7个小时后，我们就告别了摩洛哥人，朝阿尔及利亚上空飞去。

由于一场可怕的内战，阿尔及利亚已经变成一个悲惨的国家。近两年前，当我们因气球在夜里损坏而被迫降落时，就曾闯入这个国度。但是今晚我们将顺着阿特拉斯山脉飞行，飞越起伏不平的沙漠。那一次，为了阻止气球急速下降，亚历克斯和我不得不扔掉吊舱里的一切东西——甚至扔掉了一捆美元！那一次，亚历克斯爬到外面的吊舱顶上，就在我们快要摔到地面上时，及时卸下了燃料箱，救了我们一命。

这一次，似乎一切都很顺利。

简直太顺利了！夜幕开始降临，我们头顶上的氦气冷却下来，我们打开了燃烧器。我们上一次尝试环球飞行时，气球突然下坠，这一次，加热阻止了气球下降，火焰照亮了四周的阿拉伯天空。我们必须小心翼翼，不能飞得比白天高，否则加热过度就会将氦气排放出去，缩短我们待在空中的时间。因此，我们在夜间需要轮流驾驶气球。

就在我们疲惫不堪时，突然遭遇了一个巨大的障碍。一条来自利比亚的消息说，他们收回准许我们飞越该国领空的权利。现在是在漆黑的夜里，我们无法在穿越利比亚边境之前着陆。史蒂夫、佩尔和我商量该如何行事。如果我们的飞行高度很低，本来也许能从利比亚南边慢慢绕过去。但那意味着放弃我们的梦想。最终，我们决定降低高度，减缓飞行速度，争取时间说服统治利比亚的卡扎菲上校，告诉他这是有利于和平的体育运动。约旦国王以前曾经帮过我们很大的忙，而且我过去还有幸认识了纳尔逊·曼德拉，我知道他和卡扎菲上校非常熟。于是，我那位恪尽职守的秘书苏，便在半夜三更打开了我的办公室，找到了他们的电话号码。

我们接下来担忧的是说不定他们全都睡觉了。约旦国王患有癌症，身体不好；纳尔逊·曼德拉也不是年轻人了。于是我决定写封信给卡扎菲上校，这是我这辈子最重要的书信之一。

阁下：

我从ICO全球挑战者气球上向您直接提出如下个人请求。利比亚的邮政和电信公司在这只气球上有重要投资。

我们共同的朋友——约旦国王侯赛因陛下——曾向您说起我驾驶气球做环球飞行的计划。您仁慈地批准我们飞越贵国。

今天早上，我们在得知自己获准飞越贵国的可靠消息后，从摩洛哥起飞。如果我们未能获得阿尔及利亚和利比亚的许可和善意，就不会那么做。我们现在正位于阿尔及利亚上空，将在凌晨时分穿越贵国边境。

为了这次飞行，利比亚已于1998年7月20日向我们慷慨地颁发了第OVG11@01001号飞越领空许可证。然而，您的空中交通管制人员刚刚却通知我们：该许可证已经作废。我们当然明白，他们完全有权这么做，但由于氦气球阀门结冰，恐怕我们不可能在夜间让气球着陆。我们无法排出氦气以降低高度。

由于这一紧急情况，我们真不知道该怎样避免穿越贵国领空。在这种环境下，我们希望您能够通过您的空中交通管制部门，给予我们紧急许可。

真诚地感谢您体谅这个问题。

您恭顺的仆人

理查德·布兰森

到这个时候，我们全都疲惫到了极点，为了争取时间，特意让气球减缓到最低飞行速度。随后，气球上的电话响了，我们被告知，尽管现在已是凌晨1点钟，但卡扎菲上校仍给予我们许可，让我们继续飞行。虽然我们的环球飞行路线因这次减速而变得更加困难，但目前还面临着一个更大、更急迫的问题：减速导致我们改变了飞行方向，此刻正朝着土耳其伊斯坦布尔上空飞去，而那里将有一场暴风雨。但愿我们能从风暴上方飞过。

不知道是因为所有这些事造成的压力，还是因为某种病菌，我的嗓子开始哑了。他们决定给我注射青霉素，只是以防万一。

佩尔仍然跟从前一样冷静。这是他多年的梦想，现在终于要实现了。我们很高兴史蒂夫在气球上。他是我们当中唯一去厨房冒险的人，他给大家做了一道美味的"史蒂夫汤"。

现在，清晨即将到来，我们已越过利比亚边境，下方是一望无垠的沙漠，我们还受到了的黎波里空中交通管制部门的热情欢迎。没有军事飞机阻截。谢谢你，谢谢你，卡扎菲上校，我们ICO环球气球团队的全体人员都向你表示感谢！

1998年12月20日　第三天

从我24小时之前写好上一篇日记到现在，我还没有睡过觉。其中自有原因。让我和你一起分享这24小时的经历吧，真希望此刻你在气球上，和我们在一起。然而，在这一天中有些时刻，我可不希望你在这上面。

首先，让我向你解释所有想做环球飞行的气球驾驶者面对的挑战。这些不仅仅是自然因素或技术上的挑战。可悲的是，其中也涉及人和政治。生活总是这样，给我们设置障碍的都不是普通人，而是位于最顶端的一小群政客，他们因为自私，把自己的国家和这个世界变得更加悲哀。毕竟，这只是体育竞技，而且是和平的飞行冒险。

建议你铺开一张地图，我们就从这里开始说起。想象你是在瑞士、美国和摩洛哥飞行的气球驾驶者，就跟我们一样。然后画掉一些国家——它们的政客禁止你从那里经过——俄罗斯、伊朗和伊拉克（记住，3年前，曾有两人驾驶气球越过俄罗斯边境，他们被残忍地击落打死了）。

364

想象你在进行一场比赛，看谁能首先完成环球飞行，还有另外7位气球飞行员也在等着起飞。他们全都有可能恰好会从俄罗斯和伊拉克南部飞过。你知道，他们不会经历你们那样的障碍，因此必须争分夺秒，而且也必然会冒险。因此，当你的天气预报员说，他相信自己能让你们从伊拉克和俄罗斯之间挤过去时，你们不会拒绝，而会冒险一试——即使这意味着你们要在距起飞地点2600英里远的地方，飞过一片24英里宽的土地，它属于土耳其，夹在两个不欢迎你们的国家之间。

　　记住，气球只有风这一种动力。控制气球的唯一方法就是在飞行过程中改变高度，设法找到吹往不同方向的气流。拥有世界上最杰出的天气预报员会对你们很有帮助。

　　那位天气预报员告诉你们，他认为这样可行。你和你的团队决定努力争取。然后，在你们起飞前的那天晚上，你们得知英国和美国即将轰炸伊拉克，你是英国人，史蒂夫·法塞特是美国人。而且这条特别通道距伊拉克仅60英里。

　　如果你打算继续飞，那就可以证明你疯了。而我直到一个小时之前都认为我们发疯了。但我们了解自己的天气预报员——以前飞越大西洋和太平洋时，我们就曾与鲍勃·赖斯合作——我们知道，如果有人能帮我们从这两个不准我们飞行的国家之间那条狭窄的缝隙穿过，那个人就是他。就在我写这篇日记时，我们刚刚穿过这条缝隙——它的一边是伊拉克和伊朗，另一边是俄罗斯。在总部那支非凡的团队帮助下，我们奇迹般地慢慢飞了过来。

24小时前，天快黑的时候，我们告别了利比亚，飞到地中海上空，朝塞浦路斯进发。一架英国皇家空军的"大力士"飞机从我们上方飞过，他们说自己是去轰炸伊拉克的。他们祝我们好运，我们也给他们同样的祝福。

我刚刚躺下，想睡一会儿，史蒂夫就叫起来："穿上你们的降落伞——我们得知前方有一场高空雷暴。"两个月前，史蒂夫在太平洋上空就遭遇了类似的雷暴，失去了气球，因此，他太了解它们的强大破坏力了。如果向上爬升，风会把我们吹到伊拉克上空。前方可能发生的一场风暴和伊拉克的"风暴"——哪种更糟糕呢？在距离伊拉克这么远的地方，我们都能看见高射炮炮火留下的痕迹。我们决定冒险穿过雷暴，奋力前进。多亏上天的眷顾，我们不仅躲过了暴风雨，还在距伊拉克30英里、距伊朗7英里、距俄罗斯10英里的地方，避开了这些国家。现在，我们的天气预报员保准不会出错。如果他能让我们在节礼日回家，我请大家喝香槟。

从我们飞行的地方俯瞰，下面的风景美得令人窒息。我们正在飞越白雪皑皑的亚美尼亚山脉，下方是一个名叫"亚拉腊"的村庄，挪亚的方舟就曾停在这里。我们的耳机中传来亚美尼亚空中交通管制人员沙哑的声音："我们代表所有亚美尼亚人民，向你们表示欢迎。"他怀着如此真诚的友谊说出这句话。如果所有国家都这样热情友善该多好啊！

我们已经飞了2600英里——相当于大西洋的宽度——还剩下2万英里。每个人都兴奋得难以置信。举例说，我需要在剩下的旅程中借别人的香烟——因为我自己的一根都不剩了！

1998年12月21日　第四天

我们仍然在飞行，到这时，我们的旅程变得更加可怕了。气球已经穿过我们那条秘密通道离开土耳其，进入亚美尼亚，飞到亚拉腊山上方。我们从这里经过阿塞拜疆——从苏联独立出来的一个新国家——然后越过里海，经过土库曼斯坦和乌兹别克斯坦（这些国家的名字真棒），然后飞过阿富汗——那里发生了血腥的内战，已经持续多年。阿富汗是亚历山大大帝征服过的国家之一。

然后，到今天早上，我们就面临一个美好但相当可怕的前景：由于风向出人意料地发生了变化，我们现在无法从世界上最大的山脉北边飞过，而是不得不直接飞越它。

这就是令人生畏的喜马拉雅山，此前从没有气球飞越这里。我们将飞过尼泊尔——位于印度和中国之间的一个偏远王国。尼泊尔是佛祖的出生地，它也因为世界上最高的山峰而闻名，那就是珠穆朗玛峰，海拔近3万英尺。

这听起来很精彩，但有利也有弊——在驾驶气球做环球飞行时，所有事情都是这样。这一次，不利的因素就是所谓的"致命的气旋"。气球飞越山峰时如果卷入这种气流，就会在山的另一边被摔得粉碎。为了避免这种事故，我们每飞10英里就得升高1000英尺。

根据我们目前80英里的时速计算，这意味着我们必须飞到山峰上方8000英尺高的地方。现在，我们无法飞到海拔3万英尺以上的地方，但是，要避免在珠穆朗玛峰的另一侧被摔得粉碎，我们就不得不飞到它上方4万英尺的高空。

我们做不到。在国内团队的指引下，我们能从珠穆朗玛峰和世界第二高峰乔戈里峰之间飞过去吗？

嗯，我们要再过几小时才知道，如果明天我们成功了，我会告诉你们的。

1998年12月22日　第五天

好了，我仍在这里写日记，显然，我们已经避开珠穆朗玛峰和乔戈里峰。事实上，我们恰好在它们之间飞了过来——这与其说靠的是技巧，不如说靠的是运气，因为那些山峰控制着我们的方向，它们可不想放过我们。

在过去的24小时中，我们顺着这条美丽的山脉飞行。白天，它优雅精致；夜晚，有它在我们下面几千英尺的地方，就会产生一阵怪异的感觉。气球顶部结了大块的冰，堵塞了氦气阀门，让我们的问题更加严重了。

随着白昼的到来，巨大的冰块有可能掉到我们的吊舱上。实际上，景色非常美丽，我已经拍下一部我们飞越喜马拉雅山的精彩影片。就算是汉尼拔，也会为我们感到骄傲。

在我们经过山脉时，风平息下来，所以我们没有遭遇昨天提到的那种致命的"气旋效果"。

1998年12月23日　第六天

再过3个小时，我们就要越过中国边境了，这时他们突然告诉我们："我们已废除你们飞越中国的许可，你们不得进入我国领空。"我们别无选择。我们不可能在喜马拉雅山降落，那差不多意味着我们必死无疑。但是，在特意告知不得进入中国之后飞进去，也意味着非常严重的麻烦。

中国最初准许我们飞越中国南部。由于我们已被卷入喜马拉雅山，因此将在他们规定的路线以北150英里处进入这个国家。

因此，我们只有3个小时，说服他们允许我们进入。我认识爱德华·希思爵士，他曾担任英国首相，与中国人关系很好。于是，我们的人首先联系到他，他也好心找他的联系人说情。我又接通了我办公室的萨丝科娅的电话，要求她联系托尼·布莱尔。"可我没有唐宁街的电话号码。"她说。我非常疲倦，而且，老实说，现在非常担忧，不由得提高了嗓门儿说道："拨打192，从电话号码查询台查一下！"

托尼·布莱尔好心地帮助了我们。我还联系了彼得·萨奇——他是我们的竞争对手之一、国泰航空公司的总经理——他的总部位于香港，他也给予了我们很多帮助。英国驻华大使及其团队也帮了我们很大的忙。最终——就在我们穿越国境线半个小时之前——我们得到消息，只要我们能够把飞行路线保持在中国最南部，就允许我们进入。我们很快意识到这是不可能的。气流将把我们带到上海去——巧合的是，我刚在两个星期前去过那个城市，维珍大西洋航空公司最近申请了飞往上海的许可证。

我们高高地飘浮在白雪、云层和群山之上——着陆等于自杀。随后，我们接到一条来自中国民用航空管理部门的消息。

请注意：贵方必须在拉萨机场降落，贵方未能遵守我方要求，因此不得继续飞入我国领空。请稍后联系。贵方必须按照拉萨空中管制中心的要求操纵气球。感谢你们的合作。

谨致问候！

中国民用航空总局[1]

---

1 2008年3月，更名为"中国民航空局"。

气球是无法在飞机场降落的。天气状况非常恶劣，两个小时之后天就会黑，而我们身在莽莽群山上空，还带着5吨丙烷。我给维珍ICO环球气球基地回信，要求他们与中方联系，解释我们的所有问题。一个小时之后，我们收到回复。

请注意：你们必须降落。你们不能继续飞越我国领空。

我们陷入第二十二条军规似的两难处境。降落意味着必死无疑，但是，未经许可继续飞行，也是不可能的。

我联系上北京的英国大使，向他解释我们的困境。大使许诺，他和他的团队将整晚熬夜，设法解决问题。我给大使发去一封短笺，请他转交给中方。

我们诚恳地提议：如果现在降落，必将对气球上的全体人员和相关地面人员的生命安全造成严重威胁。由于气球随风飘移，因此我们无法控制气球方向。我们下方覆盖着云层，看不见地面。我们无法穿过云层降落，因为这会让气球结冰，导致它坠毁。我们恳请贵方注意，我们正在全力以赴处理这种状况，并为无法遵守贵方规定而深表歉意。我们并非不尊重中国政府，只是陷入难以应付的困境，目前无法在不威胁生命安全的情况下解决问题。我们真诚地恳求贵方给予我们的团队更多时间，解决这个问题。

我方飞行员尝试了贵方给我们的所有频率，仍无法与贵方取得联系。他们将继续尝试。恳请贵方给予更多高频或甚高频频率。

我们真诚地希望贵方对此给予答复。

我们继续紧张地飞行。凌晨，我们收到如下传真，让我们如释重负。

由于维珍全球挑战者号热气球已违反双方的协议及英方的承诺，没有进入预定的领空，因此，中方别无选择，只能要求该气球着陆。考虑到高尔斯沃西大使的恳求，中方已竭尽全力克服一切困难，现决定允许该气球继续飞行，要求它尽快离开中国领空。若中方有新的要求，将再与英方联系。

我们怎么感谢中国人都不为过。谢谢你们！

1998年12月24日　第七天

当我们离开中国海岸的时候，我遇到了一件异乎寻常的事情。我接到了来自英国的消息。

恭喜！维珍大西洋航空公司获准成为首家从英国直飞

上海的航空公司。英航遭到拒绝。火速回家。

这真是一个奇怪的世界。一分钟前我还害怕自己的气球会在上海上空坠落，现在居然获得了往那里飞波音747客机的许可。

这本该是个愉快的消息——如果不是发现我们正往朝鲜飞去。似乎所有不欢迎气球飞行员的国家都对气球有股磁铁般的吸引力。朝鲜是世界上最封闭且高度军事化的国家之一。我们早就得知，根本就别想申请飞越该国的权利。

鲍勃为了找到将我们往南带入韩国的合适气流而操劳过度。与此同时，一直在总部与厄伦·波特一起为我们争取飞越领空权的凯文·斯塔斯认为，我们不妨试一下，便联系了朝鲜。

让我们大家都感到又惊又喜的是，我们很快收到答复：欢迎我们飞越朝鲜领空。也许，作为一个国家，朝鲜现在乐于融入更广阔的世界。不管原因是什么，我们都非常感激。在我们飞回家之前，朝鲜是我们必须面对的最后一个政治障碍。现在，我们要跨越的就"只有"世界上最大的海洋——太平洋（宽5200英里）——以及美国和大西洋了。

历经周折之后，我们在头5天时间里只完成了环球飞行三分之一的旅程。太平洋已夺走多位尝试跨洋飞行的热气球驾驶者的生命。10年前，就在我和佩尔开始成功飞越太平洋的前一天，就有一位可爱的日本气球飞行员为此而失去生命。3个月前，史蒂夫·法塞特也在太平洋上空遭遇了一场风暴，只得在斐济附近迫降。

因此，我们全都对太平洋心存敬畏。然而，奇怪的是，我们又为过去几天中克服的种种政治麻烦而感到轻松，无论如何，我们觉得，在接下来的航程中，不会再有什么戏剧性的事件发生了。一开始就很顺利，我们最终从韩国上空飞了过去，因为在获得朝鲜的许可之前，鲍勃通过不懈的努力，终于成功地改变了我们的路线。然后，我们便继续前行，在富士山上空迎接美丽的清晨，接着飞过日本关西。当我们从空中飞过时，我们实际上都能看见成千上万的人拥上大街，抬头望着我们的气球。我的得力助手威尔·怀特霍恩恰好在关西，他与我们的气球取得联系，说："站在这里，目睹整个地区的活动戛然而止，这是我一生中最难忘的景象之一。"

风力逐渐增强，这让我们如释重负。我们发现自己的飞行速度为每小时150~180英里。我们被吸入急流层，我们需要它。气球在飞越喜马拉雅山时用掉了很多燃料，我们必须赶快回家，剩下的燃料最多只能支撑五六天，但我们还有三分之二的航程。不过，以这样的速度飞行，我们估计不到40个小时就能飞越太平洋，再分别花一天时间飞越美国和大西洋，然后就到家了。我们精神高涨，真的以为自己遇到了好机会。

接着，我们收到来自鲍勃·赖斯的一条紧急信息。

它是这样开头的："我们有一个潜在的问题，让我非常担忧。"如果鲍勃对什么事情非常担忧，那么我们也应该如此。"具体来说，"他继续写道，"由于出现一个低气压槽，它将形成一条从夏威夷附近向东北方向延伸的切变线。这种模式转变的结果，将导致气流带着气球朝东南方的夏威夷飞去，回到太平洋上空。我们必须在低气压槽开始形成切变线之前飞到槽里。保持最快速度至关重要，比任何时候都重要。"

我们明白他的意思——如果气球不能及时穿越，我们就会转向南方，最终掉进海里。或者，正如我们在总部的指挥官迈克·肯德里克5分钟后说的那样，"这关系到能否让你们避免跌入大海，因此，看在上帝的分上，飞吧。"于是，我们尽量升高，以获得更快的速度。但是，在海拔升高之后，我们的速度只增加了10节。要飞到那个低气压槽所在的位置，我们还要度过一个漫长的夜晚。鲍勃重新计算了那些数据，看速度增加10节后能否把我们推过高压槽，并继续飞往美国。如果办不到，那我们就只好为这次造的吊舱能够漂在水上而庆幸了。但我不打算也不希望测试它的性能。

日记在此结束，因为情况开始恶化。我没能完成日记，因为我们只顾忙着求生了。我记得，就在头天睡觉之前，我们前面只剩下太平洋和美国，天气预报员说我们将在两天后回家。风力这么强，气球时速约为200英里，看起来我们将在圣诞节飞越美国了，圣诞老人在我们下面很远的地方摇摇摆摆，而我们将回家过节礼日。

当我去睡觉时，我想道，一个人一生中能拥有我们这样奇异的经历，而且如此幸运，这差不多有点太过分了。只有当我醒来时，我才意识到，这一次幸运之神不再眷顾我们，我们最终将迫降在太平洋上，而不是成为第一批驾驶热气球完成环球飞行的人。

我们试图跨越坏天气形成的那道屏障，但它抢在我们前面形成了。为了越过它，我们尽量升高，又尽量降低，但都无济于事。这就像在美国海岸上修筑了一道坚不可摧的砖墙，阻止我们飞过去。

我们非常幸运，找到了将气球重新带回太平洋的气流，朝几千英里内唯一的群岛夏威夷飞去。就在距离它60英里的地方，我们跌进海里。气球拖着我们在海浪上前进，每次向前跳跃300英尺，就像电影《轰炸鲁尔水坝》里面的炸弹一样。我们打开吊舱上的圆顶，爬出去，拼命抓住吊舱。然后，当气球第10次撞上海面时，我们投入海里，再次被刚刚设法赶到的直升机拉出海水。维珍赞助伦敦的直升机紧急救护服务真是太应该了！

圣诞节那天，我在夏威夷着陆，决定到内克岛去，我的家人全都在那里。当我在节礼日那天到达内克岛时，却发现那里出了件带有几分超现实主义色彩的事情。岛上的大房子空无一人，我所有的亲朋好友都聚集到岛屿最偏远的一端，举行一次孩子气的派对。说它有点超现实主义是因为，在气球起飞的前一天，我写了份遗嘱，在里面提出要求说，如果气球坠毁并发现了我的尸体，那就把我葬在内克岛的这个角上。我希望自己所有的亲朋好友都参加葬礼，希望自己永远长眠于这个特别的地方。因此，当我本人到达那里，举目四望，想到这本来会是一次截然不同的聚会时，那种感觉真是奇怪极了。

正是在那个时候，我想道：好了，我已经拥有这么多难以置信的经历，上天一直对我十分仁慈，让我每次都能死里逃生。这些大胆的探险帮维珍出了名，也帮我出了名，并给我留下一些奇异怪诞的回忆，让我有一天能讲给孙子、孙女们听。不过，我已经凭借自己的好运尽量去冒险了。现在，我明白过来，既然我能打电话给曼德拉总统、比尔·克林顿总统或托尼·布莱尔，并且能直接接通，那么，如果我能利用我为自己确立的这种地位，说不定就能做一些值得出力的事情。在我15岁开始创办杂志时，我就在自己的第一篇社论里描绘了自己的梦想，希望努力改变这个世界。现在，我能够依靠自己的力量和地位，试着实现当初的梦想了。我一直努力利用自己的地位帮助慈善事业。戴安娜王妃去世时，我正搭乘飞机从美国返回英国，她的亡故也给我造成深深的影响，就跟其他所有人一样。然而，作为王妃的好朋友，我觉得，从这次不幸中创造出一些有积极意义的东西，这将十分重要。因此，我决定制作一张纪念王妃的最好专辑，保证把从中赚到的所有利润投入一项戴安娜纪念基金。埃里克·克拉普顿、斯汀、乔治·迈克尔、克里斯·德·伯格和保罗·麦卡特尼全都欣然决定献唱。不过，我还想要一支动人的歌曲来反映戴安娜的一生，这首歌要能在她的葬礼上演唱，然后收入专辑。

我知道埃尔顿·约翰是戴安娜的朋友，于是我问他能否在葬礼上演唱《风中之烛》，并请伯尼·陶平为这首歌谱写更合适的曲子。我还明确提出，希望这支歌能收入纪念专辑。所有这些都不仅需要戴安娜家人和女王的授权，而且也需要教会的授权。接下来是

3天令人抓狂的谈判，但有人建议女王对这一行动不予批准，于是我打电话给托尼·布莱尔，问他能否干预一下。幸运的是，布莱尔这么做了。埃尔顿演唱的《风中之烛》抓住了整个世界的想象力，让这场令人悲痛欲绝的葬礼变得感人至深。

当时，埃尔顿·约翰的职业已经陷入停顿。可几天之后，埃尔顿却收回了将这首单曲纳入慈善专辑的许可，可以想象我当时多么吃惊。我给他写了一封很长的信，表达我不愿公开的愤怒。然而，某个不择手段的人在翻找埃尔顿家的垃圾桶时发现了它，从而使得它不可避免地登上了《太阳报》的头版，通常这些事总会如此。幸好我们的纪念专辑仍然赚了几百万英镑，成为威尔士王妃戴安娜纪念基金会最大的一笔捐款。而《风中之烛》最终成为音乐史上销售量最大的单曲，卖了大约3300万张唱片。

我一直认为，维珍应该不单是一台赚钱机器，既然维珍富可敌国，财力与一个小国家不相上下，那我们就应该比过去更多地利用这笔财富解决社会问题。各家公司确实有责任解决它们。最近几年，比尔·盖茨一直在投入大量财力，试图研制出一些消灭致命疾病的疫苗。尽管他曾经处境艰难，而且媒体对微软有很多负面报道，但他仍然极大地回报社会。他是其他所有企业家学习的伟大榜样。

我上一次去南非时，参观过一些医院，尤其是索韦托的医院。目睹那么多人被HIV即艾滋病病毒毁掉了生活——其中包括数百万艾滋孤儿，有的年仅9岁就承担起家庭重担——真是触目惊心。在英国推出"伴侣"安全套之后，维珍继续在全球支持各种组织对抗艾滋病。但是，这次南非之行后，我发誓要做更多的事情，阻止这种疾病毁掉几代人。

在非洲，我也是一家自然保护组织的支持者，他们试图让现在占非洲2%的野生动物保护区面积上升到4%~5%，给非洲的野生动物保留更多荒野，让它们自由驰骋——因为那些土地不单是留给牛群和农场主的。非洲野犬是我最喜爱的野生动物之一，这个物种濒临灭绝，我发现它们非常迷人。如果把目前用栅栏圈起来供野生动物使用的土地面积增加一倍，让它们获得更大的机会长久生存下去，那将是留给下一代人的丰厚遗产。

世界上另一个灾难深重的地区是北爱尔兰。尽管那里将一直存在来自敌对双方——天主教共和党和新教统一党——的极端主义者，然而，到20世纪90年代，公众对两个教派之间多年的爆炸和杀戮越来越厌倦。1998年5月，莫·摩兰姆被任命为北爱尔兰大臣——这是一个鼓舞人心的选择。莫是一个脚踏实地的女人，跟街头巷尾的普通人打交道，丝毫不摆架子，真的是这样。她决定越过政治领袖，直接诉诸人民，就爱尔兰的未来举行全民公决。如果她成功，北爱尔兰就很有可能实现永久和平；如果她失败，这里就会回到混乱之中——在过去的30年里，内乱导致3500人死于非命。全民公决提出，北爱尔兰可以继续留在英国，但如果有一天北爱尔兰的大多数公民希望爱尔兰统一，并且投票通过了这一决定，那么他们也可以实现这个愿望。

在投票前两天，结果似乎难以预料。莫是我的老朋友，她打电话问我是否愿意和她一起走上街头。我想，大概是因为我曾经参加驾驶船和气球跨越大西洋的冒险，莫感觉我在爱尔兰很受欢迎；而且我跟政界或宗教界都没有任何瓜葛。她也许还希望传达出这样的信息：实现和平，就会有人投资商业，促进繁荣。

不管怎么样，我第二天就和我们公关部的员工温迪一起，从希思罗出发了，温迪恰好来自北爱尔兰。在机场休息室，温迪转身对我说："理查德，很抱歉我不能和你去。如果我父亲看见我和你一起参加支持这项和平条约的运动，他会杀了我。"我从没想过温迪是新教徒还是天主教徒，只知道她是一个可爱的爱尔兰姑娘。她这番话让我意识到莫面临的工作有多么艰难。

最终，我说服温迪去了爱尔兰。在那一天剩下的时间里，她勇敢地和我们在一起，到那一天结束时，温迪对我们的论点深信不疑，她决定投"赞成"票，而且还劝说她的母亲和姐妹们也投"赞成"票。不幸的是，她意识到自己无法说服父亲。

在走上北爱尔兰街头与数百人握手之后，那天晚上，我们全都回到北爱尔兰大臣的漂亮官邸希尔斯伯勒城堡，吃饭休息，等候结果。我知道，我这次行程至少额外获得了4张选票！

第二天，我们得到好消息——投"赞成"票的获胜。和平终于降临爱尔兰。既然这次是人民投票决定的和平，我觉得它也许会保持下去。

在我的生活中，我逐渐学会面对出乎意料的事情。这话似乎说起来很容易，但是，发生在我个人、家庭和维珍身上的种种事情都让我认识到，你必须随时准备处理各种意外。你会养成一种随机应变的行动方式。然而，不管我阅历多么丰富，2001年9月11日发生的事情仍然让我措手不及。

那是布鲁塞尔时间下午三点一刻，我正准备再次在欧盟有关竞争的调查中发言。我曾经耐着性子参加几十次这样的会议，9月的那一天并没有什么特别的地方。人们似乎穿着同样的灰色西服，坐在那里，一起反对我们。我知道我们所处的地位具有什么力量，因此，在那次会议之前，我就已经考虑好结束会议后回家，与家人到内克岛避暑度假，然后继续日常工作。这次会议与航空公司无关，也和音乐行业、零售业或铁路无关，这涉及一个越来越"有趣"的主题，即欧洲汽车制造商的"集体豁免权"，换句话说，就是关于汽车制造商通过控制销售商和销售价格来敲诈我们所有人的事实。我参加这个会议，因为随着时代的发展，互联网和电话服务中心领域降低了销售成本，使得维珍有可能以售价比街角汽修厂还低25%的价格向公众直接出售和运送汽车。在前一年，我们售出了6000多辆汽车。

就在我要对坐在房间里我周围那些既得利益者发动毁灭性攻击时，有人静静地递给主席一张纸条。主席读着纸条，脸色发灰，然后向满屋的人宣布了一个令人震惊的消息：纽约发生了恐怖袭击，有几架飞机卷入其中。然后，他问我是否希望继续。我们没人知道情况到底有多严重，但听起来非常不妙。还有人担心欧盟大厦也会成为攻击目标。不过，尽管我很清楚每个人的心思都在纽约，却仍然决定继续发表演说，回答欧洲议会各成员提出的问题。

一个小时后，当我准备乘坐"欧洲之星"列车回总部时，终于设法打通了伦敦的电话。"好像是中东恐怖分子劫持了4架飞机，"威尔说，"双子塔刚刚倒塌，可能会有10,000多人死去。不断有报道说其他飞机也遭到劫持。他们已经关闭了美国的机场。你不在的时候，我们已经让公司的飞机全部折返，只有3架无法返回。由于美国已封闭领空，我建议你回来后我们再谈细节，明天早上首先让所有人都到荷兰公园开会。"

当我和维珍汽车公司的主管坐上火车时，才慢慢意识到整个事件有多恐怖。我们对面坐着一位金融业的女士，正狂乱地打电话给伦敦和纽约的朋友，想尽量弄清真相。她开始把她知道的事情逐一告诉我们：从事金融服务的坎托·菲茨杰拉德公司已经全毁了，有几家法国和美国银行可能也伤亡惨重。她显然忧心忡忡，我想方设法帮她。我还没有看到任何现场的照片，但是，从她的眼泪中，我能够想象事情有多可怕。

就在那天早上，我好好考虑了一下我们的生意发展状况。在发生"9·11"事件之前，维珍大西洋公司一直继续着它非凡的成功故事。2000年3月，新加坡航空公司成为我们的合作伙伴，付出创纪录的6亿英镑，购买了我们49%的股份。2001年，在飞越北大西洋的航空公司中，只有我们仍在盈利。我们感觉那年的生意非常好，当其他人因为成本失控、服务不好和机群老化而苦苦挣扎时，我却对这个行业信心十足，甚至还在澳大利亚建立了一家新航空公司，继续扩大发展。到发生双子塔悲剧的头一天，新公司差不多才刚刚成立一年。这家公司叫"维珍蓝航空公司"，以西南航空公司的低成本模式为基础建立。尽管澳元疲软，燃料价格很高，但公司仍然生意兴隆，它降低了票价，乘坐其航班的人数增加了一倍。

这并不是我们前几年唯一的新投资。20世纪90年代后期，我们做了大量工作，对维珍及其品牌进行合理化改革。到9月11日，我们已经以"品牌化风险投资"理念为基础，制定了一个明确的策略。维珍并非由众多子公司构成的联合大企业，而是一个多样化的投资者。因此，我们会精心选择一些商业领域，试图为那些对消费者有利的行业带去更多竞争。然后，我们就去寻找合适的合伙人和经理人，发展这些业务，最终目标是让它们自力更生，就像维珍唱片公司和维珍电台那样。

不过，我们也把注意力转向了其他领域，看能否让它们有所改变。一年当中，我差不多有250天穿梭来往于世界各地，努力让维珍成为全世界最受尊敬的品牌——不必最大，但一定是最好的。

我们还在英国国内和国际上建立了一支优秀的管理团队，他们可以充当我们的"耳目"，密切关注各行各业的发展。因此，在过去的两年中，新的投资发展迅猛。维珍健身俱乐部已成为全球第三大连锁健身俱乐部。截至9月11日，我们的网上火车票预售平台www.thetrainline.com已经拥有500万顾客。维珍移动公司是欧洲增长速度最快的移动电话企业，在那个不祥的日子，它正要与斯普林特公司做一桩交易，向美国公众出售我们实用的手机。

作为扩张维珍移动公司的部分举措，我们最终还是把"我们的价格"品牌扔进了历史的垃圾桶。自从1998年从W. H. 史密斯公司收购这项业务以来，我们就决定把它当作维珍的公司，重新确立其品牌，让它跟我们那些成功的连锁大卖场平起平坐。截至2002年年初，它和维珍位于主要街道的其他店铺一起，为维珍移动公司争取了近200万顾客，现在已有超过500万的顾客。

在听说恐怖袭击之后，我最先核对的一件事情就是询问是否有我们认识的人受到影响。弗朗西丝·法罗曾在我们的航空公司工作，就在2001年的春天，她移居纽约，和未婚夫结婚了。他们就住在双子塔附近。当时她正在帮助处理斯普林特公司与维珍移动公司的那笔生意。我们和她失去联系3天，后来，我们得知，在第一个塔楼开始倒塌时，她恰好驾车前往世贸中心附近。幸运的是，其他亲朋好友都给我们打电话报了平安。

但并非所有人都这么幸运。当我接到霍华德·卢特尼克打来的电话时，我对此就深有感触。霍华德是坎托·菲茨杰拉德公司的董事长，他们在伦敦金融城被称为"坎托"公司。在这场悲剧中，坎托失去了数百名雇员，星期五晚上，该公司的詹姆斯·凯尔打电话给威尔·怀特霍恩。他们迫切需要飞机，让几十位悲痛欲绝的遇难者亲属飞往纽约，不过，由于坎托的全部业务都毁于一旦，他们都不知道股市重新开盘后是否还有生意，能否赚钱支付这笔费用。星期六早上，我们同意尽快根据他们的需要，把遇难者家属尽可能地送过大西洋。不管我们有什么困难，他们的处境比我们糟糕得多。

那天下午，霍华德打来电话，亲自向我道谢。在他失去大多数亲密同事之后，我简直无法想象他此刻过得多么艰难。"感谢你为我们所做的一切，"他说，"这对坎托公司的每个人来说都意义非凡。"我感到局促不安，因为我们只能做这么一点事情——尤其是在他那个感人而客气的电话之后，我得知他的兄弟加里也在这场致命的袭击中死去了。

在电脑上，我看到自己9月12日的日记中只写着一句话："RB——整天都在荷兰公园开会。"那天早上在我家碰头的人个个神情沮丧。来到起居室的人包括理查德·鲍克、帕特里克·麦考尔、威尔·怀特霍恩、马克·普尔和西蒙·怀特。颇具讽刺意味的是，他们中没有一个来自维珍大西洋公司。因为维珍大西洋公司的总经理史蒂夫·里奇韦和他的高层团队已经根据应急措施采取行动，开始对整个业务做72小时的紧急检查，打算星期五就我们应该采取的措施提出建议。但我们坐在荷兰公园那张桌子周围的所有人都知道，公司必须尽快采取措施。由于跨大西洋航线对我们关闭，乘客数量剧减，维珍大西洋航空公司预计每天将损失150万英镑。那天早上，我跟英航的新老板通了电话，他是一个快乐的澳大利亚人，名叫罗德·埃丁顿。他告诉我，英航可能每天损失800万英镑。我建议，一旦美国领空重新开放，我们就一起向政府提出建议，看能否得到什么帮助。他非常痛苦地回答说："好主意，伙计！下周我一上班就给你打电话。"这让我感到非常振奋。

我们6个人坐在我家起居室的桌子周围，沐浴着9月的明媚阳光。尽管英航遇到的麻烦显然比我们更糟糕，但这个事实并未给我们带来多少安慰。我们将自己面临的问题一一列出，显而易见，维珍集团各公司拥有的现金足以度过最困难的时期。但是，维珍大西洋公司潜在的资金黑洞需要尽快堵上。我们的竞争对手境况如何？这是另一个无法确定的问题。我们知道，布鲁塞尔的比利时国家航空公司和澳大利亚的安捷航空公司即将由政府托管，但它们能挺过这道难关吗？

那个周末，我们首次把为这种紧急情况准备的计划付诸实施。在评估英、美之间"市场失灵"的工作中，维珍大西洋公司的团队做得非常好，最终，他们制订了一个紧急重建计划，其中包括一些令人痛苦的措施：我们在英国的航空公司将裁减1200个工作职位。但他们将尽力保全其他数千人的工作。最重要的是，他们把比较大的飞机，如波音747-400，转到生意兴隆的非洲航线上，而把比较小的空中客车用于跨北大西洋业务。

星期日早上，我们正式启动了这个重建计划，并在星期一早上通知了全体员工。他们接受了这个安排，然后继续工作——他们表现出的这种宽容和职业水准，令我永难忘怀。随后的几个月非常艰难，但我们在第一个星期就正确地预测到这种情况，到圣诞节时，维珍大西洋公司显然已挺过了最恶劣的阶段，能够生存下去了。我们的美国竞争对手卑躬屈膝地向政府求助，并从那里获得大量救济款，相比之下，我们能幸存下来绝非易事。他们或许靠这种方法渡过了难关，但我们却只看到，这为他们甚于往常的反竞争倾向带来了回旋余地。

这种处境的讽刺意味在于，我们不仅建立了这样一支不同凡响的团队，而且，直到9月11日那天，我们都一直在赚钱。那个时候，我最担心的是这些强制性裁员会影响公司内部的士气。这是对所有相关人员的考验，不仅许多年纪大的和兼职的员工自愿辞职，而且那些留下来的人，也怀着那种造就了今天维珍大西洋公司的精神，全身心地扑到工作上。讽刺的是，正是这家航空公司的创新本质——为了让乘客感到更舒服而使用睡椅和机上按摩——意味着我们如今将成为首家安装芳纶防弹驾驶舱门的航空公司，进一步保证了乘客的安全。

如果维珍大西洋公司的管理层还必须为短程航线操心，那么，就算他们再专心致志，也会更加举步维艰。不过，维珍的投资模式免除了他们在这方面的担忧。我们还有另外两家航空公司，位于布鲁塞尔的维珍捷运公司和位于澳大利亚布里斯班的维珍蓝公司，二者都是独立运营的上市公司。"9·11"事件对它们造成截然不同的影响，但同样具有挑战性。其中一个要面对主要国有航空公司（比利时国家航空公司）的破产，另一个要面对主要竞争对手（安捷航空公司）的破产。我们这两家公司都已经迅速采取行动，改造和发展业务。它们都能在各自的环境下，集中全部精力处理自己的问题。

同样，在21世纪初，维珍移动公司也遭遇了一系列挑战：英国市场的增长、新加坡的经济衰退以及是否在美国扩大发展的决定。如果维珍移动公司是一个联合企业，这些方面的决策都可能严重受阻。但是，由于我们的每个决策都是在独立的合资企业下做出的，因此管理团队就可以专注于手头的工作。到了10月，我们做出重大决定，继续推进维珍移动公司在美国与斯普林特公司的合作，并开始筹集资金，资助这个价值5亿美元的新企业。

这一决策看似疯狂，其实并非如此。显而易见，美国经济即将陷入衰退；但同样显而易见的是，在经历了"9·11"惨剧导致的变化无常后，美国的手机销量终于开始激增。维珍预付费电话的低价模式似乎成为吸引美国年轻人的理想解决方案，他们对手机和短信不如欧洲、非洲和亚洲的年轻人那么热情。

又过了两周，到10月7日，针对恐怖分子的战争真正开始了，炸弹和巡航导弹开始向他们位于阿富汗的据点倾泻而下。根据我在第一次海湾战争期间的经历，我意识到，在这种时刻，要集中注意力总是很不容易的，但人们仍然要上班。因此，当维珍铁路集团最大的供应商英国铁路线路公司破产时，我们再次感到震撼。这对使用铁路的公众以及维珍都造成了冲击，当时，我们正在努力磋商一个挽救西海岸铁路主线升级的协议。不过，维珍专注的管理团队再次很快明白了该公司破产的重要意义，因为他们不必为集团内其余松散的上市公司的活动担忧。

然而，当政府迫使理查德·鲍克担任英国铁路管理局局长时，我们再次遭到打击。作为维珍铁路公司的联合董事长，鲍克为调整我们的新列车订货贡献很大。2001年11月，我们的第一列摆式列车及时从工厂运来，并且没有超出预算，这就证明了他的工作有多么出色。相比之下，英国铁路线路公司的升级费用却增加了4倍，而且要推迟好几年才能完成。

　　11月，在一个寒冷而又阳光明媚的日子，站在伯明翰的阿尔斯通工厂里面，望着琼将我们的一列新列车命名为"维珍女士"，这真是一个令人骄傲又催人泪下的时刻。那天晚上，我坐在炉火边看《6点钟新闻》，当我听见播音员说出那句我等了5年的话——"维珍实现了自己的诺言"——时，这一刻显得更加美好。实现这个诺言并不容易，我们早在1998年就下了订单，尽管存在诸多技术困难，维珍仍制造出当时全球最先进的火车，它能够以每小时140英里（约225千米）的速度在拐弯时倾斜行驶。当然，有一个糟糕的结果我们没有料到——要到2004年，供时速125英里以上的列车行驶的铁路才会投入运营！

　　2001年冬天，维珍铁路公司的财务团队经历了更多不眠之夜，那时他们正和英国铁路线路公司及其主管、英国铁路管理局、交通部和列车供应商谈判，确保我们的列车获得它们应得的铁路，也确保公众获得他们应得的服务。1997年，每个对我们的铁路升级协议大加批驳的人，都预测我们无法获得需要的新列车，还说我们会在尝试的过程中破产，我回想起这一切就觉得讽刺。事实上，在私有化过程中，真正算得上成功的只有维珍的电动摆式列车和柴油驱动的旅行者号列车。有些铁路专家曾在1997年预测升级铁路比升级列车容易，现在他们也哑口无言了。

与此同时，在澳大利亚，民航业仍能感觉到"9·11"事件产生的影响。安捷航空公司破产后，维珍蓝公司发现自己一下子成为澳大利亚第二大航空公司。维珍蓝公司的主管布雷特·戈弗雷已经稳步开展了一年的业务，差不多一夜之间，他管理的航空公司就有望变得比便利航空公司更赚钱了——只要他能筹集资金。在双子塔受袭3天后，我们公司的财务总监帕特里克·麦考尔就搭乘飞机前往澳大利亚。一个月之后，维珍蓝公司宣布：指定高盛公司于2003年准备为自己发行潜在价值超过10亿澳元的股票。

这件事情差点产生另一种结果，因为就在"9·11"事件之前，安捷的母公司新西兰航空公司（ANZ）曾提出以2.5亿美元的价格收购维珍蓝。我们在新加坡航空公司的朋友拥有新西兰航空公司20%的股份，因此，其首席执行官张松光博士给我打电话，提出报价。"理查德，我真的认为你应该接受这个报价，"他说，"我们的估价相当慷慨，如果你不接受，我们就会把钱投入安捷，他们会在6个月内挤垮维珍蓝公司。"他是在虚张声势吗？

这是一个艰难的抉择。直觉告诉我，维珍蓝的价值比它高，但这个报价也不算少。然而，在长途电话线的另一端，张松光说话的语气中似乎带着某种不顾一切、非买不可的意味，让我犹豫不决。我决定搞点恶作剧，于是召开了一次记者招待会。我希望当局的反不正当竞争机构明白，公众对公平健康的竞争有着多么强烈的需求。我带着一副阴郁、严肃的表情宣布："这是一个令人悲痛的日子，但我已决定出售整个公司。这意味着澳大利亚的廉价机票将成为历史——其他人不会效仿我们的做法。这当然也意味着我们的员工将属于安捷，而且他们将进行裁员。但不管怎样，这会让我大赚一笔，所以，我将抱着我的2.5亿美元利润马上回英国去。"拥挤的房间里死一样的寂静，似乎满屋子的人都深感震惊。英国国家通讯社的一位记者匆匆离开，去发稿子。接着，我看见公司的一些员工也在屋里，他们并不是必须参加记者招待会的人。我意识到他们眼中噙着泪水。"只是开开玩笑而已。"我赶紧补充道，然后当众撕掉了那张2.5亿美元的支票。

5天后，安捷破产。布雷特打来电话，维珍蓝一夜之间成为澳大利亚第二大航空公司，当他热情地为公司描绘迅速扩展的宏伟蓝图时，他简直难以自制。正是那个电话让我意识到，布雷特的团队已经建立起真正的维珍企业。它让澳大利亚的空中旅行市场发生了革命性变化；它建立了卓尔不凡的质量声誉；而这一切都是从一小笔仅有1000万澳元的风险投资开始的。

到2003年12月，这家从1000万澳元起家的公司已攫取了30%的市场，在我们的新一代公司中，它最先上市。民航市场十分混乱，头年巴黎又发生了悲惨的恐怖袭击，削弱了澳大利亚人认为自己能免受世界其余地区影响的信心。考虑到这些因素，维珍蓝航空公司的成就相当卓著。等到我们推动公司在澳大利亚股市上市的时候，我们又拥有了一位新合伙人，名叫克里斯·科里根，有了他的投资和我们上市筹集的资金，维珍蓝仅仅在3年多的时间里，就赚了7.8亿美元。上市后，维珍保留了25%的股份，在随后的18个多月里，仍然生意兴隆，直到澳大利亚快达航空公司终于醒悟过来，意识到维珍破坏了他们的国内市场，然后，就像所有垄断者一样，他们在2004年春推出了一个克隆维珍的劣质航空公司，名叫"喷气星"。2005年1月，维珍蓝公司陷入了一场价格战中。尽管如此，它仍是世界上最赚钱的航空公司之一。事实上，维珍在2004—2005年的最大成就之一就是，当大多数美国航空公司最终寻求《破产法》第11章的保护时，维珍蓝公司和维珍大西洋公司都保持了盈利的势头。

甚至我们新创建的互联网业务——从1998年开始运营——似乎也在"9·11"事件后不断壮大。这主要是因为它们都按照真正的维珍品牌建立，出售货真价实的东西。2001年冬天，维珍汽车公司售出了它的第6000辆汽车，尽管在纽约遭受袭击之后，汽车销量暂时跌入低谷，但在圣诞节前夕，销量实际上又有所增长。www.thetrainline.com网站的情况也相同。当紧张的企业主管们认为从曼彻斯特或纽卡斯尔开出的火车比飞机更安全时，车票销量也急剧上升。到2002年年初，这些公司以及我们的其他几个电子商务公司都实现了正现金流。唯一的例外是维珍酒业，虽然它赢得了10万顾客，但在这个你死我活的残酷市场上，它仍然没有获得自己需要的利润。不过，我们相信它会很快扭转局势。

维珍酒业很好地体现了我们的管理哲学：给员工机会，让他们依靠自身能力成为企业家。1999年年底，维珍银行的罗恩·戈姆利开始觉得，我们的金融服务生意正走向成熟，因此需要一个不同类型的经理。企业家的狂热撕咬着这位以前的风险投资家，他想开拓一番新事业——网上酒类零售。我赞同他的想法，尽管我们对进入这样一个陌生领域还心存疑虑，但原则上仍打算支持他。于是，维珍就和罗恩合资创立了维珍酒业。

我还能继续列举诸如此类的例子，不过，但愿我已经把自己的观点表达清楚。我们与合伙人一起投资创建独立的企业——也就是银行家们一直对我说的，要把它们"分离"出来——因此能够承受"9·11"事件带来的管理压力，分散风险，做出了我们期望的许多好决策。与此相结合，我们按照风险投资的私人股权模式，依靠各自的商业案例、持股人和财力资源，创建了一些单独的公司，维珍就这样挺过了2001年，并且一直挺到今天。

有趣的是，安然公司破产后，仍有人想建立大型公司，可如果有些重要方面出了错，整个公司都会崩溃。维珍的做法不是在一个牌子下建立某个领域内的单个大型公司，而是建立200个甚至300个独立的公司，每个公司都能自己生存。这样一来，尽管我们拥有一个将它们联系起来的品牌，但如果再碰到类似于"9·11"事件的悲剧——它对民航业造成很大损害——也不会让整个集团轰然倒塌。因此，我们不会在某一天醒来，因为一件重要事情出现差错，就导致所有子公司都走向毁灭。

结果，我们从不放弃一家公司：我们总能还清它的债务，我们总能设法保护我们的名誉——作为一个组织，我们重视自己承担的义务。但是，如果出现无法避免的灾难，我们就能卖掉一家公司，把它分割出去，以免影响集团中的其余部分。显然，维珍的声誉会受损，我们也不愿让这种事情发生，但至少这可以避免灾难，避免损失4万个工作岗位。

维珍的多样化业务已经证明，它经得起时间和环境的考验。由于每个管理团队都能专注于自己的业务和企业目标，因此我们差不多能实现任何构想——只要它适合我们的品牌。我已经从20世纪90年代后期学到很多宝贵经验。我逐渐意识到，将维珍的商标贴在产品上并非创造价值的最好方式。维珍伏特加或许在飞机上和机场卖得不错，可是我们却没有UDV集团或苏格兰卡瑞芝那样的全球销售公司来支持它。不过，如果能找到企业家型的经理，如维珍健身俱乐部的弗兰克·里德和马修·巴克奈尔，并给予他们财力支持，那么他们就能在天空中自由翱翔了。

1999年8月，维珍的第一批健身俱乐部在普雷斯顿、兰开夏郡开张，当时的预兆并不太好。一场大火吞没了俱乐部，造成数万英镑的损失，弗兰克心烦意乱地打电话告诉我这个坏消息。然而，塞翁失马，焉知非福。当弗兰克说起火灾让他们有机会换一种方式做一两件事情，并能获得更长的时间培训员工时，我一下子放下心来。我也开始明白为何弗兰克在娱乐业如此声誉卓著了。

与此同时，弗兰克也帮我实现了多年来在南非投资的夙愿。在双子塔遭受袭击之前，股市下滑导致的第一批受害者中，就包括南非的一家上市公司，它恰好拥有该国最大的连锁健身俱乐部。有一天，我正在洗澡，突然接到纳尔逊·曼德拉打来的电话。他解释说，如果通过黑人赋权计划拥有的80家健身俱乐部倒闭，会造成几千人失业，这将带来沉重的打击。他问我们能否拯救这家公司，保住那些人的生计。我们能做到，而且也那么做了。因此，到2001年年底，维珍健身俱乐部通过自身发展和收购，迅速发展为全球最大的5家健身俱乐部经营者之一。

在随后的几年里，维珍健身俱乐部不声不响地成为"维珍帝国"中一个成功的公司。甚至在集团内部，也没多少人知道它到底有多红火。我们把一些风险投资合伙人吸引到这个行业来，到2005年年初，它的年利润将达到3400万英镑。

我们通过品牌化的风险投资进行扩张，这种方法也许并不适合所有公司，但我也倍感欣慰地看到，有一位企业家正循着一种我们并不陌生的模式获得发展。便利航空公司一直非常成功，现在已经上市，其创建者斯特里奥斯·哈吉-艾奥安诺正在利用同一个品牌发展新企业，例如，他通过自己独立的私人风险投资载体便利集团创办的便利汽车公司。

在"9·11"事件之后，维珍大西洋航空公司彻底重建了自己的运营系统，而英航的主要反应则是把自己包裹在英国国旗里面，寻求政府支持，试图与美国航空公司一起，再次垄断跨大西洋航线。显然，眼看希思罗机场60%的英、美空中交通和起降时段落入一个垄断组织之手，英国交通部不仅不想阻止，还打算援手相助。

在11月的一个阳光明媚的温暖日子，我来到华盛顿的美国参议院，提出反对这一协议的理由，这时我突然意识到交通部的伪善。英国大使发布了一篇新闻稿，支持这次合并以及附带的"开放天空"协议——考虑到它仅有的受惠者很可能只是两家制造垄断的航空公司，这"开放"二字实在令人吃惊。我们的外交家口若悬河，试图以"两个在其他众多领域同心协力的盟友，应该能在一份对双方都有利的协议上达成一致"之类的话，抓住国会山的亲英情绪。这两个在跟塔利班和奥萨玛·本·拉登的冲突中锁到一起的盟友，正试图制造北大西洋航线的垄断，如果有人能告诉我这会带来什么"对双方都有利"的结果，我会非常高兴地送他们一套免费的终生豪华商务舱机票。

但事情并未就此结束。英国航空公司试图为这个协议辩护，于是便在《星期日电讯报》上滑稽地宣称，希思罗机场没有出现起降时段短缺，用希德那个不朽的词语说，这都是"废话"！维珍做出回应说，如果马歇尔爵士能为我们争取起降时段，那么，我们每获得一个，就将捐出200万英镑的慈善款。面对这个挑战，他自然不会上钩。美国司法部严厉地抨击了这个协议的反竞争倾向，并且证实，根据其调查结果，起降时段的短缺是这个协议不应该按计划继续下去的主要原因。这时，马歇尔爵士肯定非常气恼。

直到2002年1月末，英国航空公司与美国航空公司玩的花招才最终破产。美国交通部宣布，如果英航把自己的起降时段转交给其他美国航空公司，它就同意这两个垄断者合并。问题是这要付出代价。美国管理者意识到，希思罗机场过分拥挤，作为这份协议的代价，他们必须让自己的航空公司获得大量进入这家机场的机会。不过，对英航来说，这个代价有点太高了。在1月的最后一周，他们放弃了自己的合并计划，从头开始处理整个"开放天空"问题。

自从他们在1996年开始试图合并起，英航就在一个毫无希望的计划上浪费了成千上万个小时的人力，更别提数千万英镑的金钱了。这个计划更适合20世纪70年代对民航业的看法，却不适合现代世界取消了航空价格管制、进行公平竞争的低成本航空公司。罗德·埃丁顿很明智，他硬着头皮接受了这个结果，不再试图通过垄断来摆脱困境，而是宣布通过"未来规模与形态"项目，重建英航。

16

进入最后的边疆——太空

在多年的经商中，我学到一个经验：一旦你创造出一种优质产品，谨小慎微地维护其声誉就非常重要。这不仅仅是让它进入市场的问题。正因为如此，每天我都会收集一捆剪报，里面包括所有提到维珍的文章。这些剪报和员工来信是我早上阅读的第一批资料。推出航空公司时，我意识到必须利用自己来提高维珍大西洋航空公司的知名度，确立其品牌价值。大多数公司不承认媒体的重要性，只有一个小小的新闻办公室，还把它塞到看不见的地方。如果媒体上出现一篇不准确的报道，并任由它在不止一期报纸上发表，那么它就会变成事实。此后，每次提到你的产品时，同样的故事就会被重复一遍。

有两次，我的声誉受到严重威胁——第一次是英航造成的，我已经详细叙述了那次的情况；第二次是盖伊·斯诺登及其天科电子公司（GTECH）造成的，他是创立卡默洛特公司的幕后推手，后者获得了经营英国国家彩票的许可。对这两家公司来说，我都是从中捣乱的障碍，让他们失去了数百万英镑的收入。

天科事件在维护企业声誉方面是个特别重要的例子。我在1993年遇见盖伊·斯诺登，当时英国政府终于同意发行全国彩票。各种商业银行团开始形成，但我却强烈地感到，经营彩票的公司应该把所有利润捐给慈善事业。这是有可能的，因为彩票业是没有任何风险的垄断行业。我曾经要求约翰·杰克逊——当他担任美体小铺的主管时，我和他在健康基金会上有过合作，并和他一起推出了"伴侣"安全套——跟我们一起提出慈善投标。天科电子公司是最主要的彩票设备提供者，因此我们认为应该见见他们，如果他们的财团未能赢得合同，看他们是否有兴趣向我们提供彩票设备。

9月24日，约翰·杰克逊和我跟盖伊·斯诺登共进午餐。我们的谈话从此成为一个法律传奇故事的内容。由于盖伊·斯诺登不愿报价向我们提供设备，而我又不想加入他的财团，因此我们的谈话陷入僵局，出现停顿。接着，斯诺登指出，如果我们提出自己的投标，就会让天科财团付出几百万英镑的代价。因为，作为运营者，他们要对政府行动纲领里提到的营业额收取费用，而我们的投标将迫使他们的收费从15%降低到13%或更低。假设每年的彩票销售额达到40亿英镑（他们确实达到了这个数字），那么运营者的利润分成每降低1%，每年的收入就会减少4000万英镑。这可是一大笔受到威胁的钱。

我们正坐在荷兰公园11号的花园温室里，我注意到斯诺登开始冒汗。他在椅子上动来动去，然后望着我。

"我不知道这话怎么开口，理查德。"

我看着对面的他，不知道他想说什么。

"事情总是有底线的。我就直话直说吧，理查德，我们能给你什么帮助？"

我无言以对。斯诺登清楚明白地说出了自己的意图。

"我的意思是，我们能给你提供什么个人帮助？"

我的脑子一阵眩晕，他在向我提出行贿。

"你到底什么意思？"我说，感到又惊又气，试图给他机会闭嘴。但是他没有。

"在生活中，人人都需要东西。"斯诺登说。

"谢谢你，"我回答道，"我非常成功。我每天除了一日三餐，别无他求。你唯一能帮助我的地方就是为我们的投标提供技术服务。"

说着我就站起来，离开了温室。我不想再跟这个人打交道。当约翰·杰克逊和我试图联合投标全国彩票，以便将数百万英镑捐给慈善机构时，这个人居然企图通过行贿让我退出投标，好让他的投标获得通过——这不仅会减少善款，同时也会让他个人及其公司变得更富有。

我大步走下楼梯，来到洗手间，把他说过的词草草记在一张纸上。以前从没有人向我行贿。然后我回到楼上，约翰和我把斯诺登赶出了这所房子。

"我没有弄错，是吧？"我问约翰，"那是行贿，不是吗？"

"确定无疑。"约翰告诉我。

后来，约翰·杰克逊告诉我，当盖伊·斯诺登说出那番话时，他惊讶得差点从椅子上跌下来。长话短说，在随后的诉讼案中，陪审团做出了支持我而反对盖伊·斯诺登及天科电子公司的决定。我已故的"御用"律师顾问乔治·卡曼当时在他的总结中说，一个人的诚实名声是最重要的东西，比享受商业成功更重要。盖伊·斯诺登是"在错误的地点和时间，向一个错误的对象，说出了错误的话"。

1999年，当全国彩票许可证又一次进行招标时，我决定和一个非营利机构再次提出投标，接管彩票。我确信，新工党对我们1993年提出的非营利方法的重视最终会得到尊重。就像从前一样，我在维珍的大多数亲密顾问试图说服我不要投标，因为与卡默洛特之间的争斗——几乎没有顾问认为我们能够赢——会损害维珍品牌。但我对此充满热情，决定出手，于是便拿起电话，联系我的老朋友西蒙·伯里奇，开始行动。在这两次招标期间，他担任智威汤逊广告公司的总经理，但对人民彩票的原则，以及我们做出投标决定后必然与卡默洛特公司发生的冲突，都充满热情。西蒙是个直来直去的人："我一直在密切关注卡默洛特的事情，理查德，我们在1993年投标时的所有预测都变成现实了。彩票销量像块石头一样直线下降，天科技术是一堆废物，他们的游戏非常没劲，如果能找到合适的设备供应商，我想我们肯定能赢！"

他立即开始工作，直接把从安妮·利奇和约翰·杰克逊到哈勃特和刘易斯律师事务所的科林·豪斯在内的所有人召集起来。跟1993年的竞标团队相比，只少了威尔·怀特霍恩，他再次强烈地感到，在维珍和后来所谓的"人民彩票"之间，应该有着明确的分界线。我们正在投资一系列全新的业务，除了航空公司外，它们在头两年里或许根本就看不到利润。威尔告诉我，他认为他们真的会击中我的要害，并且会试图破坏我的商业声誉。他希望专心为更广阔的全局——这个集团和品牌的公共关系——而奋斗，并建议使用一个外部公关公司为人民彩票服务。

于是，我们以1993年投标的团队为核心，召集了一支由新供应商、代理和工作人员组成的团队。总之，我们最终拥有了20多个供应商，包括Energis、微软、智威汤逊、摩根大通以及我们以前的对手AWI公司。卡默洛特这次引进邮政局作为持股人，取代现在身败名裂的天科电子公司，尽管天科电子公司仍打算凭借其设备进行投标。虽然卡默洛特公司的6年运营黯淡无光，但他们还是设法改进了一件事情：他们引进了令人敬畏的戴安娜·汤普森担任主管。戴安娜很好地代表了新一代高级女主管，20世纪90年代，她们开始给英国那些死气沉沉的董事会会议室造成冲击。我打消了和她争斗的想法，因为，在BBC4台备受尊敬的《今日》栏目中，我听过几次有她参加的节目，她在里面跟约翰·汉弗莱斯和吉姆·诺蒂展开针锋相对的辩论，我知道她不好对付。

那时候，我刚刚从1998年圣诞节的最后一次失败的热气球环球飞行中归来，我没有意识到，1993年和1999年的卡默洛特之间有一个重大的差别。在赢得彩票经营权的投标并经营了6年后，他们现在准备不遗余力地保住经营权。更重要的是，由于大多数人认为他们会再次获胜，结果我们就成了他们唯一的竞标对手，这意味着他们（以及他们的朋友）能够集中全部火力对付我们——也对付我个人。

最后一场游戏在2000年夏天收场，当时我们一家正在内克岛度假。彩票委员会老板海伦娜·肖维尔顿女爵士发给我一份传真，说我们没有赢得最终投标，但赢得了某种程度的胜利。我们获得一段特定的时间来磋商一份协议，如果我们能确保提供足够的资金，弥补任何潜在的不利因素，明确几个观点，那么彩票经营权就归我们。

如果事情真那么简单就好了。在此过程中，西蒙和约翰早就看见了这些危险征兆，并正确地预料到，卡默洛特会通过司法复核来推翻她的决定。他们确实那么做了，而且还获得了成功，这使得整个竞标过程在那年秋天陷入混乱，带来一个危险的结果，即他们可能没有时间将彩票业转交给我们。海伦娜女爵士被迫难堪地辞职，被英国政府前官僚特里·伯恩斯取而代之。在短短的几个星期内，伯恩斯就推翻了海伦娜女爵士处理彩票经营权的全部方法，得出一个（我觉得）可笑的结论：许可证应该给卡默洛特。

我们全都感到难以置信，而且，随着时间一周周推移，进入2001年，英国公众显然也感到难以置信：成千上万的人开始对卡默洛特的彩票弃之不顾。到"9·11"事件震惊全球时，英国彩票的销售量正以每年20%的速度下滑。这让我感到不满，因为遭受损失的当然不仅是卡默洛特，还有许多美好的事业——体育、艺术、慈善和其他组织——他们获得的善款也减少了。

卡默洛特公司经营英国国家彩票的新许可证从2002年1月开始生效，与此同时，买彩票的人数却不断下降。卡默洛特的主管戴安娜·汤普森说，这是因为人们发现玩彩票很无聊——多遗憾啊！这些人拥有一份能够每周造就许多百万富翁的工作，却无法让彩票业变得有趣。

真相逐渐暴露，原来，卡默洛特公司为了再次赢得许可证，曾经许诺筹集150亿英镑用于慈善事业，但政府并未要求他们对此做出保证。在赢得许可证后不到一周，卡默洛特就公开为他们不愿筹集150亿英镑的资金寻找借口："投标过程让我们分散了精力"，等等。但现在为时已晚，他们已经获得许可证。这是一个令人沮丧的结果，我认为政府应该羞愧地低下头——他们在竞标中保证要将彩票销售的全部利润用于慈善事业——但他们却背弃了自己的诺言。

在"9·11"悲剧后的几年中,维珍大西洋公司的重建真的开始获得回报。公司管理层的信心不降反增,因为航空公司有能力承受随后的打击了——阿富汗反恐战争的余波,以及第二年亚洲的传染性非典型肺炎和第二次海湾战争带来的双重厄运。在发生这些事的过程中,维珍大西洋公司确实成熟起来,尽管在双子塔悲剧之后的几个月里损失了近1亿英镑,但到2002年4月,公司已设法恢复了盈利的能力。

我们还在跟英航之间所谓的"睡床大战"中推出了我们的秘密武器。2003年夏天,维珍大西洋公司揭开了豪华商务舱的面纱,为商务舱级别布置真正具有头等舱风格的水平睡床,这在全世界都只此一家。无论从哪个方面说,它都大获成功。2004年夏天,我们从竞争对手那里夺取了大量市场份额。

在飞机上放置床位的项目具有通常的维珍特色。我们果敢地采取行动,自行设计出这种独特的产品,而这项任务是由维珍大西洋公司的设计部主任乔·费里承担的。他通过独特的翻转装置,把舒适的座椅变成真正的床,获得了飞机座椅制造商的圣杯。这次冒险取得了成功,2004年,乔的设计获得6项全球最著名的工业设计奖,也将数千名英航的老顾客吸引到维珍大西洋公司来了。

随着维珍大西洋公司不断恢复,我对那场"反恐战争"感到极大不安。很久以来,美国所谓的新保守主义者就一直希望在中东事务中采取更强硬的干涉主义立场,以"稳定"该地区。到2002年秋,布什政府不顾全球舆论,执意干涉伊拉克内政的意图已经显而易见。到2003年年初，情况更加明了，即使得不到联合国的支持，美国也要一意孤行。

我发现整个事件都令人深感抑郁，我相信这不是一场正义之战，产生了真正的不祥预感。这场冲突显然会让人类付出惨痛代价，除此之外，我对伊拉克是否拥有大规模杀伤性武器也感到怀疑；真不明白，为什么美国政府认为伊拉克会那么容易实现民主，此前有那么多人都在这方面失败了。乔治·布什继续在电视和记者招待会上宣称"战争是必需的邪恶"——在我看来，大多数"必需的邪恶"比"必需的"更加邪恶。在"9·11"事件之后，尽管威尔·怀特霍恩建议我们不要支持公众在这个问题上反对布什政府，因为伊拉克问题不可避免。但是，到2003年2月，我仍然制订了一项个人计划，试图游说萨达姆·侯赛因在战争造成破坏之前暂时退出最高领袖职位。我怀着沉重的心情，给纳尔逊·曼德拉打电话，然后又写了这封简单的信：

敬爱的马迪巴[1]：

就像往常一样，和您交谈总是那么愉快。我想我应该给您寄去一封短笺，阐明我们讨论的事情。

美国和英国已决意开战。那无疑会造成大量平民伤亡。

我相信，也许还有一个办法可阻止战争在伊拉克爆

1　马迪巴（Madiba）：曼德拉的部族名，后演变为对他的尊称。

发，我相信您或许是世界上唯一能做到这一点的人。

如果能劝说萨达姆·侯赛因退休，在享受完全豁免的情况下，去利比亚（或者其他地方），这样一来，我相信美国就不可能继续发动战争。如果他打算为避免他的人民遭受更大的苦难而做出这种牺牲，那么他的声誉将会大大提高。反之，他就会遭遇类似于诺列加和米洛舍维奇的命运，甚至更糟。

我知道您与卡扎菲总统关系密切，您在伊拉克备受尊重，也许您是唯一能够组织这次行动的人选。

我相信您有办法说服萨达姆·侯赛因辞职。他可以和您一起飞到国外，如利比亚，昂首挺胸、体体面面地离开伊拉克。这是他能为他的人民做的最好的事情。

如果您需要，我会很高兴地给您派去一架飞机，把您送到伊拉克并返回（但愿能经由利比亚前往）。

在您和塔博商议之后，我会和您讨论这件事情。

理查德敬上

这是一个大胆的计划，也许行得通。但是时间不多了。

纳尔逊·曼德拉希望我获得时任联合国秘书长科菲·安南[1]的同意，并得到当时的南非总统塔博·姆贝基的批准。我给科

---

1 科菲·安南（Kofi Annan，1938—2018）：加纳库马西人，联合国第七任秘书长，也是2001年诺贝尔和平奖获得者。

菲·安南写了封信，接着又打了个电话。他完全支持这个想法。3月17日，我们在约翰内斯堡安排了两名飞行员和一架里尔式喷气飞机，送曼德拉去巴格达。几年前，为了接人质回国，我们曾把爱德华·希思送到伊拉克。这一次，世界上最可敬的人纳尔逊·曼德拉公开强烈反对美国即将发动的入侵。如果还有人能够说服萨达姆，那就是曼德拉了。这会拯救大量生命，避免更多的人受伤。

悲哀的是，时间很快流逝。两天后，一连串的事情突然降临到我们头上。2003年3月19日，美国轰炸了巴格达，我所有的努力都已成为历史。在我的一生中，再没有比这更遗憾的了。

但是，从这次经历中——从有远见的朋友如彼得·加布里埃尔那里——我意识到，这个世界需要一群纳尔逊·曼德拉这样的长者，在遇到这种事情时，能代表世界人民进行调停。我决定，在接下来的几年中，帮助召集一群全球"长者"，向世界人民传达他们的观点。

2003年年底，琼、霍丽、我以及一些来自维珍团队的人还获得一次很好的机会，去南非参加并帮助组织曼德拉的"46664"音乐会。曼德拉慷慨地利用他的囚号"46664"来象征抗击艾滋病的希望。坐在他和他那位非凡的妻子身边，听彼得·加布里埃尔首次在南非演唱《比科》，是我一生中最感动的经历之一。

在这次音乐会之前和第二次海湾战争结束后不久，当我们乘坐第一架救济航班飞往巴士拉时，我目睹了伊拉克的一个缩影。这架飞机的飞行员迈克·阿布那拉恰好是一位伊拉克流亡者，他的家人在22年前逃离了伊拉克。我们的使命是把人们慷慨捐赠的60多吨医疗物资运往巴士拉的医院。萨达姆的军队在仓皇逃往北部时，将这些医院洗劫一空。飞行途中，看到地面基础设施遭受的破坏，以及这个国家的空旷和辽阔，我们所有人都很震撼。

整个项目是三方力量精诚合作的结果，包括来自伯明翰中部地区的伊拉克流亡者卢埃·沙卡其、维珍的杰基·麦奎兰以及皇家空军中将布莱恩·伯里奇。位于巴士拉的英国地面部队与维珍大西洋公司的一小队运营职工之间的合作精神也很突出，仅用了几个星期，他们就设法向一架波音747飞机开放了巴士拉机场，使这个国家获得了迫切需要的帮助。我花了很多时间与那些在巴士拉服役的男女军人交谈，我能够断定，他们中许多人对美军在该国北部展开的行动有一种强烈的不祥预感。结果证明，这种不祥之感是多么正确啊！

这是1990年以来第一架进入伊拉克的民航飞机，我们中许多人都为在此期间目睹和经历的种种事情而感动，杰基尤其如此。她和3位如今在英国当医生的伊拉克逃亡者一起，到城里去看望巴士拉总医院的一些病人。在那里，她不仅目睹了战争给平民造成的痛苦和伤害，而且还看到，不管局势多么可怕，世界上总存在着希望与美。在医院里，杰基碰到一名20岁的年轻女子，她的双腿和腹部因榴霰弹而严重受伤。尽管她非常痛苦，目光却没有离开她那个漂亮女儿，这个宝宝是两天前通过急诊剖腹手术生下来的。看见杰基流下同情的泪水，那个女子说："请不要为我哭泣，上天已赐给我最宝贵的礼物，在她眼睛里，只有纯真和爱。"这是我那天听说的最感人的话之一。

五角大楼提出，伊拉克战争的代价是每年赔付750亿美元，一共持续10年。2003年5月8日，牛津研究中心的普里希拉·埃尔沃西博士获得了日本庭野和平奖，在颁奖仪式上，她这样说道：

我们必须把这750亿美元跟用其他方式缔造世界安全的费用做比较：

（a）2000年，世界领导人估计，把非洲的医疗和福利水平提高到西方的标准，每年需要250亿～350亿美元；

（b）联合国教科文组织估计，在10年之内，如果我们每年在教育方面花70亿美元，那就能让全世界的儿童都接受教育；

（c）每年花费90亿美元，就能向全球每个人提供干净的饮水和卫生设施；

（d）现在，全球每天有5500人死于艾滋病病毒和艾滋病，比死于黑死病的人还多，而非洲还有1200万儿童成为艾滋孤儿。科菲·安南曾呼吁每年拿出100亿美元用于艾滋病防治。

要实现所有这些目标，要防止全世界的所有这些痛苦，所花的费用都少于美国在伊拉克的军事行动中花掉的钱。

不过，她引用了哥斯达黎加和平大学校长穆勒博士和一位高僧的话，以积极的语调结束了演讲。

今年早些时候，穆勒博士在一次演讲中说道："我很荣幸生活在世界历史上一个如此不可思议的时代。今天世界上发生的事情让我如此感动。在世界历史上，以前从未就战争的合法性展开由公众参与的全球性公开讨论，引人注目且具有可行性。战争会带来什么结果？代价是什么？如果采用和平的替代手段会怎样？我们还有什么协商途径没有想到？宣战的真正意图是什么？"

全球有数百万人民似乎找到了一个新的声音。或许入侵伊拉克的决定也能带来某些益处。

最后，我要引用一段精彩的话，据说出自一位高僧之口："如果你希望获得和平，那就为另一方提供和平。如果你希望自己安全，那就让其他人知道他们是安全的。如果你希望更好地理解看似不可理喻的事物，那就帮助另一方去更好地理解。如果你希望疗治自己的悲伤和愤怒，那就努力疗治另一方的悲伤和愤怒。

"现在，其他人都注视着你。此刻，他们希望从你这里获得指引、帮助、勇气、力量、理解和肯定。最主要的是——他们希望获得你的爱。"

2004年春天，我回到伦敦，仍跟往常一样处理"维珍帝国"的生意。戈登·麦卡勒姆以前担任维珍集团策略总监，此刻正忙着准备维珍移动公司在伦敦证券交易所上市，预计股票总价值为10亿英镑。这确实是个非同寻常的故事。仅仅用了4年，我们就创造了全球第一个虚拟移动电话网络，其基础由400万顾客构成，他们是本行业最满意的顾客。从某些方面说，我们投资美国移动通信市场获得的巨大成功更令人兴奋，而这一切都是在"9·11"事件之后的险恶岁月开创的。甚至在2004年，情况已经非常明朗，维珍移动美国公司最终将比维珍移动英国公司更有价值。它不到3年营业额就达到10亿美元，成为美国历史上发展最快的公司。继美国之后，我们的另外两位同事罗伯特·塞缪尔森和马克斯·凯利也正在加拿大忙着招兵买马，准备跟贝尔加拿大公司合作，于2005年推出另一家投资公司。到2004年中期，显而易见，这种模式确实卓有成效，将我们的品牌跟其他网络的过剩产能相结合，就能为顾客提供更好的服务。随着2005年一天天逼近，像非洲和中国这样各不相同的地方都开始出现越来越多的机会。

那年7月，维珍移动英国公司上市了。自从5年前这家公司建立以来，它已经成为英国移动通信业的一支主要力量，聚集了超过400万顾客，它以简单而廉价的"虚拟网络"为基础，即将成为业内最赚钱的公司之一。就跟往常一样，我们的时机把握得恰到好处！当时的股市行情是"9·11"事件以来最糟糕的，在大西洋两岸，股票发行都每况愈下。而且，当时在英国上市的公司，除了我们，只有一家布兰斯顿牌腌菜生产商，这真是雪上加霜。因此，当我们正为是否让维珍移动公司上市而左右为难时，你不难想象报纸上会有什么头条新闻。我正在内克岛度假时，我们最终决定勇往直前，降价后以每股2英镑的价格上市。心理状态对我们非常重要，因为维珍集团曾在英国证券交易所上市，我们一直在说，如果我们回到这里，上市的肯定是专注于某个特定行业的单个公司。我很高兴地说，在2004年冬天，维珍移动公司的股票不断走高，很快每股的价格已超过2.5英镑。这让人们对维珍在美国的移动业务及其上市计划——我们已于2007年年底将它付诸实现，每股价格15美元——产生了极大兴趣。2005年也是我们在英国、澳大利亚和美国获得成功的基础上，开始把移动概念推向全世界的年份。这年春天，我们在加拿大推出第一家大型的新移动公司，南非的业务紧随其后，在这年的冬天推出，我们也达成了在中国、印度和非洲其他地区推出该业务的协议。

维珍移动公司的成功上市不仅允许我们考虑进入更加冒险的项目，如太空旅行，而且让我们有机会尝试一两个在"9·11"事件之后无法实现的有趣的赞助项目。史蒂夫·法塞特的维珍大西洋环球飞行者号就是其中之一。2005年年初，我们同意资助一个独特的考古项目，使用最新的地球物理学设备——地质雷达——探测古代亚历山大城。自从罗马帝国末期的一次地震摧毁整个地区之后，许多重要的历史建筑，如亚历山大大帝墓、大图书馆和托勒密皇宫，都埋藏在亚历山大城下面的某个地方，尚未被发现。马丁·格雷戈里写过一本讲述英航肮脏诡计的著作，还写了一本有关我的朋友戴安娜王妃之死的书——《戴安娜：最后的时光》。从那以后，他就成了我的朋友。当他提出这个想法时，我感觉仿佛回到了热衷考古的旧时代。他相信，一群年轻的考古学家能够利用地质雷达，揭示那座现代城市下面的秘密。他的这一信念背后有可靠的研究做支撑。这要等到2006年才能弄清他是否正确，弄清在寻找古代世界奇迹的过程中，我们将成为有史以来最伟大的考古发现的一部分，还是成为一次不走运的冒险背后被遗忘的赞助者。

尽管发生了"9·11"事件，我们却没有忽视民航业，显然，该行业内仍有机会创造真正令人兴奋的业务。弗雷德·里德经营过三角洲航空公司，2004年夏天，我们把他招募来，领导维珍航空全面进攻破产的美国国内民航市场，这是我们创业35年来最大胆的行动之一。由于美国国内市场由来已久的保护主义，我将不得不在创立维珍美国航空公司的过程中扮演相对次要的角色，它的大部分投资和管理人员来自美国机构和公司。因此，2004年5月的一天早上，当我醒来读到我的一家新航空公司将被称为"维珍美国"时，这显得有些怪异——但我非常满意。对我来说，维珍已经成熟。我们有信心在世界上最残酷的民航市场投资，并且不准备完全掌握这家公司的命运。美国有一些法规，过去是阻止外界进入其国内市场的巨大障碍，还差点被英航用来确定其垄断地位，现在，我们再也不害怕这些法规了。这些年来，我们曾目睹美国大型航空公司采用一些对消费者最不利的垄断手段，现在终于可以扭转乾坤了。然而，某些人仍然强烈地希望保留那道高高的障碍，阻止新航空公司进入这个服务水平低下的市场。2004年7月，我收到一位朋友的来信，他曾经参加华盛顿的ACTC航空会议——与会者都是美国5家主要航空公司的首席执行官。会议期间，有人听见其中一位先生说："我们现在需要的就是布兰森，否则饼干就要烤焦了。"这听起来有点熟悉，如果他并非阿谀奉承的话！

然而，那年夏天让我回到美国的不是这家新航空公司，而是另一件独特的航空事件。在2004年6月22日那个寒冷的清晨，当世界上第一艘私人资助的宇宙飞船在加州沙漠小镇莫哈韦腾空而起、升入天空时，我幸运地目睹了有生以来最令人惊异的景象之一。太空船一号的确不同凡响，它是我多年的朋友伯特·卢坦脑力劳动的产物。伯特是真正的世界级天才之一，他为许多飞机所做的设计都是几十年来独具匠心的杰作。他已经在跟史蒂夫·法塞特和我合作，制造维珍大西洋环球飞行者号，这是一架独特而漂亮的飞机，我们计划让史蒂夫（如果他生病，就由我来）驾驶它，尝试全球首次单人环球直飞。这架飞机非常不错，但是，跟我在这一年早些时候看见的那艘藏在飞机棚里的小型宇宙飞船相比，它就有些逊色了。现在，这艘飞船正以3000英里的时速，冲入我们所在的沙漠上空。

我的另一位朋友保罗·艾伦是微软的奠基者之一，多年来，他一直资助伯特实现他建造可重复使用的廉价宇宙飞船的梦想。就像伯特一样，保罗也是一个梦想家。望着自己的科幻梦想逐一呈现，成为明天的现实，他显然十分兴奋。迈克·梅尔维尔是一位非常勇敢的飞行员，他驾驶这艘小型飞船升入距地球32.8万英尺（约100千米）的高空。我心怀敬畏地观看着，意识到我们自己的廉价太空旅行梦想说不定最终也有可能实现。头天晚上，在跟伯特和保罗共进晚餐时，我们曾讨论合伙开展私人太空旅行的前景，聚会结束后，我感到精神振奋。我一直觉得，政府垄断太空是对人类的威胁，并非如那些玩世不恭的政客和自私自利的导弹制造商们吹嘘的那样对人类有益。垄断在任何行业中都是行不通的——不管是上市公司还是私人公司。在太空领域，维珍有机会进入最后的边疆。早在10年前，我们就注册了太空旅行的商标权和公司，叫作"维珍银河航空公司"，我敢肯定你不会对此感到惊奇。维珍集团"飞向无限，超越无限"！"你肯定是在开玩笑。"人们对我说。"好吧，"我回答道，"那就叫'维珍星际航空公司'！"

总之，从各个前沿来说，2004年对维珍都是一个极其重要的年份。那年9月，维珍银河公司的玩笑变成了非常严肃的事实。经过几个月的紧张谈判，保罗·艾伦同意把制造太空船一号的技术权卖给维珍银河——作为公司，它于2004年9月15日正式成立。在两周之内，带着维珍商标的太空船一号就完成了两次太空飞行，它是有史以来首次重复使用的私人太空飞船，而且为伯特和保罗赢得了"安萨里X奖"，这项奖金高达1000万美元的航空促进奖旨在推动太空旅行业的发展。各家媒体简直疯狂了，伯特成为全美国的英雄，实至名归。在莫哈韦沙漠中的一个凉爽而宁静的清晨，当我跟保罗和伯特站在一起，目睹飞船成功完成第二次飞行时，这是我一生中最引以为傲的时刻。那是一个非比寻常的日子，它让你意识到，我们正目睹历史展现在我们面前，它也让我想起自己最喜欢的电影之一——《太空先锋》。

我在维珍集团的那些同事头脑冷静，要说服他们投资1亿多美元建造宇宙飞船，这绝非易事。有趣的是，我事实上拦截到一封邮件，它在我的一些头脑冷静的同事之间流传，说我应该被称为"好好博士"，因为我对每件事情都说"好"。斯蒂芬·墨菲曾在20世纪90年代初为维珍工作，后来又重返维珍，与我们共事，他已经成为我们当中最接近集团首席执行官的人选，在过去的3年中，他一直领导着一个委员会，对我们的所有投资决策加以审查。当威尔·怀特霍恩向他们提出，我打算在2008年推出商业太空飞行时，他们只是略有疑虑。除非你见过伯特·卢坦，理解他获得的成就，否则任何人都难以相信，这家仅在莫哈韦沙漠中拥有一小群建筑的公司，居然能够制造并安全地发射廉价的私人宇宙飞船。不过，随着推出维珍银河公司的协议逐渐展开，这个项目也逐渐显得可靠起来。到2005年年初，甚至我那些精明的会计师也开始接受该项目的可行性了。本书的读者将明白，尽管人们时常责备我说话不过脑子，但是，我确实相信，在不久的将来，我们会定期将世界上第一批私人宇航员安全地送入太空，而且每人只需花费20万美元或更少。

伯特的宇宙飞船具有独特的性能，让我对它的火箭发动机以及重返大气层所用的羽状装置的安全性都很有信心。在这两方面，他都把现代技术应用于非常古老的想法。让我们从他的火箭发动机说起，它的独特性在于它使用的燃料是笑气和橡胶，这两种物质本身都具有惰性，但把它们放在一起，就能造就出非常可靠的火箭发动机，比美国航空航天局高度易燃的液体燃料火箭安全得多。有个喜欢挖苦的家伙确实曾经指出，如果飞船在太空中发生什么意外，至少我们会笑着死去。

伯特宇宙飞船的另一个特性是，这架流线型的超音速飞船一旦进入太空，就会变成无花果叶子或羽毛球的形状。如此一来，这个装置就能以远远低于航天飞机的速度，重新进入地球大气层，从而消除飞船过热的危险。

伯特宇宙飞船的最后一个特性在于对塑料和所谓的合成材料的使用，不管是发射飞船的母机还是飞船本身，都不是用金属制造的，而是用新型耐热材料制造的，比铝或钢铁都更轻、更安全。这些特性的最终结果就是一种安全、廉价和环保的宇宙飞船发射机制。我们的宇宙飞船要发射成千上万次，才能达到发射一艘航天飞机对环境造成的影响。这意味着，有朝一日，数百万人访问群星的梦想都将能够实现。但对琼·布兰森来说，这一切不会变成现实，尽管我父母和霍丽、山姆全都想去，琼却没有自告奋勇参加首航。我对此并不感到惊讶，要知道，每次我们一起坐飞机，琼都会紧紧抓住我的手。等我父亲乘坐宇宙飞船时，他应该有90多岁了。有人问他是否为进入太空感到担忧，他回答说，考虑到自己的年龄，这是最不让他担心的事情。

伯特·卢坦堪称"空气动力学界的爱因斯坦"，我对他这个独特的地位充满信心。当我们准备好建造世界上第一艘真正的商业宇宙飞船时，2005年2月底发生的事情让我对他信心倍增。

2002年，史蒂夫·法塞特正在为全球首次环球直飞做准备时，邀请我做他的后备飞行员，以免他到时会生病。我欣然表示同意，而且同样很高兴资助和管理世界上第一架高空环球飞机的制造和飞行。我们做梦都没有想到，3年后，这个项目还将制造出有史以来最漂亮的飞机之一，它就是维珍大西洋环球飞行者号。该项目将最高效的飞机设计之一跟伯特·卢坦建造无金属大型复合材料飞机的传奇能力结合起来，史蒂夫雄心勃勃，想独自驾驶这架飞机，在80个小时内环绕地球飞行一圈。

2月28日是星期一，在这个寒冷的傍晚，史蒂夫·法塞特从堪萨斯州的萨莱纳起飞了，去尝试他英勇的飞行之旅。这架飞机总重量略微超过2.1万磅，其中包括1.8万磅的燃料，当它顺着跑道滑行时，它看起来威风凛凛。数千人观看了起飞，但史蒂夫在起飞后，突然飘飘荡荡返回跑道，有大约10秒钟的时间，我们所有人的心都提到了嗓子眼儿。不过，没等我们想象中那致命的一刻降临，他就像一只美丽的燕子那样，一下子飞入了美国中西部的夜空。

我乘坐跟踪飞机，在头几个小时里一直跟着他，但为了让我能在第二天到加拿大推出维珍移动公司，威尔和团队预定让我到多伦多降落。当我们冲进寒冷刺骨的暴风雪时，飞机显然有点不妙——在从堪萨斯州起飞爬升时，史蒂夫肯定失去了一些燃料；当他穿越加拿大边境时，他的全球定位系统似乎也有问题。跟踪飞机的团队很随意地让我降落到停机坪上，然后我就前往多伦多，也不知道史蒂夫能否成功。但是，就像标刻复合材料公司（伯特在莫哈韦沙漠中那家公司的名字）制造的大多数产品一样，他们考虑到了所有意外事故。在接下来的24小时中，伯特那位才华横溢的飞机设计师约翰·卡寇将这些数据加以处理，然后得出结论，如果地球周围急流层的风一直都很强，那么史蒂夫仍然能够成功。在67小时的时间里，史蒂夫与严酷的自然条件搏斗，为了让燃料发挥出最佳功效，赶上合适的气流，他一度飞到距地面4.9万英尺的高空。

他在寒冷如冬的周一晚上离开堪萨斯州，67个小时后，在灿烂的春日阳光照射下，他又回到同一个机场，在此期间，他在飞机上未曾合眼，中途也没在地球上任何地方着陆。这是我最幸福的时刻之一。尽管我没有直接参加这次尝试，但我不仅为史蒂夫感到骄傲，而且对他的成就产生一种奇怪的友谊——只有当你以前和他一起出生入死过，你才能体会这种感情。

他这项成就的重要意义毋庸置疑。对史蒂夫来说，这是一项世界纪录，然而，对我们这样一家主要的国际航空公司而言，同样重要的是，我们证实自己能够制造一架高效的轻型飞机，它的机身和机翼都不含金属，而且在飞行中能保持很高的海拔高度。环球飞行者号每小时的耗油量比一辆美国四驱货车还少。如果这次飞行的经验能够转移到民航业，跟波音公司和空中客车公司的技术结合起来，那么商业飞行将最终成为运载大量乘客围绕这颗行星旅行的最环保的方式。

2005年1月，在图卢兹的一个寒冷、晴朗的冬日清晨，世界航空业的未来也在黑暗中迈出了一大步。要让英国首相和法国总统一起出现在同一个地方，那可真的是件非常特别的事情。因为，在反恐战争开始之后，这两个国家之间的关系就有些疏远了。不过，那天早上，我有幸在现场目睹托尼·布莱尔和雅克·希拉克打开一架飞机的舱门，它是我这辈子见过的最惹人注目的飞机——身形庞大的空中客车A380，简直就是个怪物。我一下子回想起两天前刚刚看过的一部电影《飞行员》，讲述了美国商人霍华德·休斯一生的故事。休斯曾在1946年制造出庞然大物"云杉木鹅"，空中客车公司的A380是第一架让它显得相形见绌的飞机。在A380上，空中客车创造了世界上最大的飞机容量，能够容纳800名乘客。不过，让维珍的忠诚顾客感到高兴的是，我们的A380将只运载550名乘客——这样飞机上就终于有空间容纳双人床、体育馆和娱乐场了，长期以来，我一直想在远程航班上增加这些设施。霍华德·休斯那个失败的努力从来就没有真正的市场，与他不同，我看着空中客车A380时却充满自信。了解航脏诡计事件的读者，如果听说这些巨型的A380大多数最终会来到希思罗机场，肯定不会吃惊。在2005年，英航仍控制着希思罗机场大约50%的起降时段，任何曾经乘坐飞机被迫在定高分层盘旋飞行中等待降落的人，都知道它们有多珍贵。

2004年夏天，我们还推出了维珍集团的一个新成员——维珍联合基金会，这让我朝着利用维珍品牌和员工改变世界的梦想又向前迈进了一步。这个新组织是由世界各地的维珍员工建立的，它将成为一个能把我们所有人联系起来的媒介，希望它能使我们面临的一些更艰巨的社会挑战得到改变。霍丽自告奋勇，提出在医学院上最后一年学的时候，可以随时抽出时间，帮助解决英国年轻人面对的性健康问题——这恰好回到了我大约40年前创办学生援助中心时所做的事情，我很高兴地告诉大家，它仍在西伦敦的波托贝洛路提供免费咨询。

战争的迫近和战后的灾难没有阻止布兰森家的人。我们的女儿霍丽已经通过她的高级考试，差不多实现了她终生的宏图大志：进入医学院。她已经度过自己的21岁生日，她的弟弟山姆也已经18岁。尽管山姆在学校不像霍丽那样目标明确，但是他肯定知道怎样狂欢聚会，而且，也许是遗传自他的父亲，知道怎样尽情享受生活。

琼和我为霍丽在医学学习中取得的成绩感到无比骄傲，于是，我们决定为她的21岁生日举办盛大的生日派对。在11月那个寒冷的夜晚，牛津郡基德林顿天气晴朗，霍丽穿着她那件白色的晚礼服，看起来那么可爱。琼和我得掐一下自己才敢相信，1984年我们带回伦敦摄政运河上那座船屋里的小婴孩，如今已经长成了大姑娘。没过几个月，山姆也度过了他的18岁生日，我们在肯辛顿屋顶花园举行了一次相当"男孩气"的派对。就这个时代而言，他那些朋友的谈话，如果用"有伤风化"来形容，未免有点轻描淡写。这次，琼和我不得不用手指头堵住耳朵，而不是掐我们自己。

自从在图卢兹和空中客车A380度过那一天之后，我就常常一次又一次地想起霍华德·休斯以及他那部传记电影，我意识到，在天才与疯子、意志坚决与顽固不化之间，那条界限是多么微小。然而，在那些风起云涌的岁月里，维珍既没有跨国公司的资产负债表，又享受不到国家垄断的舒适奢侈生活，不得不在逆境中向前航行，想到这里，我再次感谢幸运之神赐给我一个稳定的家庭。可怜的老霍华德·休斯，他没法向任何人征求真诚的建议，也没有我拥有的朋友和家人——在生活中，他们的机智、魅力和智慧常常能够帮助我们所有人在仰望星空的同时脚踏实地。

我还有意识地花更多时间陪伴父母，尤其是我的父亲特德，他是我们家最老的人。尽管父母都已80多岁，他们仍然经常乘坐飞机来往于世界各地。就像我一样，他们也对非洲充满热情。1999年，我们在南非购买了一处漂亮的野生动物保护区，名叫"乌卢萨巴"。在这里的一座小山上，我们修建了一栋漂亮的房子，能够俯瞰丛林。我们把这里当作生意来管理，但是确保大家都能抽时间亲自去那里。这些时光令人难忘，值得珍惜。在这几十年的宝贵时间里，我对父亲的智慧越来越欣赏了，其中一个例子就是他对伊拉克战争的明智忠告，他强烈地反对这场战争，但也强化了我的观点。一旦战争打响，我们就必须极力支持所有那些来自联军各国的男女勇士们，他们都在伊拉克"奉命行事"。

到2004年春天，特德已经从几年前的一次复杂的髋关节移植手术中完全康复，我利用一个短暂的年假，从维珍的世界中脱身出来，和他到塞伦盖提露营。那是一个令人敬畏的地方，在那里，你能真切地感到大自然仍然掌握着自己的命运。到达塞伦盖提之后，我一下子明白了，为何那么多人类学家都相信这个地区是人类作为一个物种的发祥地。我们花了10天时间跟随角马迁徙，观看狮子在兽群中捕猎。如果你们中有些人从未与自己的父亲在帐篷中度过10天，如果你非常幸运，恰好有能力实现这个梦想，那么我强烈建议你们尝试一次。我认为，当我和父亲促膝长谈直至深夜时，我们进一步加深了对彼此的了解。

我尤其对这个见多识广的男人的幽默感感到吃惊！有个非常怪异的例子就能说明这一点。父亲生日那天，一大早，我们才刚刚醒来。在帐篷中度过一晚上后，大家都有些脾气暴躁。但父亲却喜气洋洋，让我们摸不着头脑，直到他说："如果我是天主教徒，我今天就应该做忏悔。我做了个很棒的梦，梦见一个姑娘。"

"你和她之间没出现什么不端行为吧？"我问。

父亲快如闪电地回答说："我不知道你是什么意思。我的一举一动都很得体，是她顽皮得出奇！"这就是一个80多岁的老人说的话。

我在生活中遇到的很多事情都影响到我对世间万物的感受。乌卢萨巴只是其中之一。乌卢萨巴的意思是"高枕无忧之地"，因为它就像个堡垒或瞭望塔一样在丛林中高高耸立，易守难攻，曾经生活于此的原始人战士在受到敌人攻击时，可到这里狙击防御。对我而言，这是一个宁静的地方，可让我晚上跟朋友和家人一起坐在篝火周围，听大家讲故事和制订计划——这种做法在这块古老的土地上延续至今。

我花了很多时间待在非洲。能够来到野外，进入丛林，实在是非常幸运。我认为，世界上再没有比进入丛林、欣赏日出更美好的事情了。感觉这里的空气比世界上其他任何地方都更清新，你可以完全融入大自然。我还记得，有天黎明时分，我来到乌卢萨巴的河床上，观看两只3个月大的狮子幼崽跟它们身形庞大的妈妈一起玩耍。当它烦两个小家伙时，就用牙把它们叼起来，再次回到树丛中。它的温柔让我吃惊。我们继续徒步，很快就看到那头威严的豹子，它已经在我们的保护区里待了那么长时间，我们甚至给它起了个名字——马科维勒。它也在跟自己的幼崽一起玩耍，跟它们一起爬到树上，从树上掉了下来，然后转着圈互相追逐。它们的敏捷、优雅和顽皮都让人惊奇不已。

我第一次来到乌卢萨巴是在1999年，当时我是到非洲开通一条飞往开普敦的航线，顺便也想去丛林中寻找一处与众不同的地方，有人指引我来到萨比桑德地区。当我们驱车前进时，突然看到一片巨大的岩石冷不丁地出现在丛林中，是远古时代的地壳运动将它们拱出了地面。我们已经选定这个地方，于是就请一位管理过内克岛的朋友马克·内瑟伍德跟我们合作，在不破坏丛林的情况下，创造出一个独特而美丽的地方。乌卢萨巴在非洲独一无二。我们在这里修建了一座岩屋，它高高矗立在一条石脊上，能够俯瞰丛林和野生动物；而在下面的河床上，则有一座猎屋，它有一条鲁滨孙·克鲁索式的优雅小径穿过树林，通往一个供河马与鳄鱼纵情玩乐的水塘。非洲的这个地区有那么多野生动物，你用不着走多远就保证能看到大多数物种。你可以在清晨或黄昏时开车兜风或徒步（需有向导带领），总能找到让你欣赏和惊叹的东西。

当我写下这段文字时，我能看到从这里走过的长颈鹿以及远处的大象。我特别喜欢大象，因为它们如此聪明、顽皮。幼象就跟孩子或十几岁的少年差不多。它们喜欢一种名叫"玛乳拉"的树，树上结出的红色小果子对大象有着无法抵御的诱惑。就在今天早上，我花了几个小时观看一头幼象把果子从树上摇下来。它们像甜点一样落下来，然后就被大象那吸尘器似的鼻子一扫而光。但就在它摇得果子遍地都是、准备开吃时，它的弟弟跑过来想偷偷揩油。结果它们俩大打出手。第一头幼象似乎在咆哮说："你竟敢吃我的果子！"——简直跟人一般无二。大象从不会破坏自己的"点心铺"玛乳拉树，但它们的数量不断增长，对其他树木确实造成很大的破坏。人们无奈之下只好杀掉部分大象。我们曾试图想办法帮助大象，避免采取杀害措施。我注意到没人在丛林中重新种植树木。于是，部分是因为全球变暖加剧，部分是为了避免杀掉大象，部分是为了给非洲人提供工作机会，我们建起若干苗圃，准备努力在丛林中重新种植树木。其中很多新种的树苗会被大象或长颈鹿踩死或吃掉，但总有一些会幸存下来。

在过去的40年中，我为了把维珍发展成一家主要的全球性企业而奋斗。在此过程中，我们虽然获得一些巨大的成功，但也面临诸多挑战，受到娱乐的诱惑，在很长一段时间里，这似乎已经足够了。然而，尽管我一直意识到自己需要承担社会责任，但或许是我年纪大了，变得更明智了，我逐渐感到自己应该做更多的事情，更广泛地帮助人们。建立维珍联合基金会是我作为社会企业家的发展过程中的一部分。我曾经和布拉德·皮特一起前往南非，这是我跟维珍联合基金会的首批慈善之旅中的一次。我们最关注的问题是艾滋病，因此带着布拉德访问了不同城镇和偏远农村地区的一些"医院"。当我们来到一家医院时，看到墙上贴着互相竞争的殡仪业者的广告。进入医院后，我震惊地看到几百名似乎已经屈服于艾滋病、等待死亡降临的患者。人们在走廊上等着头天晚上死去的数十名患者腾出病床，这里简直就是个死亡输送带。艾滋病造成的痛苦似乎无边无际，甚至连医务工作者也接受了它，把它作为非洲不可避免的一部分。

有关艾滋病的各种数据已经公布多年，但往往受到忽视，大概因为它们一直过于庞大，至今仍令人无法理解，我想正是出于这个原因，很多人对它们不理不睬。当你读到单是每天死于艾滋病、结核病和疟疾的患者就高达15,000人，而且他们大多数人生活在撒哈拉沙漠以南时，这实在很难让人接受。如果这种事情发生在英国或美国，我们决不会无所作为。

　　我对这种荒谬的局面感到愤怒。这些疾病都是可以治疗的，但患者却没有获得治疗。非洲似乎有太多无法逾越的问题——它们怎么会每况愈下呢？我带布拉德到纳尔逊·曼德拉家中去拜访这位贤者，跟他商讨46664艾滋病运动——曼德拉利用自己的囚号，呼吁南非人采取行动，不要让艾滋病患者变成一堆统计数据——时，我们感到非常压抑。统计数据很容易受到忽视，因为面对海量的数字，你很容易产生信息疲劳。我向曼德拉介绍布拉德说："布拉德·皮特演过电影。"曼德拉转向布拉德，眯着眼说："哦，你都演过什么类型的电影呢？"这是我们会面中比较轻松的一刻。

　　接着，当布拉德站在身穿46664T恤的纳尔逊·曼德拉身边拍照时，有人低声说道：这位前总统多么幸运啊，因为有这么多年轻女士都巴不得在曼德拉所在的地方坐一坐。布拉德故意误解他的话，咧嘴笑着回答说："很多小伙子也是！"

　　那天晚些时候，我们带布拉德去见塔迪·布莱彻——他单枪匹马在约翰内斯堡市中心创建了非洲的第一所免费大学：社区与个人发展联合会（CIDA）。塔迪完全是白手起家，但他相信，如果自己能找到一所空房子，如果能让学生自己管理学校，自己做饭、打扫卫生和处理行政工作，他就能把办学成本控制到很低的水平；

如果能让商界派一些高级职员过来讲课，那他基本上无须投入成本，就可为学生提供合格的商学学位。大多数非洲人没有机会接受这样的教育，因为他们大都来自非常贫穷的农村或城镇。这些来自城乡社区的穷孩子从没有机会获得基本的教育，而现在，每年有1600名学生通过CIDA接受学位标准的教育，而全部课程的费用——包括书本和住宿——还不到300美元。我很欣赏塔迪做的事情，我们很快跟CIDA、热爱生活和生命学院以及3家小型社会企业机构合作，创建了一个名叫"女性在行动"的研究生项目。这会帮助年轻女性获得同等的教育和指导。一旦她们完成教育，就回到自己所在的社区，找30名年轻人，指导和教育他们。由此我们便开始在南非各地组织起一群受过教育的人。这个项目的部分基本原理就是，他们将传播健康教育的严肃信息，这正是非洲迫切需要的东西。

在这次慈善之旅中，有许多事情互相碰撞、聚集起来，让我希望更加努力地改变社会，但拜访医院和人满为患的孤儿院是对我触动最大的经历。之后，我就决定在社会和环境问题上投入更多时间——大约50%。我感到，自从我发现乌卢萨巴以来的5年中，我经过一段漫长的个人旅程，才来到非洲。

我的非洲之旅是我的众多旅行和众多人生经历之一。死亡一直都是这片壮丽景色中的一部分，尽管有很多动物在丛林中互相追踪、杀戮，但这么多非洲人死于可预防的疾病却毫无理由。

有时会不期然地找到一些帮助他人的机会。有一天，我搭乘维珍大西洋的航班从非洲回国，就跟往常一样，我四处溜达，跟乘客们聊天。坐在经济舱里的一位女士冲着我微笑，邀请我在她旁边坐一会儿。她告诉我,她名叫玛丽安娜·哈斯尔格雷夫,是英国医疗基金会的主管。没想到我居然会跟她讨论瘘管问题,这让我有点尴尬。

她跟我说起瘘管——这还是我第一次听说这个词。她告诉我,当年纪很小的女孩——往往只有十二三岁——在没有帮助的情况下生孩子(这是尼日利亚和索马里等国一些地区的习俗)时,就会出现瘘管。子宫壁撕裂形成的瘘管会导致小便失禁,随后,这些年轻姑娘就会遭到丈夫的抛弃,家人也对她们唯恐避之不及。多亏了良好的产科护理,美国自从1890年后就再未出现一例瘘管,但在非洲,这仍是一个普遍问题。

玛丽安娜终生都致力于帮助这些女孩,我知道自己也必须做点事情,于是就让负责管理维珍联合基金会的琼·奥尔汪调查这件事情。琼来到联合国人口基金会(UNEPA),看我们能否帮上忙。恰好就在这时,我们的一个好朋友娜塔莉·安博利亚[1]找到我,说她想做点事情帮助年轻女孩。我邀请她跟琼一起来吃午餐,娜塔莉同意支持一项倡议修复瘘管的活动,因为再没有跟她地位相当的人支持这件事情。

我们立马把她带到埃塞俄比亚和尼日利亚,让她亲眼看看这个情况。与此同时,我又投入一些资金,通过联合国人口基金会的帮助和奉献,在尼日利亚开展了两周的瘘管修复活动,让500名年轻女性接受治疗,并改善了一些医院的医疗设施。从那以后,娜塔莉便不知疲倦地为这个项目工作,我为她有求必应的工作方式感到自

1　娜塔莉·安博利亚(Natalie Imbruglia, 1975—):澳大利亚演员、歌手。

豪。她是一位漂亮而又才华横溢的年轻姑娘，乐意在这样一个很不时髦的问题上提供帮助，这使得她成为一个了不起的榜样。她还利用自己的音乐来促进人们对瘘管的关注和筹款——这让我们想出创办音乐运动的点子，它由一群音乐家组成，他们乐意也有能力参与解决严峻的社会问题。娜塔莉告诉我，到非洲去目睹那些年轻女孩遭受的不幸，是她这辈子最忧伤的旅行之一。作为被抛弃者，又被社区疏远，这是她们遭遇的最可怕的事情，而其中很多人还只是小姑娘。其中有些人已经在自家房子后面的棚屋生活了20来年。一个本可以如此轻松解决的问题居然仍在发生，这实在令人愤慨。如果更广泛地实施节育，不让那么多如此年幼的女孩结婚，这个问题就可避免。但把我们的想法强加给另一种文化是很艰难的事情——不过，至少我们还能获准干预并改善这种状况，提供教育和帮助来改进医疗基础设施。

　　我确实希望自己做事圆滑得体，但有时你必须坦率地说出自己的观点，比如2005年年底我在美国参议院的发言就是如此，那属于一个在艾滋病问题上促进合作的项目。在搭乘出租车前往参议院的途中，琼简单地告诉我："关于安全套，布什政府存在一些问题。他们在艾滋病上投入巨额资金，却不愿用它购买安全套。"

　　我点点头说："是啊，我明白。"

　　"因此，今天你在参议院谈到这个问题时，需要谨慎一点。"琼继续说。

　　听她这么说，我微微一笑。

　　来到拥有辉煌历史的美国参议院讨论性问题，这未免有些超现实主义。有人用"采花"一词来形容艾滋病通过多个性伴侣传播的状况——就像蜜蜂从一朵花飞到另一朵花上一样。一位共和党参议员暴跳着站起来，宣布人们应该禁欲。

我站起来说道："那很美好，但不现实。人们会继续'采花'——但应该在'采花'时戴着安全套。没套子，没爱情。"我能够感觉到琼正抬起手来，遮住脸上的忍俊不禁。

有天下午，我刚刚首次见到一位令人愉快的高僧，然后跳进CIDA校园外的一辆有篷货车。这时，塔迪突然在人行道上抓住我，说道："嗨，理查德，我有个很好的点子。为什么你不创办一所布兰森企业家学院呢？"

塔迪是个充满灵感的人，他一开口说话，你总会忍不住点头称道。受他这句在大街上随口说出的话的启发，我决定建立起自己的第一所"学校"。CIDA城市校园已经为处境不佳的学生提供了合格的专科商业管理学位，我决心让维珍联合基金会跟塔迪合作，在CIDA推出一个独立的学院，帮助年轻人创业。我们想做的第一件事情就是筹集一笔种子资金，作为支持学生创业的循环贷款，他们可以在开始赚钱后归还贷款，这样就可持续为后面的人提供资金。

在这方面，我的榜样是穆罕默德·尤努斯，他在30来年的时间里，通过乡村银行——也就是所谓的"穷人银行"——成功地管理了一个小额贷款系统，为世界上一些最贫穷的人服务。1976年，当他还是孟加拉国的一名经济学教授时，一群手艺人首次向他求助，希望借给他们27美元，创办一个店铺。他满足了他们的要求，对他们的还款能力充满信心——正如他说的那样，"最穷的人拥有强烈的责任感"。他甚至通过一个"奋斗者项目"借钱给55,000名乞丐。教授的长远目标是消除贫困。迄今为止，他已经向以女性为主的50万人借出了15亿美元贷款，不还贷款的人非常少。

维珍大西洋公司资助了《星期日泰晤士报》倡议的"成功快车道"，每年都邀请一些顶级企业家到我位于牛津的住宅聚会，为新创立的企业担任指导者。我在我们的"唤醒非洲之旅"项目中拍卖了两个席位。两位英国企业家——汤姆·布洛克珊姆和利奥·卡普兰——跟我们合作，为每个座位出价12万英镑。为我们那些学生提供的创业种子资金由此启动，帮助他们出发进入商界。大多数人以剪彩或打开香槟的方式创办新组织。汤姆、利奥和我则独辟蹊径，来到刚刚开放的布兰森企业家学院，在新铺大门水泥地上留下自己的脚印。我望着我们的脚印——其目的是激发学生们"追随全球企业家的步伐"——百感交集。第一批史前人类的脚印是在非洲页岩上发现的，但对我而言更重要的是，这座位于哈里森大街27号的建筑，正是年轻的纳尔逊·曼德拉开始漫长的牢狱生涯之前工作过的地方。他获释后撰写的自传题目就叫《漫漫自由路》；面对这么多不利条件，我们那些学生通往经济自由的道路也将同样漫长。

资本主义最纯粹的形式就是企业家精神，甚至在最穷的人中间也存在。它确实行之有效，但那些从中赚钱的人应该回报社会，而不是像孵蛋一样坐在一大堆钱上无所作为。很快，布兰森企业家学院的每个人都想出了到处填补商业空白的点子。他们很快意识到，任何机会都值得一试。学生们将会出售棒棒糖，确立代理商，担任导游，在街上开办咖啡馆和餐馆——从事任何能让他们在城镇和贫民窟摆脱困境的事情。我去南非时，经常不期然地跑到学校去看望大家，有一次，我发现这些孩子们承担起修补道路的工作，然后站在路边，看是否有人好心地为他们的修补工作付钱，这让我吃惊而又感动。这就是资本主义行之有效的绝好例子。

当山姆年满18岁、中学毕业后，他认为自己不妨留出一年的空当，游历一番。我认为这个主意很好，便问他能否暂时带我同去。自从50岁以来，我就一直勤奋工作，不想让任何人失望。我也希望给自己放一年的假。幸运的是，我们家的人都喜欢全家一起度假而非做独行侠，而且山姆和我非常亲密，因此我们父子之间不存在缺乏了解的问题，但却没机会一起开开心心地玩儿。我必须到澳大利亚参加几场会议，然后我们俩就顺着海岸线出发前往拜伦湾，这里是澳洲大陆最东端。我们住在雷氏旅馆的一套公寓里，这家小旅馆颇有异国情调，其风格不像艾丽斯斯普林斯，而更像地中海地区的摩洛哥。它恰好位于华特格海滩上，我们顺着拜伦湾的灯塔小径散步，它蜿蜒穿过一片繁茂的雨林。在接近海岬的地方，森林逐渐稀疏，我们看见一只蝠鲼悠闲地沿着海边巡游，还看到一小群鲨鱼。

在小城拜伦市里，成群结队的嬉皮士徜徉于西式木头人行道上。这里出售麻醉品和邦戈鼓的店铺比旧金山还多，空气中弥漫着浓浓的大麻味，仿佛时光倒流，回到了1967年的旧金山"爱情之夏"一般。

来到这里的第一个清晨，我们早早起床，带着两个冲浪板来到海滩上"玩玩海浪"。山姆和他的朋友们都是冲浪老手，可我从未玩过这个。我会玩风筝冲浪，以为冲浪不过是小菜一碟。只需等待一个海浪涌过来，然后踩着冲浪板滑上浪头，它就会把你带到海滩上。第一天，我根本滑不上去。第二天，我还是滑不上去。我无缘无故地想着海岬附近的鲨鱼。

"这很容易——瞧，就是这样，理查德。"当山姆那些被太阳晒得皮肤黝黑的朋友顺着长长的卷浪滑过时，他们哈哈大笑着对我说。

我决心非学会冲浪不可，可到了第三天，我仍在笨手笨脚地挣扎，这时在我旁边冲浪的人对我说道："嗨，理查德，那边的树丛里藏着两个带着长焦镜头的人。"

虚荣心立刻战胜了我，当第二个海浪翻滚而来时，我终于滑上浪头，就像个经验丰富的职业运动员一样保持住平衡，顺利地滑了进去。这就跟学骑自行车差不多，你不断挣扎，接着突然一下子稳稳地骑了上去，再也不回头。

那一天过得非常完美，仿佛一切都不再重要，这是我这辈子罕见的时刻之一。我不打电话，心里什么都不想。我就飞腾于海浪之间，对世界无牵无挂。这样的日子寥寥可数，因此显得弥足珍贵。我记得霍丽5岁时，我们俩一起到德文郡的渔村班瑟姆玩了一个星期，琼没去。对我们父女俩来说，那都是特殊的一周。

在我成功学会冲浪几年后，山姆和我一起驱车60英里深入群山，发发呆，说些傻话，讲讲冷笑话，开怀大笑，我们更像是两个好朋友而非一对父子。我们过得那么愉快，都不希望这一天就那么匆匆结束。

17

2006

**富可敌国后，
我想为这个世界做些什么**

2006年夏天，很多事情凑到一块儿，让我将注意力集中到两个彼此联系的事情上——全球变暖和油价上升。数据显示，维珍的燃油账单在一年内增加了5亿美元，这是我看到的第一个警告信号。

早在我十几岁时，或许是受到我的一位亲戚彼得·斯科特——他建立了世界自然基金会——影响，我就对环境问题很感兴趣。我被盖亚理论吸引，这是差不多40年前由詹姆斯·洛夫洛克提出的假说，它认为地球是一个生命体，就像单细胞生物一样，它生存所需的一切东西都包含在自己体内。洛夫洛克教授相信，这颗行星受到破坏能自行疗愈，但即使是盖亚理论，也提到一个临界点，超过这个点，破坏就无法逆转。我们维珍的人都知道浪费资源、随随便便燃烧化石燃料会有什么危险，但出于诸多原因，即便是最环保的人，也没有真正的紧迫感。我担心，不到这一切对我个人造成影响的时候，我就会一直坐视不管。

我最初对寻求替代燃料感兴趣是在20世纪90年代，当时我越来越意识到石油是一种有限的资源。英国自己的北海油田即将枯竭，而世界其余地区的大部分石油供应都控制在欧佩克手中，位于局势极不稳定的中东，这就使得石油既脆弱又昂贵。20世纪80年代的两伊战争使得石油的价格从每桶16美元上升至差不多70美元的峰值。1990年，当萨达姆想弄到科威特的油田时，这又证明了石油很容易受战争影响。作为一个跟交通业有着密切联系的人，我需要弄清石油的成本和有效性，并寻求替代能源。维珍的4家航空公司每年使用了超过7亿加仑的航空燃料，维珍火车公司也使用了大量柴油。1997年，当我们投资生产一个新列车群时，我要求制造商阿尔斯通公司确保它们都很省油，结果，我们的摆式列车每次刹车时，都会把20%的电力返还电网，这在欧洲是独一无二的。我们还正在改装柴电列车，以便使用菜籽油和大豆油混合生物燃料。

在2005年的卡特里娜飓风后，美国位于墨西哥湾的石油钻井台以及墨西哥湾沿岸的炼油厂都遭到破坏或毁灭，美国的燃料价格飞涨。在该产业产能严重不足的情况下，我开始考虑投资自建炼油厂的可能性，事实上，我还发布了一篇新闻稿，宣布我们将建一家炼油厂，有望降低燃料价格。

特德·特纳是资本家、环保主义者和慈善家的有趣混合体，并因为创建CNN新闻频道、拥有"亚特兰大勇士"棒球队、身为奥运会游艇运动员以及赢得世界帆船美洲杯而闻名。我最近一次见到他是在几个月前的时代全球健康峰会上，跟他在一起的有比尔·盖茨、马德琳·奥尔布赖特、保罗·沃尔福威茨、波诺和其他人。当我宣布打算建立一家炼油厂后，特德打电话对我说道："理查德，你有没有想过替代燃料？"

"你有什么建议？"我问道。

"为什么不建立一家生产清洁燃料而非污染燃料的炼油厂呢？

来跟我的朋友见一面吧，他们会让你相信还有其他办法的。"

特德邀请我到华盛顿去跟联合国基金会的一些成员共进午餐，这个智库是他用一笔高达10亿美元的捐款建立的，旨在调查环境问题，并在美国研究促进生物燃料。跟特德一起坐在餐桌旁的包括联合国基金会主席蒂姆·沃斯参议员、比尔·克林顿时代的白宫办公厅主任约翰·波德斯塔、乔治·布什的法律顾问（将很快被任命为美国驻欧盟大使）博伊登·格雷以及能源未来联盟的主管瑞德·德切恩。

我们差不多立刻把话题转向生物燃料。我已经对一般的燃料有了足够的了解，但对生物燃料的了解还不如这群人深入。听着他们说话，我照常在自己带的笔记本上做我的神秘记录，到午餐结束时，我认定他们是对的。对维珍来说，大量投资替代燃料比投资传统炼油业更明智。我很幸运——一旦下定了决心，通常就能有所作为。我加入了特德的能源未来联盟指导委员会，然后回到我在维珍的团队，要求他们对生物乙醇展开调查。结果，我便开始痴迷于生物燃料了，它不仅在环保方面具有必然性，而且在环境对油田的依赖方面也向前迈进了一步。从环境和经济两方面说，各国种植生产自己的生物燃料并在原产地使用，而非万里迢迢地运到半个地球外的其他地方去，这是非常有道理的，而且会降低经济成本和二氧化碳排放。

2006年年初，我组建了维珍燃料公司，开始投资生物燃料的研发项目。我们的第一项投资是支持一家从玉米中提取生物乙醇的加拿大西利翁公司。我们开始在分别位于原产地和使用地的美国西部和田纳西州建立生物燃料炼油厂，然后又迁入巴西。下一个阶段，我们将扩张到美国东海岸以及欧洲其余地区。

我这么做并非全然利他。替代燃料应该是不错的商业活动——投资这个行业就会对化石燃料的价格产生压力，保护我们的航空公司和火车公司。如果燃料价格居高不下，我们又可在研发和建立炼油厂的成本投资上获得丰厚回报。在随后五六年时间里用我们自产的燃料取代我们的部分或全部传统燃料也是很明智的。

2006年夏初，维珍燃料公司已经投入第一笔资金，而我仍未完全意识到全球变暖的紧迫性。不过，当美国前副总统阿尔·戈尔不辞辛劳地来到你位于伦敦荷兰公园的住所，亲自给你上一堂全球变暖的课程时，再没有什么比这更能让你意识到即将到来的问题了。几个月后，当电影《不愿面对的真相》发行时，我意识到，他那天在我家里是用它向我做初步试映。

我们在起居室里的矮桌旁坐下，琼端进来一些茶和三明治。阿尔在桌子的一角就位，然后取出他的电脑打开。我坐在一把大扶手椅里，威尔·怀特霍恩俯身站在我身后，气候组织的史蒂夫·霍华德坐在桌子的另一端，我们都盯着屏幕。有阿尔·戈尔这样一位睿智的交流者亲自给我演示PowerPoint幻灯片，这可真是难得的经历。这不仅是我这辈子看过的最精彩的演示，而且，一旦意识到我们很可能正面临着我们所说的世界末日，它也让人深感不安。全球变暖对人类和自然界的影响如此之大，我们别无选择，只能采取强有力的措施，首先阻止这种趋势，然后扭转局面。

在我们热烈的讨论中，史蒂夫·霍华德说，我们需要让人们相信这是一个能够解决的问题。有些人认为，应对气候变化会毁掉经济，因此这是一个无法解决的问题；但我们其实有很多事情可做。

在这个问题上，我们真的别无选择，必须采取行动。

阿尔表示赞成。他注视着我，说道："理查德，你是个举世闻名的人。你能够跟我一起，在应对气候变化方面帮忙做示范。没有政治家参与，我们就需要商业领袖带头。"

阿尔·戈尔的演讲是一场激烈的争辩，但也有足够可靠的科学道理，效果很好。这是我第一次全面了解气候变化的可怕后果。我立刻明白过来，如果我们不尽快采取行动，对碳排放加以遏制，那么地球大部分地区将很快变得不适合居住，这颗行星的人口也将直线下降。大多数动植物将灭绝，生活将变得非常悲惨。我说："我马上要推出一条通往迪拜的新航线。"通常我很喜欢做这种事情——但现在我看得出其中的悖论了。我们希望将世界各地联系起来，我们希望能够飞行，但我们也必须处理气候变化的问题。

"我们还有多少时间？"我问道。

阿尔回答说："科学家说，在越过临界点之前，我们或许只有10年的时间了，过了那个点，事情就将无法挽回。我们必须开始坚定地采取大规模行动。这么做，我们有可能在接下来5年内开始让二氧化碳水平稳定下来。它有一部分是逐渐演变的。我们的大脑擅长理解毒牙、爪子、蜘蛛、大火这种形式的危险，但不擅长处理那些看不到的危险，直到无可挽回——例如全球变暖就是这样。这种现象大部分发生在两极，那里很少有人会看到，因此对它根本不以为然。"

阿尔很善于游说，同时还能保持愉快的气氛——尽管就洛夫洛克是何时首次将盖亚理论形诸文字上这个问题，他跟威尔争论起来。有时，跟两个都自认为很正确的人待在一个房间里，是很有趣的事情。

阿尔·戈尔离开后，威尔和我就维珍应怎样带头对付全球变暖问题展开了漫长的讨论。显然，由于维珍拥有5万雇员，他们的生计利害攸关，因此我不愿造成剧变，导致公司的经营无利可图；但我也看到一条向前发展的途径，能够通过一些微小的变化来采取负责任的行动，如使用寿命更长的电灯泡，在时机成熟时改用生物燃料。我们杜撰了"盖亚资本主义"这个词来描述这些行动。盖亚资本主义的理念全都涉及解决方案，我们想采用一种明显对立的方法，证明它行之有效、确实有理。我们能够卓有成效地做到这一点，因为维珍就像一个庞大的生态系统，它的各个部分都独立运作、管理，甚至还有自己的持股人，但它们之间一直存在纽带。

3个月后，比尔·克林顿给我打电话，看我能否宣誓加入他的全球行动计划。那天晚上，我躺在浴缸里想出一个办法。阿尔·戈尔说他需要从我这里获得领导力，如果我宣誓将维珍集团从我们的航空公司和火车公司中获得的利润全部投入研发替代燃料上，那会怎么样？那样就能带来很大的影响，说不定还能吸引其他商业领袖加入这项事业。

由于我跟比尔·克林顿的交谈，两个月后，我飞到纽约，加入克林顿的全球行动计划。9月21日，就在这次会议的第二天，我跟比尔·克林顿、阿尔·戈尔一起，个人许诺投入30亿美元发展清洁燃料。当我就要签署承诺书时，我抬头看着比尔·克林顿总统，在一个恰到好处的戏剧性停顿之后，手握着笔说道："这可是一大堆的零。"

这是一个坚定不移的承诺，目标不仅是促进维珍集团向前发展，也是为了鼓舞其他人。要点是明确指出由我们的几家运输公司资助这项投资，但如果它们无法解决这笔钱，那就由我们现存的其他公司出。不管付出什么代价，我们都会这么做。我要强调一点，这并非慈善事业或施舍。我们的整个盖亚计划都以合理的商业意识为基础。我不希望媒体给人留下这种印象，即这是对环境事业的捐款——但他们还是这么做了，把我塑造成某种世界捐助者。

慈善捐款自有其地位，不过在我看来，为了将来钱能生钱，让这个球继续滚动，以便我们有更好的机会跟石油和煤炭公司竞争，那么投入种子资金就更具有可持续性。

我发表的那篇公开声明很快传遍全世界，然后史蒂夫·霍华德说道："理查德，我们跟许多不同的机构合作，但维珍的改变步伐是无与伦比的。看到维珍将自己释放出来，的确令人印象深刻。"

有人问我对油价飙升有何看法。让我航空公司那些主管人员失望的是，我说："我认为油价飙升对这个世界来说再好不过了。它迫使政府和大企业寻找新的途径降低他们对石油的依赖。我们需要此类事情发生，刹住我们对化石燃料的自杀性依赖。如果我们能够纠正这种倾向，兴许将来还可防止中东发生战争。"

对我来说，了解以前一无所知的产业是一种挑战，但我喜欢。在学校里，我对化学毫无兴趣。现在我想了解下面的一切知识——关于乙醇、纤维质乙醇、异丁醇、甲烷和碳；关于生产燃料的最佳原材料——糖、玉米、柳树和人体排泄物；关于风能和太阳能；关于氢和地热。到3个月的提问速成班结束时，我感觉自己已经准备好，可以把维珍燃料公司作为一股全球力量来提升其产能，开始实现我投入30亿美元的诺言了。但最好的学习方式是行动。尝试将内克岛和莫斯基托岛变成第一批100%的碳中和岛屿，建立我们的第一批玉米和甘蔗种植园，尝试研发飞机使用的洁净异丁醇；等等。我希望像20年前私人资本研发手机那样研发可再生能源，将一个小小的想法变成一种世界现象。

2006年年末，我邀请蒂姆·弗兰纳里到内克岛为来自世界各地的维珍总经理做有关环境问题的演讲。蒂姆是一位杰出的澳大利亚科学家和探险家，他那本富于创意的著作《天气制造者》最早促使我思考气候问题。我认为，蒂姆将为我们做的事情就是为了让我们踏上现在所走的道路，而帮助我们获得必要的科学背景，并帮助我们更好地理解我们为何要这么做。这不单是关于环保资质的事情，我已经下定决心把这作为维珍21世纪的行业策略。我确信自己会受到广泛批评。我听见有人说："如果二氧化碳排放是问题所在，那为什么理查德·布兰森不停飞他的航班？"但人们需要飞机，如果我们停止，就会留下一个空白，而填补这个空白的人或许毫无责任感。我们想继续飞行，但要采用负责任的方式。为此，到那一年结束时，我们打算在飞机起飞时节约燃料。如果它们在等待起飞时，用牵引设备把飞机拖到或拖离跑道末端，那它们就不需要立在那里却开着引擎排放二氧化碳。我们开始在盖特威克和希思罗尝试这种做法。如果每家航空公司都这么做，那么我们估计每趟飞行就可节约多达3吨的航空燃料，再跟其他努力结合起来，各航空公司就可将全球的航空碳排放减少25%左右。

维珍大西洋环球飞行者号就是佐证。制造这架飞机的原料并非金属，而是碳复合材料，它非常轻，但却能在海拔很高的空中安全飞行，大大提高了燃料的效率。一年前，我曾经在堪萨斯州的萨莱纳目送它起飞,开始那次引人注目的飞行。我一直追踪它到冰天雪地的加拿大荒野,当它于67小时后降落时,我又回到了堪萨斯州。目睹它如同雄鹰一般在海拔49,000英尺的高空环绕地球,而每小时使用的燃料还不如一辆四驱车,我感到非常兴奋。这项惊人的成就引导我们开创维珍银河公司,投资太空——最后的边疆。没有太空以及诸如美国航空航天局等机构的工作,我们甚至都不会知道或理解有关气候变化以及养活现在的世界人口等方面的现实。卫星从太空传回的信息让农夫得以着眼于长远的天气预报,最有效地制订播种与收获的计划。太空也为不影响大气的未来旅行提供了必要的答案。然而,可悲的是,当前的技术仍停留在肮脏、污染和碳密集的冷战时代,也没有私人投资研发使用可再生燃料的可行性太空发射系统。我们也打算改变这个局面。

以维珍大西洋环球飞行者号为榜样,维珍银河公司的机群从一开始就很环保。除了飞船使用碳合成材料,发射系统的模型也依赖一种来自笑气和橡胶的燃料,而且,由于这种独特的背负式发射系统,美国航空航天局每飞行一次,我们就能够飞行数千次。

最近几年,我们的重要企业活动之一就是维珍银河公司的启动。当然,我们拥有伯特·卢坦作为良性太空发射系统研发的概念——但第一件令人兴奋的事情就是,将这种把有效负荷和科学家送入太空的新型太空发射系统变成了现实;其次,我也能够清楚地看到未来的前景,回答许多人提过的问题——为什么太空真的那么重要?你为什么要参与其中?很多人似乎都认为维珍银河公司是某种挑战,是一种个人玩具——尽管它费用昂贵。事实上,太空是人类的未来。从美国航空航天局戈达德太空研究所来的蒂姆·汉森博士——他是太空科学的创始人之一——到"现代物理学之父"斯蒂芬·霍金教授等众多科学家都认为，在为了应对气候变化而重新定位世界工业方面，更好地进入和利用太空将是至关重要的。

首先，如果不是从太空中所做的研究提供了气候正在发生变化的信息，我们甚至都不会知道气候变化。基于地面的科学无法以人造卫星的方式证明气候变化。其次，很少有人意识到，如果没有对气候的观察和天气预报——而这些只能从太空开展——我们就无法养活现在的全球人口。太空中的气象卫星和农业卫星以及全球定位系统能让农夫提前预知天气模式，使得进入人们口中的食物产量增加了15%。码头上的一箱箱食品不再会坏掉，农夫能够选择提前一天碾磨他们的玉米、提前一天耕种或推迟一天播种。在美国玉米生产带、印度平原或中国中部地区，许多农夫每天早上做的第一件事情就是上网查看远程农业卫星对他们那天或那个星期的农业生产有何建议。进入太空允许我们在过去的15年中将食品产量提高了10%左右——这恰好足以应付人口的增长。

人类文明正面临的至关重要的问题之一就是人口增长。这是我们在这颗行星上生存的关键。除非我们拥有从科学技术方面寻找解决办法的意志力，否则就将无计可施。真正的问题在于，环境游说团并未真正理解地球上拥有65亿人口这一事实。

蒂姆·弗兰纳里把地球看作一个在太空中转圈的飞船。在《天气制造者》中谈到"飞船"——也就是地球——上的人口时，他写道：

在1961年，我们还有点回旋余地。在那个貌似遥远的年代，地球上只有30亿人，在全球生态系统能够可持续地提供给人类的全部资源中，他们只使用了一半。短短的25年后，1986年，我们就达到了一个分水岭，因为那一年我们的人口超过了50亿，我们对资源的集体渴求如此强烈，地球上的全部可持续产品都被我们利用殆尽。

实际上，1986年标志着人类达到了地球承载能力的顶点，此后，我们就一直在环境"预算赤字"中生活，只能靠掠夺我们的资本基础维持。这种掠夺的表现形式包括：渔业方面的过度开发、牧业方面的过度放牧——直到将牧场变成沙漠——以及破坏森林、污染我们的海洋和空气，这反过来也导致我们面临大量环境问题。不过，最终真正重要的唯一因素还是环境"预算"。

到2001年，人类的赤字激增至20%，我们的人口超过了60亿。到2050年，预计人口将在90亿左右稳定下来，人类生存造成的负担将如此巨大，我们得使用——如果还能找到的话——接近两颗行星的资源。不过，在寻找那些资源的过程中经历的重重困难里，构成限制因素的正是浪费资源形成的过多温室气体。

在22世纪，随着地球人口达到90亿，我们就不得不将目光投向太空。2006年，当我前往世界各地——中国、印度、非洲和美国——那些拥挤的大城市时，我留意观察，细细思索。我相信人性，相信所有单独个体的生命价值。我无法容忍人类的悲惨境遇，将竭尽全力消除贫困、疾病和痛苦——然而，高达90亿的人口根本就是不可持续的。人口数量和对资源的过度使用最终将毁掉我们。我不知道答案何在，也不知道前途是什么。我只知道迫在眉睫的事情是尽快阻止气候变化，这样，才会在我们开始考虑人口数量之前，为我们赢得喘息之机。

我们为维珍银河公司制订的各项计划飞速发展。我们在美国新墨西哥州的未来空间站已经开始动工。它简直就像科幻小说。未来主义设计师菲利普·斯塔克提出一个生动的眼睛图案标识——鲜蓝色的虹膜和黑色的瞳仁——再把它镶嵌到一个扁平圆盘上，而圆盘则覆盖在一个庞大的地下发射井外面。这个圆盘以一种非常类似于《星际迷航》的方式无声地滑了回来，露出下面的发射台。不过，由于一些过时的法规和人类的憎恨，让一些本应该顺利翱翔的项目戛然而止，令人沮丧。

回到2004年，我们首次讨论在美国推出维珍美国航空公司，以此作为在东、西海岸之间从事远程运输的现存国内航空公司的低成本替代选择，并订购了一些空中客车的飞机，表达我们的意图，这时候，我们预料有人会以正常竞争的方式提出反对。我们没有料到的是，自己会遭到一项陈旧的仇外法规的不公平对待。在航空时代的初期，美国担心"外国飞机"在美国领空上飞，为了阻止这种事情，他们于1926年通过了《航空商务法》，要求所有国内航线都必须由美国公民控制。1938年的《民航管理法》推波助澜，它规定，对于任何设在美国的航空公司，拥有投票权的股票最多只能有25%由外国人掌握。这意味着75%的股票必须受美国公民"实际控制"，美国交通部告诉我们，维珍必须调整这家新公司的结构。

我们试图遵守这些规定，但我不知道前面还会有没完没了的问题挡住我们的去路。在被法律论辩拖了两年后，2006年，我最终邀请三角洲航空公司前总裁弗雷德·里德经营这家新航空公司，一家美国公司VAI Partners将控制它，持有75%的股本，指定董事会中三分之二拥有投票权的成员。我们将维珍美国航空公司从维珍大西洋以及我们的其他所有航空公司——包括维珍银河公司——以及共享维珍品牌名称的任何公司中独立出来。除了订购飞机，我们还预算投入2亿美元，用于在美国做启动营销，又将运营总部从纽约迁至旧金山，我想，我们终于步入正轨，准备起飞了。

然而，我已经答应担任这家航空公司的形象代言人。我准备好出去为它宣传，这是我在所有维珍公司的一贯做法。或许我的形象太引人注目了，我们受到工会以及美国所有主要航空公司的强烈反对：大陆航空公司、美国航空公司、美国联合航空公司，等等！由于这些保护主义者的反对，我们的交通部许可证被压了几个月，而我们面对这步步障碍，想尽办法答应他们的苛刻要求。尽管管理维珍美国公司的董事会成员主要由美国公民组成，反对者却声称这只是策略，说掌管公司的仍然是我。随着日子一天天从2005年拖到2006年，我们被告知："维珍美国公司对质询的回应不足以证明这家航空公司属于'美国公民'。"我们的反对者催促交通部要求我们提供额外的文件。但不管我们怎样努力，似乎都难以满足他们的要求。

于是我们计划再次调整这家航空公司结构，让一家获得交通部批准的信托公司持有那些拥有投票权的股票，在8个人组成的董事会中，只有两个维珍集团的董事。除了取消维珍集团的否决权和同意权，维珍美国公司还说要从董事会除去我的名字，甚至可能完全放弃维珍的商标。然后，新董事会宣布，"如果交通部认为有必要"，他们就准备取消弗雷德·里德的首席执行官职务。

到这时候，我已经退到无足轻重的地位，尽管作为持股人，我一直了解公司的进展。我很高兴民众群情激昂，支持维珍美国公司。加州州长阿诺德·施瓦辛格、旧金山市市长加文·纽瑟姆和希拉里·克林顿全都指出，这家新航空公司将在第一年的服务中创造1000个新工作岗位（据估计，到第5年时，这个数字将上升到5万）。甚至旧金山"巨人队"也出来支持维珍。不过，最令人吃惊的是5万封寄给参议院和交通部、对我们表示支持的信。多达2.5万美国人在一封支持我们的请愿书上签名，有人甚至建立了一个网站www.letVAfly.com，供人们查看相关新闻。店铺里还出售一些印着口号"让维珍飞"的T恤衫和杯子。

我认为，民众意识到维珍美国公司会降低机票价格，提高飞行质量。事实上，坎贝尔·希尔航空集团所做的一项研究表明，如果允许维珍美国公司的飞机在2006年开始飞行，单单是那一年，它就会让美国消费者节省7.86亿美元以上，平均每趟飞行节省88美元。这也会给大部分——就算不是全部——新市场带来折扣。问题出在反对派身上。正如弗雷德所言："在航空公司守旧派眼中，我们是所有人的噩梦。他们想把一家强大的新航空公司扼杀在摇篮里。或许，他们应该注意聆听消费者们对其服务水平所做的评价。"

我们的一切努力似乎都无济于事，到2006年年底，维珍美国公司仍然搁浅。有传言说，只有当美国获得进入希思罗和其他欧洲机场的"开放天空"后，才会批准我们起飞——尽管这两件事完全没有联系。

到2006年9月底，我再次来到非洲，跟布拉德·皮特一起去见纳尔逊·曼德拉，帮助支持一项新的排雷行动计划，它有一个恰如其分的名字，叫"非洲的脚底"，其座右铭为："是时候了，把你的脚放下吧。"这个计划的其他赞助人包括曼德拉的妻子格拉萨·马谢尔、约旦的努尔王后以及约翰·保罗·米切尔系统公司的约翰·保罗·德约里尔。"非洲的脚底"跟扫雷基金会合作，扫除埋在土里的1亿颗地雷——它们每20分钟就炸死或炸残一个人。在这个世界上，有25万平方英里的土地因此废弃，其中大部分位于非洲，尤其是莫桑比克。格拉萨来自那个郁郁葱葱的美丽国家，出生在一个农夫家庭，因此非常希望参与这个项目。我们将从莫桑比克开始扫雷，然后在清理过的土地上复耕。一旦"脚底"完成清理，其合作者就会培训农夫在那些土地上种植和收获农作物，让他们获得食物，并可通过出售余粮赚钱谋生。

英国国防部创造出了卓越的新式雷达技术，使用了维珍公司和飞艇集团公司制造的飞艇来定位地雷。此前每天只能清理40平方米的土地，而这项先进的飞艇技术能够每秒钟扫描100平方米的土地。本来需要500年才能完成的工作，现在只需10年左右就可完成了。在把清理完地雷的莫桑比克归还给农夫后，我们还将一个接一个国家地继续工作。

格拉萨也主张保护儿童，她和曼德拉跟我们讨论了非洲数量庞大的艾滋孤儿问题。这个数字大得不可思议。曼德拉转向布拉德说：

"有100万儿童的父母死于艾滋病，光是南非每天就有1000名儿童成为孤儿。6岁到8岁的孩子现在成了家里唯一养家糊口的人。"这让布拉德备受震动。

单是这个数字就令人崩溃，但有个故事，我发现它很动人。故事是这样的：有个小姑娘顺着海滩散步，海浪将数百只海星冲上岸来，它们将在海滩上死去。她一边走，一边弯腰捡起海星，并将它们扔回大海。一个老人从这里经过，对小姑娘说："你为什么这么做呢？海滩上有几百只海星呢，你这么做根本无济于事。"她回头望着老人，说道："哪怕我能救起其中一只，这么做也是值得的。"

正是这个故事启发了"海星"的建立，这家小型组织在南非创办并管理艾滋病社区日托中心。维珍联合基金会一直在底层工作，寻找在社区内照顾这些孤儿的途径。非洲充满了不可思议的强壮女性，她们似乎以一种类似于地球母亲的方式将万事万物团结起来。诺拉就是其中之一。我还记得第一次在距约翰内斯堡45分钟车程的小村庄里见到她的情形。在村里一块脏兮兮的空地上，有一个小小的锡皮小屋，老妇人诺拉在里面为200名孤儿烹制食品，孩子们白天跟她生活在一起。不管怎么说，她想办法到外面找到足够的食品，然后在一只小炉子上煮好给他们吃，这已经是很了不起的成就了。我们只是站在那里望着，我只看到200个脑袋组成的海洋，看到这些小家伙和他们的眼睛——在那一张张饥饿的小脸上，他们的眼睛显得那么大。他们什么都没有，呆呆地望着我们，让人想把他们抱入怀中。

这位女性单枪匹马，她根本没法照顾200个孩子，可她居然做到了。这实在是惊人。我们能够给予的帮助就是为这些女性投入资金，她们已经看到了这种需要，当上代理妈妈和女舍监。这是一个很大的问题，没人真正思考过，一个需要培养情感的孩子，在没有大人的关爱与照顾下长大，将会发生什么。我环顾四周，这么多孩子，玩耍着，将一顿简单的饭菜塞进肚子里，我一眼就看得出来，在这间小小的锡皮屋里，根本没有足够的空间让他们睡觉。

我问道："这些孩子睡在哪里，诺拉？"

她笑了："他们就像随处栖息的鸟儿，晚上会朝四面八方散开，找个安全的地方睡觉。早上，他们又像椋鸟一样回来吃早餐——不管怎样，我总会设法找点东西给他们吃。"

我自叹弗如又激动万分，同时也感到愤怒。如果他们的母亲服用过抗逆转录病毒药物，她们就应该仍然活着，照顾自己的孩子，而不是被殡葬业者用作赚钱工具。"海星"已经给予诺拉帮助，但我们仍给了她一些钱，帮忙支付各种费用。我们跟来自维珍联合基金会的志愿者一起工作，扩大了诺拉的小屋，在侧面加以扩建，好让孩子们在这里睡觉，然后我们为她提供了一个很大的炉子，允诺立刻给她供应煮饭的燃料。我们无法让诺拉的孩子们全都拥有自己的家，但我们能够帮助诺拉以及她这样的女性。

悲哀的是，非洲大陆是全球少数艾滋病发病率继续上升的地区之一。据估计，到2010年，单是南非就将有大约300万孩子成为孤儿。现在，我们向两个社区日托中心提供支持。10月，我们又跟卢姆巴信托基金会一起为另外5个提供支持。那一次，谢丽·布莱尔[1]跟我们一起前往，启动这些项目。想想英国和美国，我们有那么多

1　谢丽·布莱尔（Cherie Blair, 1954— ）：英国皇家法律顾问，英国前首相布莱尔的妻子。

资源。这实在令人灰心，我们需要竭尽全力阻止这种荒谬的局势继续下去。当然，有几次，我表现得非常激动，包括在卢姆巴信托基金会举行的那次正规晚宴上。人们不应该死于可预防和可治疗的疾病——不管他们生活在世界上的什么地方。

我认为，世界上任何地方的任何公司因艾滋病而失去自己的员工都是错误的，所有公司都应该承诺鼓励自己的员工自愿去做测试，确保他们及时获得抗逆转录病毒药物，避免从艾滋病病毒感染者变成艾滋病患者。我们首先从自己的公司做起，于是我的妻子琼和我开始召集所有为我们在丛林里工作的人。然后，我们就当着所有人的面做艾滋病病毒测试，并设法让尽可能多的人接受测试。他们大多数人测试了，我们也邀请染上艾滋病病毒的年轻人来现身说法，解释抗逆转录病毒药物怎样挽救了他们的生命，以此为例说明这个计划是如何运作的。我们专门为非洲人制作了两部电影，以简单易懂的方式，解释身体是怎样工作的、抗逆转录病毒药物是怎样产生效果的、免疫系统是怎样运转的、当CD4细胞的水平降到200以下后会发生什么、为什么人们不断死去、他们怎样避免死去以及安全套可挽救生命等。在我们的一家南非公司员工的检测中，有近24%的人的HIV测试都呈阳性。我担心这个数字跟平均水平差不多，这基本上意味着，如果无法获得抗逆转录病毒药物，我们这24%的员工就将在六七年内死去。我们明确表示，将向任何CD4细胞的水平降到200以下的员工免费提供抗逆转录病毒药物。我们还在维珍全球各地的公司开展"0%挑战"活动，目的是确保维珍员工没有一个死于艾滋病，确保0%的员工HIV检测结果为阳性，确保

HIV阳性的怀孕女员工0%地将病毒传给婴儿。这也包括在我们公司内零容忍歧视HIV阳性员工的行为。

我们成立了一个"作战室"，帮助协调并联合多家在非洲试图征服各种疾病的组织。"作战室"会把各种问题整理出来，寻找最好的操作方法，启动并最大化地利用各种资源。它会让这些工作继续下去，而不是仅仅止于争论。它会在艾滋病这样的新疾病失去控制前警告世界当心它们。它会跟艾滋病病毒、疟疾、结核病和瘘管斗争。它会通过接触各种关系、政府以及各种机构组织的创建者，很快动员专家和具有号召力的人物来到特定地区。它的最终目的是确保唐纳德的悲剧不再重演，由于他的去世，其他数千人得以活下来。

我跟维珍联合基金会以及一位了不起的英裔美国人布莱恩·布林克医生一起，做了一些调查，寻求制订一份有希望的蓝图，我们来到南非的林波波省的艾兰兹多恩，在岩石嶙峋、没有树木的丘陵地区和尘土飞扬的城镇地区，无意中找到了纳德洛夫医疗中心。它由一位真诚的荷兰内科医生胡戈·坦普曼管理，在过去的15年，他一直致力于治疗艾滋病以及夺去很多非洲人生命的另两种主要疾病：结核病和疟疾。

当我在这里四处参观时，我首先注意到的事情之一是纳德洛夫医院外面的一系列小型发展项目，包括一个面包店、一个修理铺，还有生产尿布的工厂、幼儿园、计算机学校、洗车店和一家健身房，全都为当地人提供了就业机会。胡戈看出来这些都给我留下了深刻印象。

"是的，我们全都充满希望——我们想让人们知道他们会康复。他们也需要谋生，在接受治疗期间维持自己和家人的生活。"

多年来，布林克医生一直坚持不懈地奋斗，希望在外国人雇用的成千上万本地工人中，让需要者获得免费的抗逆转录病毒药物。他指出，培训新员工的成本损失远比这些药物自身的费用贵，最终赢得这场艰难的战役。然后，他立马又说道："现在，矿工们那些染上艾滋病病毒和患上艾滋病的家人该怎么办呢？"

我很敬佩胡戈的先见之明，便和他以及维珍联合基金会一起，讨论建立一家医院，服务于乌卢萨巴周边的萨比桑德地区。我在20世纪90年代初第一次尝试控制艾滋病病毒的流传，当时我推出慈善的"伴侣"安全套。从免费的"伴侣"安全套，到跟英裔美国人合作创立一家一站式的保健中心，这向前迈进了一大步。我们决定采用祖鲁语中的"狮子"一词，将这家新医院命名为布博兹社区健康中心。它将为10,000人提供服务。艾滋病、结核病和疟疾的治疗将是免费的，但对其他医疗服务则收取少量费用，以确保这个诊所能够保持长期的可持续性发展。乌卢萨巴周围的10,000人将得到保护，但对于那些居住地远离这家医院的人，则需要提供出诊服务。

要让医疗服务到达偏远地区的"最后一英里"非常困难，因此我们在整个维珍集团发起一场活动，名叫"天堂里的天使"，目的是筹集资金购买和维护摩托车。各公司积极响应——尤其是维珍火车和维珍大西洋公司——筹集了超过100万美元，购买了100辆摩托车。我们确立的运作模式是让某个村子的人通过贷款购买摩托车，作为回报，他们将接受培训和报酬，每周花3天时间用摩托车给患者送去医疗服务，而其余的时间他们则可以利用摩托车从事自己的经营活动。这样一来，这项活动就变得可持续了，也为这些社区的人创造了工作机会。2007年，我们开始跟一家名叫"可持续医疗规划基金会"（SHEF）的大型机构合作尝试这种模式，它已经在肯尼亚各地建立了超过64家可持续的诊所和药房，拥有数千名摩托车延展服务工人，向当地人证明他们能够通过互相帮助，抵达最偏远地区，来让自己获得谋生的机会。

一方面，我通过维珍联合基金会努力工作，试图帮助发展中国家和地区解决他们面临的一些问题；另一方面，我也在努力推进我们的航空发射计划。这两项活动构成一种怪异而又迷人的分裂。维珍银河公司已经引起很大轰动，已经有人开始签约参加我们的第一批太空飞行。接着，在我通往太空的个人之旅上，发生了一件有趣的事情。

11月，我正跟飞船设计者伯特·卢坦以及我们创建之初的首批顾客一起待在内克岛，他们特意来听伯特亲口讲述这个项目的细节。这时，威尔从伦敦打电话说，他刚在无线电四台的《今日》节目中听到斯蒂芬·霍金教授的谈话。

威尔说："斯蒂芬·霍金刚刚接受了一次精彩的采访，谈的是人类为何需要进入太空——以及他为什么仍然想去那里、为什么希望理查德·布兰森带他去那里！"

我把首批顾客和伯特召集到一套音响旁，从BBC网站上播放了一遍斯蒂芬·霍金的节目："人类必须迁徙到太阳系之外的一颗行星上，让这个物种的未来获得保障。一场核灾难，或者一颗小行星撞上地球，都可能将它上面的生命一扫而尽。一旦我们扩张进入太空，建立若干殖民地，我们的未来就安全无虞了。太阳系中没有类似于地球的行星，因此人类只得求助于另一颗恒星，目前依靠化学与核燃料的卫星还不足以将殖民者送入太空，因为使用这种卫星意味着一趟旅行需要5万年。我认为，利用光速曲速引擎，将人们送到一个新的边区定居点，这种想法也不大可信。

"相反，我更看好用物质／反物质湮灭作为推进力。当物质和反物质相遇时，它们会在一阵辐射爆炸中消失。如果从飞船尾部将它发射出来，就能推动飞船向前，飞行速度仅略低于光速，这意味着只需6年就可抵达一颗新恒星。想让飞船加速到接近光速，就需要大量能量。

"我的下一个目标是进入太空，也许理查德·布兰森可以帮我。"

这番话在我们初露头角的宇航员中激起一阵兴奋。能进入一个让霍金教授如此热衷的项目，我们全都倍感荣幸。我一直对霍金教授感到惊讶——他是我非常崇拜的人。在过去的那些年里，我曾多次遇到他，于是我给他打了个电话。我跟他解释说，尽管有大量名人跟我们接触，但维珍银河公司尚未向任何人免费赠票，不过，如果斯蒂芬真的想去太空，而且医学检查证明他的身体状况适合飞行，那么我将非常荣幸能带他进入太空。

他用自己电脑化的声音解释说，如果人类想在地球上维持生存，就得进入太空。"人类对地球上的生命构成了威胁。令人担忧的两个主要原因是全球变暖以及病毒和其他微生物的基因突变。由于我们已经对这颗行星可能遭遇的事情有了充分了解，我们知道，如果人类作为一种文明要继续生存，我们就需要利用太阳系其余部分的资源。我们还需要拥有进入和探索太空的动机，这不仅仅涉及机器人进入太空——虽然那也是解决办法的一部分。人类必须拥有进入太空的能力。"他补充说，"维珍银河公司向前迈出了一步，从少数精心挑选的人手中夺得了进入太空的权利。"

在我的要求下，宇航员关系部的主任史蒂芬·阿滕伯勒带着我们的首席医师去看望霍金博士，商讨尽快为他安排一次模拟重力飞行。

从霍金博士对我们这个项目的兴趣开始，我们继续探讨了太空举足轻重的其他众多方面。从短期理由看，包括理解气候变化，为了让这颗行星生产出足够的粮食养活不断增加的人口，而向我们提供必需的通信和信息。然而，正如霍金博士所言，从长远来看，我们也需要进入太空，为这颗行星提供未来的能源来源，甚至可能提供气候变化的部分解决方案。例如，人们提出许多令人兴奋的想法，如太阳伞，它们并没有人们想象的那么大，而是用透明胶片做成的小型晶体状结构，像泡泡一样分布在拉格朗日点（日、地距离的中点）附近的太空中。在这里，太阳伞会把5%的太阳光线反射回去，这个数量其实相当可观。人们通常认为互联网不使用能源，但它却散发出大量温室气体。例如，科学家们一直在探索服务器群集，它由太阳能电池板提供能量，可从太空中将无线电信号直接发射到计算机上，节约80%的电力，数量庞大。我一直兴趣盎然的一件事情就是将一个维珍能源研究团队送上月球的可能性——然后建造一个太空飞船群，这样我们就能在那里工作了。这听起来或许像科幻小说，但在20世纪初的10年刚开始时，我根本想不到自己会管理一支太空飞船群，并载着现在活着的最聪明的物理学家，在太空中做一次亚轨道飞行。跟斯蒂芬·霍金的观点一致，我一直在寻求太空时代的燃料：氦-3。这种形式的氦在地球表面非常罕见，在地心却大量存在，但我们的开采技术对此却无能为力。不过，它在月球尘埃中含量非常丰富。想到只需从月球装满一艘太空飞船的氦-3就可为美国提供一年的能源时，我就开始对其可行性做更多调查。氦-3要在极端压力和极端热量下才可产生，它是在月球从地球中撕裂出去，飞入环绕地球的轨道时形成的，漫长岁月中刮到月球上的太阳风也在继续制造这种物质。科学家需要花费数十亿美元，才能在欧洲粒子物理研究所的加速器中制造出微量的氦-3。而从月球上获取这种物质——也就是从尘埃中"开采"它们——费用就不是高得那么不可思议了，而且也在我们的能力范围内。通过加热熔化，氦-3将来可满足地球的所有能源需求，安全而又清洁。它可将指定用于种植生物燃料的土地用于生产食品。虽然这一设想听起来遥不可及，但有一天氦-3却能够挽救人类。

2003年2月，当美英联军入侵伊拉克变得无法避免时，我决定自己决不能袖手旁观。我必须采取行动制止入侵。可悲的是，在我能够有所作为之前，美军已经开始轰炸伊拉克了。但它促使我考虑召集一群"全球长者"，希望他们的呼吁、智慧以及谈判能力能够在将来避免这种冲突。

与此同时，我的好朋友彼得·加布里埃尔也在其位于巴斯附近的家中产生了一个精彩的想法：技术已经促使人们形成一个庞大的地球村——但却无人领导这个村子并将技术当作一种有益的强大力量来使用。当今的许多领袖人物在自己的位置上都没有为人类做正确的事情，恰恰相反，他们大多数忙于处理与政治、军事、经济或宗教力量有联系的其他类型的议事日程。2003年11月，当我们在南非帮助曼德拉推出他的46664运动时，我们的想法汇聚成一次动人的旅行。从那以后，我们便在一些杰出人物的帮助下，踏上一次让人深感满足的旅程，构筑一个召集"全球长者"的梦想。我们相信，这些表现出道德正义感和领导力的人可提供大量的智慧。这是那种在历史上由部落或村庄长者代代相传的智慧。古老的直觉智慧正是我们这个疯狂的高科技地球村需要的东西。当曼德拉及其夫人格拉萨·马谢尔同意担任创立这个组织的长者，而图图主教[1]同意担任其主席时，我们知道自己已经拥有一个特殊机构的核心。

2006年7月，我们在内克岛上举行了一次聚会，参加者都是来自技术、慈善、商业、科技、艺术以及其他众多领域的顶级领袖人物，他们全都聚集起来，讨论"全球长者"的理念，并将它推进到下一个阶段。

彼得和我从"全球长者"这一想法的来源说起，开启了聚会的第一天。彼得说："我认为它建立在非洲部落的基础上，他们仰仗村子里的长者。但现在我们已经远远超越那样的小村庄，现在有谷歌和维基百科以及其他种种纽带，将人们联系起来。"

我点头称道："长期以来，一直都有单个的长者在发挥自己的作用。这些仁慈的长者敢于仗义执言。我们的想法是，如果全世界大多数可敬的人作为一个群体共同工作，那么他们的影响力就更大了。我们将拥有十二位而非一位长者的力量。"

这两个不可思议的星期充满了各种不可思议的想法和争论，但大多数想法证明这个世界需要一个这样的群体。有图图大主教和卡

1　图图主教（Desmond Mpilo Tutu，1931— ）：1984年诺贝尔和平奖得主，南非第一位黑人主教。

特总统的参与，这次聚会是一场最奇妙的经历。他们俩都为"全球长者"概念补充了如此深刻的见解，而图图大主教当然也为活动增添了几分顽皮的幽默感。我永远不会忘记其中的一些奇妙的时刻，例如彼得在大厅的三角钢琴上演奏《比科》，而图图和他漂亮的夫人莉亚伴着音乐翩翩起舞的情景。又例如彼得穿着一件飘逸的白色长衬衣，教图图在大海里游泳。图图似乎很享受这种活动，因为他跟彼得和我在游泳池里花了一些时间练习。

"我家里有个游泳池，我没用过。我的妻子和孩子们在用，等我学会游泳，就能加入他们了。"他说着，开怀大笑。

让我们深感荣幸的是，一些"草根长者"也加入我们，就"全球长者"能够发挥的作用发表自己的看法。来自医疗行动小组的扎齐·阿赫玛特热切地希望确保所有艾滋病病毒检测结果为阳性的人都能获得抗逆转录病毒药物，他的热情激发了我们所有人。他的的确确是献出自己的一生，为他人的生命而奋斗，除非每个人都获得这种药物，否则他自己就拒绝接受治疗。但愿"全球长者"能为推广扎齐和塔蒂等人的观点发挥作用，这些人做了很多影响深远的工作，需要全世界倾听他们的故事，帮助他们扩展他们的努力。在会议上，每个人都畅所欲言，提出明智而有力的观点和看法。

琼·奥尔汪在对曼德拉的评论中拉开一次会议的帷幕："这是一个了不起的历史时刻。曼德拉拥有真正的道德勇气。他在私下里和公开场合都言辞一致。他关注各种最有利于人类的事情，表现出自己的领导力——不仅通过行动，也通过他的悲悯之心。"

她将话筒转交给图图大主教。他艰难地从一个低矮的座位上站起来，开玩笑说："等你到了我这把年纪，就会遇到这种事。你得跟自己的身体商量一下，说，身体，我们现在要站起来了，你还行吧？"

我揉了揉他的肩膀——不过玩笑归玩笑，图图说的话全都非常感人。"我很高兴自己不是上帝，此时上帝肯定在哭泣。上帝无所不能，但似乎有些虚弱。我们不明白为什么他不摧毁那些作恶多端的人。但这个世界上也有挺身而出做好事的人——他们推翻了南非的种族隔离制度。有时，就像在雨中闪烁的阳光，上帝注视着人间，露出微笑。今天，他望着这个岛屿微笑。我坚信这是一个道义世界。尽管表面上恰恰相反，往往是邪恶肆无忌惮更加明显。但善终将获胜。怜悯与关爱将最终传遍世界。"

我们讨论的一个重要问题是"全球长者"能发挥什么作用，同时又不会重复联合国的角色或世界卫生组织（WHO）的重要工作。我抛砖引玉地说道："我们已经讨论过，'长者'将覆盖联合国和各国政府尚未涉及的领域。"

显然，吉米·卡特在这方面拥有丰富的个人经历，他曾在联合国以及他自己的基金会卡特中心工作。他说，困扰联合国的一个问题是否决权，让一些决议获得通过，幕后有很多讨价还价的交易。"在联合国，你无法绕过否决权，如果'全球长者'绕过这一点，就会切实可行。现在，对于那些有冲突的决议，人们根本就毫无办法。为了促进和平进程，为了向你提供专家，可求助于各种组织，如哈佛大学、卡特中心，但你不能求助于联合国，因为你知道美国将站在一边投否决票，或俄罗斯等国站在另一边投否决票。因此，'全球长者'作为一个和平基金会或不管什么机构，人们对它的第一个反应就会问道：我为什么要求助于'长者'来阻止这场战争？如果我们拥有完美的联合国，我们就不需要它。但联合国不能解决和平问题，不能去减轻人们的痛苦，也不会涉及违反人权或压迫妇女等方面。你没法让联合国讨论压迫妇女的问题，因为许多伊斯兰国家会反对，基督徒也会反对。但这些却是'长者'能够放手处理的问题，居然没人做过这方面的工作，真是该死。我打赌，科菲·安南会对所有这一切大叫'阿门'。卡特中心致力于创建一个人权高级委员会，联合国可不想要这种机构。我们正在讨论成立一个组织，替代联合国，并能避开一家拥有200个成员国的机构所固有的那些束缚。"

这是一通令人心情沉重的话。我们在这次会议上一致通过，"全球长者"应该致力于增强女性的权利，并从一个超越组织的角度做这项工作。

"但不要有权力，"吉米说，"这一点很重要。只需道德权威就够了。"

至于世卫组织的工作，我们认为"全球长者"需要更广阔的议事日程，来调查一些具有争议性的问题，例如艾滋病、帮助所有人获得洁净饮水——在发展中国家和地区，有80%的人口无法获得洁净的饮水——以及疾病问题。比如，虽然"全球长者"支持消除疟疾，但只有世卫组织有权使用"消除"一词。

吉米说："'长者'可尝试提高贫困地区的生活质量。如果他们不想创造什么，也能帮助构筑某些东西。通过消除疾病来减轻痛苦就是其中之一。"

会议期间，每天都是如此——充满了扎扎实实的争论，每次都将这一概念和我们的梦想向前推进一点点。彼得说："世界是一面活生生的镜子。宇航员在太空中说，你把地球看作一个能够握在手里的东西，一个蓝色的小球。光线从它上面反射出去，把一切都映照出来。我4岁的儿子给我讲了一个故事。他说，当人们受到触摸时，就会变得神采奕奕；反之就会变得暗淡无光。因此，我们应该接触每一个人。他们不是一些数字和统计数据，而是真实的人。"听他说出这一席话，我们全都明白他想表达的含义。

一个观点似乎会激发更多观点，就仿佛我们一直将这些希望埋藏于内心，等待爆发出来似的。就在吉米·卡特离开之前，他又转过身来，说出了自己最后一刻的想法："'全球长者'能够成为世界的良心，他们会成为通往这个世界的向导，一个为了提出和平与公正理想而重新组织起来的实体。这是一种激励人心、令人兴奋、不可预料且令人满意的经历。"然后他挥挥手，露出自己特有的可掬笑容，登上舷梯和那架直升机，和他的夫人一起离开了。

回到大厅，我问图图是否想喝杯茶。"不，我不是英国人。"他眯着眼睛回答道。

"哦，你会喜欢彼得的茶的。他比我有更多的闲暇时间好好泡茶。"我开玩笑说。

一个月后，我们跟格拉萨和曼德拉在他们的住所见面，让他们挑选首届"全球长者"的成员。他们的孙子、孙女们在我们周围乱跑，在这次美好的会面结束后，琼和我离开他们，感觉"全球长者"将最终变成现实。我们来到乌卢萨巴，在邀请函上签名，并举行了一次愉快的庆祝会。我的父母也在那里，跟我们分享这个特殊的时刻，让它显得更加动人。彼得和我怀抱多年的梦想蓄势待发，终于即将实现。

2007 # 18

疯狂冒险，疯狂成功

2007年2月的那天早上，西半球大部分地区寒冷刺骨，天气预报说有雪，还有大风和冰暴。与此同时，我妈妈却在内克岛清澈如水晶的珊瑚礁之间享受清晨的游泳——虽然她已经80多岁，但年龄丝毫也不妨碍她做任何事情——而我则凝视着西北方，那里有一个我看不见的岛屿，我刚花1000万英镑把它买下来，与1976年购买内克岛所花的18万英镑相比，差距很大。新的挑战让我忙得团团转，我脑子里充满了各种计划。

你或许会认为，不管对谁而言，一个天堂岛就已足够了，你想得对。不过，我买下这第二个如宝石一般的原始岛屿是为了防止它受到过度开发的破坏。莫斯基托岛得名于曾经生活于此的莫斯基托印第安原住民，当沃尔特·罗利爵士到达此地，根据伊丽莎白女王的名字命名该岛时，他们还住在这里。岛上有一个略显破旧的码头和若干小型建筑，看起来似乎一阵微风就能把它们吹倒——但尽管如此，这个岛屿从鸿蒙之初起差不多就没人碰过。这是一个美丽的地方，我想尽可能以最少的工作将它变成舒舒服服的宜居之所。一个岛屿是世界的完美缩影——这里说不定会成为应对全球变暖的乌托邦式典范。出于这个目的，我邀请加州大学伯克利分校的一位教授丹・卡门以及哈佛大学的肯・考来做一次研究，并提出各种建议，将莫斯基托岛变成加勒比海上最环保的岛屿。

我在30多年前买下内克岛，当时我才28岁。我想要一个荒无人烟的岛屿作为隐居之所，让我的朋友们可以赤脚四处游逛。结果，内克岛一直未受破坏，如同一个伊甸园，是亲朋好友们来跟我们分享宁静与私密的地方。我已经要求内克岛上的人们使用环保材料，如耐用的灯泡和有机清洁剂。我们还种植了一个有机菜园，发电机使用生物燃料，还使用风能和太阳能。附带的好处是我们已经证明这些自然的方法比传统燃料更便宜。而莫斯基托岛还是一个干净的白板，在那里我可以做更多的事情。

当我作为新主人第一次漫步在莫斯基托岛上时，我感到兴奋不已。我认为人不可能忘记身处荒岛的感觉。这里有众多美丽的鸟儿和一簇簇繁花盛开的树木，一小片加勒比海雨林，一座座比内克岛略高的小山，从上面可看到壮丽的风景，还有一些令人心悸的悬崖峭壁。我找到一个因淤塞形成的巨大咸水湖，我们做的第一件事情就是给它注满水，吸引鸟儿和鱼儿到这里来。我决定我们将全部使用环保的可再生材料，朝着岛屿迎风面的通风口将提供免费的"空调"。

在生态实验中生活将是一个挑战。如果你到处宣扬说，为了这个世界能幸存下来，你必须大大改变自己的生活方式，那么身体力行就会更有说服力。莫斯基托岛将成为英属维尔京群岛主要官员们的模范；此后，它还将成为整个加勒比海——甚至全世界——的典范。不过，有人建议我应该改掉它的名字。

有时，想到我们前往世界各地时琼打点行李的次数，我就感觉很糟，有一次我忍不住问道："总是打点行李，你不觉得烦吗？"

"哦，没什么，"她一边叠好又一件毛线衫，一边平淡地说，"我知道怎么做才恰当。我年轻时曾经在格拉斯哥的一家当铺里工作。当顾客周一来典当物品时，我会把所有东西都打开；而当他们周五来赎回自己的东西时，我又得把它们全部包好。"

我笑了。自从她在看门人公寓里长大，又在格拉斯哥的当铺工作之后，她的生活发生了多么大的变化啊！但她那种把我们的旅行跟当铺的工作相比较的平淡方式，以及她对待生活的直接态度，正是她让我心生爱慕的原因之一。就在我签名进入比尔·克林顿的全球行动计划后不久，有一天，我正坐在床头看电视新闻中有关全球变暖的紧迫性的讨论，这时琼就在我身后，把东西整理好，装进床上打开的又一个行李箱里。

"詹姆斯·洛夫洛克认为，我们可能已经越过了临界点，空气中的二氧化碳含量意味着人类注定要完蛋。"我对她说。

"人造成了这个问题，人也应该解决这个问题。必须有人想出解决办法，有那么多头脑聪明的人呢。"琼说，仿佛这是非常显而易见的事情。我转身注视着她。她说得对。如果你将科学和工业发展的历史追溯到16世纪，那么，在过去的400年中，大多数伟大的发明是重奖的结果。我喜欢阅读达瓦·索贝尔的书《经度》，它讲述了人类进入现代社会以来的第一个工业奖。18世纪初，英国政府提供了一笔2万英镑的奖金，给任何能够制造出精确的便携仪表的人，以便海上的水手能够在世界上任何地方说出他们所处的经度。航海家一直依赖太阳和星星的位置，在海图上绘出其航行路线，但

471

在阴天或多云的天气，他们往往会偏离航线好几英里，迷失方向，甚至发生船只失事。当时的地图很不准确，一艘船能抵达目的地往往是误打误撞。对于殖民地遍布全球的英国来说，安全可靠的精确航海方法具有很大的价值。最终赢得大奖的是一位钟表匠，名叫约翰·哈里森——但如果没有这么大一笔奖金，他很可能不会花半辈子的时间用来解决这个问题。几乎所有现代工业发展都主要通过奖励实现。第一批汽车——以及飞机，这一点颇为讽刺——都是在奖金的刺激下研发出来的。

有时这样的奖金由政府（如经度大奖）或个人（如多年前我参与赢取的蓝带奖）提供。在18世纪和19世纪，这些奖金都刺激了科学的发展。当然，在20世纪30年代，"喷火"战斗机也是在奖金的激发下设计出来的。第二次世界大战后，政府采用这种方法，向提出解决方案的科学家付钱；由个人提供的奖金降低到微不足道的程度。

维珍自身就是"X奖"的受益者，设立该奖的目的是推动收费合理的私人太空旅行。伯特·卢坦和保罗·艾伦因研发出一种名叫"太空船一号"的飞船原型，成功赢得1000万美元的奖金。正是那个奖项直接导致我们投入资金，跟伯特一起研发太空船二号——并最终促成维珍银河公司的建立。

如果因为地球空气中的二氧化碳和甲烷数量太多，致使我们越过了临界点，那么或许我们能够挑战科学家和那些聪慧的头脑，激发他们想出提取这些物质的方法。

我拿起电话，试探一群人对此的看法，确保我没有发疯。我打电话给威尔，他对科学非常了解，现在正为我们管理维珍银河公司；我打电话给乔希·贝利斯，他是我们的内部律师；最后，我还打电话给赛·韦斯，他是维珍燃料公司的首席执行官。我向他们一一征求意见。他们全都对此表示谨慎的乐观。他们一致认为这听起来可行，但我或许应该咨询一位科学家。于是，我就问了詹姆斯·洛夫洛克、气候组织的史蒂夫·霍华德以及蒂姆·弗兰纳里。他们告诉我，在世界各地，已经就捕捉二氧化碳做了一些工作，还说通过一项大奖刺激这方面的研究将大有裨益。于是，琼那句随口说出的话变成了一笔2500万美元的奖金，奖给能够真正找到办法从空气中提取二氧化碳的人。首先，这不能跟停止向空气中排放二氧化碳混淆。我们的奖是为从空气中提取已经存在的二氧化碳设立的，这还包括甲烷和一般的温室气体。

我们并不打算为这个问题寻求农业解决方案，因为科学家们已经了解了那些方法，知道它们都有局限性。我说的农业解决方案也意味着使用海水，例如在大海中播种海藻，尽管这是一个非常有趣的领域，在新西兰和巴西附近的南太平洋-南大西洋已经有很多这方面的实验。海藻能够捕捉二氧化碳，在被用完之后，海藻可沉入海底，从理论上说不会构成危害。问题在于，这种事情总是在无意中带来意想不到的后果，现在还不知道大面积的海藻对鱼类数量会产生什么影响。

人们已经开始种植更多树木，而且我们还将继续这种做法。我们已经建议在欧洲使用"空闲的土地"种树。我们也在讨论保持亚马孙雨林以及非洲和亚洲雨林的生物多样性——尽管在我写下这些文字时，在接下来的24小时中，砍伐森林将导致空气中二氧化碳增加，相当于8万人从伦敦飞往纽约的碳排放量。通过播撒碘化银进行人工降雨也是改变气候的老办法之一，这也不在我们的考虑范围内，因为它并不新颖。我们打算寻找的是利用自然力量或其他东西从空气中真正提取二氧化碳的过程——这必须是以前从未有人想到的绝对创新。现在，我可以向你们保证，如果有读者明天一早给我邮寄橡果，那是不会赢得奖金的。

我们提出的气候奖似乎跟我们一直在做的项目绝妙地联系起来，包括以前的盖亚理论、克林顿的行动计划和维珍燃料公司，然后又可在未来将气候奖跟维珍银河公司联系起来。在我收集了所有信息、确保它具有合理性并安排了一个信托基金来让奖金本身到位之后，我就给阿尔·戈尔打了个电话，问他是否愿意跟我一起推出这个奖项。

"乐意效劳，理查德。"他毫不犹豫地说道。

在我跟琼的那番对话之后仅仅6个星期，在2007年2月9日，阿尔·戈尔和我就在我的伦敦花园召开了一次记者招待会，宣布奖金数额为2500万美元的"维珍地球挑战奖"新鲜出炉，其目标是在对抗气候变化领域内鼓励各种创新。阿尔·戈尔对聚集于此的媒体说："我们面临的是一场地球危机。因此，现在考虑一些在其他情况下你决不会考虑的事情是明智之举。"

当摄影机拍摄我们将一个涂成蓝色"地球"——这是从太空中看到的它的模样——的沙滩球抛入空中时，我说道："任何人，如果能在3年内提出最具创意的方法，从空气中提取有害的温室气体，那就能获得这个奖项。地球没法再等待60年。今天，我们需要每个能够发现答案的人投入进来。"我也想到了，尽管为空气中的二氧化碳找到解决方案就跟找到治愈癌症的方法一样困难，但如果真能有所成就，我们就能在享受生活的同时，不用为没有随手关灯或者在为我们的炉火添加煤炭时感到内疚了。

我很高兴很多科学家赞同我们的做法。正如气象学家兼美国航空航天局位于纽约的戈达德太空研究所主任蒂姆·汉森所言："寻找直接应对气候问题的方式比降低导致问题的污染更有经济意义。"

"维珍地球挑战奖"的评判者由一位美国航空航天局的科学家和几位来自世界各地的超一流环境研究学者组成，包括詹姆斯·洛夫洛克、克里斯平·蒂克尔爵士和蒂姆·弗兰纳里，弗兰纳里告诉我，该奖的潜力让他感到非常兴奋。差不多这个奖项刚一宣布，就有人提交申请了——单是第一个月就有5000人！由于申请者众多，我们便邀请一个来自英国剑桥大学的团队指定一些人全职参与筛选和分析工作，看能否从中找到真正具有突破性的研究。我们都一致认为，如果第一批申请者碰上好运，那就太棒了。我们相信自己会收到一些疯狂的点子——但不管它们是很有希望还是微不足道，获奖者都只有一个。

与此同时，美国政府因为在这个问题上毫无作为，而在助纣为虐地伤害我们这个美丽的世界。"他们继续那种奇怪的悖论，毅然决然地犹豫不决，下定决心要优柔寡断，毫不动摇地放任自流，坚定不移地变化不定，威力强大地软弱无能。"温斯顿·丘吉尔在评论张伯伦政府时这样说过，而后者则不相信20世纪30年代会真的出现又一次威胁。"拖延不决的时代即将结束。取而代之，我们将进入一个举足轻重的时期。"丘吉尔总结道。

3周后，我正和家人在瑞士享受一个宁静的假期。白天——即2007年2月23日——出去滑雪，那天深夜11点，我们正在采尔马特那个可爱的小电影院放松，观看一部带字幕的法国电影。这家电影院有沙发，观众可以在矮桌上边吃晚餐边看电影。白天在滑雪道上玩累了之后，这里是个很舒服的地方，我感觉睡眼蒙眬。手机静音了，但我感觉到它在口袋里震动，发出轻微的"噗噗"声。在"噗噗"地响了八九下后，它停了下来，我继续看电影。

在我进入客运业、拥有航空公司的第一年，如果我在半夜三更接到电话，我总会忧心忡忡。但现在，我意识到飞机和火车都是那么安全——因此那天晚上，当深夜接到一个电话时，我感觉自己没理由担忧。但这个电话在我脑海里引起了一点忧虑，最终我决定离开电影院，到外面查看我的语音邮件。

当我得知一列维珍火车卷入了坎布里亚郡——这是位于英格兰西北部的一个偏远山区——荒野里的一次事故时，我顿时惊慌起来。我回到电影院，告诉琼和孩子们这个消息，然后匆匆返回酒店，在那里，我能四处打电话，安排各项事宜。

我首先试图联系的人是威尔·怀特霍恩，他也是维珍火车公司的一名董事，但他的电话却不断转向语音邮件。最终，我找到我的紧急情况电话号码单，打通了威尔的夫人卢在东威塞克斯的电话。我能够听到背景音中的聊天声和笑声。

"今天是威尔的生日，我们刚在一个朋友家里吃过晚餐。"卢说，然后将电话交给威尔。

威尔没带电话，这还是20年来头一次。当他们驾车驶出大门时，他想起自己落下了电话，但他的夫人以一种令人难忘的事后聪明说道："别担心——今晚不会发生什么事的。"不过，威尔知道，如果我不惮其烦地找到卢的电话，那就肯定是出了什么事。他立刻警觉起来。

我简单地解释说，下午5时15分，从伦敦尤斯顿车站开往格拉斯哥的列车发生了一起事故。在当时这个阶段，还不知道损害有多严重或有多少人受伤。我得知那列火车掉进了一个溪谷，救援者很难到达那里。我说我会尽快回到英国，但那时所有的机场都已关闭。第一架从苏黎世飞往希思罗的飞机大约在英国时间早上5点起飞。

"我看看能否在这里找到更多信息。"威尔说。他给我提出建议，如果这是一次重大事故——看起来似乎是这样——那我们就没法从希思罗搭乘火车北上，前往事故现场附近。最终，事实证明飞往曼彻斯特更容易一些，他就在那里跟我碰头。

我从采尔马特乘坐一辆出租车，顺着山路行驶5个小时，前往苏黎世，并设法登上一架直飞曼彻斯特的航班。在那个漫长的夜晚，我有足够多的时间考虑事情。我知道火车事故会造成多么大的伤亡。即便是发生在平坦的轨道上，往往也会导致死亡，还会导致数十人严重残疾和受伤。

到2005年，维珍火车公司已经走出铁路线路公司破产和铁路网公司形成的危机时期。公司做得很艰苦，但事情还算顺利，我们的火车也实现了自己的承诺。我们的摆式列车设计独特，这是让我感到骄傲的事情之一。我们已经跟制造商阿尔斯通公司讨论过我们的期望，描绘了我们想要的效果轮廓。我们坚持要求设计出一种有史以来最环保的火车——从使用情况看，也确实如此。尽管这些摆式列车使用的电能来自英国国家电网，其碳效率却跟使用核电的法国高铁（TGV，超级快速列车）一样。在英国，我们采用更复杂的石油、煤气、风能与核电混合动力，但由于我们的摆式列车比法国高铁效率更高，并有反馈式刹车系统——就跟丰田普锐斯轿车相同——并拥有航空器类型的铝质车体，比乘坐曼彻斯特飞往格拉斯哥的飞机的碳排放要少78%。

我们设计的这种列车还有一个特点，那就是安全。当我们要求阿尔斯通建造它们并描述其详细规格时，我们说希望他们调查全世界在安全性方面的所有成功发明，将它们融入这种新列车。他们要做的是以前从未有人尝试和测试，也未在世界其余地区应用过的东西。我对时任阿尔斯通总经理的托尼·柯林斯说："我希望你们在这种列车的设计中综合铁路业内所有最好的发明。我们想要一种在全速前进时能够在事故中幸存的列车，不管事故原因是什么，而且还要让乘客能步行离开它。"

这是非常苛刻的要求，但我认为它并非无法达到。乘客有资格知道，为了确保他们的安全，一切能做的都做了。结果，这种列车在各种层次上都独具创意。各节车厢之间的连接设计、车厢本身的设计、所有内部装置的设计、窗户的设计——如果发生事故，窗户不会破碎敞开，夺去乘客的生命，乘客也不会像在1988年的克拉彭灾难中那样被甩出车厢。这种列车有一份很长的规格说明。

在涉及旧式列车的很多事故中，还有另一种也经常出现的现象，由于转向盘——它将车轮跟列车底部连接——以及各节车厢之间的连接装置的设计，在发生事故时，一节车厢会碾压另一节，将前面的车厢压扁。同样，由于旧式的设计在底盘上安放车体，一节车厢就会压到另一节上面，杀死困在车厢里的人——这样的事情在克拉彭灾难中也发生过。因此，我们决定建造出特别坚固的车厢，尽管这会导致列车更重，费用也更昂贵。反过来，为了减轻车体重量，我们定制了一种叫作"单体车厢"的构造，也就是说，每节车厢都是全铝车体，跟车里的人构成整体。事实上，乘客都拥有自己的生命维持系统，小到照明设备，都被设计得体贴入微，发生事故也不会熄灭，还能利用自动电池亮3个小时。我知道我们已经竭尽全力确保列车安全。尽管如此，在从坎布里亚事故前线得知一点小小的信息之后，我仍然忧心忡忡。

当我飞往曼彻斯特时，威尔也驾车前往希思罗。机场空荡荡的，因此他在英国米德兰公司的登机台前小憩了一会儿，直到登机服务人员将他叫醒，送上飞往曼彻斯特的头班飞机。当我到达曼彻斯特时，威尔和托尼·柯林斯——他就是在阿尔斯通制造摆式列车的人，现在负责经营维珍火车公司——到机场接我。我们没有说多少话，钻进一辆租来的汽车后，我们做的第一件事情就是打开收音机，听早间新闻。BBC有一个现场评论节目，因此我们能够在新闻事件发生时了解任何新情况。他们不知道有多少人丧生，不过，已经有来自现场的警察报告，说列车几乎毫发无损，因此幸存者应该很多，这让我们松了一口气。

我转身对托尼说："嗯，托尼，你造了一列很不错的列车。"

我们坐在那里，又听了5分钟的广播，但仍然没有多少信息。我对威尔说："我们该先到火车上看看，还是先去医院？"

"我们应该先去医院，"威尔回答说，"我不知道我们会在那里发现什么。我们已经提前打过电话，他们正等着你。他们已经把受伤者送进两家医院。"

在那个寒冷而潮湿的2月的清晨，那是一次漫长的旅行。跟我昨天离开的光彩夺目的瑞士阿尔卑斯山相比，英格兰显得阴沉而无情。我喜欢反省自己。作为这家公司的董事长，我应该起表率作用，到事故现场去，跟急救人员交谈，跟乘客们交谈，就像对待自己遭遇灾难的家人那样对待他们。我觉得这很重要。我知道自己必须去医院，但又害怕看到人们受伤严重。他们使用了两家医院，这个事实预示着不祥之兆。

让两家医院的工作人员及挂号员震惊的是，当他们听说了这次事故及其发生环境时，当前去接运伤员的直升机拍摄的事故现场照片传回来时，他们立刻准备好面对超过100名死者；来自现场的第一批报告说伤亡者有七八十人；结果，其中只有25个来到医院。等我们一大早赶到医院时，这里只剩下11个受伤严重但还没有威胁到生命的伤员，其中很多都是因火车掉下路基时的甩鞭效应而受伤。火车司机伊恩·布莱克以前是格拉斯哥的警察，他受伤最严重，脖子断了。虽然机车驾驶室本身完整无缺，但把他从里面转移出来就花了两个小时。另外两名受重伤的乘客是一位80多岁的老太太和她的孩子，而老太太自己在被送到医院后，因心脏病发作去世了。

我记得我们去探望的第一家医院——兰开夏郡的皇家普雷斯顿医院——的挂号员说的话："简直令人难以置信。跟我们处理火车车祸的经历相比，这里的现实简直就是奇迹。"

随着那天早上的时光逐渐流逝，"奇迹"是我们经常听到的一个词语。我们探望了重症监护室，但却无法跟司机说话，因为他昏迷不醒，正准备动手术。不过我们见到了外科医生，他说他认为司机不会有事。我们正准备离开那家医院，来自《世界新闻报》的一名记者上来搭话。我跟他们说了几句话，然后就到皇家兰开夏医院探望。我们发现，这里的大多数伤员已出院。我再次帮了一点忙。然后，我们就赶快前往事故现场。现场周围的小路和田地都被洪水淹没了，坐汽车无法到达那里。警察已经封锁了那里的通道，他们询问我的身份，表现出几分官僚主义。我告诉他们我是谁，但他们仍然不许我进去，直到通过无线电跟前方联系，确信我去看看自己的火车也没什么关系后才放行。在警察的护送下，我们朝着穿越田野的铁路线步行了大约一英里，我们能够看到那里正在冒烟，这让我立刻想到克拉彭灾难中可怕的爆燃。

当你不知道会有什么等着自己——当你不知道有多少人伤亡、自己的火车司机能否活下来或者你的员工是否已经采取措施——当你抵达现场，看到火车就像丁克玩具车一样横七竖八地躺在那里，这时就会产生一种不现实的感觉。太可怕了，不过，它们居然能如此出色地经受住了事故的考验，太棒了。这难免让你猝不及防。你想到了公关界以及诸如此类的事情，想到人们可能已经写好什么样的声明，但看起来却如此克制。但根据我的经历，你永远无法为我们就要看到的情况做好准备。避免"决不道歉"的行规，来到事故现场，向人们道歉，保证并明确表示我们将承担应负的责任、找出事故原因，这一点非常重要。这似乎才是处理这种局面的合理而人道的方式。不过，律师和保险界人士当然会建议人们不要这么做。

我们非常了解铁路事故的历史，因为我们研究过它们。其中最重要的问题之一是拙劣的交流方式，它只会把事情搞砸，对家人和朋友来说尤其如此。因此，在我们为潜在的事故制定处理方案时，我们试图创造的模式之一便是从一开始就进行迅速、有效而真诚的交流。当我们到达现场时，在场的人士几乎没有什么交流——只有警察除外，他们那天早上已经在现场举行过新闻发布会。他们说，他们怀疑事故是道岔上的铁轨故障导致的，火车不是他们调查的核心。这让我们如释重负，但对于已经赶到那里的铁路网公司主管来说就不是这样了。他是个很不错的人，名叫约翰·阿米特，后来负责管理英国奥运会的基础设施。铁路网公司的运营和客户服务部主任罗宾·吉斯比跟约翰在一起，他向我们解释说事故原因很可能是节点故障。9节车厢从路基上滚落，但它们大多数没有歪倒——显然是在以每小时95英里的速度飞驰时被抛入了空中——大多数看起来没有损坏。约翰和罗宾带我们去查看发生事故的地方，列车肯定是在顺着石头碎屑滑行了一段距离后脱轨的。

约翰望着我，简单地说了一句："抱歉。"我知道他心里的感受，知道他一定有很大的压力。

该向聚集在周围的媒体发表声明了，他们被警察驱赶到路基下面安全的地方。我总是为滑稽的电影哈哈大笑，为悲伤的电影落泪，我的孩子们总会给我带一盒纸巾。妈妈一直告诫我，在公开发表意见时，不要想着自己，而要想着听你说话的人。谢天谢地，当我面对媒体时，我没被自己的情感压倒。显然，如果我们对导致事故的原因负有责任，情况会更难以应付。然而，这仍然是一个令人神伤的时刻，因为一名记者说起距离此处几秒钟车程的地方就有一架100英尺高的铁路桥，火车能在几秒钟之内及时停车纯粹是因为运气好。

到这个阶段，我仍然不是很清楚到底发生了什么，但我称赞了那位坚守岗位的司机，他设法减缓了火车速度，尽可能地控制住了火车："这是一个非常悲伤的日子，因为有一个生命逝去，还有其他人受伤。急救服务、警察和英国皇家空军处理事故的行动都做得很好。这趟火车的司机伊恩·布莱克值得赞赏。他绕过一个拐角，在列车开始脱轨前发现了线路故障。当火车在石头上往前冲出近半英里时，他坚持待在驾驶台里。他本来可以退缩，保护自己，但他没有这么做，结果遭受了重伤。他无疑是一位英雄。在我们有时间冷静地考虑这个问题时，我们必须看看他能否获得这样的认可。"

　　我继续说道："火车本身极其坚固——坚固得就跟坦克差不多。我想，如果遭遇这次事故的是任何一种老式列车，伤亡人数将非常恐怖。我们的每节车厢都像是带滚杠的赛车，没有一节车厢被压坏，连窗户都没破几块。我们每个人都必须从这次事故中吸取教训，网络铁路公司将不得不考虑这次的轨道问题，确保不会再次发生这样的事情。"

　　有人问我为什么要亲自来到事故现场，我回答说："你知道，我不是作为这家公司的老板来到这里的。我来到这里，因为我是一个人，如果我的孩子们在那趟列车里，我也会希望这家火车公司的所有者来这里了解情况，到医院对自己的亲人表示同情。我想人们也希望我这么做。你们一直在问我，这次事故是谁的过错。目前我们还不知道答案，不过，有一点很清楚，这是某种形式的轨道故障造成的，火车并非调查的核心。等时机成熟的时候，我们就会找出具体原因。我们今天要带走的东西只有一样，那就是为了将来吃一堑长一智，确保这样的事情不会再次发生。"

在跟媒体交谈后，我又去看望所有仍留在现场的急救人员。直升机和救护车都已离去，经过一晚的紧急行动后，剩余的人员都在休息，准备对列车做一些法医调查工作。英国交警总警司马丁·里普利说，法医专家、工程师、犯罪现场组警员和事故调查员都在现场工作。"居然没有更多死亡者，我们所有参与调查的人当时就感到惊奇。我们实在是非常非常幸运。"这种观点得到坎布里亚郡警察局警司乔恩·拉什的支持，他说："这是一个毁灭性的场面，而伤亡人数那么少，我们感到非常吃惊。"

度过了一早上的惊疑不定之后，发现局势比我们最初想象的好得多——尽管我明白有一个可怜的老太太去世，还有其他人受伤——这让我感觉如释重负。当我们步行离开事故现场时，托尼说："理查德，你或许不记得了，当初你跟我们火车制造商第一次会面时，你就说过：'我想建造世界上最安全的列车。'"

接下来，我们来到铁路旁的那家农场，感谢农场主杰夫·伯罗斯提供的帮助，发生火车事故的那片土地就是他的。他曾经为乘客提供三明治和茶，并协助救援工作，用自己的拖拉机将轿车和救护车拖出泥泞的土地。最后，我们回到皇家兰开夏医院，去见那位去世的老太太玛格丽特·曼森的家人。他们希望在太平间跟我会面。尽管这对我来说有些困难，但对他们来说情况显然更糟，我知道，在那样的环境下，尽可能去那里见他们、跟他们谈一谈是正确的。他们从未要求我做出解释。我们一起度过了那个悲痛的时刻。

显然，作为一家公司，我们后来分析了每件事情是如何处理的、我们该从这次事故中学到什么教训。对于维珍团队处理各项事务的方式，我真诚地感到无比自豪。很久以前，我们就安排好了突发事件处理预案，事故一发生，它们就顺利地运转起来。由于从伦敦到格拉斯哥的整个铁路线都必须关闭，大概有两三万乘客被困在铁路上。我们雇用了英国所有空闲的出租车，到那天凌晨1点钟，每一个乘客都乘坐出租车回到了家中。我们在医院和事故现场安排了照顾病人和老人的护理人员。维珍工作人员向伤员及其家人给予了一对一的咨询——当我写下这些文字时，这项工作仍在继续。处理灾祸的方式十分重要，而我们的员工做得非常好。那名火车司机一个月后就出院了，我了解到他会完全康复。但愿他能回去继续开火车。

在我分析事故原因时，发生了一件颇具讽刺意味的事。为了获准我们建造自己高规格的摆式列车，我们不得不向政府力争。当媒体翻来覆去地报道这次事故的生存率是"奇迹"时，我想说的是这并非什么奇迹。如果一定要说这是奇迹，那也是周密计划之下创造的奇迹，也就是说，如果你为可能发生的不测做好周密的计划，并毫不妥协地按照解决方案处理潜在的不测事件，那么你就能在任何交通系统中达到前所未有的安全水平。维珍有着令人骄傲的安全纪录——在25年的飞行中，我们从未在一次空难中失去一名乘客。到坎布里亚事故发生时，我们已经拥有10年的火车运营历史，从未失去一名乘客——直到现在。曼森夫人的去世是一个真正的悲剧。滑稽的是，为那些列车展开的每次争论，都发生在我们跟政府之间，跟那些向各个部长提议说我们将列车"过度特殊化"的公务员之间，这让我感到愤怒。结果，他们说这种列车"太重""太昂贵"了。

那列发生事故的火车本身并无过错——但他们坚持认为我们

在车上安装了"不必要"的系统，例如一个自动监控整列火车的系统，它能通过卫星将信号传递到我们位于伯明翰的总部，如果任何摆式列车上出现任何故障，它都能通知总部。在以前发生于铁路业的事故中，人们要等待多年才能找到事故原因，这给受害者家庭带来了巨大的痛苦。跟它们不同，在陷入坎布里亚事故那种境地后，我们能够老老实实地报告说，列车到达那里时车上没有出现故障。相比之下，网络铁路公司监控其轨道和道岔的技术比那些在上面行驶的火车仍落后了几十年。

如果你查看英国的保健与安全法规，就会发现维珍摆式列车系统的安全系数比规定的最低标准高3倍。公务员们所说的"过度特殊化"指的就是这个。这些列车的制造甚至也远远超过了英国现在的安全标准。如今它让政府感到很为难，因为现在新生产的火车仍达不到摆式列车执行的安全标准，对此人们不知道该怎么办才好。

尽管我们的火车使用的轨道不够现代化，但它们维护得不好却没借口可找。不过，看到网络铁路公司的负责人在24小时内就认罚并承担责任，至少这还算不错。

我们处理这次事故的方式成为BBC为新记者准备的范例，据此，他们就知道各公司组织在遇到相同情况时该以什么为标准。他们说，维珍为此类突发事件的管理和处理确立了新标准。事故发生时，BBC的一位主任刚好在火车上，尽管被困在自己那一节车厢中，她却目睹了维珍处理事故的方式——以及事后的各种事件是如何发生的、它们又是如何得到处理的。作为一名目击者，她对我们员工的行为以及随后的各种程序印象深刻。

很少有人知道，在此前的12个月中，我们就是否继续铁路业的经营做出了一些重大决定。现在，摆式列车已经生产出来并开始运营，我们的乘客数量也在迅速上升，还从伦敦到曼彻斯特、利物浦到格拉斯哥等路线的航空公司手中夺得了可观的市场份额，这项业务终于开始盈利了——而且外面还有很多人想从我们手里购买这项业务。但我们不得不决定是否继续在铁路业中支撑下去。早些年，我们曾遭到批评家们的猛烈抨击，直到我们投入大笔资金升级轨道。这给维珍品牌带来一些问题，我们就是否扩大这项业务做过多次讨论。摆式列车交货并投入运营后，我们才确信应该继续营业。有趣的是，到坎布里亚事故发生时，我们已经决定扩大这项业务，开始竞标争取其他路线的特许经营权。2007年，我们试图投标运营东海岸线路，并把它从大东北铁路公司（GNER）——其母公司已经破产——的手中接管过来，但这条线路最终被国家快运公司获得。

我对铁路业很有信心——我真的认为一个崭新的火车运输时代已经降临欧洲。我还会进一步指出，我认为我们即将从环保的角度进入这个阶段，将来把不同城市联系起来的将是高速的高效列车服务而非国内航空公司。这就要求英国和欧洲其他国家在铁路网建设上持续投入。讽刺的是，尽管公众没有意识到，但其实现在英国在铁路上的投资比其他任何欧洲国家都多，在欧洲，我们的铁路是最好的。正如《金融时报》在2007年春的一篇重要社论中指出的那样，一般公众只看到法国的高铁。他们没有意识到，大多数法国通勤列车已经使用了50年以上，而且为往返于巴黎和法国其他主要城市的通勤乘客提供的服务也非常糟糕。英国的铁路或许不是最快的，但它们终于朝着成为最快的铁路网之一发展了。不过，只有不断投资，这股潮流才会变成现实。

对于阅读本书的客运业经理们来说，摆式列车合同的全部价值高达12亿英镑。我们以一种独特的方式签订合同，规定制造商必须负责终生维护和照管列车，这就叫"设计、制造和维护"合同。制造出列车后，他们只能获得一半的钱，另一半将通过在列车使用寿命期间进行安全维护来获得。这么签订合同的动机是——铁路业人士以前从未想到这一点——如果你是一个制造商，生产出火车后只需移交给你的客户就行，那么，按照最高标准建造列车的动力就绝不会很大，但如果你交货后还不得不维护这些列车并因此获得报酬，那么你就会更有动力按照最高标准把它生产出来。显然，在后一种情况中，制造商希望尽可能轻松而高效率地维护列车。这通常也意味着他们会把列车造得更安全。

在总计12亿英镑的费用中，6亿英镑将用于建造列车，而剩余的6亿英镑将用于支付列车的终身维护费用。一列摆式列车的平均成本为11.5亿英镑——有人说这比正常价格高了1.5亿英镑。其中的部分费用花在了反馈式刹车系统上面了。但我们坚持安装反馈式刹车系统，每次刹车，它都把这些列车使用的电力中的17%返还给头顶上的电网。在我们决定这么做时，油价才每桶10美元，交通部里自然有很多人无法理解，既然能源这么便宜，我们为什么要"浪费金钱"。他们未能抓住要点。如果你将不得不经营火车20年，你就不会知道未来的能源价格是多少，因此就必须有先见之明，以防将来能源变得更加昂贵——与当时的潮流相反，我们维珍公司在1999年就认为会出现这种情况。然而即便是在1999年，我越是着眼于能源和石油的未来，我就越关注环境问题，因此也就更加确信我们必须采取行动。那就是我们决定使用反馈式刹车系统的时间。我们花费更多的另一样东西是列车的安全设备。不过，如果从今天的现实考虑，我们其实已经通过降低列车的能源使用量以及对环境的影响，收回了反馈式刹车系统的成本——至于安全性能，单是这次事故就比历史上任何地方任何时速达100英里的火车遭遇的事故导致的悲剧更少，社会成本也更低。遭遇坎布里亚事故的那列火车将恢复服务——这让一些人感到难以置信。但它只有两节车厢受到严重损坏而不得不退出服务，其余的车厢状态都很不错，已经通过所有安全测试。

在环境问题上再说一点，在第二次世界大战期间及以后，用于工业和农业的红色柴油是低税燃料。我不明白，为什么生物燃料无法享受同样的税收优惠，而我们是在帮助降低二氧化碳排放。我去拜访时任财政部部长的戈登·布朗，跟他讨论这些问题。我很高兴地说，他赞成我的观点，在随后的预算中，他让我们获得了我们需要的税收优惠，因此，在2007年6月7日，第一列使用生物燃料的火车维珍航行者号——也就是使用柴油的摆式列车——开始在伦敦到霍丽黑德的线路上运营。这不仅是英国，也是欧洲的第一列生物燃料火车。

附带说一下，对于2月23日至24日的坎布里亚事故，最后的讽刺在于，在事故发生后的那个周一，维珍总公司收到一封公众的投诉信。写信者声称，由于摆式列车窗户比较小，里面又使用了特殊的金属填充物，导致他无法在自己乘坐的列车上使用手机。这一安全特性保护了乘客免受破碎的玻璃伤害，但确实比平常的火车窗户小，也破坏了手机信号的接收。不过，此后我们再没收到其他投诉信。尽管如此，在不久的将来，凭借新的技术，人们在摆式列车上使用手机时信号就不会中断了。

与此同时，我也一直在监督我们在南非的工作，到4月底，我飞到那里，去为我们的新医院举行剪彩仪式。这一切全都产生于唐纳德和戴克，为的是确保我们的员工和社区不再失去任何生命。它为我们敲响了警钟，我下定决心，决不让这种事情再次发生。我前一年见过的两位医生胡戈·坦普曼和布莱恩·布林克也在那里，在我们盛大的开张仪式中帮忙，而身着部落服装的非洲人则在医院外载歌载舞，还有很多当地人围着我们看热闹。胡戈一直为我们制订建筑计划，布莱恩则帮我们筹资。整个建筑不到8个月就拔地而起，其中还包括配备各种设备的时间，而且费用非常低。到医院开张，准备为数千人提供治疗时，它才花费了100万美元。在英国从头兴建一所同样的医院，费用将高达1亿美元，而且要好几年才能建好。我们投入了60万美元，那位英裔美国人投入了40万美元，在随后若干年中，美国政府也将投入500万美元，支付抗逆转录病毒药物和其他药物的费用。这是一家全科医院，有4个妇产科病房，并可为艾滋病病毒感染者以及艾滋病、结核病和疟疾患者的全套治疗提供全天候护理，并提供所有基本的医疗保健服务。

在这种迅速、高效的建筑过程背后，有一个幻想，那就是尽快建好医院并立即开始治疗病患，而不是拖拖拉拉地讨论各种计划和问题。我们只需筹集资金、采取行动即可。我们的想法是尝试用一种比以前更高效、更便捷的方式修建医院，再把这种方法当作典范，将普遍存在的"慈善事业"转变为可持续的商业模式——也就是说，医院将最终实现自我经营，自己支付各种费用。我觉得，帮助人们尽可能自力更生，会给予他们更多希望和信心，能够让他们摆脱贫穷和绝望的循环。我们把胡戈·坦普曼的医疗中心当作蓝图，他在那里帮助那些接受治疗的艾滋病病毒感染者和艾滋病患者在医院周围做点小生意，这样他们就能谋生并获得一定的尊严。利用胡戈的模式，我们统一免费治疗所有艾滋病病毒感染者和艾滋病患者以及疟疾患者和结核病患者，但对于基本的医疗保健服务和人们能够承担的不太紧急的治疗，则收取一定的费用。不过，让人们知道我们不会将患者拒之门外，这一点非常重要。我们的理想目标是以此作为典范，在整个南非以及其他许多真正需要维珍联合基金会的地方，尽可能地把它推广开来。创造出可持续的业务，就能将善款解脱出来，用在其他地方，并卓有成效地进一步拓展慈善事业。

过了几天，我才得到那个令人高兴的消息：科学家斯蒂芬·霍金已经朝着他跟我们一起进入太空的梦想靠近了一步。4月27日，就在他的65岁生日后不久，在彼得·迪亚曼迪斯和一队医生及护士的帮助下，他终于在一架用商业727喷气式飞机改装的失重训练飞行器——或者美国航空航天局接受训练的宇航员所说的"呕吐彗星"——上，体验到零重力的感受。为了确保自己不会难受，他在开始飞行之前服用了防止晕动病的药片。他是第一位享受这种体验的残疾人——他真的很享受。传送回地球的视频显示，当他不再受轮椅的束缚，第一次自由地飘浮起来时，他脸上露出了开心的微笑。"这真令人惊奇……我能够一直继续，"他在着陆后说道，

"太空，我来了。"

我不知道，在他的梦想实现了第一步之后，他有何感受——只有他自己才知道——不过，我可知道在零重力中飘浮是什么感觉。第一次摆脱地球的重力时，那种失重的感觉会慢慢传递到全身，直到突然之间你心中充满了狂喜。每个了解这种感觉的人都一致认为，这是"纯粹的、绝对的狂喜"——可是单凭词句还无法描述那种愉悦。在成功地通过测试之后，现在，霍金教授已经准备好作为一名乘客，登上一艘维珍银河公司的飞船做太空飞行了。

并非每件事情都跟在零重力下飞行那么顺利或愉快。2005年9月11日，我遇到一次有趣的机会。当我在纽约观看美国网球公开赛决赛时，我跟维珍管理公司的负责人戈登·麦卡勒姆、英国有线电视公司NTL的首席执行官西蒙·达菲以及NTL的运营部主任赛·韦斯——他现在管理维珍燃料公司——一起，在四季酒店参加了一次午餐会。西蒙和赛是那天早上特意飞过来参加午餐会的。几个月来，我们一直在秘密磋商，在英国创建一家跟"天空"有线电视网相抗衡的强大媒体公司，这次聚会是磋商的顶点。我们为这次计划中的联合公司确定的代号叫"棒球计划"，就像棒球场一样，它有四个"本垒"（四合一机顶盒），中间是一个"内场钻石"。这颗"钻石"就是我们通过合并释放出的价值。

最初NTL／Telewest问我们是否愿意把维珍的品牌授权给他们，但我认为我们可以做得更好。在跟我们的主管斯蒂芬·墨菲讨论时，我说："维珍移动公司坐拥450万顾客，还有众多版权。在我看来，这次合作唯一行之有效的方式是将维珍移动并入这项新业务。"我不单想做一个重新包装的交易，还想拥有他们的股票。在我看来，他们将不得不更名并重新包装——维珍的形象比他们好得多。

西蒙和戈登同意了。根据协议，英国最大的有线电视供应商NTL／Telewest将跟维珍移动合并，用维珍的品牌名称和成功形象重新包装这个新集团。我们将共同拥有大约1000万顾客，这会让我们做一些很棒的事情。第一个卖点是推出"四合一机顶盒"——也就是说，我们将在一个包括数字电视、宽带、电话和手机的套餐中，"以40英镑的价格提供4种服务"。我喜欢这次不同寻常的反向兼并中的有趣性和商业妙计。NTL／Telewest实际上花一大笔钱买下了维珍移动公司——但我将成为最大的持股人，并会给整个公司打上我们的品牌名称和标志。我立刻把这视为释放维珍移动巨大潜力的方式，同时，我又能享受在市场上成为一家主要竞争者的乐趣。我以前做过这方面的尝试，曾经出价竞买第五频道（Channel 5，现在的"Five"），我知道这有多难。经过18个月的调整，2007年年初，一份长达15页的概要才送到我这里。显然，从现在这桩交易的结构看，它的概要还需要多耗几页纸，但我一直倾向于简单概要，通过直奔目标，浏览要点，我能一眼看出一桩交易是否对我有利。

在漫长的磋商过程中，我们只通过一家银行工作，甚至都没把消息告诉维珍移动公司的独立董事长，对这桩交易守口如瓶。但最终消息还是泄露了。《星期日电讯报》写道："当詹姆斯·默多克听说这个消息时，他会被自己的牛奶什锦早餐噎住。这将是一场品牌之战——维珍对天空。"

T-Mobile公司参与了维珍移动的业务，在他们和我们达成的协议中，有一个改变控制权的条款。显然，随着消息的泄露，我们

必须把真相告诉他们。我们不会把一切都告诉他们——例如NTL /
Telewest的提议——但已经有人在猜测。最终，戈登急迫地打电话
给查尔斯·古拉沙说："有件事需要跟你说……"

我们在2007年2月6日正式成立维珍传媒。为了获得经营内
容，我们的部分策略是参与并投标ITV。ITV在市场上苦苦挣扎，
这是众所周知的事情，但它为我们制作和购买内容提供了很好的
基础。我们认为自己胜算的机会很大，直到我们遭遇了一个大玩家
鲁珀特·默多克——英国的媒体，从电视到报纸，他的占有率是
50%以上。我知道我们最终会跟"天空"有线电视网短兵相接，但
我低估了默多克的行动速度。他的儿子詹姆斯经营着"天空"，但
拿主意的是老默多克，这一点毋庸置疑。我跟默多克父子俩都处得
很好，不过我也很清楚他们在生意场上多么残酷无情。4月26日，
我们竞买ITV的企图突然失败，因为鲁珀特·默多克插入一脚，以
远远高于实际价值的价钱，买下了ITV的很大一部分股份。结果，
"天空"的股票价值立刻缩水1.5亿英镑，但为了阻止我们成为一
个过于强大的竞争者，他们对此并不在乎。我认为，根据竞争法，
他们做的事情不公平，也不合法，我们要求竞争管理局裁夺默多
克能否购买ITV的这些股份。"天空"做出的竞争反应也有点出人
意料。跟"天空"的900万家庭用户相比，我们只有300万家庭用
户，但老默多克机智地试图描绘出一幅这样的图景：我试图把自己
塑造为以小胜大、击败歌利亚的大卫形象，而实际上——据他所
说——这是歌利亚对歌利亚的巨人之争。我认为默多克父子和我彼
此尊重，然而，正如福尔摩斯所言，好戏已经开场。

到那时为止，"天空"和我们的新机构维珍传媒一直保持着一

种共生关系，双方的电视网上都有彼此的频道。我们为了获得"天空"的基本频道花了一大笔钱，但他们突然毫无预警地要求我们支付一大笔基本频道的费用——远远高于市场价值，也高于我们愿意支付的数目——因为那些频道的观众数量在下降。与此同时，他们又决定将使用我们网络的费用降低数千万英镑——尽管观看我们节目的观众数量上升了。结果，我们的顾客失去了"天空"的一些节目，但我们最终在2008年年底解决了这个问题。

我来到乌卢萨巴没多久，就清楚地意识到，动物不知道边界或国境之类的东西。有些人说起"肯尼亚的大象"和"南非的狮子"，但事实上，大多数动物一直遵循它们古老的狩猎和进食路线，根本不管人为的边界。如同迁徙的鸟儿，它们像吉卜赛人那样随心所欲地四处漫游。只有当它们跟人类种植庄稼或建立城市的需要相冲突时，才会出现问题。

在维多利亚时代，当欧洲殖民主义达到鼎盛时，非洲就像一副扑克牌那样被瓜分。人为的政治边界不仅切过部落的土地，将一个个部族分裂开来，而且还切过动物的迁徙路线，打碎并破坏了生态系统和生物多样性。正是为了纠正这种破坏，非洲建立了一个个国家公园。然而，大多数国家公园也确实是"国家"公园——它们属于特定的国家，位于其国境线之内。在安东·鲁珀特博士的指导下，和平公园则迈向了下一个阶段。鲁珀特博士跟荷兰的伯纳德亲王和曼德拉合作，成立了和平公园基金会。他们的梦想是再次创造一个能让野生动物自由穿越各国边境线的非洲。各国之间的合作将吸引生态旅游者，为周边的贫困人群和地区带来收入、工作和繁荣。非洲的人、动物和土地全都能从中获益。

鲁珀特博士说："我们信仰人与大自然需要保持和谐的哲学。我们梦想创造一个没有围栏的非洲；梦想保留动物凭借本能踩踏出的古老迁徙小径——那是岁月也无法抹杀的；我们梦想创造一个能让大象漫游、让狮子的吼叫划破寂静夜晚的荒野。"

乌卢萨巴位于庞大的林波波跨边境保护区（TFCA）内，后者跨越了非洲的整个南部地区，从东海岸一直延伸到西海岸。我听说和平公园将最终横跨全球，从南极到北极，从东到西，囊括一些最美丽、最偏远的地方，一共涉及112个国家，这时，我被这个想法深深地吸引了。不过，尽管这些公园内部没有边境线，每个国家却对自己国土范围内的那部分公园享有绝对的主权。这是一个令人惊异的成就，当曼德拉第一次跟我提到它时，我就喜欢上了这个理念。

终于，2006年1月，威廉·冯·里特教授找到我，邀请我加入"21世纪俱乐部"。"21"代表那些在21世纪里有兴趣通过环保事业促进和平与发展的人。这个俱乐部的每个成员至少都要捐献100万美元。这是一大笔钱——但我赞成鲁珀特博士的那句诙谐的双关语："如果没有钱，保护事业就仅仅是保护空谈。"

但天堂中的一切并不那么美妙。我发现，事实上非洲留给野生动物的土地数量微乎其微。它们遭到农场的蚕食和盗猎者的侵袭，在有些地区——例如莫桑比克的一个美丽的地方——内战导致野生动物被猎杀一空。而在南非的克鲁格国家公园，野生动物的数量又太多了。我越是深入地参与这个项目，我就越深刻地意识到和平公园的工作有多么重要。南非与莫桑比克之间的边境围栏被移除，这是其中最令人兴奋的突破之一。现在，克鲁格那些数量过剩的大象就可自由自在地进入莫桑比克，为那里荒凉的动物保护区带去生机了。

事情发展很快。到2007年4月，我飞往肯尼亚，敲定一个从马萨伊人的传统家园租借土地的行动计划。这个计划将向他们支付一笔钱，要高于目前种地的收入，目的是保护这片土地及壮观的角马迁徙群体——它们构成了世界五大奇观之一——然后培训马萨伊人在野生动物观赏小屋工作，担任护林员，这样他们就能继续在自己的土地上工作。这有助于改善环境，帮他们获得工作，同时保护野生动物。我认为，有些国家意识到自己拥有的东西是无价之宝，对非洲来说尤其如此，因为他们在这里必须跟气候以及饥荒、战争和疾病抗争。幸运的是，非洲各国政府和非洲人自己都逐渐意识到，这里的野生动物和风景具有无上的价值。一旦失去它们，就无法恢复。维珍至少有10%的利润被储存起来，投资非洲，为非洲人创造工作机会。我们为尼日利亚人建立了西非迫切需要的一家全国性航空公司，我们还建立了"健康俱乐部"、移动电话公司和信贷公司，它们一共雇用了大约5000名非洲人。

不过，当我站在肯尼亚水汽蒙蒙的酷热之中，呼吸着丰富的热带气息时，心里想着自己即将体验到的零摄氏度以下的凉爽空气，就马上振奋起来。在我的下一次挑战中，我将和儿子山姆以及强壮的雪橇狗队一起，跨越北极圈的部分地区。当我从肯尼亚（这里可是让我适应北极环境的最好地方）前去参加威尔·斯蒂格的"1200英里全球变暖101冒险"活动时，山姆已经训练了一个星期。这个活动的目的是唤起全世界注意全球变暖对北极、因纽特人以及整个世界的影响。等我匆匆忙忙、双脚灼热地从非洲赶到那里，跟这个团队从克莱德河前往这次旅行的终点伊格鲁里克时，全球变暖并不是我最关心的问题，直到给我们担任向导的因纽特人敏锐地观察到并向我们指出了永久冰盖上发生的一些令人沮丧的变化。

但首先我得接受欢迎宴会的挑战。村子大厅的中央铺了一块防水油布。3个刚从冰冻的雄鹿身体上割下来的脑袋望着我们。从其中一头雄鹿身上割下来的大块冰冻生肉正等待着我们，大条的冻鱼摆成一行。这就是因纽特人在克莱德河为我们摆下的饯行盛宴。

第二天，我们从克莱德峡湾出发，这是一个被海水淹没的冰川山谷，非常壮观，显然是世界奇迹之一。身在这个宏伟的峡湾中间，我们坐在那些小小的雪橇上，我感觉自己是那么渺小。这是一片美丽的荒野，以前我从未在地上见识过——尽管我曾经坐在气球里，静静地从类似的地形上空飘过。我也意识到自己的祖先——那位绰号"南极斯科特"的人——曾经在恶劣的条件下，一路跋涉，前往南极点。

我们经过的每一英里都呈现出我见过的最美丽的景色，到处都是蓝色的冰山和海边高耸的悬崖。但我们的向导西奥也指出了其他令人不安的迹象。随着海水变暖，越来越多的虎鲸向北迁徙。以前夏季才到北方来的绒鸭和瓣足鹬，现在整年都待在这里；即便在漆黑的冬季，每天只有两个小时的白昼，它们也留在此处。地松鼠以前要到西奥生活的伊格鲁里克村以南250英里的地方才能找到，现在它们已经在伊格鲁里克周围大量繁殖。一些新的鸟类来到他们那里，甚至知更鸟也首次抵达。

西奥说："当我们第一次听说全球变暖时，我们因纽特人以为这是个好消息，以为那会让我们的孩子们过上更温暖的冬季。现在我们知道这不是好消息了。它会改变整个生态系统，我们生活的这个美丽世界将会消失。"

我在日志上写下一些有趣的东西，下面这篇尤其值得注意："我在这里度过的最后一晚特别寒冷。由于晚上到外面撒尿太冷，我们全都在床上放了个尿瓶。我没把尿瓶的盖子拧紧，醒来发现自己的睡袋里到处是结冰的尿。第二天早上，我跟大家讲起这个故事，大家都普遍认为，由于因纽特人禁止饮酒，我是这次旅行中唯一'灌了黄汤'的人！"

我设法打通一个卫星电话，跟我爸爸说起这事。第二次世界大战期间，他在撒哈拉沙漠度过了自己的大部分军旅生涯，跟隆美尔作战。在沙漠里，晚上会变得非常冷。在我描述了自己带着冻尿瓶的冒险故事后，爸爸非常淡定地说："在战争中，我们会给自己的热水瓶灌满茶，这样晚上就能暖和点，早上还能喝杯茶。"幸好我没把他的故事跟我的混淆起来。

看着山姆如鱼得水，轻轻松松就能跟上群体中最适应环境的人——不管是在家里、跟因纽特人待在一起，还是在非洲人中间或者在他长大的加勒比海——这让我看到他已经变得多么成熟、多么能干。老一辈人看到年轻的一代，目睹他们赶上或超过自己，这总是一个令人怀旧又痛苦的时刻。山姆和我一直回避他有一天是否愿意经营维珍的话题。这个问题变得非常复杂，因为我仍然觉得工作其乐无穷，尽管自己从15岁就开始打拼，却丝毫没有退休的意思。而且我也必须考虑，山姆想证明自己，他还有很多自己的事情想做；而霍丽也从未改变自己希望成为一名医生的梦想。最近，她获得了资格证书，现在正在伦敦一家大医院做实习医生。山姆除了去音乐学院上学——他弹得一手好吉他——还花了4个月时间，为我们重新推出的维珍传媒帮忙。我们的一些业务，如维珍传媒，需要拥有年轻的形象，随着我朝60岁一天天逼近，我也必须考虑这个问题。我们最近做了一个有关维珍品牌的调查，结果令人满意，它显示维珍仍然是英国最受欢迎的品牌，但也显示它在年轻人中的受欢迎度略有下降。我很清楚这一点。老老实实说，我认为这反映了我的年龄。时间如流水，因此，在特定的阶段，让一个更年轻的人出现在公众视野中，对维珍会有帮助，不过对维珍银行和维珍火车而言，这一点暂时还不是那么重要。

随着自己逐渐老去，我确实意识到自己能为维珍做的推广工作将减少；理性地说，我希望自己不需要做那么多推广工作，因为那些灌输在这家公司里的理念已经变得足够神圣，它们通过自己的方式发挥作用，让各种业务拥有自己的生命——但愿它们能遵循其创立者的理念。如果一个组织的结构合理，就算其创立者死去，或者所有权改变，它的精神气质也会幸存下来。看看约翰·刘易斯公司，它依旧完全遵守其初创者确立的原则。马莎百货或许曾暂时迷失方向，但公众不会忘记马莎应该是什么样子，这家公司已经回归到那样的愿景。另一个例子是劳斯莱斯，在它的两位创建者去世后很长时间，它在工艺上精益求精的原则都能让全世界各种各样的人——从航空公司的乘客到坦克驾驶者——保持信心。因此，就算我太老，无法胜任在一座建筑上玩升降的工作，我也仍然认为维珍的娱乐与冒险精神将继续存在——尽管我仍然保证他们可以让我坐着轮椅，拉着我在那座建筑外上上下下。不过，恐怕还要等很久那一天才会到来。山姆显然也是这么想的。当他在维珍传媒帮忙时，有人想采访他。维珍的人力资源部主管杰基·麦奎兰对他说："如果你想接受这次采访，宝贝，那你就能够去做，不过让我们只讨论你为维珍工作的事情——不要一时冲动，谈论你跟你爸爸的关系。"

对此，山姆回答说："喔，杰基，我们真的需要这么快就宣传我为维珍工作的事吗——我还要忍受60年这样的鬼日子呢！"

在北极探险结束后，当我还在广袤的北方时，中途在多伦多短暂停留，推出另一个对抗全球变暖的运动，看起来这倒也合适。我们把它命名为"随手关上"，提醒人们随时关上电器，包括所有待机按钮。略带几分无礼的做法总是让我觉得逗乐——我想人们会记住那种不必过于当真的方法。然而，当我发现一些可敬的加拿大议员认定这个措辞相当下流，某些人应该告诉我"随时闭嘴"时，我被逗乐了。

经过美国交通部方面3年的犹豫不决，2007年5月19日，维珍美国航空公司终于获得飞行许可证。这让人大感宽慰——不仅对我，而且对很多未来在维珍的工作岌岌可危的人也是如此，尤其是弗雷德和维珍美国航空公司的团队，他们马不停蹄地完成各种要求他们做的事情，安抚交通部那些已经妨碍我们这么长时间的其他美国航空公司。

我一直坚信，合理的竞争是提高服务标准，让顾客获得最好待遇的方式。然而，我们并未完全脱离危险。尽管我们谨小慎微地按照要求做了那么多改变，交通部仍坚持让我们在6个月内替换担任首席执行官的弗雷德·里德，并在运营方面进一步限制维珍集团对维珍美国公司的影响。我们已经跟维珍美国公司保持距离了，因此我们在这上头似乎没有多少工作可做——但我们仍然乐意服从。不管怎么说，能够获得飞行许可还是很受欢迎的，我们开始努力工作，争取仲夏时节推出这家新公司。维珍美国公司目前提供旧金山国际机场和纽约肯尼迪国际机场之间的航班，此外还有飞往圣地亚哥、拉斯维加斯、洛杉矶、波士顿、西雅图和华盛顿的杜勒斯国际机场的服务。在5年之后，维珍美国航空公司还希望增加其他城市的航班，因此，这是一个雄心勃勃的开端。

与此同时，维珍大西洋公司也改变策略，将我们的空中客车A380订单——它已经大大落后于原定的进度——推迟4年，从2009年推迟到2013年。我们仍然对这种巨型飞机充满信心，但为了遵守我们的安全和业绩策略，我们希望它先在其他地方提供服务，然后我们再采用这种机型。与此相反，效仿我们的环保范例，5月26日，我跟波音公司的董事长吉姆·麦克纳尼签订了一份合同，购买43架簇新的波音787"梦幻客机"，价值80亿美元。这是维珍大西洋公司有史以来最大的一笔订单，它们是第一批用于商务飞行的碳合成飞机。回顾往昔，我想起世界上第一架全合成材料飞机维珍大西洋环球飞行者号——史蒂夫·法塞特曾驾驶它做环球飞行——我为我们花钱建造这架飞机而感到莫大的满足，它证明全碳合成飞机能够在高空做长途飞行，而且只需要一茶杯的燃料（只是玩笑而已……）。但媒体突然听说了这个玩笑，就塞在吉姆·麦克纳尼和我签订的那份厚厚的合同里。这一次，维珍大西洋公司和波音公司之间的协议包括这样一个条款：为了在飞行时减少我们的碳足迹，吉姆和我发誓要各自减肥14磅。

这个条款是这么写的："签约双方一致同意：为了将飞行中的二氧化碳排放量减少36磅以上，每个签字者将在接下来4年中至少减掉14磅的体重。"显然，我们的法律团队把这个条款当作一个玩笑放进合同，看我们是否会读到这个限制性的附属细则，由于我们在最初的审读中没有看到它，谁也没想到要把它从合同里删掉。

维珍的联络部主任保罗·查尔斯半开玩笑地说："显然，他们俩在签字前都没认真阅读合同。我们都在努力应对碳排放问题，但减肥是一个为了增加增值效应的额外因素。如果你的飞机上载的乘客体重更轻，你需要的燃料就更少。也许政府应该考虑采用这个一箭双雕的办法，同时防止肥胖和气候变化。"

当媒体问我体重是多少时，我老老实实地说出了自己当时的体重。不过，我又指出，我即将前往北极，已经特意增加了30磅的体重作为脂肪储备。不过，我可不知道吉姆的借口是什么！

在我签订"梦幻客机"合同的同时，我也跟波音公司和发动机制造商通用电气公司签订了一份协议，联合开发一种航空生物燃料，对我来说，这是一个了不起的前景。人们总是说，生物燃料永远无法用于飞机引擎。我们一直在研发一种可普遍使用的生物燃料，名叫"ISO biotutanol"，它可能拥有适合制作航空生物燃料的特性。这项研究将继续下去。不过——这可是最高机密——我们也在研发另一种燃料，能够带来令人吃惊的突破。毫无疑问，我从未想到自己会如此沉迷于科学。我居然会跟波音公司合作，面对这个出人意料的发展，我不禁露出微笑。当我想起自己当初突然打电话给他们，天真地询问能否租用他们的一架巨型飞机时，这也让我意识到，未来是一个非常有趣的地方，会让人回忆起那些可笑的往事。

5月底，在我们制造出清洁航空燃料的可能性可以预见之时，我也向一个由前协和式飞机飞行员和主管创立的小组提供了100万英镑，帮助协和式飞机再次飞上蓝天。我一直认为，协和式飞机是有史以来最美丽的机型之一，当最后一架这样的飞机在2003年10月24日做告别飞行时，那真是一个悲伤的日子。当我以每架100万英镑的价格购买所有协和式飞机的要求遭到英航拒绝时，我感到非常失望。将一种飞了30年的超音速飞机封存起来，这似乎有些荒唐。

当协和式飞机停飞时，我发誓要继续这场运动，让它一直飞下去，我告诉媒体："最起码，应该建立一个遗产信托基金，把协和式飞机留在英国，让未来的一代代人能够看到它。如果未来的一代代人无法看到它飞行，那就太可怕了。"

在我看来，英航通过拒绝我的提议，来延续我们由来已久的敌对状态——这种敌意一直持续到2007年4月，当时他们非常怪异地剪切了有我参演的最新"007"电影。《每日电讯报》写道："在苏联，任何不得统治精英欢心的人都会从历史上被抹去。现在，似乎英国航空公司也对其强硬的公司对手理查德·布兰森爵士采用了同样的手段。维珍大西洋公司的这位董事长，在最新的'007'电影《皇家赌场》中有很短的客串镜头，而在英航客机上放映的版本中，这个镜头却被剪掉。"

就算再过100万年，我们做梦也想不到对那些在维珍航班上放映的电影进行审查。我们的哲学是期望父母对子女言传身教。显然，我们不会放映色情影片，但我们确实放映成人电影或严肃影片。例如，我们是世界上唯一放映阿尔·戈尔那部《不愿面对的真相》的航空公司。威尔给维珍大西洋联络部主任保罗·查尔斯打电话说："瞧，如果任何人打电话问你这件事，那就提醒他们，在'007'系列影片《择日而亡》中，有一个很大的场景展示迈阿密的英航飞机，上面盖满了英航的标志。告诉他们，我们从未将那样的镜头剪掉。"英航居然过度反应到这个程度，我感到非常好笑。

6月初，我回到肯尼亚，迎接维珍大西洋公司首批飞往内罗毕的每日航班，它们将运送数千名乘客，并为肯尼亚农夫每年运输价值1亿美元的农产品去出口。我还朝着和平公园行动计划再次迈出了一步，捐建了一条"大象通道"，好让大约2000头大象自由地顺着它们传统的迁徙路线往返于肯尼亚山。在这座白雪覆盖的火山峰边缘，到处是无数迅速扩张的小农场。大象为了寻找自己饮食中需要的矿物盐，要从其中的数百个农场穿过。农夫为了阻止它们踩踏自己的庄稼，一直都在射杀大象。维珍肯尼亚山大象走廊将终结农夫与这些魁伟生灵之间的冲突，允许它们生存下去。

在推出这个项目的仪式上，我说道："非洲象从南非漫步穿过这个大陆，前往地中海海岸，但是它们的种群数量受到严重威胁。我们能够为这个地区的全部动物和人口创造一条生死攸关的生命线。"

那是一个无比幸福的日子。我不仅跟一些非洲舞者以及一位身着鲜艳袍子——也就是维珍独特的红色空服人员制服——的肯尼亚空姐在第一班进入内罗毕的维珍大西洋飞机的机翼上跳舞，而且马萨伊人还以一种非常感人的仪式，将我推举为他们的一位头人。之后，我就跟89岁高龄的父亲以及山姆一起，乘坐一个热气球升入空中。自从我1998年尝试环球飞行并掉进夏威夷附近的大海中以来，这还是我第一次坐热气球。高高飘浮在广阔的非洲大地上方，随着大象前往肯尼亚山的路线前进，这是一种奇妙的体验。海拔高达17,000英尺的肯尼亚山是非洲第二高峰，虽然它差不多位于赤道上，但直到现在，它都终年覆盖着白雪。我们看到的风景和这次经历都再美妙不过了。布兰森祖孙三代的男人同乘一只气球——这是一个值得珍惜的时刻。

从石器时代的大象到热气球，再到宇宙飞船，这似乎是很大一步，但现在的世界是一个令人眼花缭乱的地方，你既可以回到过去，也可以前往未来。当我写下这句话时，维珍银河公司正准备开始其试飞程序，最初的100次飞行由布莱恩·宾尼担任试飞飞行员。我们知道这个系统本质上比从地面发射火箭更安全，但只能通过实际飞行才能证明这一点。这个飞船系统最令人兴奋的两个方面是其安全性和环保性。不过，归根结底，我赞成霍金教授的看法——从长远来看，我们确实需要进入太空，因为最终人类将不得不在太空中的某个地方寻找第二个家园。简单的物理学知识告诉我们，有一天，我们会被一颗小行星击中，或者会遭遇一次灾难性的火山爆发，不管出现哪种情况，都会造成一个核冬天，我们密集的人口可能很难幸存下来。

因此，正如霍金教授所言："让我们利用接下来的1000年时间，勇敢地前往以前无人去过的地方。"

正是想着自己的家人和我面临的社会挑战，我通过创造世界纪录的危险方法宣传维珍品牌的时间才越来越少。坐在家中，写到这里，我想我是不可能再做一次跟热气球环球飞行规模相当的项目了。

我花很多时间到处旅行，因此非常珍惜全家团聚的机会。在许多方面，当我们在内克岛上时，我们的关系是最亲密的。起初，这个宝石般的岛屿象征着琼和我之间的感情，如今，它已发展成一个让我们全家感觉自在平和的地方。我们会到那里度过复活节、暑假和圣诞节假期。跟我的父母、我的两个妹妹及其家人、我们最亲密的朋友以及很多来自维珍各公司的员工一起，这里就像一个大熔炉，让我们观察正在发生的事情，逃离除传真机外的一切冗务。

我曾在这里教孩子们打网球、游泳、玩通气管潜水和驾驶帆船。当我们来到内克岛时，我们心里只有彼此。这是一段放松身心和自我反省的时间，因为我们知道，当我们回到伦敦，也就回到了工作之中。

一天中，我最爱的时间是傍晚。那时伦敦已到午夜，实际上已不可能跟欧洲的任何人通话。传真机和电话都安静下来，太阳很快落山。再过一两个小时，昼光就会从明晃晃的、近乎白色的太阳光变成薄暮，地平线上方挂着一道绚丽的橘黄色光。坐在阳台上，我能够望见最后一小群鹈鹕潜水捕鱼，然后吱吱嘎嘎地拍打着翅膀，飞到栖息处休息。几分钟之内，天空就变成了午夜那种天鹅绒般的蓝色，第一批星星也将出现。我前面的大海变成一片墨黑，一切都安静下来。

我们通常在露台上吃晚餐。每个人都被太阳晒得皮肤黝黑，心情愉快。合家团聚的感觉很棒，我想知道这里的所有孩子会有怎样的未来。我望着霍丽和山姆，意识到我不想为他们规划生活。我只希望他们幸福快乐。我知道其他商界人士，如鲁珀特·默多克和罗伯特·马克斯韦尔，都让自己的孩子在早餐前读年报和财务会计，但我不想这么做。霍丽一心一意地追求自己当医生的梦想，她已经大步迈出了最初的步伐，获得资格证书，在伦敦一家大医院找到一份工作；而山姆则快乐地涉足于维珍的庞大业务，在伦敦的维珍传媒工作了几个月，并即将开始在我们位于非洲的野生动物保护区工作——但不管他是否把维珍当作未来的职业，都完全由他自己选择。他对音乐的热爱或许会跟家族生意竞争！我还想知道，如果我们没有花这么多时间待在内克岛上，那会怎样？我正在莫斯基托岛上建造一个更环保的新家，我能够设想，我们在那里会跟在内克岛上一样快乐。但不管未来会有什么，我都会跟往常一样为它感到兴奋而好奇。正是这种对未知事物及所有挑战的好奇和冒险精神驱使着我。面对艾滋病、全球变暖和各种冲突问题，那些挑战也变得更加紧迫。但在这样的时刻，身处家人中间，欣赏着内克岛上的又一个落日，我很高兴能忘掉我的笔记本，忘掉那上面迫在眉睫的事务和电话名单，在我深深爱着和关心的人中间放松下来。

甚至当我们坐在这里时，我也知道我们的大型飞机之一正从希思罗机场飞往肯尼迪机场。直到2002年，这条航线都一直由处女航行者号运营，它是我们最早拥有的大型飞机。它从1984年起就一直在伦敦到纽约的航线上飞行，已经成为我们航空公司的支柱，以及我们获得成功的关键。2002年夏，随着我们新购买的A340-600飞机到来，处女航行者号退役。这不仅标志着一个时代的结束，也标志着一个新时代的开始。非洲女王号是我们的首批A340空中客车之一，此刻它正在一阵轰鸣中穿过夜空，飞往我们的最新目的地内罗毕。而我们的第一架空中客车红衣女士号——它是由戴安娜王妃命名的——正连夜飞往香港。在维珍大西洋公司位于克劳利的办公室工作的人们将下班离去,只留下清洁工打扫卫生;而在希思罗和盖特威克机场,值夜班的工作人员正在喝他们的第二或第三杯咖啡。在"乐园"夜总会外面,人们正排队等待开门,我想知道今晚谁会上台表演,他们会有怎样的未来。日本和巴黎的大卖场就要打烊了;不过,在纽约大卖场里,傍晚时分的一群群顾客仍在一排排货架上翻寻CD,然后再从附近的自动售货机里购买一听维珍可乐。与此同时,在伦敦,我们的维珍图书公司团队正为某个作者未能及时交稿而感到担忧。当然,在莫哈韦沙漠中,我那个价廉物美的太空旅行梦想以及人类历史上的一个新时代也将逐渐变成现实。太空确实是一片处女地。

从一开始,我的每一次个人冒险都是为了公司而向未知世界迈出一步——这有点像一个人打破自己的处子之身,但与之不同的是,不管你为自己创造了什么样的世界,你都能够一次又一次地不断拥抱崭新的不同事物。那也是我一直希望维珍集团拥有的东西,不管是靠判断还是运气实现目标,我都不会通过其他方式追求它们。

2007年5月26日,纳尔逊·曼德拉到达乌卢萨巴,参加"全球长者"的第一次会议。他在所有这些等待迎接他的人们中间走了进来。面对这些真正拥有道德勇气的人,这些在生活中时刻将人性置于其他任何事物之上的人,我们感到不可思议的自惭形秽。当曼德拉抵达时,乌卢萨巴的全部150名员工以及前来参加会议的客人全都在小径两边排成一行行迎接他——载歌载舞地表达他们对他的热爱。从他步出汽车的那一刻起,他的仁慈与道德领导力便显露出来。

他身体脆弱，仍旧试图跟他们一起跳舞，然而，在罗本岛上度过了差不多长达28年的牢狱生涯后，他的腿因为不得不跪下干苦活儿而变得虚弱不堪——不过他的身体其余部分仍在舞蹈。

为了启动"全球长者"，彼得和我已经工作了很长时间，因此，当它最终变成现实，当所有这些杰出人物聚在一起，迎接曼德拉，见证"全球长者"组织的诞生时，这真的是我一生中最感动的时刻之一。我满怀希望，我们正在这一刻创造历史。我们的全部希望都寄托在"长者"身上，希望他们在一个变幻无常的世界中成为一支强大的力量，希望他们不断壮大，给混乱带来和平，在一触即发的危险时刻让人们平静下来，并在人类遭遇瘟疫、饥荒和灾难打击时提供帮助。

人类是一个整体，而我们居然允许每天有数千人死于可预防和可治愈的疾病，允许人们因缺乏自然资源而杀死自己的兄弟姐妹，并在气候变化的危险迅速降临时几乎毫无作为地盲目等待着，这实在是令人难以置信。

然而，我们确实拥有改变所有这些事情的力量。但愿，有曼德拉和格拉萨掌舵，这群长者能为这个世界带来希望与智慧，为将我们团结起来，阻止非必要的人类痛苦，为庆祝我们如此荣幸地成为这个美丽世界的一部分而发挥自己的作用。

在图图大主教做了一个简短的介绍之后，纳尔逊·曼德拉以下面这番话作为这次历史性会议的开端：

> 在当今世界上，我们面临的许多问题本质上都是全球性的，其中包括气候变化，包括艾滋病、疟疾和结核病

这样的流行病，当然，也包括那种完全由人类造成的痛苦——暴力冲突。这些问题往往受到政治、经济或地理条件的制约。但我们不得不处理这些破坏。

由于各种政府机构往往不能平衡地对待它们面临的挑战，一小群全心全意的领袖若能不偏不倚地工作，对于结果也不掺杂任何个人利益，那就有助于解决那些通常看起来难以解决的问题。

今天我们相聚一堂，就是为了创造这样一个群体。利用自己的经验、道德、勇气，以及超越国家、种族和信仰等狭隘利害关系的能力，他们能够让我们的行星变成一个更和平、健康和平等的生活之所。

就让我们把他们称为"全球长者"，不是因为他们的年龄，而是因为他们的个人和集体智慧。这个群体的力量并非来自政治、经济或军事力量，而是来自这里的每个人的独立与正直。他们无须构筑自己的职业，无须赢得选举，无须讨好自己的选民。他们能够随心所欲地跟任何人交谈，能够自由自在地追寻他们认为正确的道路——即便这样的道路尚未被广泛接受。

自从理查德和彼得带着"全球长者"的想法找到我至今，已经过去好几年了。从那以后，我一直关注着这个理念不断发展，形成体系，获得力量，成为一个真正可行和实际的行动计划。我相信，凭借你们的阅历、你们的精力，以及你们致力于创造一个更加美好的世界的努力，"全球长者"能够成为一支有益且独立而强大的力量，处理各种复杂而棘手的问题，尤其是那些不受欢迎的问题。不过，我知道这个群体不会变得独断专行、狂妄自大，它会寻求专业组织的建议，并跟它们通力合作。

此外，你们也不会采用轻松的短期路线，而会支持长远的、可持续的方法，它们针对的是你们处理的那些问题的根本原因。不管你们在哪里凭借当地的本土知识工作，你们都会倾听并团结反对者和拥护者，跟任何被动员起来解决问题的人合作，给予他们支持以及解决问题的决心。你们能够帮助培养和引入创新思想以及罕为人知的解决方案，将那些真正具有实际需求的人跟能够给予帮助的人联系起来。

通过我们在商界的朋友，我们能够动用最新的技术，不仅能够提醒人们注意那些被遗忘的问题，而且还能帮助他们获得解决那些问题的资源。但是，不管你们使用什么技术，我相信，最终能够真正促成变化的都是仁慈以及慷慨的和解。我期望，如果我的朋友图图大主教跟这有关，你们将坚持采用所有人互相依赖的态度。我们把这称为"乌班图精神"，那是一种复杂的非洲意识，它认为，人之为人，凭借的只能是他人的仁慈。你们应该意识到，你们往往会彼此意见相左，而且还会受到恶意诽谤。

这些自命为救世主的都是谁？人们会问。要用开诚布公的态度回应这样的内部争执和外界批评者，事实上，要向这些诽谤者伸出手去，让他们转变到这种思维方式上来。"全球长者"能够成为真正的榜样，领导、指引和支持各种各样的行动计划——你们自己以及其他许多人的行动计划。作者能够自由而大胆地发表言论，在公开场合与幕后工作，采取任何需要采取的行动。记住：谁最需要你们的帮助？是那些最贫穷、最痛苦的人。很少有人倾听他们的声音。而这个"全球长者"群体能够帮助他们，确保他们不会受到忽视。

我知道，你们会在恐惧横行的地方支持勇气，在有冲突的地方培养共识，在绝望的地方激发希望。这个行动计划的出现再没有比现在更恰当的时机了，它将团结一群杰出的人物，他们拥有此刻需要采用的技巧和资源。我很自豪自己能来到这里，参加奠定"全球长者"基础的第一次大会。我说过，我一直打算认真考虑退休，尽管我无法参与这项事业中真正令人兴奋的那部分工作，去分析问题、寻求解决方案、寻找合作者，但在精神上我将与你们同在。谢谢大家！

（全文完）

马上扫二维码，关注"**熊猫君**"

和千万读者一起成长吧！